고전시가의 품격 미학

김병국

도서출판 월인

서문

'미학(美學)'이라는 것은 내 학문의 변함없는 주제다.

율곡이 『정언묘선』에서 제시한, 시가가 갖추어야 할 기본적인 요건과 그를 바탕으로 한 여덟 가지 품격의 미적 특성을 밝히고 그 이유를 실증하는 작업이 이 책에서도 중점적으로 이루어졌다.

실제적으로 느껴지는 미(美)를 실증하는 일이 가능할까? 예를 들어 문학 작품을 대할 때 그 속에서 느껴지는 '담박(淡泊)'함은 문학 작품 속의 어떤 요소들, 또는 그 요소들의 결합으로 인해 그렇게 느껴지는 것인지 학문적으로 증명할 수 있는 것일까? 이를 증명하는 작업이 지금까지 내가 해왔던 일이다.

사실 이 작업은 은사이신 임하(林下) 최진원(崔珍源) 선생님의 주요 연구 분야이기도 했다.

> 이제 조박사의 학문적 정열을 되새기면서, 미의식의 실증을 추구하는 일에 모험을 걸어보고자 한다.(「강호가도연구」)

나는 박사 학위 논문을 쓰기 시작하면서부터 임하 선생님과 이 분야에 대한 모험을 함께 해 왔다. 실증으로만 해결할 수 없는 미 또는 미의식의 구체적인 실체를 규명하기 위해 얼마나 많은 고민을 했었는지 모른다. 지금은 작고하셨지만 임하 선생님의 가르침은 평생 내 가슴에 남아 있을 것이며, 앞으로 내가 이 분야의 연구를 지속적으로 하는 데 큰 지침이 될 것이다.

이 책은 모두 3부로 구성이 되어 있다.

1부는 율곡의 품격론에 대해 연구한 글들이다. 『고전시가의 미학 탐구』에서 다루었던 글들과 상호 보완이 될 것이다.

2부는 성리학적 세계관에 바탕을 둔 조선시대 사대부들 중 몇 분의 문학을 연구한 것이다. 조선시대를 전기, 중기, 후기로 나눌 때 이 분들이 각 시대를 대표하는 분들은 아니지만 나름대로 학문적 의의를 갖는 분들이다.

3부는 고전시가 또는 고전문학을 연구하는 방법적 시각을 제시한 글들이다.

이 책은 첫 저서였던 『고전시가의 미학 탐구』(월인, 2000) 이후에 발표했던 다음의 논의들을 바탕으로 정리한 것이다.

- 「정언묘선에 보이는 이정의 연구」, 『한국시가연구』 제23집, 한국시가학회, 2007.
- 「청장관 이덕무 문학의 사상적 기반과 공안파 시론의 수용 양상 연구」, 『한국사상과 문화』 제38집, 한국사상문화학회, 2007.
- 「한음 이덕형의 문학 연구」, 『한국인물사연구』 제7호, 한국인물사연구소, 2007.
- 「율곡 문학 연구 해제」, 『율곡학연구총서』, 「논문편 7 문학」, 율곡학회, 2007.
- 「송암 권호문의 독락팔곡 연구」, 『한국사상과 문화』 제33집, 한국사상문화학회, 2006.
- 「송암 권호문 시가의 미적 특질」, 『한국시가연구』 제19집, 한국시가학회, 2005.
- 「논산의 전설」, 『논산시지』, 「4 민속과 현대문학」, 논산시지편찬위원회, 2005.
- 「사계 김장생의 시가 연구」, 『한국인물사연구』 제2호, 한국인물사연구소, 2004.
- 「한미청적의 미적 특질」, 『한국사상과 문화』 제24집, 한국사상문화학회, 2004.

- 「'한미청적'의 미감-『정언묘선』 소재 한시를 대상으로」, 『인문논총』 제8호, 건양대학교 인문과학연구소, 2003.
- 「시조의 창작 기법 연구」, 『한국사상과 문화』 제20집, 한국사상문화학회, 2003.
- 「<무이도가>와 <고산구곡가>의 품격 연구」, 『어문연구』 31권 1호, 한국어문교육연구회, 2003.
- 「사계 김장생의 문학관과 시 연구」, 『한국사상과 문화』 제18집, 한국사상문화학회, 2002.
- 「근대시의 형식에 대한 일 연구」, 『반교어문학』 제13집, 반교어문학회, 2001.
- 「품격 청신쇄락의 미적 특질」, 『도남학보』 제18집, 도남학회, 2000.
- 「품격 정심의원의 지향성」, 『한국사상과 문화』 제7집, 한국사상문화학회, 2000.
- 「율곡의 시품격론 연구」, 『한국시가의 사상적 모색』, 논총간행위원회, 1998.

이 책을 만들면서 위의 글들 중 중복되는 논의들을 가능한 정리하여 전체적인 통일성을 기하였지만, 그래도 글의 체재나 전개상 불가피하게 그냥 둔 부분도 있음을 밝힌다.

첫 저서의 주요 관심사였던 『정언묘선』을 바탕으로 한 율곡의 품격론이 여전히 이 책에서도 주요 관심사이지만, 그 때보다는 학문적 관심의 폭과 깊이를 더했고, 학문적 대상 범주도 많이 넓혔다고 생각한다.

품격에 대한 율곡의 이론은 오늘의 입장에서 말하면 미론과 장르론, 개별 작품론을 포함하는 개념으로 추상과 구상을 겸비한 것이다. 그렇기에 이것은 한시 및 고전시가를 이해하고 감상하는 유용한 방법이며, 또한 거기에 그치는 것이 아니라 근대 및 현대의 시들을 감상하고 이해하는 방법으로도 유용한 가치를 갖는다. 그 일면을 보여준 것이 「근대시의 형식에 대한 일 연구」이다.

독자들의 질책을 기다린다.

이 책을 엮으며,

윤철중 도남학회 이사장님과, 같은 길을 가는 동학들에게 감사한다.

항상 남다른 관심과 애정을 갖고 살펴주시는 최박광 교수님께 감사한다.

그리고 늘 따뜻한 눈길로 바라봐 주는 가족들에게 감사한다.

아울러 언제나 나를 깊이 배려해 주는 도서출판 월인의 박성복 사장님과 이 책을 만드느라 애쓴 편집부 여러분에게 감사한다.

2009년 8월
반야산 기슭 우관재(于冠齋)에서
김병국 씀

목차

Ⅰ. 고전 시가의 미학

제1장 율곡의 품격론

제2장 「정언묘선서」의 이정

제3장 충담소산과 소산충담

제4장 <무이도가>와 <고산구곡가>

제5장 한미청적과 심기평화

제6장 청신쇄락과 시원함

제7장 정심의원과 애틋함

제1장 율곡의 품격론[1)]

1. 품격(品格): 문학의 미(美)를 감상하고 이해하는 방법

율곡(1536~1584)은 시인(詩人)인 동시에 이론가(理論家)이기도 하다. 그는 <고산구곡가(高山九曲歌)>라는 국문시와 근 500편에 가까운 한시(漢詩)를 지었을 뿐만 아니라, 『정언묘선(精言妙選)』이라는 시선집(詩選集)을 편찬했는데, 이것은 시(詩)와 아울러 그 시들을 선별하고 분석한 기준을 제시[2)]하고 있어서 시 이론서(詩理論書)의 역할을 겸하고 있다. 이에 의하면 율곡이 시를 감상하고 비평하는 기준은 바로 품격(品格)이다.

율곡은 『정언묘선』, 「원자집서(元字集序)」에서,

> 이 집(集)은 충담소산(冲澹蕭散)의 것을 뽑았다. 회식(繪飾)을 일삼지 않아 자연스런 가운데 깊이 묘취(妙趣)가 있다. 고조(古調) 고의(古意)를 아는 이가 적다.

---

1) '율곡의 품격론' 이 글은 『고전시가의 미학 탐구』에 실렸던 글인데, 『정언묘선』에 담긴 율곡의 품격에 대한 전반적인 인식을 서두에 제시하는 것이 바람직하다는 생각에 그 내용을 보충하여 이 책의 머리로 삼는다.

2) 『정언묘선(精言妙選)』의 서지적인 사항과 이에 실린 시들의 선시기준(選詩基準)과 분류기준(分類基準)에 대하여서는 졸고, 「『정언묘선』의 문헌적 검토와 율곡의 시관」(『서지학보』 제15호, 한국서지학회, 1995.3) 참조.

> 당송(唐宋) 이하의 시는 품격이 혹 고시(古詩)에 미치지 못하나, 그 중 근체(近體)는 조탁(雕琢)의 교(巧)가 없으면서도 저절로 성률(聲律)에 맞으므로 아울러 뽑았다. 이 집(集)을 읽으면 그 담박(淡泊)함을 맛볼 수 있고, 그 희음(希音)됨을 즐길 수 있으니, 삼백편(三百篇)의 유의(遺意)는 이에서 벗어나지 않을 것이다.3)

라고 하여 시를 '품격'의 입장에서 보고 있음을 분명히 나타내고 있다. 또한 「정언묘선서(精言妙選序)」에서

> 나는 수년 동안 병을 지니고 한가로이 홀로 거처하여 신음하는 틈에 때때로 고시(古詩)를 수탐(搜探)하여 중체(衆體)를 갖추었다.4)

라고 하였는데, 이때 '중체(衆體)'의 '체(體)'는 바로 '품격'을 의미한다.5)

품격이란 작자의 인격이 작자가 선택한 적절한 주제와 형식(특히 내적 형식)을 통하여 드러난 총체적인 미감(美感)이다. 이를 작품의 중심으로 논한다면, 품격이라는 것은 작품 속에 용해되어 있는 작가의 정신적인 측면이 그것의 언어표현적인 측면과 조화롭게 어울려 드러내는 미(美)를 뜻한다.6)

율곡은 「정언묘선서(精言妙選序)」7)에서 『시경』을 성정의 바른 곳인 시의 본원(本源)으로 삼으면서 그것을 "사람의 정을 다 드러내고[曲盡人情] 사물의 이치에 두루 통하되[旁通物理] 유순하고 참되다[優柔忠厚]"고 하였다. 그리고

---

3) 이이(李珥), 「정언묘선총서」, 『율곡전서』(성균관대 대동문화연구원, 1958), 습유, 권4, 잡저1. "此集所選主於沖澹蕭散 不事繪飾 自然之中 深有妙趣 古調古意知者鮮矣 唐宋以下諸作品格或不逮古 間有近體 而皆無雕琢之巧 自中聲律 故竝選焉 讀此集 則味其淡泊 樂其希音 而三百之遺意 端不外此矣"

4) 이이, 「정언묘선서」, 『정언묘선』. "余數年抱病 居閒處獨 殿屎之隙 時搜古詩 備得衆體"

5) '체(體)'가 품격을 의미하는 것에 대해서는 졸고, 앞의 논문 참조.

6) 품격(品格)의 개념에 대한 논의는 졸고, 『시조품격론서설』(『반교어문연구』 제4집, 1992) 참조.

7) 이이, 「정언묘선서」, 『율곡전서』 권13, 서(序).

『정언묘선』에서 '충담소산 · 한미청적 · 청신쇄락 · 용의정심 · 정심의원 · 격사청건 · 정공묘려 · 결(○○미려)' 등 여덟 품격을 제시한 중에 '충담(冲淡)'을 첫머리에 놓은 것은 그 원류의 말미암음을 알게 하기 위해서라고 했으며, 충담에서부터 점차 내려와 미려(美麗)에 이르면 시의 맥락은 거의 시의 참모습을 잃는다고 하여 이에서 시선(詩選)을 매듭지어 시가 속이고 꾸미는 데 흐르지 않게 하고, 버리고 취하는 사이에 뜻을 둔다고 하였다.

그러므로 율곡이 제시한 여덟 품격에 속한 시들은 비록 정도의 차이는 있지만 모두 시의 본원인 "사람의 정을 다 드러내고[曲盡人情] 사물의 이치에 두루 통하되[旁通物理] 유순하고 참된[優柔忠厚]" 내용을 담고 있다고 볼 수 있다. 이는 공자가 『시경』에 대해 언급한 "생각에 사특함이 없는 것[思無邪]"[8]이라는 말을 좀더 자세히 언급한 것으로 볼 수 있고, 여기에서 율곡이 "유순하고 참되다[優柔忠厚]"고 한 것은 시인의 정신세계를 나타내는 말이며, 아울러 시인의 시에 대한 태도를 의미하기도 한다.

율곡은 시에 대하여 이 「정언묘선서」에서,

> 시는 비록 배우는 자가 잘해야 될 일은 아니지만 성정(性情)을 읊어 청화(淸和)를 펌으로써 가슴속의 더러움[滓穢]을 씻을 수 있는 즉 존양성찰(存養省察)에 일조가 된다.[9]

고 하여 시에 대해 도학(道學)의 효용적인 측면에서의 가치를 말하고 있지만, 다른 한편으로는

> 아! 말이란 소리의 정수인 것이요, 문사(文辭)라는 것은 말의 정수인 것이요,

8) 「논어」, 위정(爲政), 『경서』(성균관대 대동문화연구원, 1980), 76쪽.
"詩三百篇 一言以蔽之曰思無邪"

9) 이이, 「정언묘선서」, 위의 책.
"詩雖非學者能事 亦所以吟詠性情 宣暢淸和 以滌胸中之滓穢 則亦存省之一助"

> 시라는 것은 문사(文辭)의 빼어난 것이니, 곧 시가 세상에서 중히 되는 까닭, 이것을 볼 수 있다. 그러므로 성인이 경서(經書)를 찬술할 때 시를 그 첫 번째에 두어 세도(世道)의 성쇠와 국운(國運)의 치란(治亂)을 보도록 정아(正雅)와 변아(變雅) 정풍(正風)과 변풍(變風)을 지은 것이니, 곧 시가 사람을 감동시킬 수 있음을 알 수 있다. 또한 자미(子美)의 시구(詩句)가 능히 학질을 물리치고, 소주(蘇州)의 절구(絶句)가 능히 강 물결을 멈추게 하였으니, 곧 시가 귀신을 감동시킬 수 있다는 것 또한 알 수 있다. 문사(文辭)에서 빼어나 사람과 귀신을 감동시킨다면 시를 쉽게 말할 수 있겠는가.10)

라고 하여 시가 사람에게 감동을 주는 것임을 분명히 하면서 시의 중요성을 언급하고 있다.

율곡이 '도(道)'에 대하여,

> 대개 도는 높고 멀어 행하기 어려운 일이 아니라 다만 일상생활[日用] 속에 있을 뿐이니 일상생활 속에서 마땅히 행해야 할 것으로 도가 아닌 것이 없습니다.11)

처럼 '도'를 일상생활 속에서 이해하고 있듯이, 시의 효용적인 가치도 일상생활 속에서 적용될 수 있으며, 이는 감동을 전제로 하는 것이다. 여기에 시로서의 가치가 존재하게 되는 것이다. 아울러 율곡의 품격론은 이를 바탕으로 전개된다.

그러므로 율곡의 '품격론'을 밝힘으로써 당시 율곡이 시를 창작하고 이해

---

10) 이이(李珥), 「인물세고서(人物世稾序)」, 『율곡전서』, 습유, 권3, 서(序).
"嗚呼 言者 聲之精者也 文辭者 言之精者也 詩者 文辭之秀者也 則詩之所以重於世者 斯可見矣 是故 聖人之述經也 詩居其一 而于以見世道之盛衰 國運之治亂 而正雅變雅 正風變風之所以作也 則詩之可以感乎人者 可知也 且子美之句 能去瘧疾 蘇州之絶 能止江波 則詩之可以感乎鬼神者 亦可知也 秀乎文辭而感乎人鬼 則詩可易言哉"

11) 「호원 성혼에게 답하다[答成浩原渾] 갑인(甲寅)」, 『율곡전서』 권9, 서(書)1.
"大凡道非高遠難行之事 只在日用耳 日用之所當行者 無非道也"

했던 방식을 알아낼 수 있으며, 이는 한발 더 나아가 우리 고전시가를 이해하는 시 이론(詩理論)의 확립으로까지 발전시킬 수 있을 것으로 기대한다.

2. 율곡 시품(詩品)의 지향(志向)

율곡(栗谷)은 『시경(詩經)』의 시세계를 염두에 두면서 시 중에서 가장 정수(精粹)이며 법 삼을 만한 것들을 정선한 후 이 시들을 나름의 기준에 의하여 분류[12]하였으니, 그 『시경』의 시세계는 "문식(文飾)을 하지 않으면서", "사람의 정을 다 드러내고[曲盡人情] 사물의 이치에 두루 통하되[旁通物理] 유순하고 참된[優柔忠厚]" 것으로 그 세계는 청화(淸和)를 폄으로써 성취 가능한 것이며, 그리고 그 기준이란 바로 품격(品格)이다. 율곡은 자신이 정선한 시들을 품격을 위주로 다시 분류하여 그 세분된 논의를 진전시키고 있는데, 품격이란 작품 속에 용해되어 있는 정신적인 측면이 그것의 언어표현적인 측면과 조화롭게 어울려 드러내는 미(美)를 뜻한다.

율곡은 『정언묘선』을 편찬하면서 정선한 시들을 품격에 따라 여덟으로 분류하였는데, 그 '서(序)'와 '총서(總敍)'가 『율곡전서(栗谷全書)』와 『정언묘선』에 전하여 그 내용을 살필 수 있으니, 그것은 '충담소산(冲澹蕭散)'(元) '한미청적(閒美淸適)'(亨) '청신쇄락(淸新灑落)'(利) '용의정심(用意精深)'(貞) '정심의원(情深意遠)'(仁) '격사청건(格詞淸健)'(義) '정공묘려(精工妙麗)'(禮) '결(缺)'(智) 등이다. 지자집(智字集)은 『정언묘선』의 '서'와 '총서'가 『율곡전서』에 실릴 때 이미 망실된 상태라 그 속에 실린 시들의 성격을 정확하게 파악하기가 어려우나 그 품격 명의 일부는 '○○미려(○○美麗)이다.[13] 현재 『정언

12) 졸고, 「『정언묘선』의 문헌적 검토와 율곡의 시관」(『서지학보』 제15호, 한국서지학회, 1995. 3) 참조.

13) 지자집이 망실되었기 때문에 그 온전한 품격 명(品格名)을 파악하기 어려우나 그 일부는 '미려(美麗)'이다. 이에 대한 자세한 논의는 졸고, 「『정언묘선』, 「지자집」의 품격명고」, 『국어국문학논총』(태학사, 1995) 참조.

묘선』의 여덟 집 중 원(元)·형(亨)·이(利)·정(貞)·인(仁)·의(義의)·예(禮)의 일곱 집이 남아 전하지만 학계에는 원·형·이·정·인 등 다섯 집만 소개되어 있다.[14] 비록 지자집에 대한 내용이 빠져 있으나 나머지 집에 있어서는 그 '서' 및 '총서'의 내용을 볼 수 있고 일부이나마 그 각각의 집에 분속된 구체적인 시[15]들을 대할 수 있어서 우리 나름의 시 이론을 정립할 수 있다.

율곡이 편찬한 『정언묘선』 속에 분속된 글과 시 작품들 및 그 작자들을 분석해 보면 율곡의 시관[16]을 더욱 자세히 파악해 볼 수가 있으니, 그것은 다음과 같다.

첫째, 율곡은 "사람의 정을 다 드러내고[曲盡人情] 사물의 이치에 두루 통하되[旁通物理] 유순하고 참된[優柔忠厚]" 내용에 문식(文飾)을 가하지 않고 표현한 시들을 최고로 생각했다. 율곡은 역대로 가장 정수라고 생각한 시들을 선별하여 이 시들을 여덟 품격에 분속해 놓았는데, 그 중에서 <원자집>의 '충담소산'의 품격이 이에 제일 가깝다고 생각했다. 그리고 같은 <원자집> 안에서도 '오언고시(五言古詩)'만이 한(漢), 위(魏), 진(晉), 송(宋), 양(梁), 당(唐), 송(宋) 등 여러 시대의 작품을 두루 싣고 있다는 점에서 율곡이 '오언고시'의 형식을 중시하였음을 알 수 있고, 특히 율곡은 <원자집>의 '오언고시'를 통하여 그 '충담소산' 품격이 면면이 이어져 내려온 모습을 보여주고 있는 것이다.

둘째, 『정언묘선』에는 다른 왕조보다도 당(唐)의 시가 압도적으로 많다. 더군다나 당시 사상적으로, 또한 시문에 있어서 송(宋)의 영향을 많이 받던 시

---

14) 김남형(金南馨) 교수는 동춘당 송준길(同春堂 宋浚吉, 1606~1672)이 필사한 『정언묘선』을 소장하고 있는데, 이 책에는 『정언묘선』 총 8편 중 「원자집」부터 「예자집」까지 7편이 남아있으며, 520수의 시가 남아 있다고 한다. 이에 대한 자세한 내용은 필자의 「『정언묘선』의 문헌적 검토」, 『고전시가의 미학 탐구』(월인, 2000), 376쪽 각주 참조.

15) 『정언묘선』에 실린 시들은 모두 중국의 시들로서 우리 선인들의 시가 아닌 것은 매우 유감스러운 일이나, 이들 시들의 분석을 통하여 율곡의 시관(詩觀)을 더욱 구체적으로 살펴볼 수 있게 된 것은 다행스러운 일이다. 그리고 율곡의 시관 내지는 시 이론을 우리 국문시가에도 적용할 수 있다.

16) 졸고, 「『정언묘선』의 문헌적 검토와 율곡의 시관」, 61~75쪽 참조.

대에 송시(宋詩)보다도 당시(唐詩)를 율곡이 자신의 시선집에 많이 포함시켰다는 점을 감안할 때 곧 철리(哲理)를 읊은 시보다는 인간의 성정(性情)을 읊은 시를 율곡이 선호했음을 알 수 있다.

셋째, 송의 주자(朱子)나 소식(蘇軾)의 작품이 적은 반면 당의 위응물(韋應物), 이백(李白), 두보(杜甫)의 작품이 각 집(集)에 고루 분속되어 있다는 점에서 율곡이 이들의 시에 많은 공감을 했음을 알 수 있다. 그리고 율곡이 제1격으로 생각하는 '충담소산'의 <원자집>에 이백, 두보의 시보다 위응물의 시가 월등히 많다는 점에서, 율곡이 이백, 두보보다 오히려 위응물의 시를 더 높이 평가했다는 사실을 짐작할 수 있다.

넷째, 율곡이 그의 선시집인『정언묘선』속에 그들 사대부들이 배척한 죽림칠현(竹林七賢)의 한 사람인 완적(阮籍)의 시를 실었는데, 이에서 율곡이 비록 유학자의 시가 아니더라도 바른 성정(性情)에서 나온 것이라면 버리지 않고 취했다는 것을 알 수 있다.

3. 팔 품격(八品格)의 시세계

위의 분석을 토대로 각 집의 서두에 실려 있는 '서(敍)'의 내용을 살펴「정언묘선서」에서 제시된 율곡의 총체적인 시관이 각각의 집에서 어떻게 세분되어 나타나는지를 살피고, 그 각각의 집에 실려 있는 시들을 분석하여 그 시관을 구체적으로 확인하고자 한다. 구체적으로 살펴볼 시는 주로『정언묘선』각 집에 실려 있는 위응물의 시 중에서 선택했다. 그 이유는 앞에서 언급했듯이 율곡이 위응물의 시에 매우 관심이 높았음을 확인했기 때문이다.

1) 충담소산(冲澹蕭散)

율곡은「원자집(元字集)」의 서(敍)에서 다음과 같이 이 집에 실린 시들의 특징을 언급하고 있다.

> 이 집(集)은 충담소산(冲澹蕭散)의 것을 뽑았다. 회식(繪飾)을 일삼지 않아 자연스런 가운데 깊이 묘취(妙趣)가 있다. 고조(古調) 고의(古意)를 아는 이가 적다. 당송(唐宋) 이하의 시는 품격이 혹 고시(古詩)에 미치지 못하나, 그 중 근체(近體)는 조탁(雕琢)의 교(巧)가 없으면서도 저절로 성률(聲律)에 맞으므로 아울러 뽑았다. 이 집(集)을 읽으면 그 담박(淡泊)함을 맛볼 수 있고, 그 희음(希音)됨을 즐길 수 있으니, 삼백편(三百篇)의 유의(遺意)는 이에서 벗어나지 않을 것이다.[17]

'충담소산'의 품격은 "회식(繪飾)을 일삼지 않아 자연스런 가운데 깊이 묘취(妙趣)가 있"는 것으로, 깊은 '묘취'는 우선 고의(古意)와 관련이 있으며, 고의(古意)는 바로 삼백편의 유의(遺意)이다. 그리고 삼백편의 유의란 일반적으로 '생각함에 사특함이 없는 것'이며, 세분해서는 「정언묘선서」에서 율곡이 제시했듯이 사람의 정을 다 드러내고[曲盡人情] 사물의 이치에 두루 통하되[旁通物理] 유순하고 참된[優柔忠厚] 것으로, 이로부터 담박(淡泊)함을 맛볼 수 있다. 그 다음으로 이 깊은 '묘취'는 고조(古調)와 관련이 있으며, 고조(古調)는 곧 성률에 맞는 것으로, 그로부터 희음(希音)을 즐길 수 있다. 일체의 꾸밈이 없는 곳에 담박미가 있고, 일체의 기교가 없는 곳에 희음이 있다. 충담소산의 품격은 '평담(平淡)·자연(自然, 天然)·조화(調和)'를 그 특징으로 한다.[18)]

17) 이이, 「정언묘선총서」, 『율곡전서』(성균관대 대동문화연구원, 1958), 습유, 권4, 잡저1. "此集所選主於冲澹蕭散 不事繪飾 自然之中 深有妙趣 古調古意知者鮮矣 唐宋以下諸作品格或不逮古 間有近體 而皆無雕琢之巧 自中聲律 故竝選焉 讀此集 則味其淡泊 樂其希音 而三百之遺意 端不外此矣"

18) '충담소산'의 '평담·자연(천연)·조화'의 성격에 대하여는 졸고, 「「고산구곡가」 연구」(성균관대 박사학위논문, 1990), 78~108쪽 참조.

<가을밤에 구단(丘丹) 원외(員外)에게 부치다>[19]

그대 생각하며 가을밤에 글(실)을 지어
한가로이 거닐며 찬 기운 속에 (시를) 읊는구려.
산은 비고 솔방울 떨어지리니
유인은 반드시 잠 못 이루리.
懷君屬秋夜, 散步詠涼天.
山空松子落, 幽人應未眠.

이 시는 위응물(韋應物)이 가을밤에 임평산(臨平山)에 은거하는 친구 구단(丘丹)을 생각하며 지은 것이다. 대우(對偶)의 방식을 쓰지 않았고, 친구를 생각하는 정을 사실적으로 절실히 나타내면서도 지나침이 없다.

1구와 2구는 작자 자신의 상황을 읊은 것이며, 3구와 4구는 친구의 상황을 그린 것이다. 그러므로 1·2구는 실제의 상황이나, 3·4구는 작자가 자신의 현재 심정을 미루어 만들어 놓은 작자가 짐작하는 친구의 상황이다. 물론 이러한 짐작은 예전에 자신의 경험을 바탕으로 한 것이다. 친구를 생각하는('懷君') 작자의 마음은 다음 구 한가로이 거니는('散步') 행동으로 이어지며, 가을밤('秋夜')은 찬 기운('涼天')으로 이어진다. 가을밤의 찬 기운을 느끼며, 작자는 친구가 있는 곳의 상황을 생각하게 되니, "산은 비고('山空')"가 그것이다. 가을의 찬 기운으로 인하여 산의 나뭇잎이 다 떨어졌으리라는 데로 생각이 미친다. 그러고는 작자는 이 가을밤에 친구도 자신을 생각하고 있으리라 여기는 것이다.

"산공송자락(山空松子落) / 유인응미면(幽人應未眠)"은 친구를 그리워하는 정을 아주 절실히 그리고 적절히 표현한 명구(名句)이다. 가을의 어느 한밤중, 은거하는 곳에서 친구를 절실히 생각하며 그리워한다. 그런데 떨어진 나뭇잎

19) 위응물, <추야기구이십이원외(秋夜寄丘二十二員外)>, 『정언묘선』, 「원자집」 '오언절구', 비점(批點)과 권점(圈點)은 율곡이 직접 표시한 것임. 이하 같음.

위로 솔방울이 '툭'하고 떨어진다. 그 나뭇잎에 떨어지는 솔방울 소리를 듣고, 이 '유인(幽人)'은 혹시 자신을 보고 싶어 자기를 찾아오는 친구의 발걸음 소리가 아닌가 여기게 되는 것이다. 그래서 방문을 한 번 열어보기도 할 것이다. 아마 이 '유인(幽人)'은 밤새 그렇게 하느라 잠을 이루지 못할 것이다.

친구를 그리워하며 생각하는 위응물은 자신의 심정을 미루어 '친구의 그러한 상황'을 상상한다. 그래서 서로 다른 공간에 떨어져 있는 이 두 사람이 서로를 매우 그리워하며 서로를 절실히 생각하는 상황을 자연스럽게 아주 사실적으로 만들어 놓았다. 친구를 그리워하는 정이 과장되지 않고 사실적으로 절실히 드러났으며, 또한 그 정을 나타냄에 어떤 수식의 힘을 빌리지 않았다. 작자의 생각도 '담박'하고 그 표현도 '담박'하다.

2) 한미청적(閒美淸適)

「형자집(亨字集)」의 서(敍)의 내용은 다음과 같다.

> 이 집(集)은 한미청적(閒美淸適)의 것을 뽑았다. 조용히 스스로 얻는 것이 우흥(寓興)에서 나오는 것이지 사색(思索)으로 도달할 수 있는 것이 아니다. 이 집을 읽으면 심기(心氣)가 평화로워지고 작은 수레를 타고 마음대로 꽃길[花蹊]과 풀길[草徑]을 다니는 것과 같아서 권세(權勢)·명리(名利)의 화려함 보기를 멀리할 것이다.[20]

이 한미청적의 '한(閑)'은 '한가로움'인데, '한'을 즐기는 것은 물외에서나 속세에서나 가능한 것으로, 이 '한'을 통하여 '청적(淸適)'한 생활을 하면서 '망기(忘機)'하여 '무심(無心)'에 이르게 된다. 이 무심은 '인세(人世)' 그 자체

---

20) 이이, 「정언묘선총서」, 앞의 책.
"此集所選主於閒美淸適 從容自得 出於寓興 非思索可到 讀此集 則心平氣和 如乘小車 隨意行于花蹊草徑 而勢利芬華 視之邈矣"

를 부정하는 것이 아니라 인세의 '부귀'를 추구하는 혼탁한 마음을 부정하는 것이다. 그리고 이 '한(閑)'은 '흥(興)'과 관련될 때 미의식이 되는데, 이때 '흥(興)'은 외부세계의 사물에 감동하여 만들어지는 시인의 감정을 이른다. '청(淸)'은 '자연의 맑고 깨끗한 기운'으로서, 인간사에 있어서는 '마음이 혼탁하지 않은 것', '안빈하여 세상의 자욱한 티끌을 멀리하는 것' 등의 의미가 있다. 마지막으로 '적(適)'은 '자적(自適)'으로서, 이는 어떤 얽매임이나 거리낌 없는 자유로운 생활을 영위하는 것으로, 이러한 자유로운 생활을 통하여 정신적인 자유도 획득하게 된다. 그러나 이것이 절대적 정신의 자유[逍遙自在]를 의미하는 것은 아니다. 그리고 이 한미청적의 품격이 추구하는 세계는 '심기평화(心氣平和)'이다.21)

<노척과 영정사 북지에 있는 승재(僧齋)에서 함께 노닐다>22)

빽빽한 대나무숲을 거닐어 이미 멀리 왔는데,
자규 울음소리에 더욱 깊어지네.
푸른 연못 아름다운 풀 향그럽고,
한가로운 집 봄나무 그늘이 지네.
갠 날 나비는 난초 길을 바람에 떠다니고,
즐거이 벌은 꽃술을 맴도네.
그대를 만나 손을 잡지 못하였더라면,
누구와 다시 이 깊은 곳을 찾았으리.
密竹行已遠, 子規啼更深.
綠池芳草氣, 閑齋春樹陰.

21) '한미청적' 품격의 개념에 대해서는 졸고, 「어부가와 한적」(『성균어문연구』 제31집, 성균관대학교 국어국문학회, 1996.12) 참조.
22) 위응물, <여노척동유영정사북지승재(與盧陟同遊永定寺北池僧齋)>, 『정언묘선』, 「형자집」 '오언고시'.

晴蝶飄蘭逕, 遊蜂繞花心.
不遇君携手, 誰復此幽尋.

이 시는 근체(近體) 율시(律詩)의 특성상 3구와 4구, 5구와 6구가 대우관계(對偶關係)를 이루고 있다. 그러나 율곡은 시의 내용이 참되고, 그 대우(對偶)가 억지로 이루어진 것이 아니라면 이 정도의 문식(文飾)은 인정하고 있다.

첫째 구와 둘째 구 '밀죽행이원(密竹行已遠) / 자규제경심(子規啼更深)'은 영정사(永定寺)가 산속 깊숙이 있다는 말이다. 그리고 셋째 구와 넷째 구 '녹지방초기(綠池芳草氣) / 한재춘수음(閑齋春樹陰)'의 '아름다운 풀 향그럽고'와 '봄나무 그늘이 지네'는 날씨가 화창함을 나타낸다. 그러나 찾아간 승재(僧齋)에 승은 어디를 갔는지 모습이 보이지 않으니, '한재(閑齋)'가 그것이다. 곧 이어 시인(詩人)의 시선은 주변 경관으로 옮겨진다. 그 때 시인의 눈에 들어온 것이 다섯째 구와 여섯째 구 '청접표란경(晴蝶飄蘭逕) / 유봉요화심(遊蜂繞花心)'이다. '청접(晴蝶)'의 '청(晴)'을 통하여 비가 오다가 날씨가 개었음을 알 수 있으니, 비로 인하여 주변 경관이 더욱 깨끗하고 맑은 모습을 지니고 있음을 볼 수 있다. 깨끗하고 화창한 봄 날씨 속에서 나비는 산들바람에 의지하여 떠다니고, 벌은 꿀을 따러 꽃술 주위를 맴돌고 있다. 이 두 구는 자연(自然)의 모습 그대로이며, 조금의 인욕(人欲)도 개재하지 않았다. 시인은 '춘흥(春興)'을 한껏 즐기고 있다. 이 '춘흥'으로 인하여 시인은 이 깊숙하고 외진 승재를 찾은 보람을 느끼고 있다. 마지막 구 '불우군휴수(不遇君携手), 수부차유심(誰復此幽尋)'이 이러한 시인의 심정을 나타내고 있다.

3) 청신쇄락(淸新灑落)

「이자집(利字集)」의 서(敍)의 내용은 다음과 같다.

이 집은 청신쇄락(淸新灑落)의 것을 뽑았다. 매미가 풍로(風露) 속에서 허물

> 을 벗듯이 연화식(煙火食)하는 입에서 나온 것 같지가 않다. 이 집을 읽으면 위장(胃腸)의 썩은 피[葷血]를 단번에 씻어내어 정신이 맑아지고 뼈가 시원해져서, 인간의 취부(臭腐)가 내 영혼에 끼치지 않을 것이다.23)

'청신쇄락'은 그 시의 세계(또는 정신)가 진부하지 않아 깨끗하고 산뜻하여, 속세의 기운이 티끌만큼도 없는 것을 말한다.

<전초산 속의 도사에게 부치다>24)

오늘 아침 군재가 서늘하니
갑자기 산속 객이 생각나네.
골짜기 내려가 섶나무 묶어
돌아와 흰 돌을 구우리라.
한 항아리 술을 지니고
멀리 비바람 부는 저녁을 위로코자 하나,
낙엽이 빈산에 가득하리니
어느 곳에서 행적을 찾으리.
今朝郡齋冷, 忽念山中客.
澗底束荊薪, 歸來煮白石.
欲持一瓢酒, 遠慰風雨夕.
落葉滿空山, 何處尋行跡.

이 시는 시인의 상황과 멀리 떨어져 있는 친구의 상황을 번갈아 가면서 배

---

23) 이이, 「정언묘선총서」, 앞의 책.
"此集所選主於淸新灑落 蟬蛻風露 似不出於煙火食之口 讀此集 則可以一洗腸胃葷血 而魂瑩骨爽 人間臭腐 不足以累吾靈臺矣"

24) 위응물, <기전초산중도사(寄全椒山中道士)>, 「이자집」 '오언고시', 『정언묘선』.

치하여, 실제의 상황과 시인이 상상하는 친구의 상황이 번갈아 표현되어 있다. 어느 가을 아침의 서늘한 기운으로 인하여 시인은 갑자기 산중의 친구를 생각[念]하게 된다. 이 시인의 생각은 "골짜기에 내려가 섶나무를 가지고 돌아와 백석(白石)을 굽는" 산속 친구의 생활을 상상하는 데 이르는데, 백석은 구워서 양식으로 쓰는 것으로, 이는 도가의 수련방법 중 하나이다. 이는 높은 정신적 경계를 지향하는 도사(道士)의 모습이다. 이러한 모습 속에서 세속의 진부한 생각은 사라지게 마련이다. 그리고 이러한 높은 정신적 경계는 산속 친구가 지향하는 세계이면서 동시에 작가가 지향하는 세계이기도 하다. 그래서 작자의 생각은 일보 더 나아가 한 항아리의 술을 가지고 비바람 속에 고생하는 친구를 위로하고자 하는 데까지 미친다. 그러나 '몰아치는 비바람'은 또한 작자에게 자신의 생각을 더 진전시키게 하니, 비바람으로 인하여 온산의 낙엽이 져서 친구에게로 가는 길을 다 덮어버려, 깊은 산속에 있는 친구를 찾기 어려울 것이라 생각하게 된다. 이 낙엽은 산길조차 덮어 버려 인간의 자취를 없앰으로써 이 산속 객의 청고(淸高)한 삶을 더욱 사실적으로 형상하고 있다. 이 시는 친구를 생각하는 작자의 정(情)을 친구의 생활하는 경(景)과 친구가 있는 곳의 경(景)을 적절히 안배하여, 작자가 친구를 생각하고, 나아가 높은 정신적 경계를 지향하는 친구의 생활을 생각하게 하는 모습을 사실적으로 절실하게 나타내고 있다.

4) 용의정심(用意精深)

「정자집(貞字集)」의 서(敍)의 내용은 다음과 같다.

> 이 집(集)은 용의정심(用意精深)의 것을 뽑았다. 어구(語句)가 단련(鍛錬)되고 격도(格度)가 엄정(嚴整)하여 그 중에 조묘(造妙)한 논(論)이 있으니, 상정(常情)으로는 미칠 수 없는 것이다. 이 집(集)을 읽으면 은미(隱微)한 것을 찾아볼 수 있어서 생각이 자연 천박해지지 않을 것이다.[25]

'용의정심'의 '용의(用意)'는 작자의 생각을 펼치는 것이요, '정심(精深)'은 작자의 생각을 펼침에 정밀히 하여 그 뜻이 매우 깊음을 나타낸다. 그래서 '상정(常情)'으로는 그 '조묘(造妙)한 논(論)'을 알아내기가 어렵다. '은미(隱微)'하다는 것은 바로 시의 '함축(含蓄)'을 의미하는 것으로, 바로 어구(語句)의 단련과 엄정한 격도를 통하여 시 속에 여러 의미를 담아 놓아 읽는 이로 하여금 무궁한 맛을 볼 수 있게 만드는 것이다.[26]

<가인(佳人)>[27]

절세의 가인이
빈 계곡에 홀로 사는구나.
스스로 말하기를, 양가집 자제로
영락하여 초목에 의지하네.
관중의 지난 난리에
형제는 죽임을 당하였으니
관직이 높은 것을 어찌 족히 논하리요.
골육을 거둘 수 없는 것을.
세상 인정이 쇠잔해지는 것을 싫어하니,
만사가 바람에 흔들리는 촛불이라네.
지아비는 경박한 사람이요,
신부는 아름답기 옥과 같네.
합혼은 늘 때를 알고,
원앙은 홀로 잠들지 않네.

---

25) 이이, 「정언묘선총서」, 앞의 책.
"此集所選主於用意精深 句語鍛鍊 格度嚴整 間有造妙之論 非常情所可企及者 讀此集 則可以探微見隱 而意思自不淺近矣"

26) '용의정심'의 개념에 대해서는 졸고, 「시조 품격론 서설」, 257~261쪽 참조.

27) 위응물, <가인(佳人)>, 『정언묘선』, 「정자집」 '오언고시'.

단지 신부의 웃는 모습만 보일 뿐,
어찌 옛 사람의 우는 소리가 들리리요.
산에 있을 때 샘물은 맑으나,
산을 나가면 샘물은 흐려지네.
시비가 진주를 팔아 돌아오고,
여라풀을 이끌어 초가집을 기우네.
꽃을 꺾어 머리에 꽂지 아니 하며,
측백나무잎을 따다 자주 손에 움켜쥐네.
날씨 차가운데 푸른 옷 소매는 엷거늘,
해 저무는데 긴 대에 (몸을) 기댄다.
絶代有佳人, 幽居在空谷.
自云良家子, 零落依草木.
關中昔喪亂, 兄弟曹殺戮.
官高何足論, 不得收骨肉.
世情惡衰歇, 萬事隨轉燭.
夫婿輕薄兒, 新人美如玉.
合昏尙知時, 鴛鴦不獨宿.
但見新人笑, 那聞舊人哭.
在山泉水淸, 出山泉水濁.
侍婢賣珠回, 牽蘿補茅屋.
摘花不揷髮, 采柏動盈掬.
天寒翠袖薄, 日暮倚修竹.

<가인>은 두보(杜甫)의 시로, 『정언묘선』, 「정자집」에 분속된 시이다. 이 시는 두보가 관직을 버리고 화주(華州)로부터 서쪽 진주(秦州)로 가는 중에 우연히 이러한 사연을 지닌 사람을 보고 느낌을 시로 나타낸 것이다.[28)]

이 시의 1구부터 8구까지는 이 여인이 고관의 좋은 집 자제로 태어났으나

안록산의 난으로 인하여 집안이 다 망가지고 형제가 죽임을 당하여 홀로 빈 산에 살고 있음을 나타낸다. 9구 '세정오쇠헐(世情惡衰歇)'은 세상 인심이 '쇠잔해 지는 것'을 싫어하여 이 여인을 버렸음을 나타내면서 아울러 이 여인의 지아비마저도 이 여인을 버렸음을 나타낸다. 그러므로 여인의 입장에서 보면 10구 '만사수전촉(萬事隨轉燭)'에 나타나듯이, 모든 일이 바람에 흔들리는 촛불과 같이 위태로운 상황이 되어버렸다. 그래서 여인은 자신의 처지가 밤이면 그 잎이 합해지는 '합혼(合昏)'과 혼자 자지 않는 '원앙(鴛鴦)'만 못하다고 생각하는 것이다. '합혼'은 식물의 이름으로 잎이 아침에는 벌어졌다가 밤이 되면 다시 합쳐진다. 그러나 '단견신인소(但見新人笑) / 나문구인곡(那聞舊人哭)'에서 알 수 있듯이 이 여인은 지금은 옛날처럼 자신의 처지를 한탄하며 슬피 울지 않고 지금은 웃음을 머금을 정도로 자신의 어려운 상황을 잘 극복하고 있다. 17구 '재산천수청(在山泉水淸)'의 '청(淸)'은 자신의 절개와 지조가 산속의 샘물처럼 맑음을 나타내는 것이며, 22구 '채백동영국(采柏動盈掬)'의 '백(栢)'은 추위를 잘 견디는 속성을 지니고 있으므로 이 구는 이 어려움 속에서 자신의 절개와 지조를 잘 지키겠다는 여인의 뜻을 담고 있는 것이다. 23구 '천한취수박(天寒翠袖薄)'의 '천한(天寒)'은 여러 의미를 내포하고 있는 말로서 직접적으로는 날씨의 차가움을 뜻하는 것이며, 다음으로는 안록산의 난으로 인한 세태의 어려움을 나타내는 말이기도 하다. '취수박(翠袖薄)'은 날씨가 차가운데 입은 옷이 엷으니, 차가움이 몸에 더 강하게 느껴질 것이요, 아울러 이는 세태의 어려움을 이 여인이 더욱 강하게 느끼고 있다는 말이 된다. 그러나 이 구의 말들은 이에서 더 나아가 한 가지 의미를 더 지니고 있으니, 역시 안록산의 난을 당하여 어려움을 겪고 있는 작자 두보의 상황을 동시에 나타내주고 있다. 마지막 구 '일모의수죽(日暮倚修竹)'의 '일모(日暮)'는 '천한(天寒)'과 같이 여러 의미를 내포하는 말이며, '의수죽(倚修竹)'은 그러한 어려움에도 불구하고 자신의 절개를 지키겠다는 여인의 그리고 작자 두보의 의

28) 왕계흥(王啓興) 모치중(毛治中), 『당시삼백수평주(唐詩三百首評注)』(호북인민출판사, 1988), 16~18쪽 참조.

지의 표현인 것이다.

두보는 우연히 여인의 가련한 처지를 알게 되어 그것을 시로 절실히 나타내면서, 그 여인의 처지가 조정(朝廷)에서 버림받은 자신의 처지와 흡사함으로 인하여 마지막 두 구에 여러 가지 의미를 함축시켜 놓았다.

5) 정심의원(情深意遠)

「인자집(仁字集)」의 서(敍)의 내용은 다음과 같다.

> 이 집(集)은 정심의원(情深意遠)의 것을 뽑았다. 즉경(卽景) 즉사(卽事)하여 가슴속의 느낌을 그려내어, 원망하나 도리에 어긋나지 않고 슬퍼하나 마음 상하지 않는다. 이 집(集)을 읽으면 반드시 조용히 오래도록 생각하여 처연(悽然)히 탄식을 일으켜 고인(古人)의 마음을 얻어서 스스로 원대(怨懟) 음방(淫放)하는 잘못이 없게 될 것이다.29)

<양자진(揚子津)을 떠나면서 바로 교서랑 원대에게 부침>30)

슬퍼하며 친애하는 이를 떠나가
배를 띄워 안개 속으로 들어가네.
노 저어 낙양 사람은 돌아가고
종소리 광릉의 수풀에 남아 있네.
오늘 아침 이렇듯 이별을 하였으니
어느 곳에서 다시 만나리.

---

29) 이이, 「정언묘선총서」, 앞의 책.
"此集所選主於情深意遠 卽景卽事 寫出襟懷 怨而不悖 哀而不傷 讀此集 則未嘗不穆爾長思 悽然興歎 求獲古人之心 而自無怨懟淫放之失矣"

30) 위응물, <초발양자기원대교서(初發揚子寄元大校書)>, 「인자집」, 『정언묘선』.

세상일은 물결 위의 배 같나니
물길 따라 오르내리느라 어디에 머물 수 있겠는가
悽悽去親愛, 泛泛入煙霧.
歸棹洛陽人, 殘鐘廣陵樹.
今朝此爲別, 何處還相遇.
世事波上舟, 沿洄安得住.

이 시는 절친한 친구와 헤어지면서 시인의 슬픈 마음을 절실히 나타내면서도 그 슬픔을 나타냄이 지나치지 않다. 위응물은 광릉(廣陵, 지금의 양주(揚州))의 친구를 찾아 회포를 풀고 다시 낙양으로 향하고 있다. 첫째 구 '친애(親愛)'라는 말 속에서 이 두 사람이 매우 가까운 사이라는 것을 알 수 있다. 셋째 구 '낙양인(洛陽人)'은 위응물 자신을 가리킨다. 시인은 배를 타고 낙양으로 떠나가면서 헤어지는 슬픔에 광릉 쪽을 돌아본다. 이때 광릉에서 종소리가 들려온다. 이 종소리는 광릉에서 듣던 소리로 친구에 대한 그리움을 한층 더한다. 다섯째 여섯째의 구 '금조차위별(今朝此爲別) / 하처환상우(何處還相遇)'는 오늘 헤어지면 다시 만나기가 쉽지 않음을 나타낸다. 그러기에 친구에 대한 그리움과 헤어짐의 슬픔을 한층 더하는 것이다. 그러나 시인은 친구와 헤어지게 만든 세사(世事)를 원망하지 않고 그것이 세상사는 이치임을 말하고 있다. 세사를 물결 위의 배에 비유하여 물의 흐름과 바람에 의해 물길을 오르내리므로 자신의 의지로 배를 세우고 내릴 수 없듯이, 세사도 자신의 의지대로 결정할 수 없다는 사실을 인식한다. 자신의 슬픈 처지를 지나치게 확대하지 않고, 그 상황을 자연스럽게 이해하면서 담담하게 받아들이는 마음, 이것이 곧 고인(古人)의 마음이다.

6) 격사청건(格詞淸健)

「의자집(義字集)」의 서(敍)의 내용은 다음과 같다.

> 이 집(集)은 격사청건(格詞淸健)의 것을 뽑았다. 필력(筆力)이 굳세면서도 급박(急迫)한 뜻이 없고 엄정(嚴正)한 맛이 있다. 이 집(集)을 읽으면 기운이 치솟고 정신이 드날려 나부(懶夫)가 뜻을 세우고 비부(鄙夫)가 아취(雅趣)를 일으킬 수 있을 것이다.[31)]

이 「의자집」부터는 각 집에 분속된 시들이 전하지 않아 구체적으로 작품을 통한 율곡 시관의 이해를 기할 수 없는 아쉬움이 있으나, 각 집의 「서」의 내용만으로도 그 자세한 시관을 엿볼 수는 있다. 「의자집」은 격식(格式)과 문사(文詞)가 '청건(淸健)'한 것을 주로 뽑았다고 했다. 필력이 굳세다고 했으니, 기운찬 기상을 장대하게 펼친 시들로 짐작이 된다. 그러면서도 호흡을 유장하게 이끌어 지나침이 없도록 하였을 것이니, "급박한 뜻이 없고 엄정한 맛이 있다"는 말에서 이러한 사실을 느낄 수 있다.

7) 정공묘려(精工妙麗)

「예자집(禮字集)」의 서(敍)의 내용은 다음과 같다.

> 이 집(集)은 정공묘려(精工妙麗)의 것을 뽑았다. 비록 조회(雕繪)의 수식이 있기는 하지만, 음염(淫豔)에 이르지는 않았다. 이 집(集)을 읽으면 정(情)이 두터워지고 뜻이 빼어나게 되어[情濃意秀] 여윈 자는 살찌게 되고 마른 자는 꽃피게 된다.[32)]

---

31) 이이, 「정언묘선총서」, 앞의 책.
"此集所選主於格詞淸健 筆力遒勁 而無急迫之意 有凝遠之味 讀此集 則氣聳神揚 而懶夫可以有立志 鄙夫興雅趣矣"

32) 이이, 「정언묘선총서」, 앞의 책.
"此集所選主於精工妙麗 雖有雕繪之飾 而不至於淫豔 讀此集 則情濃意秀 瘦瘠者可以增肌 枯槁者 可以發華矣"

「예자집」은 조회의 수식이 있으나, 그것이 아주 지나치지 않으면서도 또한 정이 두텁고 뜻이 빼어난 시들을 분속해 놓았다. 일단 품격 명이 정공묘려(精工妙麗)인 것에서 이에 속한 시들이 어느 정도 수식이 가해졌음을 짐작할 수 있다. 그리고 이 시들은 정이 풍부하므로 여윈 자가 살찌게 될 것이고, 뜻이 빼어나므로 마른 자가 꽃피게 될 것이다.

8) 결(缺)

「지자집(智字集)」은 이에 분속된 시들뿐만 아니라 그 「서」도 전하지 않아 그 내용을 짐작하기도 어렵다. 그러나 앞에서 언급했듯이 「정언묘선총서」의 내용을 면밀히 살펴보면, 「지자집」의 품격 명의 일부가 '미려(美麗)'임을 알 수 있다.[33)]

4. 맺음말

지금까지 율곡이 지향하는 시세계를 품격의 입장에서 살펴보았다. 율곡은 시의 가치를 특히 감동을 주는 데 두었다. 그런데 이 감동은 외물(外物)을 수창(酬唱)하는 데서 얻는 감동이 아니라 바른 성정을 읊는 데서 얻는 감동이다. 이러한 의미에서 율곡은 특히 『시경』을 높이 평가하고 있다. 『시경』은 "사람의 정을 다 드러내고[曲盡人情] 사물의 이치에 두루 통하되[旁通物理] 유순하고 참된[優柔忠厚]" 세계를 '지문(至文)'으로 드러내고 있기 때문이다. 이러한 『시경』의 경지를 율곡은 시의 모범적인 모습으로 여겨, 이를 시의 본원이라고 했다. 하나의 큰 물줄기가 흘러 내려가면서 여러 줄기로 나누어지듯이, 율곡은 『시경』의 이러한 정신이 시대를 따라 내려오면서 여러 갈래로

---

33) 「지자집」의 품격 명의 일부가 '미려(美麗)'임은 졸고, 「『정언묘선』, 「지자집」의 품격명고」, 『국어국문학논총』(태학사, 1995) 참조.

갈려 그 참된 모습을 점차 잃어가고 있다고 생각했다. 그래서 율곡은 『시경』 이후로부터 당대까지의 시들 중에서 그 정신의 참된 모습을 조금이라도 담고 있어서 다른 이들에게 모범이 될 만한 시들을 엄선하여, 올바른 시의 모습을 제시함으로써 당시의 사람들이 이를 본받아 '청화(淸和)'를 펼 것을 권하였으니, 그 책은 바로 『정언묘선』이다. 여기서 율곡은 『시경』의 시정신에 가장 가까운 것이 '충담(冲淡)'의 품격이라고 생각했다.

율곡은 이 『정언묘선』에서 그 갈래를 여덟으로 나누어 시들을 분속해 놓고 각각의 앞에 그 시들의 특징들을 서술해 놓았다. 그 나눈 기준은 그 시들이 지니고 있는 '품격'이다. 이것은 『시경』의 시정신뿐만 아니라 그것이 구체적으로 시 속에서 드러난 방식에도 율곡이 관심을 가졌다는 것을 의미한다. 이에서 율곡의 자세하면서도 구체적인 시관을 확인할 수 있게 된다.

율곡은 시를 두고 배우는 이가 잘할 것이 못된다고 하였다. 시는 사람의 말 가운데에서 가장 정수인 것이나, 시는 나름대로 정해진 틀(제약)이 있어서 자칫 꾸밈이 지나쳐 진실을 속이게 되는 수가 종종 있기 때문이다. 꾸밈이 지나치게 되면 성정을 읊조림에 그릇되어 마음을 흐리게 된다. 그렇기에 율곡은 아마도 형식적 제약이 적은 '고시(古詩)'를 좋아했는지 모른다. 율곡은 특히 '오언고시(五言古詩)'를 중시했으니, 『정언묘선』에 분속된 시들의 분석을 통해 확인할 수 있다. 그러나 율곡은 모범적인 훌륭한 시를 읊조리어 '청화(淸和)'를 펴게 되면 마음속의 온갖 찌꺼기가 다 씻쳐질 수 있어서 배우는 이의 '존양성찰(存養省察)'에 도움이 된다고 생각했다. 그래서 『정언묘선』을 읽는 이들에게 특히 이 점을 염두에 두도록 당부하고 있는 것이다. 시를 통해 성정을 읊조림에 '청화(淸和)'를 펼 것을 특히 강조하고 있는데, '청화(淸和)'란 '인욕이 개재되지 않은 맑고 깨끗한 상태의 과불급이 없는 정(情)'을 뜻한다.

제2장 「정언묘선서」의 이정

1. 이정(移情)이 갖는 뜻

율곡(栗谷, 1536~1584)은 그의 시선집 『정언묘선』(1573년, 38세)[1]에서 시

1) 율곡의 『정언묘선』은 시에 대한 이론과 실제를 체계적으로 밝힌 우리나라 최초의 시 이론서이다. 성리학적 입장에서 시에 대한 총체적인 시각을 제시하였으며, 품격(品格)을 기준으로 하여 시를 여덟 가지로 분류하고 그 품격에 속하는 각각의 작품들에 대하여 창작 방법과 감상, 효용에 이르기까지 자세하게 언급하면서 그에 해당하는 작품들을 선별하여 실었다. 이 『정언묘선』에 제시된 기준으로 한시의 미적 특질 뿐만 아니라 국문 시가의 미적 특질까지 규명할 수 있으므로, 이러한 측면에서 『정언묘선』은 우리 시가의 미적 특질을 규명하고 이해하는 데 있어서 중요한 자료이다. 필자는 『정언묘선』에 소개된 율곡의 시 이론 및 창작 방법을 꾸준히 해명하면서 한시 및 우리 시가의 미적 특질을 밝히는 작업을 해왔다. '이정(移情)'에 관한 연구는 우리 시가의 미적 특질을 올바로 규명하고 이해하는 데 중요한 기여를 하게 되리라 생각한다. 율곡의 『정언묘선』을 중국의 시론서(詩論書)인 유협(劉勰)의 『문심조룡(文心雕龍)』(499~501년에 저작), 종영(鍾嶸, 480?~552)의 『시품(詩品)』, 사공도(司空圖, 837~908)의 『이십사시품(二十四詩品)』, 승교연(僧皎然)의 『시식(詩式)』과 비교했을 때 율곡은 이전에 제기된 시론들을 모두 흡수한 후, 그것들을 성리학적 세계관에 기반하여 나름대로 체계화시킨 것으로 보여 진다. 이들과 비교했을 때 율곡 시론(詩論)의 독창성은 다음과 같다. 첫째, 좋은 시가 갖추어야 할 기본요소를 제시한 후, 충담(沖淡)을 근원으로 하여 각 품격들의 선후와 본말을 체계적으로 제시한 것이 우선 율곡 시론의 독창성이다. 여기에서 시가 갖추어야 할 기본 요소는 '곡진인정(曲盡人情)하고 방통물리(旁通物理)하며 우유충후(優柔忠厚)한 경지'이다. 둘째, 『정언묘선』에 제시한 모든 품격을 일정한 체제로 설명하고 있는 것이 또한 율곡의 독창성이다. 여기에서 일

를 향유하는 방법을 제시했으니, 그것은 '조회수조(雕繪繡藻)'와 '이정탕심(移情蕩心)'을 경계하고 '존양성찰(存養省察)'에 힘쓰라는 것이었다.

> 시는 비록 학자가 잘해야 할 일은 아니지만 성정(性情)을 읊어 청화(淸和)를 폄으로써 가슴속의 더러움[滓穢]을 씻을 수 있은즉 존양성찰(存養省察)에 일조가 되나니 어찌 조회수조(雕繪繡藻) 이정탕심(移情蕩心)을 위하여 (시들을) 베풀었으리요(선별했으리요). 이 집을 보는 사람은 이것을 염두에 두라.[2)]

율곡의 이러한 언급 중 '이정탕심(移情蕩心)' 또는 '이정(移情)'에 대한 논의가 여럿 제기되었으나 필자가 보기에는 연구자마다 다소 차이는 있지만 율곡의 의도를 정확하게 파악하지 못하고 그 본질에서 벗어나 있는 것 같다. 그러므로 이 글은 이에 대한 비판적 논의를 통해 이정(移情)에 대한 율곡의 의도를 정확히 파악하여 논의의 잘못을 바로 잡고 이에 대한 올바른 의미를 제시하는 데 목적이 있다.

2. 기존 논의의 비판적 검토

이정(移情)에 대하여 처음 언급한 이는 최진원 선생이다.

> 정을 옮기면 마음이 어지럽게 된다. :이정탕심(정언묘선서)[3)]

정한 체제란 각 집의 품격 명(品格名)을 제시한 후 그 품격을 드러내는 방법 혹은 그 내용을 서술하고, 그 다음 그러한 각 품격이 독자에게 주는 효과(효용성)를 서술하고 있으며, 이러한 설명 뒤에 각 체별(오언고시, 칠언고시, 오언율시, 칠언율시, 오언절구, 칠언절구)로 여러 시인들의 작품들을 배치하고 있는 것을 말한다.

2) 이이, 「정언묘선서」, 『율곡전서』 권13, 서(序).
"詩雖非學者能事 亦所以吟詠性情 宣暢淸和 以滌胸中之滓穢 則亦存省之一助 豈爲雕繪繡藻移情蕩心而設哉 覽此集者 其念在玆"

3) 최진원, 『한국고전시가의 형상성』(증보판, 성균관대 대동문화연구원, 1996), 63쪽.

> <고산구곡가>에는 형사가 최대한 억제되어 있다. <고산구곡가>의 형사억제는 묘사표현(감각적 迫眞性의 표현)의 억제이며 移情(감정이입, 관념이입)의 억제이기도 하다.[4]

최진원 선생은 <고산구곡가(高山九曲歌)>의 미(美)를 담박(淡泊, 충담소산(沖澹蕭散))으로 파악하면서, 이 담박은 형사억제(形似抑制)로 인해 말미암은 것으로 보고 있다. 이때 형사억제는 묘사표현(감각적 迫眞性의 표현)의 억제이며 移情(감정이입, 관념이입)의 억제이기도 하다는 것이다.

일반적으로 감정이입(感情移入)이란 다음과 같다.

> 예술 작품·자연 대상의 요소 속에 자신의 상상이나 정신을 투사하여 자신과 대상과의 융화를 의식하는 심적 작용[5]

즉 율곡이 <고산구곡가>를 지을 때 자신의 상상이나 정신을 자연 사물에 투사하지 않고 있는 그대로의 객관적인 자연 사물을 묘사함으로써 작품화했다는 것이 최진원 선생의 주장이다. 이 주장은 전적으로 옳다고 생각한다. 이러한 객관적 사물인식과 표현은 율곡의 성리학적 사상에 근거한 것이며, 그의 문학의 기반을 이루는 것이다.[6]

---

4) 최진원, 위의 책, 81쪽.

5) 민중서림 편집국, 이희승 감수, 『엣센스 국어사전』(제3판, 1994).

6) 그러나 율곡의 작품에 감정이입이 억제되어 있다고 해서 율곡의 문학 작품이 독자에게 감동을 주지 않는다는 것은 아니다. 이것은 다른 문제이다. 흔히 성리학에 바탕을 둔 율곡과 퇴계의 시 작품이나 문학론을 공리론적 문학론이라 하여 문예의 미를 인정하지 않는 것처럼 인식하는 분들이 많은데, 이것은 잘못된 인식이다. 율곡을 예를 들어 언급하자면, 율곡은 자연을 보고 감동을 받으면, 그 감동을 작품으로 바로 표현하는 것이 아니라 자신이 감동을 받은 그 당시의 자연의 요소를 객관적으로 작품화시킴으로써 자신의 작품을 읽는 독자가 자신이 느꼈던 감동을 똑같이 받을 수 있도록 하는 것이다. 그러므로 율곡의 작품 속에는 율곡의 감정이 극히 억제되어 있지만, 독자에게 감동을 줄 수 있는 것이다. 이러한 창작 내지 감상의 방법을 우리 시문학의 한 유파(流派)로 인정해야 한다고 필자는 생각한다.

그렇지만 여기서 필자가 문제 삼는 것은 바로 '이정(移情)'에 대한 해석 부분이다 최진원 선생이 '이정(移情)'을 감정이입, 관념이입으로 보았다는 것은 시인과 외물(外物)을 설정해서 시인의 마음이 외물에 옮겨지거나 외물이 시인의 마음속에 옮겨오는 것을 의미하는 것으로 파악한 듯하다. 필자가 「정언묘선서」의 내용을 분석하고 『정언묘선』 속에 실린 작품을 분석해 보면, 이곳에서 율곡이 '이정탕심(移情蕩心)'이라고 한 '이정(移情)'은 감정이입이 아니라 외물(外物)과 소통하는 시인의 마음 내적 문제라고 볼 수 있다. 이러한 면은 다음 장에서 다루겠다.

다음으로 김태환은 이 이정(移情)에 대하여 가장 깊이 있는 성찰과 논의를 전개하였다.[7] "율곡이 이정을 모든 경우에 걸쳐서 통틀어 배격한 것이 아니라 이정의 어떤 특수한 면을 배격했던 듯하다."[8]고 전제한 뒤 율곡이 배격한 이정이 곧 물화(物化)로 인한 이정이라고 하고 있다.

> 物化는 타고난 天理를 없애는 바로서, 이것은 善에서 惡으로 移易하는 移情과 眞에서 僞로 移易하는 移情을 모두 포함하는 과정이다. 物化는 天性의 純善을 物의 善惡에 放任하는 것이자 일신의 嗜慾에 따라 본래의 情을 사적으로 放恣하게 운용하는 것이기 때문이다.(50쪽)[9]

---

7) '이정(移情)'의 문제에 관하여 현재까지 김태환이 가장 논리적으로 논지를 전개하였기에, 학계에서 '이정'이 잘못 인식되고 있음을 지적함에 있어서 본고에서 김태환의 글이 많이 지적되고 있는데, 이것은 그 연구자를 비판하고자 하는 것이 아니라 그 논지의 잘못을 지적하기 위해 불가피한 것이라는 점에 대해 읽는 독자의 이해를 바란다.

8) 김태환, 「율곡 정언묘선서 이정탕심설 고찰」, 『도남학보』 제17집(도남학회, 1998). 앞으로 김태환과 관련된 글의 인용은 이 논문을 지칭하므로 특별한 경우를 제외하고 별도의 인용표시는 하지 않고 다만 인용문 뒤에 페이지만 적는다.

9) 김태환은 「율곡의 미적 인식에 대한 고찰」(『배달말』 28, 배달말학회, 2001, 191쪽)이라는 다른 논문에서 "이정은 정과 상의 통일을 가능케 하는 심리의 작용이라고 할 수 있다. 이것은 예술미를 창조하는 데에 있어서 거의 불가결한 과정일 수밖에 없는 이유가 된다. 그러나 이정은 외물의 정황을 좇아서 거기에 자아의 정을 방임하는 폐단과 자아의 인위로써 외물의 자연성을 말살하는 폐단을 낳지 않을 수 없다. 전자는 물화(物化)에 해당하고, 후자는 견강(牽强)에 해당한다. 그러니 이정에 의한 탕심을 또한 우려할 만하다."고 하여 물화(物化)와 견강(牽强)으로 좀 더 세밀하게 논하고 있다. 아울러 이 글에서는 '이정'에

> 移情과 蕩心의 문제는 이와 같이 오직 실용에 직결되어 있는 측면에서만 논의할 바는 아니다. 移情은 眞·善에서 美로 移易하는 경우도 있다. 이것은 情의 眞, 善을 일정한 형상을 통해서 발견하거나, 또는 이러한 발견이 가능한 형상을 창조하거나 하는 심미활동의 결과이다. 그러나 이러한 移情도 생활의 공리성을 완전히 벗어나 있는 것은 아닌 까닭에 矯僞·僞善이 개입할 가능성이 있다. 따라서 蕩心에 이르는 과실로부터 자유로울 수 없음에 있어서는 여타의 경우와 같다. 이것은 율곡이 시가와 관련하여 移情을 배격한 근거에 해당한다.(51쪽)

김태환은 이정을 물화에 의한 이정, 미적 이정으로 크게 나누어 이들 이정이 탕심(蕩心)에 이르지 않기 위해서는 "情의 발동에 過不及이 없어야 하고, 또한 情을 운용하는 데에 放恣가 없어야 한다."고 한다. 우선 이것은 올바른 지적이라고 생각한다. 그리고 율곡이 언급한 이정(移情)을 심성론(心性論)의 측면에서 접근한 것도 방향을 잘 잡았다고 본다.

그런데 '善에서 惡으로 移易하는 移情'과 '眞에서 僞로 移易하는 移情'에 대한 다음의 언급에 문제가 있다.

> 善에서 惡으로 移易하는 移情은 일신의 情이 氣稟을 좇아서 발동하는 바의 過不及이 원인이다. 예컨대 仁의 愛情이 흘러서 貪慾이 되거나, 義의 斷制가 흘러서 殘忍이 되거나, 禮의 恭敬이 흘러서 阿諂이 되거나, 智의 智謀가 흘러서 詐欺가 되거나 하는 따위이다. 이것은 평소에 涵養하고 省察하는 공효로써 情이 발동할 때에 저절로 절제되지 않으면 막을 수 없다.(49쪽)

위의 언급은 다소 논란을 불러일으킬 수 있다. 이것은 성(性)이 발(發)하여 정(情)이 되는 과정으로 볼 수도 있고, 이미 발하여진 정(情)이 선(善)한 면에서 악(惡)한 면으로 옮겨가는 것을 의미할 수도 있겠기 때문이다. 우선 "移情

대해 '감정이입'이라는 말을 쓰고 있다.

은 일신의 情이 氣稟을 좇아서 발동하는 바의 過不及이 원인이다."라고 한 언급이 문제가 된다. "자사(子思)가 성정(性情)의 덕(德)을 논하여 말하기를, '기쁨과 노여움 슬픔과 즐거움이 발하지 않은 것을 중(中)이라 이르고, 발하여 모두 법도(法度)에 맞는 것을 화(和)라고 이른다.' 하였습니다."[10]라는 율곡의 언급을 살펴본다면, '情이 氣稟을 좇아서 발동'한다는 것은 곧 미발(未發)에서 이발(已發)하는 정(情)을 의미한다고 볼 수 있다. 그리고 '발하여 모두 법도(法度)에 맞는 것을 화(和)'라고 하듯이, 발한 정(情) 중에는 법도에 맞지 않고 '과불급(過不及)'이 있는 정(情)도 있다. 그것은 '기질의 성[氣質之性]'의 탁(濁)한 부분을 통해 나온 정(情)이다. 이렇게 본다면 이것은 성(性)이 발하여 정(情)이 되는 과정을 의미한다고 볼 수 있다. 그러나 "예컨대 仁의 愛情이 흘러서 貪慾이 되거나, 義의 斷制가 흘러서 殘忍이 되거나, 禮의 恭敬이 흘러서 阿諂이 되거나, 智의 智謀가 흘러서 詐欺가 되거나 하는 따위이다."라는 표현만을 본다면 이는 달리 볼 수도 있다. '인의예지신(仁義禮智信)'은 성(性)의 조목이지만 위의 예시 부분은 이발(已發)한 정(情)이 선(善)한 면에서 악(惡)한 면으로 옮겨가는 것을 의미한다고 볼 수 있다. 그러므로 앞의 언급과 뒤의 예시가 서로 맞지 않는 것이다. 또 한편으로는 같은 글에서 '함양(涵養)'과 '성찰(省察)'을 말하고 있으니, 이 두 가지를 아울러 말한다고 볼 수 있다. 어쨌든 여기에서 후자는 이정(移情)이라고 볼 수 있으나 전자는 이정(移情)이라고 볼 수 없다.

우선 '善에서 惡으로 移易하는 移情'에 대하여 성(性)이 발하여 정이 되는 과정을 이정(移情)으로 보고 있다면 이는 잘못이다.

> 예전에 미발(未發) 이전의 마음과 성의 구별을 묻는 이가 있었는데, 주자가 말하기를, "마음에는 체(體)와 용(用)이 있으니, 미발은 마음의 체요, 이발은 마음의 용인데, 어떻게 지정하여 말할 수 있겠는가?" 하였습니다. 이것으로써 본

---

10) 이이, 「답성호원(答成浩原) 임신(壬申)」, 『율곡전서』 권10, 서2.
"子思論性情之德曰 喜怒哀樂之未發 謂之中 發而皆中節 謂之和"

다면 마음과 성은 두 가지로 쓰임이 없다는 것을 알 수 있습니다. 마음과 성에 두 가지 쓰임이 없으면 사단(四端)과 칠정(七情)도 어찌 두 가지 정이겠습니까? 어떤 사람이 묻기를, "주자는 말하기를, '정(情)에는 선(善) · 악(惡)이 있지만 성은 온전히 선하다.' 하였는데, 그렇다면 기질의 성도 불선(不善)이 없는 것인가?" 하므로, 신이 대답하기를, "기질의 성은 진실로 선악의 같지 않은 것이 있다. 그러나 여기서 성이라고 하는 것은 다만 미발(未發)을 가리켜 말한 것이다. 사람은 비록 지극히 악(惡)한 자라도 미발인 때에는 진실로 불선이 없다가 막 발할 즈음에 바로 선악이 있게 된다. 그 악한 것은 기질과 물욕의 구애나 은폐하는 데 말미암는 것이요, 그 성의 본체는 아니다. 그러므로 '성은 온전히 선한 것이라'고 한 것이다." 하였습니다.[11)]

(주자가) 또 말하기를, "마음의 온전한 체(體)가 담연(湛然) 허명(虛明)하여 만 가지 이치가 다 갖추어져서, 그것이 유행(流行)하여 모두 동(動)정(靜)에 관통하니, 그 미발(未發)하여 온전한 체(體)로써 말하면, 성(性)이요, 그 이발(已發)한 묘(妙)한 용(用)으로써 말하면 정(情)이다. 그러나 다만 혼돈한 일물(一物) 중에 나아가서 그 이발과 미발을 가리켜서 말한 것일 따름이지 성(性)도 하나의 권역(圈域)이고 마음도 하나의 권역이며, 정도 하나의 권역이라는 것으로서 이렇게 현격(懸隔)하다는 것은 아니다." 하였습니다.[12)]

이상에서와 같이 성(性)과 정(情)을 말할 때 마음의 미발(未發)과 이발(已

---

11) 이이, <수기(修己)> 제2 상, 『율곡전서』 권20, 「성학집요」 2.
"昔有問未發之前心性之別者 朱子曰 心有體用 未發是心之體 已發是心之用 如何指定說得 以此觀之 則心性之無二用 可知 心性無二用 則四端七情 豈二情乎 或問曰 朱子曰 情有善惡 性則全善 然則氣質之性 亦無有不善者乎 臣答曰 氣質之性 固有善惡之不同矣 但此所謂性 專指未發而言 人雖至惡者 未發之時 固無不善 纔發便有善惡 其惡者由於氣稟物欲之拘蔽 而非其性之本體也 故曰性則全善"

12) 이이, 앞의 글.
"又曰 心之全體 湛然虛明 萬理具足 其流行該貫乎動靜 以其未發而全體者言之 則性也 以其已發而妙用者言之 則情也 然只就渾淪一物之中 指其已發未發而爲言耳 非是性是一箇地頭 心是一箇地頭 情又是一箇地頭 如此懸隔也"

發)이라고 하지 성(性)이 발하여 정(情)이 되는 과정을 이정(移情)이라고 하지 않는다.

다음으로 이발(已發)한 정(情)이 늘 선(善)한 면에서 악(惡)한 면으로 옮겨 간다는 견해도 잘못이다. 다음의 글을 통하여 살펴보겠다.

> 心·性·情의 요점은 善惡에 있고, 情·志·意의 요점은 眞僞에 있다. 善惡의 구별은 適中의 여하가 관건이 되고, 眞僞의 구별은 眞摯의 여하가 관건이 된다. 예컨대 情으로 말하면, 情은 性에 適中하지 않을 수는 있어도 그 자체가 眞摯하지 않을 수는 없다. 情은 心이 物에 감응하여 처음 발동한 것이기 때문이다. 그러나 志意는 비록 情에서 발단하고 情에서 연유하는 바라도 그 모두가 眞摯를 기필하는 것은 아니다.(49쪽)

정(情)을 항상 진지(眞摯)한 것으로 보고 있는 것이 문제가 된다. 그리하여 다음과 같은 주장이 나오는 것이다.

> 情이 蕩心에 이르지 않으려면 情의 발동에 過不及이 없어야 하고, 또한 情을 운용하는 데에 放恣가 없어야 한다. 여기에 있어서는 먼저 情의 眞摯를 벗어나지 않는 것이 긴요하다. 情의 眞摯를 벗어나지 않아야 放恣한 운용을 막을 수 있고, 放恣한 운용을 막아야 過不及을 다스릴 수 있다. 만약에 情의 眞摯를 벗어나게 되면, 이것은 곧 蕩心에 이르는 移情으로서 情의 中節을 잃은 뿐만 아니라 悖逆·詐僞의 心을 부르는 바가 된다.(50~51쪽)

정(情)은 항상 진지(眞摯)한 것이 아니라 기질(氣質)로 인해서 선악(善惡)이 있게 된다. 앞에 인용한 율곡의 『성학집요』의 글과 다음의 글이 이 주장을 뒷받침한다.

> 대개 성(性) 가운데에는 인의예지신(仁義禮智信)이 있고, 칠정(七情) 가운데

에는 희로애락애오욕(喜怒愛樂愛惡欲)이 있으니, 이와 같을 따름이다. 오상(五常) 외에 다른 성(性)이 없고 칠정 외에 다른 정이 없다. 칠정 가운데에서 인욕(人欲)이 섞이지 아니하고 순수하게 천리(天理)에서 나온 것이 곧 사단이다.[13)]

마음의 이발인 정(情)은 인욕이 섞여 나오기도 하고(惡), 순수하게 천리에서 나오기도 하는(善) 것이다. 그러므로 '善에서 惡으로 移易하는 移情'은 성(性)에서 정(情)이 발하는 과정에서가 아니라 이발(已發)인 정(情)을 의(意)가 계교(計較)하는 과정에서 나타나는 것이다.

어떤 사람이 묻기를, "마음은 하나인데 정(情)이라고도 하고, 지(志)라고도 하며, 의(意)라고도 하고, 염(念)이라고도 하며, 여(慮)라고도 하고, 사(思)라고도 하니, 어찌 그 이름이 번다하여 한결같지 않는가?" 하므로 신이 대답하기를, "정이라는 것은 마음에 느끼는 바가 있어서 동(動)하는 것이다. 막 동할 즈음에 이 정(情)에는 자유로이 하지 못하는 것이 있으니, 평상시 지내며 함양(涵養)·성찰(省察)의 공이 지극하면, 정의 발하는 것이 자연히 이(理)에 맞고 절(節)에 맞지마는, 만일 마음을 다스리는 힘이 없으면 다분히 맞지 않는 것이 있다. 지(志)란 것은 마음의 가는 바가 있는 것을 이른 것이니, 정이 이미 발하여 그 추향(趨向)을 정한 것이다. 선(善)으로도 가고 악(惡)으로도 가는 것이 모두 지(志)이다. 의(意)라는 것은 마음에 계교가 있는 것을 말하는데, 정이 이미 발하여 헤아리고 운용하는 것이다. 그러므로 주자는, '정은 주거(舟車)와 같고 의(意)는 사람이 그 주거(舟車) 일반을 부리는 것과 같다.' 하였다.[14)]

---

13) 이이, 「논심성정(論心性情)」, 『율곡전서』 권40, 잡저1.
"蓋性中有仁義禮智信 情中有喜怒哀樂愛惡欲 如斯而已 五常之外 無他性 七情之外 無他情 七情中之不雜人欲 粹然出於天理者 是四端也"

14) 이이, <수기(修己)> 제2 상, 『율곡전서』 권20, 「성학집요」 2.
"或問 心一也 而或曰情 或曰志 或曰意 曰念 曰慮 曰思 何其名目紛紜不一耶 臣答曰 情者心有所感而動者也 纔動便是情 有不得自由者 平居 涵養省察之功至 則情之發 自然中理中節 若無治心之力 則多有不中者矣 志者 心有所之之謂 情旣發而定其趨向也 之善之惡 皆志也 意者 心有計較之謂也 情旣發而商量運用者也 故朱子曰 情如舟車 意如人使那舟車一般"

선(善)으로 가거나 악(惡)으로 가는 정(情)을 헤아리고 운용하는 것이 의(意)이므로 이 의(意)가 작용하는 과정에서 이정(移情)이 나타나는 것이다.

다음으로 김태환이 제시한 '眞에서 僞로 移易하는 移情'도 문제를 내포하고 있다.

> 眞에서 僞로 移易하는 移情은 志·意가 物欲에 이끌리는 가운데에 情을 運用하는 바의 放恣가 원인이다. 그리고 이것은 반드시 過不及을 자초한다. 예컨대 일신의 嗜慾에 따라 志·意가 본래의 情을 偏重하거나, 또는 抹殺하거나 하는 따위이다. 이것은 誠意를 다하여 眞摯를 회복하지 않으면 막을 수 없다.(49~50쪽)

우선 '眞에서 僞로 移易하는 移情'에 대한 설명을 보면, 이것은 '善에서 惡으로 移易하는 移情'으로 보인다.[15] 그리고 '일신의 嗜慾에 따라 志·意가 본래의 情을 偏重하거나, 또는 抹殺하거나 하는 따위'를 정(情)이 진(眞)에서 위(僞)로 옮겨가는 것으로 볼 수 있는지도 문제가 된다.

> 염(念)·여(慮)·사(思) 세 가지는 다 의(意)의 다른 이름인데, 사(思)는 비교적 중(重)하고, 염(念)과 여(慮)는 비교적 경(輕)하다. 의(意)는 거짓으로 할 수 있지마는, 정은 거짓으로 할 수 없다. 그러므로 성의(誠意)라는 말은 있지마는, 성정(誠情)이라는 말은 없다." 하였습니다.[16]

---

15) 실은 '선(善)에서 악(惡)으로 이역(移易)하는 이정(移情)'이라는 용어를 김태환은 이정(移情)이 탕심(蕩心)으로 흐르는 것을 전제로 하고 한 언급이라 그 자체로는 잘못이 아니지만, 이정(移情)은 정(情)의 흐름으로 보면, 선(善)에서 악(惡)으로 또 악(惡)에서 선(善)으로 옮겨질 수 있는 쌍방향의 것이다.

16) 이이, 앞의 글.
"念慮思三者 皆意之別名 而思較重 念慮較輕 意可以僞爲 情不可以僞爲 故有曰誠意 而無曰誠情"

"의(意)는 거짓으로 할 수 있지마는, 정은 거짓으로 할 수 없다. 그러므로 성의(誠意)라는 말은 있지마는, 성정(誠情)이라는 말은 없다."는 율곡의 지적처럼 정(情)은 선악(善惡)의 구분이 있는 것이지, 진위(眞僞)의 구분은 없는 것이기 때문에 '眞에서 僞로 移易하는 移情'은 문제가 되는 것이다.

또한 김태환은 '眞·善에서 美로 移易하는 移情'에 대해 언급을 했는데 이에 대해 다음과 같이 설명하고 있다.

> 문학과 예술을 통하여 현저하게 등장하는 바로서, 眞·善에서 美로 移易하는 移情은 반드시 일정한 情을 일정한 형상을 통해서 발견하는 과정을 전제로 한다. 그리고 이러한 발견은 어떤 방식으로든 간에 일정한 情을 일정한 형상에 미리 移入해야 가능하다. 移情은 워낙 情의 속성을 移易하는 것이나, 眞·善에서 美로 移易하는 移情은 반드시 일정한 형상을 매개로 삼아 情의 처소를 또한 移易해야 성립한다. 情의 처소를 移易하는 행위, 곧 일정한 형상에 情을 移入하는 행위는 문학과 예술의 필연적인 요구이다. 여기에서 物은 情을 觸發하는 뿐만 아니라 또한 情의 表達을 매개하는 불가결의 요소로 작용한다.(51쪽)

김태환이 언급한 '眞·善에서 美로 移易하는 移情'은 곧 '감정이입(感情移入)'을 의미한다. 우선 율곡이 언급한 '이정탕심(移情蕩心)'의 이정(移情)이 '감정이입(感情移入)'을 의미한다는 데 필자는 동의하지 않는다. 물론 김태환이 자신의 논문에서 인용한 중국 초치(肖馳)의 글에 보이는 '이정설(移情說)'은 '감정이입(感情移入)'을 의미한다. 그 글은 다음과 같다.

> '興'은 中國古典詩歌의 유전자(遺傳子: 基因)이다. 그것은 흔히 사람들에 의해 '移情說'로 混同된다. 그러나 사실 그것은 적어도 浪漫主義 背景下의 '移情說'과는 두 가지 같지 않은 점이 있다. 립스(Lipps, Th.: 里普斯)·볼케트(Volkelt, J.: 伏尔盖特)와 같은 사람들로 대표되는 '移情說'은 감정의 外射(Projekt)를 强調하지만, '興'은 도리어 感受(Empfindung)를 强調하며, '移情說'은 主觀性과 對象

의 人格化를 강조하지만, '興'은 도리어 物의 再現과 사람의 表現의 自由로운 統一을 强調한다.[17)]

위의 인용에서 "립스(Lipps, Th.)・볼케트(Volkelt, J.)와 같은 사람들로 대표되는 '이정설(移情說)'은 감정의 외사(外射: Projekt)를 강조(强調)" 등의 언급을 볼 때 이 '이정설'은 분명 서구의 '감정이입설(感情移入說)'을 지칭하는 것이다. 그러나 이것은 중국이 개혁개방운동을 펴서 서구의 문예이론을 가져다가 중국의 문학을 해석하던 1978년 이후의 일이다. 그 이전의 '이정(移情)'이란 용어에는 감정이입의 의미가 없었다.

앞에서 언급했듯이, 이 이정(移情)은 율곡의 심성론에 근거하여 시인(또는 독자)의 마음속에서의 정(情)의 방향을 의미하는 것으로 본다. 이에 대해서는 다음 장에서 살펴보겠다.

마지막으로 손오규도 이 이정(移情)을 감정이입으로 보고 있다는 점에서 다른 연구자들과 같다. 이정의 내용과 방법에 따라 '천리탐구의 감흥', '인륜감식의 전화', '실상의 관념화'의 측면에서 이정을 규정하고 있다[18)]는 것이 이 논문의 특징이다. 그러나 이정(移情)이라는 용어의 출처를 밝히지 않고 곧바로 '감정이입'의 입장에서 서술해 나간 것은 아쉬운 점이라고 생각한다. 고전 문학에 있어서 '이정(移情)'은 다양한 의미로 사용되고 있기 때문이다.

이상의 논의에서 밝혔듯이, 필자는 율곡이 「정언묘선서」에서 언급한 '이정

17) 초치(肖馳), 「중국고전시학지창작론(中國古典詩學之創作論):왕부지적시학체계(王夫之的詩學體系)」, 『중국시가미학(中國詩歌美學)』(북경대학출판사, 1986), 81쪽.
"'興'是中國古典詩歌的基因. 它常常被人間混同于'移情說'. 其實, 它至少與浪漫主義背景下的'移情說' 有兩点不同: 以里普斯, 伏尔盖特等人爲代表的移情說强調情感的外射(Project), 而'興'却强調感受(Empfindung); 移情說强調主觀性,對象的人格化, '興'却强調物的再現和人的表現的自在統一."

18) 손오규, 「산수문학에서의 이정(1)」, 『도남학보』 제19집(도남학회, 2001). 손오규는 「한・중 산수문학에서의 산수형상화」(『한국시가연구』 제21집, 한국시가학회, 2006)에서 이정의 대표적 기법으로 다섯 가지로 분류하고 있으니, '비덕(比德)', 고개지의 '전신사조(傳神寫照)', '산수의 정신성의 형상화', '소박미', '유가적 사실주의의 미의식의 확립과 객관적 서경묘사를 강조하는 의상의 미적 경계 확립'이 그것이다.

탕심(移情蕩心)'의 이정은 비록 시인과 외물과의 소통을 전제로 한 것이긴 하나 율곡의 심성론에 기반한 시인의 마음에 국한하여 이해해야지 이것을 외물(外物)에 마음을 투사(投射)하는 '감정이입'으로 보아서는 안 된다는 생각이다. 이러한 문제를 살펴보고자 한다.

3. '이정탕심(移情蕩心)'의 이정(移情)

율곡이 언급한 이정(移情)의 의미를 정확히 파악하기 위해서는 당연한 말이지만 이 용어가 포함된 「정언묘선서」의 문맥 속에서 이정(移情)을 이해해야 한다.

> 사람의 소리[人聲] 중에서 정수(精粹)인 것이 말이 되며 시는 말 중에서 또한 정수인 것이다. 시는 성정(性情)에 근본하니, 속이고 꾸며서 이루어지는 것이 아니며, 성음(聲音)의 높낮이[高下]는 자연에서 나온다. 삼백편(三百篇)은 사람의 정을 다 드러내고[曲盡人情] 사물의 이치에 두루 통하되[旁通物理] 유순하고 참되어[優柔忠厚] 바른 데로 돌아가도록 하니 이것이 시의 본원(本源)이다. 세대가 점차 내려가면서 풍기(風氣)가 점점 흐려져 시를 지어 드러내는 것이 다 성정의 바른 것에 근본하지 못하고 혹 문식(文飾)을 빌어 힘써 다른 이의 눈을 즐겁게 하는 자가 많다. 나는 수년 동안 병을 지니고 한가로이 홀로 거처하여 신음하는 틈에 때때로 고시(古詩)를 수탐(搜探)하여 중체(衆體)를 갖추었다. 시의 본원(本源)이 오래도록 막히고 말류(末流)가 가닥이 많아서 학자가 눈이 휘둥그레하니 어지러워 그 길을 찾지 못할까 근심하여 이에 감히 가장 정수이며 법 삼을 만한 것을 골라 모아서 여덟 편으로 만들고 권점(圈點)을 더하여 이름을 정언묘선이라 하였다. 충담(冲淡)한 것을 첫머리에 놓아 원류(源流)의 말미암은 바[始初]를 알게 하였고, 점차로 내려와서 미려(美麗)에 이른즉 시의 맥락은 거의 참모습을 잃게 된다. 이에 명도운어(明道韻語)를 마쳐, 속이고 꾸미는 데에 흐르지 않게

> 함이니, 버리고 취하는 사이에 뜻을 둠이라. 시는 비록 학자가 잘해야 할 것은 아니지만 성정을 읊고 청화(淸和)를 선창함으로써 가슴속의 재예(滓穢)를 씻을 수 있은즉 존양성찰[存省]에 일조(一助)가 되나니 어찌 조회수조(雕繪繡藻) 이정탕심(移情蕩心)을 위하여 시를 베풀었으리요(선별했으리요). 이 집을 보는 사람은 이것을 염두에 두라.19)

「정언묘선서」의 내용을 보면 '조회수조(雕繪繡藻) 이정탕심(移情蕩心)'은 '존양성찰(存養省察)'의 대가 되는 개념이다. '조회수조(雕繪繡藻)'와 '이정탕심(移情蕩心)'은 '성정의 바른 것에 근본하지 못하고 혹 문식(文飾)을 빌어 힘써 다른 이의 눈을 즐겁게 하는 것'이며, '존양성찰(存養省察)'은 '성정을 읊고 청화(淸和)를 선창함으로써 가슴속의 재예(滓穢)를 씻어버리는 것'을 의미한다.

이곳에 사용된 '존양성찰(存養省察)'은 심성론(心性論)적 개념의 용어이므로 이는 일단 율곡의 심성론의 입장에서 이 용어를 생각해 보아야 한다.

> 다섯째는 존심(存心)이니, 학자가 몸을 닦으려면 반드시 안으로 마음을 바르게 하여 외물(外物)의 유혹을 받지 않게 된 뒤에야 마음이 편안해지고 온갖 사악(邪惡)이 굴복하여 물러나 바야흐로 실덕(實德)에 나아가게 된다. 그러므로 학자가 먼저 힘쓸 일은 가만히 앉아서 존심(存心)하여 고요한 가운데서 흐트러지지도 혼미하지도 않음으로써 큰 근본을 세워야 하는 것이다. 이를테면 어떤 생

19) 이이, 「정언묘선서」, 『율곡전서』 1, 권13, 서(序).
"人聲之精者爲言 詩之於言又其精者也 詩本性情 非矯僞而成 聲音高下出於自然 三百篇 曲盡人情 旁通物理 優柔忠厚 要歸於正 此詩之本源也 世代漸降 風氣漸淆 其發爲詩者 未能悉本於性情之正 或假文飾務說人目者多矣 余數年抱病 居閒處獨 殿屎之隙 時搜古詩 備得衆體 患詩源久塞末流多歧 學者睢盱眩亂 莫尋其路 乃敢採其最精而可法者 集爲八篇 加以圈點 名曰精言妙選 以沖淡者 爲首 使知源流之所自 以次漸降 至於美麗 則詩之絡脈殆近於失眞矣 乃以明道韻語終焉 俾不流於矯僞 去取之間有意存焉 詩雖非學者能事 亦所以吟詠性情宣暢淸和 以滌胸中之滓穢 則亦存省之一助 豈爲雕繪繡藻移情蕩心而設哉 覽此集者 其念在玆"

> 각을 할 때도 반드시 선악의 기미를 잘 살펴서 그것이 선한 즉 그 의리를 궁구(窮究)하고, 그것이 악한 즉 그 싹을 끊어버려서, 존양(存養)하고 성찰(省察)하여 부지런히 힘쓰기를 다하며 동(動)할 때나 정(靜)할 때 말이며 행동이 의리의 당연한 법칙에 맞지 않음이 없을 것이다.[20]

존심(存心)은 안으로 마음을 바르게 하여 외물(外物)의 유혹을 받지 않게 됨으로써 마음이 편안해지고 온갖 사악함이 물러나 바야흐로 실덕(實德)에 나아가는 것을 이른다. 그리고 존양성찰(存養省察)은 그것을 이루는 방법으로, 존심(存心)은 존양성찰(存養省察)로 인해 성정(性情)을 살펴 외물이 유혹을 받아 생기는 사악함을 다 물리치고 정심(正心)을 이룸으로써 가능하다. 그러므로 율곡이 "성정(性情)을 읊어 청화(淸和)[21]를 폄으로써 가슴속의 더러움[滓穢]을 씻을 수 있는" 시를 요구하는 것은 바로 '정심(正心)'을 이루어 존심(存心)하고자 함임을 알 수 있다.

이러한 면에서 보면, 「정언묘선서」의 내용은 '조회수조(雕繪繡藻)하여 정(情)을 탕심(移情蕩心)'으로 이끌고 '존양성찰(存養省察)하여 정(情)을 정심(正心)'으로 이끈다고 이해할 수도 있을 것이다. 즉 그렇다면 '조회수조(雕繪繡藻) 이정탕심(移情蕩心)'은 "(詩文을) 꾸며서 (시인이나 독자의) 정(情)을 옮겨 마음을 어지럽게 한다."로 해석할 수 있겠다. 전자는 정(情)이 악(惡)으로 향하는 것이고, 후자는 정(情)이 선(善)으로 향하는 것이다.

이렇게 볼 수 있는 율곡의 언급이 있다.

> 산과 물은 능히 사람으로 하여금 '정을 옮기게 하므로[移情]' 이 정자에 오르

---

20) 이이, 「학교모범 임오 제진」, 『율곡전서』 권15, 「잡저」 2.
"五曰存心 謂學者欲身之修 必須內正其心 不爲物誘 然後天君泰然 百邪退伏 方進實德 故學者先務 當靜坐存心 寂然之中 不散亂 不昏昧 以立大本 而若一念之發 則必審善惡之幾 善則窮其義理 惡則絶其萌芽 存養省察 勉勉之已 則動靜云爲 無不合乎義理當然之則矣"

21) '청화(淸和)'는 인욕이 개재되지 않은 맑고 깨끗한 상태의 과불급이 없는 정(情)을 뜻한다. 졸저, 『고전시가의 미학 탐구』(월인, 2000), 229쪽.

> 는 이가 산의 높은 것과 물의 맑은 것을 보고서, 본원(本源)을 부지하고 때를 씻어 버린다면 인(仁)이 더욱 두터워지고 지(知)가 더욱 지극해질 것이니, 사군(使君)의 이 정자를 지음이 어찌 임관(臨觀)의 즐거움을 위한 것이겠는가?[22]

이 글에서도 이정(移情)이라는 말이 쓰이고 있는데, 율곡이 "산과 물은 능히 사람으로 하여금 정을 옮기게 한다."고 하고서 '이 정자에 오르는 이가 산의 높은 것과 물의 맑은 것을 보고서, 본원(本源)을 부지하고 때를 씻어 버린다면 인(仁)이 더욱 두터워지고 지(知)가 더욱 지극해질 것'이라고 한 것으로 보아 단순히 산수(山水)의 경물을 보기만 하는 것은 아니며, 산수(山水)의 경물로 인하여 내 마음이 바르게 됨을 의미하는 것이다. 일찍이 율곡은 산수(山水)를 즐기는 방법에 대하여 언급한 바 있다.

> 천지 사이의 물(物)에는 각기 이(理)가 있으니, 위로는 일월성신(日月星辰)으로부터 아래로는 초목산천(草木山川)에 이르고, 미세하게는 찌꺼기[糟粕]와 타고 남은 재[煨燼]에 이르기까지 모두 도체가 붙어 있는 것이니, 지극한 가르침이 아닌 것이 없다. 그런데 사람이 비록 조석으로 눈을 붙여 보더라도 이 이(理)를 알지 못한다면 곧 보지 않는 것과 무엇이 다르겠는가? 선비로서 금강산을 노니는 자가 또한 눈으로 볼 뿐 산수의 취(山水의 趣)를 능히 알지 못한다면 곧 백성이 날로 생활하면서 알지 못하는 것과 다를 것이 없다. 홍장(洪丈)과 같은 이는 산수의 취를 안다고 이를 만한 이일진저! 비록 그렇더라도 단지 산수의 취만을 알 뿐, 도체를 알지 못하면 또한 산수를 앎에 있어서 귀할 것이 없다. 홍장의 앎이 어찌 이에 그칠 것인가?[23]

---

22) 이이, 「탁열정기(濯熱亭記)」, 『율곡전서』 권13.
"山水能使人移情 登斯亭者 見山之高 見水之淸 植本洗垢 仁可益厚 知可益周 使君之築此 豈爲臨觀之樂哉"

23) 이이, 「홍치재유풍악록발」. 홍인우(洪仁祐), 『관동록』 부(附), 『치재유고(耻齋遺稿)』 권3, 16.
"天壤之間 物各有理 上自日月星辰 下至草木山川 微至糟粕煨燼 皆道體所寓 無非至敎 而人雖朝夕寓目不知厥理 則與不見何異哉 士之遊金剛者 亦目見而已 不能深知山水之趣 則與

율곡은 선비가 산수를 봄에, 눈으로만 보는 것[目見而已], 산수의 취[山水之趣]를 보는 것, 도체(道體)를 아는 것[知道體] 등 그 방법을 세 가지로 나누어 말하고 있다. 이러한 인식을 바탕으로 율곡의 <탁열정기>를 해석한다면, 산수(山水)를 바라보는 즐거움만 즐기는 것이 아니라 높은 산과 맑은 물속에 내재한 도체(道體)를 발견하고 그것을 즐기는 것을 의미하는 것으로 볼 수 있다. 나아가 산수를 통한 그러한 발견과 즐김을 통해 나의 정(情)을 선(善)으로 옮겨 내 마음을 바르게[正]하는 것이다.

다음의 자료도 이러한 주장을 뒷받침한다.

> 교학(敎學)을 돈독히 하여 정성(情性)을 옮기고, 덕행을 드러내어 풍속(風俗)을 권면한다.[24]

가르침을 통하여 정성(情性)을 옮긴다는 것은 심성론(心性論)의 측면에서 정(情)을 선(善)한 쪽으로 옮긴다는 것을 의미한다.

이렇게 봤을 때, 율곡이 「정언묘선서」에서 언급한 이정(移情)은 '정을 (선 또는 악으로) 옮기는 것'을 의미하며, 그 결과는 정심(正心)과 탕심(蕩心)이 되는 것이다. 이정(移情)은 외물과의 소통에 의한 것일 수도 있고, 시문(詩文)의 독서에 의한 것일 수 있다. 곧 『정언묘선』에 실린 시들은 바른 성정(性情)을 읊조린 시들이기에 읽으면 청화(淸和)를 선창(宣暢)하여 마음을 바르게 할 수 있다는 의미로 볼 수 있다.

이러한 면을 율곡이 선집한 『정언묘선』에 실린 작품을 대상으로 살펴보겠다.

우선 도잠(陶潛)의 음주 육수(飮酒 六首)[25] 중 한 편을 보겠다.

百姓日用而不知者 無別矣 若洪丈可謂深知山水之趣者乎 雖然 但知山水之趣 而不知道體 則亦無貴乎知山水矣 洪丈之知 豈止於此乎"

24) 『후한서』 권79, 『흠정사고전서(欽定四庫全書)』.
"敦教學以移情性 表德行以厲風俗"

25) 이이, 「원자집」, 『정언묘선』.

맑은 새벽에 문 두드리는 소리 듣고
옷을 거꾸로 입고 나가 직접 문을 열었네.
"그대는 뉘시오?"라고 물으니,
농부에게 좋은 뜻이 있었네.
술을 갖고 멀리서 보러 와서,
나를 시속(時俗)에 어긋나는 것으로 의심하네.
초가의 처마 아래에서 남루하게 지내니,
고고한 은거가 되지 못하네.
온 세상이 모두 함께함을 숭상하니,
원컨대, 그대여 그 진흙에 몸을 담으시게나.
부로의 말을 깊이 느끼지만,
타고난 기질로 인해 어울리는 바가 적네.
고삐 돌림은 진실로 배울 수 있으나,
자신을 어기면 어찌 미혹되지 않겠는가?
또한 함께 이 술을 즐기니,
나의 수레 되돌릴 수 없다네.
淸晨聞扣門, 倒裳往自開.
問子爲誰歟, 田父有好懷.
壺漿遠見候, 疑我與時乖.
襤縷茅簷下, 未足爲高棲.
一世皆尙同, 願君汨其泥.
深感父老言, 稟氣寡所諧.
紆轡誠可學, 違己詎非迷.
且共歡此飮, 吾駕不可回.

이 시는 시인이 농촌에서 자신의 본성대로 욕심 없이 살겠다는 시인의 마음을 밝히고 있다. 구체적으로 살펴보면, 이 시의 1구~4구는 이 시의 맑은 날 새벽에 예고 없이 찾아온 농부의 존재를 제시하고 있고, 5구~8구는 시인이 세상과 단절하고 홀로 은거하는 것으로 보는 농부와 그렇지 않은 시인의 마음을 형상하고 있으며, 9구~12구는 세상과 어울려 세속적인 삶을 권해보는 농부와 그 말에 공감은 하나 자신은 타고난 기질상 그러하지 못함을 말하고 있고, 마지막 13구~16구는 세속적인 삶을 살 수 있으나 스스로를 어기며 살지는 않겠다는 자신의 의지를 나타내고 있다.

다음 도잠의 <곽주부에게 화답하다(和郭主簿)>[26]에서도 이와 비슷한 정서를 살펴볼 수 있다.

> 울창한 집 앞의 숲
> 한여름에 맑은 그늘 모아두네.
> 남풍이 시절 따라 불어오고
> 돌개바람 나의 옷깃을 열어젖히네.
> 사귐을 쉬고 한가한 일에 노닐어
> 누우나 일어서나 책과 거문고를 희롱하네.
> 동산의 채소는 남은 맛이 있고,
> 묵은 곡식은 지금까지 남아 있네.
> 경영함이 이미 진실로 극진함이 있으니,
> 지나치게 넘침은 바라는 바가 아니네.
> 차조를 찧어 좋은 술 담아,
> 술이 익으면 내 스스로 따르네.
> 어린아이는 내 옆에서 놀며,
> 말 배우느라 옹알거리네.
> 이런 일 진실로 다시 즐기니,
> 잠시 벼슬살이[華簪]를 잊었네.

26) 이이, 앞의 책.

멀리 흰 구름 바라보며,
옛날을 생각함이 애오라지 어찌 그리 깊은가?

藹藹堂前林, 中夏貯淸陰.
凱風因時來, 回飇開我襟.
息交游閒業, 臥起弄書琴.
園蔬有餘滋, 舊穀猶儲今.
營己良有極, 過足非所欽.
舂秫作美酒, 酒熟吾自斟.
弱子戲我側, 學語未成音.
此事眞復樂, 聊用忘華簪.
遙遙望白雲, 懷古一何深.

이 시는 세속을 벗어나서 농촌에서 농사를 지으며 욕심 없는 삶을 한가로이 즐기는 시인의 마음을, 그리고 옛날 현자들의 그러한 삶을 깊이 있게 생각하는 시인의 마음을 형상하고 있다. 구체적으로 보면, 1구~6구는 한여름 농촌 집 앞의 수풀의 시원한 그늘과 그 곳에서 불어오는 바람, 그리고 한가로이 지내며 노니는 모습을 형상하고 있으며, 7구~12구는 그러한 환경 속에서 스스로 열심히 경작하지만 자신의 생활에 필요한 만큼만 원하는 욕심 없는 마음과 술을 빚어 스스로 마시는 즐거움을 나타내고 있고, 13구~18구는 시인의 옆에서 말을 배우느라 옹알거리는 아이에 대한 귀여움과 벼슬살이를 잊고 전원생활에 만족하는 시인의 마음과 자신의 생활을 옛날 현자들의 삶에 비견하고 있다.

이상의 두 편의 시에서 살펴보았듯이, 독자들이 이 시를 감상하면서 이 시인처럼 세속적인 것에 얽매이지 않고 자신의 본성을 어기지 않으면서 살겠다는 마음을 독자들이 갖게 되기를 바라는 것이 율곡의 마음이라고 본다. 즉 독자가 자신을 시인과 동일시하여 시인의 마음을 닮아가려고 노력하면서 스스로 자신의 마음을 바른 마음[正心] 쪽으로 옮기게 된다. 이러한 것을 이정(移

情)이라고 율곡은 생각하고 있는 것이다.

4. 이정(移情)의 다른 뜻

이정(移情)을 '정을 옮긴다.'로 볼 때, 이것이 앞에서 살펴본 것처럼 꼭 선(善)에서 악(惡)으로, 또는 악(惡)에서 선(善)으로의 방향성만 갖는 것은 아니다. 마음의 방향을 한 쪽에서 다른 쪽으로 옮긴다는 의미도 갖고 있다.

<지각에 밤에 앉아서(池閣夜坐)>27)

하늘을 뒤덮던 비바람 이 밤엔 맑은데,
이경의 달빛, 아 놀라워라.
담 밑에 작은 나뭇가지와 잎 일어나고
벽 위에 걸린 늙은 신선 머리털까지 분명하구나.
문지기는 문지방 베고 오소리처럼 자고,
박쥐는 이리 저리 날고 지렁이는 떼로 우네.
관각에 놓인 기와는 하얗게 빛나고,
흡사 불전처럼 높고 가파르네.
이 때는 노래와 악기의 소리도 시끄러워 싫고,
짧은 시 짓는데 읊는 소리도 내지 않네.
아이 둘 객 하나가 내 뜻을 알고는
의건을 깨끗이 하고는 몰래 정[마음]을 옮기네.
滿天風雨一夜淸, 二更月色吁可驚.
墻根細樹枝葉起, 壁上老仙毛髮明.

27) 정약용, 『여유당전서』, 「제일집 시문집」 제3권, 시집, 시.

門卒枕閾眠如鉻, 蝙蝠交飛蚓叢鳴.
官閣灑灑瓦光白, 恰如佛殿高崢嶸.
此時歌管厭喧鬧, 爲作小詩無吟聲.
二兒一客解余意, 衣巾皎潔潛移情.

이 시는 못이 있는 관의 누각(樓閣)에 밤에 홀로 앉아 조용히 시를 짓는 모습을 읊조리고 있다. 처음 1구~4구는 비온 뒤 갠 날 밤, 밝고 맑은 달빛의 아름다움을 읊고 있고, 다음 5구~8구는 박쥐와 지렁이들만 움직이고 모두가 잠든 조용한 분위기를 형상화하고 있으며, 마지막 9구~12구는 이렇게 맑고 밝은 달빛이 비치는 아름다운 조용한 밤의 분위기를 홀로 즐기며 시를 짓고 있는 자신의 모습과 이 때 나와 같이 풍류를 즐기려고 아이 둘을 데리고 왔던 손이 내 마음을 알고는 몰래 돌아가 버린다는 내용을 읊고 있다. 여기에서 이정(移情)은 본래 먹었던 마음을 다른 방향으로 옮긴 것이다. 즉 마음을 바꾼 것이다.

다음의 자료도 이정(移情)의 이러한 의미를 보여준다.

그 괘이름은 섞이나 벗어나지 않는 것이다. 그 부류를 상고함에 그것은 쇠퇴해가는 세상의 뜻이라.

(칭명이라는 것은 괘이름이다. 복희의 때에 팔괘는 이름만 있을 뿐이었는데, 64괘의 이름은 곧 문왕에 이르러 비로소 갖추어졌다. 부자는 그 괘이름으로써 "섞이어 가닥이 많으니 요컨대 사리의 밖으로 벗어나지 않는다."라고 한 것이다. 대개 세상에 인연하여 변풍(變風), 이정(移情), 위일(僞日), 자비(滋非) 이것은 족히 주나라로써 다하지 못하는 까닭에 그 부류를 고구하여 그것이 쇠퇴하는 세상의 뜻이 됨을 안 것으로 이것은 괘의 이름으로써 말씀하신 것이다.)[28]

---

28) 『주역관단(周易觀彖)』, 역류(易類)(흠정사고전서 경부 1).
"其稱名也 雜而不越 於稽其類 其衰世之意邪(稱名者卦名也 伏羲之時 八卦有名而已 六十四卦之名 則至文王始具 夫子以其稱名 雜而多端 要不越乎事理之外 蓋緣世變風移情僞日滋非

여기에서 이정(移情)은 민심(民心)이 다른 데(한 왕조에서 다른 왕조)로 옮겨지는 것을 뜻한다. 그러므로 이 이정(移情)도 정(情)의 방향이 바뀌는 것이다.

율곡의 다음 시는 이정(移情)의 또 다른 의미를 보여준다.

<집승정(集勝亭) 운에 차운하다(次集勝亭韻)>[29]

심후의 화려한 정자 뛰어난 이름을 얻으니,
뛰어난 경계가 시를 재촉해 사람을 심히 여위게 하네.
구름 그림자 산을 넘으니 평야가 멀리까지 있고,
석양빛이 물에 잠기니 먼 모래 밝구나.
안개 낀 마을 가는 비에 뭇 배들 돛을 내리고,
갈대 언덕 실바람에 피리소리 들려오네.
속세에서 강해의 뜻 이루지 못하니,
좋은 곳 만날 때마다 문득 정을 옮기네.
沈侯華構擅雄名, 勝境催詩太瘦生.
雲影度山平野迥, 斜陽蘸水遠沙明.
烟邨細雨千帆落, 蘆岸微風一笛橫.
塵土未成江海志, 每逢佳處便移情.

이 시의 미련(尾聯)에 이정(移情)이라는 말이 보이는데 이것은 율곡이 강해(江海)로의 은거를 뜻하고 있으나 속세에서는 그 뜻을 이루지 못하므로 매번 좋은 경치를 만날 때마다 그 곳으로 마음을 옮긴다는 것이니, 시인의 마음이 마주치는 좋은 경치로 향하고 있음을 알겠다. 이것은 나의 감정을 외물(外物)에 투사(投射)하는 감정이입(感情移入)하고는 다른 것이다.

是不足以周盡之故 考其類而知其為衰世之意 此以卦之名言也)”

29) 이이, 『율곡전서』, 「습유」 권1, 「시」.

5. 맺음말

지금까지 율곡이 언급한 이정탕심(移情蕩心)의 '이정(移情)'에 대한 의미를 고찰해 보았다. 이 이정(移情)은 대체적으로 감정이입(感情移入)으로 인식되어 왔으나, 전통적인 의미에서 이정(移情)은 감정이입의 의미가 없으며, 율곡이 「정언묘선서」에서 언급한 '이정탕심(移情蕩心)'의 '이정(移情)은 이 용어가 사용된 문맥으로 보아 율곡의 심성론에 기반하여 다루어야 한다는 사실을 제기했다. 다만 김태환만이 이정(移情)을 심성론적인 면에서 다루었으나, 그 실상(實狀)에 부합하지 못했다. 「정언묘선서」에 보이는 '이정(移情)'에 관한 올바른 이해는 우리 시가의 미적 특질을 올바로 규명하고 이해하는 데 중요한 기여를 하게 되리라 생각한다.

지금까지의 연구를 정리하면 다음과 같다.

이정(移情)은 기본적으로 "정(情)을 옮긴다."이다. 이 의미는 세밀히 분석하면 구체적으로 몇 가지로 구분된다.

첫 번째는 율곡이 「정언묘선서」에서 제시한 것으로 '정을 선에서 악으로, 또는 악에서 선으로) 옮기는 것'을 의미하며, 그 결과는 정심(正心)과 탕심(蕩心)이 되는 것이다.

율곡이 「정언묘선서」에서 언급한 '조회수조(彫繪繡藻) 이정탕심(移情蕩心)'은 '존양성찰(存養省察)'의 대가 되는 개념이다. '조회수조(雕繪繡藻)'와 '이정탕심(移情蕩心)'은 '성정의 바른 것에 근본하지 못하고 혹 문식(文飾)을 빌어 힘써 다른 이의 눈을 즐겁게 하는 것'이며, '존양성찰(存養省察)'은 '성정을 읊고 청화(淸和)를 선창함으로써 가슴속의 재예(滓穢)를 씻어버리는 것'을 의미한다.

그리고 존심(存心)은 존양성찰(存養省察)로 인해 성정(性情)을 살펴, 외물의 유혹을 받아 생기는 사악함을 다 물리치고 정심(正心)을 이룸으로써 가능하다. 그러므로 율곡이 "성정(性情)을 읊어 청화(淸和)를 폄으로써 가슴속의 더러움[滓穢]을 씻을 수 있는" 시를 요구하는 것은 바로 '정심(正心)'을 이루어 존심(存心)하고자 함임을 알 수 있다. 그러므로 존양성찰(存養省察)은 정(情)을 바른 곳[正心]으로 이끌고, '조회수조(雕繪繡藻)는 정(情)을 어지러운 곳[蕩心]으로 이끈다.

율곡이 「정언묘선서」에서 언급한 이정(移情)은 외물과의 소통에 의한 것일 수도 있고, 시문(詩文)의 독서에 의한 것일 수 있다. 『정언묘선』에 실린 시들은 바른 성정(性情)을 읊조린 시들이기에 읽으면 청화(淸和)를 선창(宣暢)하여 마음을 바르게 할 수 있다는 의미로 볼 수 있다. 『후한서(後漢書)』의 기록에서도 이러한 성격의 이정(移情)을 확인할 수 있었다.

두 번째, 이정(移情)은 본래 먹었던 마음을 다른 방향으로 옮긴 것이다. 즉 마음을 바꾼 것이다. 정약용의 <지각에 밤에 앉아서(池閣夜坐)>와 『주역(周易)』의 기록에서 확인할 수 있었다.

세 번째, 이정(移情)은 경물(사물 대상)을 향한다는 의미이다. 이것은 감정이입(感情移入)하고는 다른 것이다. 율곡의 <집승정(集勝亭) 운에 차운하다(次集勝亭韻)>에서 확인할 수 있었다.

이상에서와 같이 이정(移情)은 가장 기본적으로 "정을 옮긴다."는 의미이며, 상황에 따라 여러 가지 의미로 세분된다는 것을 알 수 있다. 또한 전통적으로 사용된 이 용어에 감정이입(感情移入)의 의미는 없다는 것이다.

제3장 충담소산과 소산충담

1. 율곡이 '충담(冲淡)'을 앞세운 뜻

조선과 중국은 상호 문화적 교류를 지속적으로 해왔는데, 당시의 시대 정황상 대체로 중국의 문화가 조선으로 흘러들어왔다. 학문과 문학의 측면에 있어서도 예외는 아니었으니, 고려조 때 이 땅에 소개된 성리학은 조선에 들어오면서 국가의 이념이 되었다. 또한 역대 중국의 시인·문인들의 시문집이 전래되면서 조선의 사대부들은 그들이 체(體)를 모방하거나 모방을 통하여 스스로의 영역을 개척해 나가기도 했다. 율곡(1536~1584)은 성리학적 바탕 위에서 나름대로의 시관 및 시의 비평기준을 갖추었다. 그래서 그의 나이 38세 때(1573, 선조6)에 시선집인 『정언묘선(精言妙選)』을 편찬했다. 이 책은 율곡의 시 이론서(詩理論書)로서 시에 대한 율곡의 뚜렷한 견해가 나타나 있다. 『정언묘선(精言妙選)』에 실린 한시들은 율곡의 작품이 아니므로 『율곡전서』에는 『정언묘선』에 실린 전체의 서(「정언묘선서」) 및 여덟 집 각각의 서들(「정언묘선총서」)만이 실려 있다.[1)]

---

1) 율곡이 편찬한 『정언묘선』은 상당히 이른 시기에 결본이 되었다. 율곡은 자신이 38세 때(1573) 이 책을 편찬했는데, 1652년쯤에 벌써 완본을 구하기가 힘들어졌다. 동춘당 송준길이 신독재 김집에게 보내는 편지에 다음과 같은 기록이 있다.

앞에서 언급했듯이, 율곡이 시들을 분류한 기준은 품격(品格)으로, 그 여덟 부류에 각각의 품격 명(品格名)을 제시하고 거기에 해당되는 시들을 분속해 놓았다. 율곡은 자신이 제시한 여덟 품격(品格)들의 우열(優劣)을 가리지 않았으나 그 중에서 '충담소산(冲澹蕭散)'의 품격을 제일격(第一格)으로 삼았다.[2]

율곡의 '충담소산(冲澹蕭散)'이라는 용어는 주자의 '소산충담(蕭散冲澹)'에서 영향을 받은 듯하다. 율곡의 '충담소산'과 주자의 '소산충담'은 궁극적으로 그 의미하는 범주는 같지만, 주자는 '소산'을, 율곡은 '충담'을 앞세웠다. 율곡이 그렇게 한 것은 자신의 뚜렷한 시관에 의한 것이다. 그래서 주자의 '소산충담(蕭散冲淡)'과 중국 측 자료를 검토하고 아울러 율곡의 '충담소산

"한가롭게 세월을 헛되이 보내고 있으니 참으로 애석합니다. 마침 율곡 선생이 쓴 『정언묘선』을 얻었는데 매우 아낄 만합니다. 다만 그 책이 없어진 곳이 많아서 그 처음과 끝을 갖추어 보지 못하니 극히 안타깝습니다. 일찍이 이 책을 보셨는지, 서고[書府]에 갖고 계신지 알지 못하겠습니다. 과연 있으시면 빌려 주시기 바랍니다. 베껴서 보완케 함이 어떻겠습니까? 제가 갖고 있는 미완본(未完本)을 보내드리니 보시고 돌려주시길 바랍니다. 서문에 쓰여진 것이 선생의 친필인지요. 가르쳐주시기 바랍니다. 虛送閑中日月。良可歎惜。適得栗谷先生所抄精言妙選。甚可愛。但其編帙多缺。無以備見始終。極用歎慨。未知曾見此書否。書府無乃有藏否。果爾則幸乞借寄。俾得謄補如何。弟之所得不帙者送納。覽了還投伏望。序文所寫。非先生手筆否。幸示敎(「상신독재선생(上愼獨齋先生)」 임진(壬辰)(서(書) 『동춘당선생문집同春堂先生文集)』 권10)"

동춘당의 편지에 대한 신독재의 답신이 있었으리라 보지만 현재 전하지 않고 있다. 그러나 현재 동춘당의 글씨로 확인된 『정언묘선』(김남형 교수 소장)이 전하고 있으니 아마도 당시 가장 완본에 가까운 『정언묘선』을 동춘당이 구한 것으로 생각된다. 그런데 이 책에도 「지자집」이 빠져 있는 것으로 보아서 이미 이 당시에 온전한 책을 구할 수 없었음을 알 수 있겠다. 현재 전하는 「정언묘선총서」가 실려 있는 「습유」는 1749년 이후에 만들어졌으리라 보는데, 여기에 「지자집서」가 빠진 채 일곱 집의 서만 실려 있다. 아마 습유를 만들 때 동춘당이 쓴 책을 참고했으리라 생각된다. 그렇다면 현재 『정언묘선』이 일곱 집이나마 전하는 것은 오로지 동춘당의 공이라고 보아야겠다.

2) 율곡이 제시한 여덟 품격은 '충담소산(冲澹蕭散)', '한미청적(閒美淸適)', '청신쇄락(淸新灑落)', '용의정심(用意精深)', '정심의원(情深意遠)', '격사청건(格詞淸健)', '정공묘려(精工妙麗)', '결(缺)(○○美麗)'이며 이에 대한 자세한 논의는 졸고, 「<고산구곡가> 연구」(성균관대 박사학위논문, 1990)와 「『정언묘선』의 문헌적 검토와 율곡의 시관」(『서지학보』 15집, 한국서지학회, 1995), 그리고 「『정언묘선』 지자집의 품격명고」(『국어국문학논총』 기곡강신항박사정년퇴임기념, 1995)를 참조.

(冲澹蕭散)'과 조선 측 자료 검토하여 궁극적으로 율곡 시관의 독창적인 특징을 살피고자 한다.

2. 주자의 '소산충담(蕭散冲淡)'과 중국 측 자료 검토

1) 소산충담(蕭散冲淡)과 충담소산(冲澹蕭散)

주자는 도연명(陶淵明)과 유종원(柳宗元)의 시를 평가하면서 '소산충담(蕭散冲淡)'하다고 했다.

> 주문공 어록에 말하기를, 시를 지음에 모름지기 도연명(陶淵明)·유종원(柳宗元)의 문중으로부터 나와야 곧 좋다. 이와 같이 하지 않는다면 소산충담(蕭散冲淡)한 뜻을 드러냄이 없어 '티끌 세상에 몸을 굽히고 움츠림[局促塵埃]'을 면하지 못해 고인(古人)의 훌륭한 곳에 이르지 못할 것이다.3)

주자의 언급을 살펴본다면, '소산충담의 뜻'은 고인(古人)이 추구하던 것으로, 그것은 '티끌 세상에 몸을 굽히고 움츠림[局促塵埃]'을 하지 않는 것이다.

그런데 중국에서 '소산충담'이라는 용어와 더불어 '충담소산(冲澹蕭散)'이라는 용어가 함께 쓰이고 있다.

> 시가 망하여 소(騷)가 되었다. 한나라에 이르러 오언을 지었는데, 음영하여 성정의 바름을 얻은 자는 오직 도연명(陶淵明)뿐일진저! 위응물(韋應物)과 유종원(柳宗元)의 충담소산(冲淡蕭散)은 모두 도연명의 지취(旨趣)를 얻은 것이다.

---

3) 「도연명집총론(陶淵明集總論)」, 『도연명집(陶淵明集)』(진 도잠(陶潛) 찬).
"朱文公語録曰 作詩 須從陶柳門中來乃佳 不如是 無以發蕭散冲澹之趣 不免於局促塵埃 無由到古人佳處"

그 아래로는 왕마힐(王摩詰)이 있다.4)

원나라의 고사(高士)인 예찬(倪瓚)은 '충담소산(冲淡蕭散)'한 이로 오직 도연명을 꼽았고, 위응물과 유종원은 도연명의 지취를 얻은 것으로 보았다. 도연명을 두고 평한 위의 두 글에서 주자는 '소산충담(蕭散冲淡)'하다고 했고, 예찬은 '충담소산(冲淡蕭散)'하다고 했다. 그러므로 이 두 용어가 궁극적으로 지향하는 의미 내용이 같다고 볼 수 있다. 단 주자는 도연명과 유종원을 같은 수준으로 언급했으나, 예찬은 '충담소산(冲澹蕭散)'의 취를 드러내는 데에 도연명을 최고로 치고 있다는 차이가 있을 뿐이다.

2) '소산충담(蕭散冲淡)'과 '이광소산(夷曠蕭散)', '평담(平淡)'

다음으로 주자는 도연명에 대하여 다양한 평어로 평가하고 있는데 그 평어들 상호간의 관계를 규명할 필요가 있다. '소산충담(蕭散冲淡)'의 취(趣)를 드러내어 훌륭하다고 도연명을 평한 주자의 다른 평어(評語)는 다음과 같다.

> 연명시의 평담(平淡)은 자연(自然)으로부터 나왔다. 후인이 그의 평담을 배우고자 했지만, 곧 멀어졌다.5)

> 주자가 말하기를, 도연명은 높은 뜻[高志]과 심원한 앎[遠識]이 있어서 능히 시속에 부앙하지 않으므로 귀거래사를 지어 뜻을 보이었다. 그 스스로 진(晉)나라 신하라 생각하고 두 성(姓)을 섬기는 것을 부끄러워해서 유유(劉裕)로부터 장차 진조(晉祚)에게 옮기려 하자 드디어 다시 벼슬하지 않았으니, 곧 그 뜻 또

---

4) 예찬(倪瓚), 「사중야시서(謝仲野詩序)」, 『청비각전집(清閟閣全集)』 권10, 잡저.
"詩亡而為騷 至漢為五言 吟咏得性情之正者 其惟淵明乎 韋柳冲淡蕭散 皆得陶之旨趣 下此則王摩詰矣"

5) 『주자어류(朱子語類)』 권140 논문(論文) 하(下) 시(詩).
"淵明詩平淡 出於自然 後人學他平淡 便相去遠矣"

> 한 슬프다 아니 하지 못하리라. 그러나 그 말의 뜻은 이광소산(夷曠蕭散)하여 비록 초성(楚聲)에 의탁하였으나 그 '원망하고 찡그리는[尤怨切蹙]' 병통이 없다.6)

주자는 도연명 또는 그 작품에 대하여, '소산충담(蕭散沖淡)', '평담(平淡)', '이광소산(夷曠蕭散)' 등으로 매우 다양하게 평가하고 있다.

주자(朱子)는 도연명의 시를 논하면서 소산충담(蕭散沖淡)에 대하여 "'티끌 세상에 몸을 굽히고 움츠림[局促塵埃]'을 벗어난 것"이라고 했으며, 귀거래사(歸去來辭)의 사의(詞意)가 이광소산(夷曠蕭散)하다고 하고서, 그래서 '원망하고 찡그리는[尤怨切蹙]' 병통이 없다고 했다.

이 둘의 관계를 이해하는 데 『성리대전서』의 기록이 도움이 된다.

> 구산 양씨7)가 말하기를 "시를 지음에 풍아(風雅)의 뜻을 알지 못하면 시를 지을 수가 없다. 시는 넌지시 간하는 것을 숭상하므로 오직 말하는 자는 죄가 없고 듣는 자는 족히 경계하여 (잘못을) 보완한다. 만약 간하다가 헐뜯음에 관여하게 되면 듣는 자가 노여워하니 어찌 보완이 되겠는가? 소동파의 시를 보게 되면 다만 조정을 나무라기만 하고 달리 온유돈후한 기운이 없다. 까닭에 이로써 사람들은 죄를 얻게 된다. 백순(伯淳)8)의 시와 같은 것은 곧 듣는 자가 자연 감동을 한다. 인하여 백순(伯淳)이 온공(溫公) 등 여러 분에게 화답한 시를 들면, <계음시(禊飮詩)>에 이르기를, '모름지기 날이 저물 것을 걱정하지 않았는데, 하늘가에 엷은 그늘이 지네.' 하였고, 또 <범주시(泛舟詩)>에 이르기를, '다만 바람이 꽃에 불어 모두 흩날릴까 두려워하니, 어찌 그것이 온유돈후인가?'" 하였다.

---

6) 『성리대전서(性理大全書)』 권63 무대(歷代)5 진(晉).
"朱子曰 陶淵明有高志遠識 不能俯仰時俗 故作歸去來詞 以見志 抑以其自謂晉臣 恥事二姓 自劉裕將移晉祚 遂不復仕 則其意亦不為不悲矣 然其詞義夷曠蕭散 雖託楚聲而無其尤怨切蹙之病云"

7) 송(宋)나라의 양시(楊時)를 이름.

8) 백순(伯淳)은 북송(北宋) 정호(程顥)의 자(字)임.

> 군자가 기르는 것은 요컨대 포만(暴慢)하고 사벽(邪僻)한 기운을 몸에다 베풀지 않는 것이다. 도연명의 시에서 가히 미칠 수 없는 것은 충담심수(冲淡深粹)하여 자연으로부터 나온 것이다. 그리고 일찍이 힘써 시를 배운 후에야 연명의 시는 힘을 써서 이룰 수 있는 것이 아니라는 것을 알았다. 사사로운 뜻[私意]을 모두 제거한 뒤에야 가히 세상에 응할 수 있는 것이다.[9)]

위의 기록에서 우리는 다음과 같은 사실을 확인할 수 있다.

첫째, 시는 풍아(風雅 곧 『시경』)의 뜻을 알아야만 지을 수 있다. 곧 시는 휼간(譎諫)을 하여 듣는 자를 경계함으로써 잘못을 보완케 하는 것으로 이러한 시는 '온유돈후(溫柔敦厚)'해야 한다.

둘째, 도연명의 시는 충담심수(冲淡深粹)하여 자연으로부터 나온 것으로 이것은 사사로운 뜻[私意]을 다 제거한 다음에라야 얻을 수 있는 경지이다.

위의 두 사실을 도연명을 위주로 다시 언급한다면, 도연명의 시는 충담심수(冲淡深粹)하여 자연으로부터 나온 것으로 '온유돈후(溫柔敦厚)'를 바탕으로 하고 있으며 그것은 『시경(詩經)』의 경지라는 것이다.[10)]

앞에서 언급한 '소산충담(蕭散冲淡)', '이광소산(夷曠蕭散)'의 "'티끌 세상에 몸을 굽히고 움츠림[局促塵埃]'을 벗어난 것"과 "'원망하고 찡그리는[尤怨切蹙]' 병통이 없다"는 것은 모두 사사로운 뜻[私意]를 제거했다는 말과 같은 의미의 말로 볼 수 있다. 그러므로 도연명을 두고 내려진 평가인 '소산충담

---

9) 논시(論詩), 『성리대전서』 권56, 학(學)14.
"龜山楊氏曰 作詩不知風雅之意 不可以作詩 詩尚譎諫 唯言之者無罪 聞之者足以戒 乃為有補 若諫而涉於毁謗 聞者怒之 何補之 有觀蘇東坡詩 只是譏誚朝廷 殊無溫柔敦厚之氣 以此人故得而罪之 若是伯淳詩 則聞者 自然感動矣 因舉伯淳和溫公諸人禊飲詩云 未須愁日暮天際是輕陰 又泛舟詩云 只恐風花一片飛 何其溫柔敦厚也 君子之所養 要令暴慢邪僻之氣不設於身體 陶淵明詩所不可及者 冲淡深粹 出於自然 若曾用力學詩 然後知淵明詩非著力之所能成 私意去盡然後 可以應世"

10) 이러한 측면에 대해서는 다음 항목인 "3) '소산충담(蕭散冲淡)'의 연원(淵源)"에서 자세히 다룰 것이다.

(蕭散沖淡)', '이광소산(夷曠蕭散)', '충담심수(沖淡深粹)'는 모두 이런 차원에서 같은 의미로 볼 수 있겠다. 즉, 이들 용어가 의미하는 것은 성정(性情)을 음영하여 사사로운 마음[私意]를 완전히 제거함으로써 꾸밈을 일삼지 않고 자연으로부터 나오는 것으로 그 근본은 바로 『시경』의 세계이다.

평담(平淡)에 대해서는 다음의 언급이 있다.

> 이른바 '평담(平淡)'은 평범하고 가볍거나 생기 없고 힘없는 거칠고 속된 작품을 가리키는 것이 아니라, 평이하고 소박하면서도 함축적인 언어로써 풍부하면서도 심각한 사상 내용을 표현해서 일종의 담담히 멀고 깊으며 풍부하게 매력을 만들어내는 예술풍격을 가리킨다.11)

위의 언급에 의한다면 평담(平淡)은 평이하고 소박하며 함축적인 언어로써 풍부하고 심각한 내용을 드러내는 것으로 보인다.

그런데 이 평담(平淡)은 충담(沖澹)의 한 요소로 인식되는 듯하다.

조복단(趙福壇)은 사공도(司空圖)의 '충담(沖淡)'을 설명하면서 다음과 같이 결론을 내리고 있다.

> 충담의 예술풍격은 시어(詩語)는 평담자연(平淡自然)하고 시의(詩意)는 평화담원(平和淡遠)하며 시미(詩味)는 청유담박(淸幽淡泊)하다. 시인은 태화(太和)의 기를 흡입하여 충담한 인생태도로써 시의 미묘한 곳을 깨닫는다. 이로 인해서 시를 지을 때 진력하여 형사(形似)를 추구할 필요가 없다. 그렇지 않은즉 충담의 경계에 도달할 수 없다.12)

---

11) 조칙성, 장연제, 필만심 주편, 『중국고대문학이론사전』, 513쪽.
"所謂 "平淡", 非指平庸淺淡, 蒼白無力的粗俗之作, 而是指能以平易朴素而又含蓄的語言, 表現豊富而又深刻的思想內容, 創造出一種淡遠深邃, 富于魅力的藝術風格"

12) 조복단(趙福壇) 전석(箋釋), 『시품신석』(화성출판사, 1986.8), 17쪽.
"沖淡的藝術風格詩 : 詩語平淡自然 詩意平和淡遠 詩味淸幽淡泊 ; 詩人要吮吸着太和之氣, 用沖淡的人生態度去領悟詩的微妙之處. 因此, 在作詩時 不要刻意追求形似, 否則就不能達

위의 예에서 볼 때, 조복단은 '충담'을 표현(시어: 평담자연), 내용(시의: 평화담원), 효용(시미: 청유담박)적인 면과 시인의 태도, 시경(詩境), 작시적인 면을 논하고 있다. 그렇다면 평담(平淡)은 이상에서 논한 '소산충담(蕭散沖淡)', '이광소산(夷曠蕭散)', '충담심수(沖淡深粹)'의 한 요소라는 것을 알 수 있겠다.13)

3) '소산충담(蕭散沖淡)'의 연원(淵源)

도연명에 대한 주자의 '소산충담(蕭散沖淡)'이라는 평가는 후인들에 의해서 지속적으로 계승되고 있다. 명나라의 황중소(黃仲昭)는 도연명의 시에 대하여 다음과 같이 평가하고 있다.

> 도정절시는 소산충담(蕭散沖澹)하여 구름이 가고 물이 흐르는 것 같아 자연에서 나온 것이며, 변화가 문을 열어 깊은 곳에 잠겨 있는 것이 널리 행해지는 것으로 절로 무궁한 취가 있다.14)

도연명의 시는 소산충담하여 자연스러우며 깊은 곳에 잠겨 있는 것이 널리 행해지는 무궁한 취가 있다는 것이다. '소산충담(蕭散沖淡)' 또는 '충담소산(沖澹蕭散)'이 자연스럽다는 것은 구체적으로 꾸밈[彫琢]이 없다는 것이다. 다음의 기록에서 확인할 수 있다.

> 웅사현(熊師賢)의 자는 군좌(君佐)로 부주 사람[富州人]이다. 원이 과거를 폐지하자 사현은 벼슬길에 뜻을 끊고 책을 외우며 스스로 즐겼다. ……오문정(吳

到沖淡之境"

13) 필자는 「<고산구곡가> 연구」(성균관대 박사학위논문, 1991)에서 '충담소산(沖澹蕭散)'을 '평담(平淡)', '자연(自然)', '조화(調和)'의 측면에서 분석・설명한 바 있다.

14) 황중소(黃仲昭) 찬, 「제도연명시집(題陶淵明詩集)」, 『미헌문집(未軒文集)』 권4. "陶靖節詩 蕭散沖澹如行雲流水 出於自然 而變化開闔 涵泓演迤 自有無窮之趣"

> 文正)이 이르기를, 웅사현의 시는 충담소산하여 조탁(彫琢)을 일삼지 않아 자연(自然)에 가까운데, 그 사람됨과 매우 비슷하다.[15]

'충담소산'에 대해 조탁을 일삼지 않아 자연(自然)에 가깝다고 한 것이 그것이다.

또한 꾸밈을 일삼지 않는 '충담소산'은 성정(性情)을 드러낸 것이다.

> 한가로운 늙은이가 때때로 시가를 지으니 소산충담한데 모두 성정의 드러남으로 문식을 일삼지 않고 글을 지었다.[16]

원나라 동서(同恕)는 '충담소산'하다는 것은 꾸미지 않고 글을 짓기에 성정(性情)을 드러내게 된다고 한다.

주자(朱子)는 성정의 근본으로 『시경』을 들고 있다.

> 회암 선생은 탁연히 이 도로써 자임하여 책을 지어 의견을 세웠으며, 위로 염락 제공과 함께 끊어진 학문의 계통을 이었다. 성정을 음영함에 또한 반드시 취한 즉 옛 작자에게서였으며 일찍이 이르기를, "『삼백편』은 성정의 근본으로 시를 배움에 이에 근본하지 않으면 곧 또한 (학식이) 낮은 것이다."라고 했다. 또 말하기를, "시를 지음에 모름지기 도연명과 유종원의 문정(門庭)에서 나와야 한다. 이와 같지 않으면 소산충담의 취를 내지 못한다."고 하였다. 또 말하기를, "시를 뽑으매, 위소주의 시에 이르러 진실로 곰곰이 보아야 하며, 모름지기 『논어』『맹자』를 읽어 그 근본을 탐색하라."고 하였다. 지금 선생이 지은 시를 보

15) 『강서통지(江西通志)』 권67 「인물지(人物志)」.
"熊師賢 字君佐 富州人 元廢科舉 師賢絶意仕進 誦讀自娯……生平專力于詩 吳文正謂 賢詩 冲淡蕭散 不事雕琢而近自然 酷與其人相似"

16) 동서(同恕), 「수길태부인팔십시서(壽吉太夫人八十詩序)」, 『구암집(榘菴集)』 권2.
"閒叟間作詩謌 蕭散冲澹 皆性情之發 不事乎文而文"

> 건대, 대개 도연명과 위소주 사이를 드나들었으니 의리의 정미한 곳에 이른즉 모두 육경 사서에 근본하였다.[17]

주자는 『시경』을 성정의 근본으로 파악하여 시를 배울 때 이것에 근본해야 한다고 강조하고 있다.

실제로 도연명의 시 작품에 대해 『시경』과 직접 연관시킨 이도 있다.

> 오언으로 도정절[도연명]과 위소주[위응물]의 충담화평(冲淡和平)과 같은 것은 성정의 바름을 얻었고, 두소릉(두보)이 일로 인하여 마음을 일으키는 것은 충의가 격렬한데 이것은 모두 『삼백편』의 유의(遺意)를 얻은 것이다.[18]

도연명의 시 작품에 대해 '충담소산(冲澹蕭散)'하다고 평한 바 있는 원(元)의 예찬(倪瓚)은 여기에서는 '충담화평(冲淡和平)'이라고 평하고 있다. 그러므로 '충담화평(冲淡和平)'은 '충담소산(冲澹蕭散)'의 류(類)라고 할 수 있다. 그리고 이것은 성정의 바름을 얻은 것으로 『삼백편』의 유의를 담고 있다고 직접적으로 평하고 있는 것이다.

이상의 논의에서와 같이, 소산충담(蕭散冲淡) 또는 충담소산(冲澹蕭散)은 성정(性情)을 음영하여 꾸밈을 일삼지 않고 자연으로부터 나오는 것으로 그 근본은 바로 『시경』의 세계이다.

그러기에 '충담소산(冲澹蕭散)'을 '온유돈후(溫柔敦厚)'에 견주기도 하는 것이다.

---

17) <주문공시이십칠수(朱文公詩二十七首)>, 『풍아익(風雅翼)』(원 유리편(劉履編) 편).
"晦菴先生卓然 以斯道自任 著書立言 上與濂洛諸公 繼絶學之統矣 其於吟詠情性 亦必取則於古之作者 嘗言三百篇 性情之本 學詩而不本於此 則亦淺矣 又曰 作詩 須從陶柳門庭中來 不如是 無以發蕭散冲淡之趣 又曰 選詩 及韋蘇州詩 固當熟觀 更須讀語孟 以探其本 今觀先生所為詩 大概出入陶韋之間 至義理精微處 則皆本於六經四書者"

18) 예찬(倪瓚), 「졸일재시고서拙逸齋詩稾序)」, 『청비각전집(清閟閣全集)』 권10, 잡저.
"五言 若陶靖節韋蘇州之冲淡和平 得性情之正 杜少陵之因事興懷 忠義激烈 是皆得三百五篇之遺意者也"

금화(金華)의 동중주(童中州)는 시를 잘하였는데 오직 도연명의 소산충담을 아꼈으니 고인(古人)이 이른바 온유돈후(溫柔敦厚)의 가르침과 같다.[19]

후대인들은 도연명의 '소산충담(蕭散沖澹)'을 '온유돈후(溫柔敦厚)'의 가르침과 같다고 보고 있는데 그것은 바로 공자의 언급에 기인한다. 공자는 '온유돈후(溫柔敦厚)'를 『시경』을 가르친 결과라고 말한 바 있다.

공자가 말하기를, "그 나라에 들어가면 그 가르침을 알 수 있다. 그 사람됨이 온유돈후한 것은 시(詩)[詩經]의 가르침이요, (정사에) 통달하고 심원한 것을 아는 것은 서(書)[書經]의 가르침이요, (의리를 알아서) 넓게 (성정이) 평이하고 진실된 것은 악(樂)[樂記]의 가르침이요, (심성이) 깨끗하고 조용하며 (의리가) 정미한 것은 역(易)[周易]의 가르침이요, 공손하고 겸손하며 엄숙하고 삼가는 것은 예(禮)[禮記]의 가르침이요, 글을 짓고 일을 견주는 것은 춘추(春秋)의 가르침이다.[20]

『시경』을 배우면 그 사람의 성품이 '온유돈후(溫柔敦厚)'해 진다는 것이니, 그것이 곧 『시경』의 내용이기도 한 것이다. 아울러 공자는 "『시 삼백편』은 한마디로 포괄하여 말하면 '사무사(思無邪)'이다."[21]라고 하였으므로 이 '온유돈후(溫柔敦厚)'는 곧 '사무사(思無邪)'이기도 하다.

그런데 시경의 내용을 '온유돈후(溫柔敦厚)'가 아닌 다르게 언급한 경우가 있으니, 곧 '우유충후(優柔忠厚)'가 그것이다.

---

19) 임필(林弼), 「서정상인수주음고후(書靖上人隨住吟槀後)」, 『임등주집(林登州集)』 권23.
"金華 童君中州 善爲詩 而獨于陶 愛其蕭散沖澹 有類 於古人所謂 温柔敦厚之教者"

20) 『예기대전(禮記大全)』 권23 「경해(經解)」 제26.
"孔子曰 入其國 其教可知也 其為人也 温柔敦厚 詩教也 疏通知遠 書教也 廣博易良 樂教也 絜靜精微 易教也 恭儉莊敬 禮教也 屬辭比事 春秋教也"

21) 「논어」, 위정(爲政), 『경서(經書)』(10판, 성균관대 대동문화연구원, 1980), 76쪽.
"詩三百篇 一言以蔽之曰思無邪"

> 이태백의 <거부사(去婦詞)>에 이르기를, "예전 처음 님에게 시집왔을 때를 생각하니, 시누이가 침상에 의지해 있었지. 오늘 내가 님을 떠나는데, 시누이가 내 어른 같아라. 머리를 돌려 시누이에게 말하길, 형부 같은 이에게 시집가지 마시게." 하였다. 고금에 절창이다. 그러나 내가 그것을 보니, 특히 성내고 원망하여 영원히 이별하는 말일 뿐이다. 어찌 <곡풍(谷風)>의 부인을 떠나보내는 말에 이른 "나의 어량(魚梁)에 가지 마시오. 나의 통발을 들어내지 마오."22)라는 것과 같겠는가? 비록 내쳐 버려짐을 당했어도 오히려 그 집안을 돌아보며 연연하여 차마하지 못할진저! 이에 <국풍(國風)>의 '우유충후(優柔忠厚)'함은 진실로 후세의 시인들이 능히 따라할 수 없는 것이다.23)

『시경(詩經)』 <국풍(國風)>을 두고 '우유충후(優柔忠厚)'하다고 하였다. 그렇다면 이것은 공자가 『시경』을 두고 말한 '온유돈후(溫柔敦厚)'와 같은 말이라고 볼 수 있다.24)

이상의 내용을 정리하면 다음과 같다. '소산충담(蕭散沖淡)', '충담소산(沖澹蕭散)', '이광소산(夷曠蕭散)'은 같은 의미를 지닌 품격 명으로 이들은 『시경』의 세계인 '온유돈후(溫柔敦厚)', '우유충후(優柔忠厚)'를 기반으로 한다. 그러기에 이들은 성정(性情)을 음영하여 사사로운 마음[私意]를 완전히 제거함으로써 꾸밈을 일삼지 않고 자연으로부터 나오는 것이다.

---

22) 『시경(詩經)』 패풍(邶風) 곡풍(谷風) 3장.

23) 라대경(羅大經), 『학림옥로(鶴林玉露)』 권8.
"李太白去婦詞云 憶昔初嫁君 小姑纔倚牀 今日妾辭君 小姑如妾長 回頭語小姑 莫嫁如兄夫 古今以為絶唱 然以余觀之 特忿恨决絶之詞耳 豈若谷風去婦之詞曰 *毋逝我梁 毋發我笱* 雖遭放棄 而猶反顧其家 戀戀不忍乎 乃知國風優柔忠厚 信非後世詩人所能彷彿也"

24) 필자는 「송암 권호문시가의 미적 특질」, 『한국시가연구』 제19집(한국시가학회, 2005.11)에서 퇴계의 '온유돈후(溫柔敦厚)'와 율곡의 '우유충후(優柔忠厚)'가 같은 차원의 언급으로 이는 '시가 지녀야할 기본 요건을 제시한 것'이라고 밝힌 바 있다.

3. 율곡의 '충담소산(冲澹蕭散)'과 조선 측 자료 검토

이 항목에서는 율곡 및 조선사대부들의 '충담소산(冲澹蕭散)'과 이에 관련된 자료들을 검토하여 중국의 영향 정도와 새로이 개척한 영역을 밝히고자 한다.

율곡은 『정언묘선』, 「원자집서」에서 다음과 같이 언급하고 있다.

> 이 집은 충담소산(冲澹蕭散)의 것을 뽑았다. 회식(繪飾)을 일삼지 않아 자연스런 가운데 깊이 묘취(妙趣)가 있다. 고조(古調) 고의(古意)를 아는 이가 적다. 당송(唐宋) 이하의 시는 품격이 혹 고시(古詩)에 미치지 못하나, 그 중 근체(近體)는 조탁(雕琢)의 교(巧)가 없으면서도 저절로 성률(聲律)에 맞으므로 아울러 뽑았다. 이 집을 읽으면 그 담박(淡泊)함을 맛볼 수 있고, 그 희음(希音)됨을 즐길 수 있으니, 삼백편의 유의(遺意)는 이에서 벗어나지 않을 것이다.[25)]

『정언묘선』, 「원자집・서」의 요점을 분석하면 다음과 같다.

첫째, 『정언묘선』, 「원자집」의 품격은 '충담소산(冲澹蕭散)'이다.

둘째, '충담소산'은 회식(繪飾)을 일삼지 않아 자연스런 가운데 깊이 묘취(妙趣)가 있다.

셋째, '충담소산'은 고시(古詩)의 고조(古調)와 고의(古意)에 잘 드러나 있다.

넷째, '충담소산'은 '조탁(彫琢)의 교'가 없으면서 저절로 성률(聲律)에 맞는 것이다.

---

25) 이이, 『정언묘선』, 「원자집・서」, 『율곡전서』(성균관대 대동문화연구원, 1958), 습유, 권4, 잡저1.
"此集所選主於冲澹蕭散 不事繪飾 自然之中 深有妙趣 古調古意知者鮮矣 唐宋以下諸作品格或不逮古 間有近體 而皆無雕琢之巧 自中聲律 故竝選焉 讀此集 則味其淡泊 樂其希音 而三百之遺意 端不外此矣"

다섯째, '충담소산'은 담박(淡泊)함과 희음(希音)됨을 맛보고 즐길 수 있다.
여섯째, '충담소산'의 위와 같은 내용은 『시경』이 담고 있는 뜻과 같은 것이다.

이 「원자집 · 서」의 내용과 『정언묘선』 전체의 서(序)의 내용을 관련지어 이해할 때 율곡의 '충담소산'의 품격을 올바로 이해할 수 있다. 「정언묘선서」의 내용은 다음과 같다.

사람의 소리[人聲] 중에서 정수(精粹)인 것이 말이 되며 시는 말 중에서 또한 정수인 것이다. 시는 성정(性情)에 근본하니, 속이고 꾸며서 이루어지는 것이 아니며, 성음(聲音)의 높낮이[高下]는 자연에서 나온다. 삼백편(三百篇)은 사람의 정을 다 드러내고[曲盡人情] 사물의 이치에 두루 통하되[旁通物理] 유순하고 참되어[優柔忠厚] 바른 데로 돌아가도록 하니 이것이 시의 본원(本源)이다. 세대가 점차 내려가면서 풍기(風氣)가 점점 흐려져 시를 지어 드러내는 것이 다 성정의 바른 것에 근본하지 못하고 혹 문식(文飾)을 빌어 힘써 다른 이의 눈을 즐겁게 하는 자가 많다. 나는 수년 동안 병을 지니고 한가로이 홀로 거처하여 신음하는 틈에 때때로 고시(古詩)를 수탐(搜探)하여 중체(衆體)를 갖추었다. 시의 본원(本源)이 오래도록 막히고 말류(末流)가 가닥이 많아서 학자가 눈이 휘둥그레하니 어지러워 그 길을 찾지 못할까 근심하여 이에 감히 가장 정수이며 법 삼을 만한 것을 골라 모아서 여덟 편으로 만들고 권점(圈點)을 더하여 이름을 정언묘선이라 하였다. 충담(冲淡)한 것을 첫머리에 놓아 원류(源流)의 말미암은 바[始初]를 알게 하였고, 점차로 내려와서 미려(美麗)에 이른즉 시의 맥락은 거의 참모습을 잃게 된다. 이에 명도운어(明道韻語)를 마쳐, 속이고 꾸미는 데에 흐르지 않게 함이니, 버리고 취하는 사이에 뜻을 둠이라. 시는 비록 학자가 잘해야 할 것은 아니지만 성정을 읊고 청화(淸和)를 선창함으로써 가슴속의 재예(滓穢)를 씻을 수 있은즉 존양성찰[存省]에 일조(一助)가 되나니 어찌 조회수조(雕繪繡藻) 이정탕심(移情蕩心)을 위하여 시를 베풀었으리요(선별했으리요). 이 집을 보는 사람

은 이것을 염두에 두라.[26)]

위의 「정언묘선서」를 요점을 분석해 보면 다음과 같다.

첫째, 시는 성정(性情)에 근본한다. 그래서 속이고 꾸며서 이루어지는 것이 아니며, 성음(聲音)의 높낮이[高下]는 자연에서 나온다.

둘째, 삼백편(三百篇)은 시의 본원(本源)이다. 그것은 (성정의) 바른 곳으로 사람의 정을 다 드러내고[曲盡人情] 사물의 이치에 두루 통하되[旁通物理] 유순하고 참된[優柔忠厚] 경지이다.

셋째, 『정언묘선』은 시 중에서 가장 정수이며 법 삼을 만한 것을 골라 모아서 만들었다. 그것은 여덟 편으로 만들고 권점(圈點)을 더하였다. 이 책은 만든 이유는 오래도록 막힌 시의 본원을 배우는 자가 잘 찾을 수 있게 하기 위함이다.

넷째, 충담(冲淡)을 첫머리에 놓은 것은 원류(源流)의 말미암은 바를 알게 함이다. 점차로 내려와서 미려(美麗)에 이른즉 시의 맥락은 거의 참모습을 잃게[失眞] 되므로 이에 명도운어(明道韻語)를 마치니, 속이고 꾸미는 데에 흐르지 않게 하고, 버리고 취하는 사이에 뜻을 두게 함이다.

다섯째, 시는 존양성찰(存省)에 일조(一助)가 된다. 이 책을 만든 것은 성정을 읊어 청화(淸和)를 드러냄으로써 가슴속의 더러움(滓穢)을 씻기 위함이지 조회수조(雕繪繡藻) 이정탕심(移情蕩心)을 위하여서가 아니다. 이 집을 보는

---

26) 이이, 「정언묘선서」, 『율곡전서』 권13, 서(序).
"人聲之精者爲言 詩之於言又其精者也 詩本性情 非矯僞而成 聲音高下出於自然 三百篇 曲盡人情 旁通物理 優柔忠厚 要歸於正 此詩之本源也 世代漸降 風氣漸淆 其發爲詩者 未能悉本於性情之正 或假文飾務說人目者多矣 余數年抱病 居閒處獨 殿屎之隙 時搜古詩 備得衆體 患詩源久塞末流多岐 學者瞠盱眩亂 莫尋其路 乃敢採其最精而可法者 集爲八篇 加以圈點 名曰精言妙選 以沖淡者 爲首 使知源流之所自 以次漸降 至於美麗 則詩之絡脈殆近於失眞矣 乃以明道韻語終焉 俾不流於矯僞 去取之間有意存焉 詩雖非學者能事 亦所以吟詠性情 宣暢淸和 以滌胸中之滓穢 則亦存省之一助 豈爲雕繪繡藻移情蕩心而設哉 覽此集者 其念在玆"

사람은 이것을 염두에 두라.

율곡은 「정언묘선서」에서는 자신이 당위적으로 생각하는 시가 지녀야 할 기본 요건을 설명하고 있다. 우선 『시경(詩經)』을 시의 본원으로 성정의 바른 것으로 보고 있으며 그 내용은 사람의 정을 다 드러내고[曲盡人情] 사물의 이치에 두루 통하되[旁通物理] 유순하고 참된[優柔忠厚] 것이라고 규정하고 있다.

우선 율곡의 「정언묘선서」와 「원자집 · 서」의 내용을 비교 분석하여 '우유충후(優柔忠厚)', '충담소산(沖澹蕭散)', '충담(沖淡)' 등의 관계와 이들과 관련된 사실들을 정리할 필요가 있다.

율곡에 의하면 『정언묘선』은 시 중에서 가장 정수이며 법 삼을 만한 것을 골라 모아서 만들었으므로 이 책에 실린 시들은 많든 적든 시의 참모습을 지닌 것들이며, 이들 시는 기본적으로 바른 성정을 읊은 것으로서 속이고 꾸며서 만든 것이 아니고 성음(聲音)의 높낮이도 자연에서 나온 것으로 많든 적든 『시경(詩經)』의 세계인 '사람의 정을 다 드러내고[曲盡人情] 사물의 이치에 두루 통하되[旁通物理] 유순하고 참된[優柔忠厚] 경지'를 드러내고 있다. 그러므로 이들 시들은 조회수조(雕繪繡藻) 이정탕심(移情蕩心)을 하지 않은 작품들이다. 그 중 '충담(沖淡)'은 시의 원류에 속하는 것으로 '충담(沖淡)' 또는 '충담소산(沖澹蕭散)'은 오로지 시의 본원인 『시경(詩經)』의 전하는 뜻을 온전히 담고 있다.

그러기에 '충담소산(沖澹蕭散)'한 시들은 회식(繪飾)을 일삼지 않고 저절로 성률(聲律)에 맞아 자연스런 가운데 깊이 묘취(妙趣)가 있는 것으로서, 이들 작품을 통해 담박(淡泊)함을 맛보고 희음(希音)됨을 즐길 수 있다.

이러한 면에서 율곡이 '소산충담(蕭散沖淡)'이 아니라 '충담(沖淡)'을 앞세운 충담소산(沖澹蕭散)'이라는 용어를 선택한 이유를 알 수 있다. 곧 '충담(沖淡)'을 시의 본래의 근원(根源)으로 파악하고 있으며, 『정언묘선』에서 언급하고 있는 다른 품격들은 모두 이 '충담(沖淡)'으로부터 유래했다는 그 본말(本

末)과 선후(先後)를 보이기 위함이었던 것이다.[27)]

'우유충후(優柔忠厚)'와 '충담소산(冲澹蕭散)'과의 관계에 초점을 맞추어 살펴보면 '우유충후(優柔忠厚)'는 좋은 시가 갖추어야 할 기본요소로서 『정언묘선』에 실린 모든 시는 많든 적든 이 요소를 모두 지니고 있는 것이며, '충담소산(冲澹蕭散)'한 작품들은 이 '우유충후(優柔忠厚)'함을 온전히 지니면서, 바른 성정을 읊어 속이고 꾸미지 않으며 자연스럽게 담박(淡泊)한 맛과 희음(希音)을 즐길 수 있는 묘취(妙趣)를 드러내는 것이다.

우리 쪽 자료를 살펴보면, 율곡에 앞서 '충담소산(冲澹蕭散)'이란 용어를 쓴 이가 있었으니 곧 조선 전기 사림파에 속했던 유호인(兪好仁, 1445～1494)이다.

> 선군께서 이른 나이에 사마시에 합격하여 벽수(壁水)에 노닐며 자못 재명(才名)을 떨치셨으며 여러 번 향시에 합격하셨으나 연이어 뜻을 이루지 못하시자, 하루아침에 곧 포기하고 떠나셔서 호해(湖海)가에 높이 누워 그 집을 팔락(八樂)으로 이름하고 사십여 년을 어조(魚鳥)와 서로 잊으셨는데, 그 충담소산한 기운은 도도 양양하여 지어 가영(歌詠)한 것이 모두 거의 삼백여편입니다.[28)]

그런데 유호인은 '이광소산(夷曠蕭散)'이라는 용어도 사용하고 있다.

> 오호라 정절공은 진(晉)나라 말에 태어나 산림고의(山林高義)로 세상에 부앙(俯仰)하지 않고 세찬 물줄기 속의 지주(砥柱)처럼 난세에 절개를 지킴은 고금을 뛰어넘는다. 그 한정(閑情)과 일식(逸識)을 발하여 영가(詠歌)한 것은 곧 여남

27) '충담소산(冲澹蕭散)'의 품격에서 '한미청적(閒美淸適)', '청신쇄락(淸新灑落)'으로 파생된 나가는 것에 대해서는 필자의 「'충담소산'과 <고산구곡가>」(『고전시가의 미학 탐구』, 월인, 2000, 86～88쪽)에서 이론적으로 검토한 바가 있다.

28) 유호인(兪好仁), <발윤화부시집후(跋尹和夫詩集後)>, 『뇌계집(㵢谿集)』 권7, 「문(文)」. "尊先君早歲中司馬試 遊壁水 頗振才名 屢擧鄕選 連不得意 一朝卽拋去 高臥湖海之上 以八樂名其堂 而相忘於魚鳥餘四十年 其冲澹蕭散之氣 陶陶洋洋 發爲歌詠者 揔無慮三百有餘篇"

> 을 일일 뿐으로 이광소산(夷曠蕭散)함은 삼백편의 여음(餘音)으로 초성(楚聲)에 의탁하였으나 '원망하고 찡그리는[尤怨切蹙]' 병통이 없다. 동쪽 울타리에서 국화를 따고[東籬採菊], 북쪽 창가에서 맑은 바람을 쐬는[北牕淸風] 것은 오늘날 천년의 뒤에도 오히려 그 사람됨을 상상하여 볼 수 있겠다.[29)]

유호인은 도연명의 시를 '이광소산(夷曠蕭散)'하다고 보고 있는데, 이것은 주자가 도연명의 귀거래사(歸去來辭)를 두고 그 사의(詞意)가 '이광소산(夷曠蕭散)'하다고 한 것에서 영향을 받은 듯하다. 그런데 주목할 점은 그 '이광소산(夷曠蕭散)'을 '『시경』'의 여음(餘音)으로 보고 있다는 점이다. 이러한 사실로 유호인이 '이광소산(夷曠蕭散)'을 '충담소산(冲澹蕭散)'과 똑같은 의미로 인식했다는 것을 의미한다. 앞서 중국 쪽 자료에서는 다만 정황상 추측만 했을 뿐 발견할 수 없는 내용이었다.

그리고 조선에서도 '충담소산(冲澹蕭散)'과 '소산충담(蕭散冲淡)'을 의미의 구분 없이 같이 썼던 것으로 보인다. 조선 중기의 눌은(訥隱) 이광정(李光庭, 1674～1756)과 조선 후기의 소산(小山) 이광정(李光靖, 1714～1789)의 글을 보면,

> 평생을 살며 시 짓기를 좋아하지 않았으나 만년에 도연명[靖節]의 시를 좋아하여 글을 읽는 겨를에 그 안에 깊이 잠겨 생각하더니 사십여 편을 화답했는데 소산충담(蕭散冲淡)하여 자못 그 의취(意趣)를 얻었다. 대개 옹[月浦翁]의 성정이 서로 가까운 까닭에 그 돈독함이 이와 같았다.[30)]

---

29) 유호인, 「신간정절선생시집발(新刊靖節先生詩集跋)」 대인작(代人作) 『뇌계집(㵢谿集)』 권7 문(文).
"嗚呼 靖節公生當晉季 山林高義 不能與世俯仰 砥柱奔流 超越今古 其閑情逸識 發而爲詠歌者 乃餘事尒 卒變夷曠蕭散 三百篇之餘音 間托楚聲 而無尤怨切蹙之病 東籬採菊 北牕淸風 至今千載之下 猶可想見其爲人"

30) 이광정(李光庭), 「월포옹이공행장(月浦翁李公行狀)」, 『눌은선생문집(訥隱先生文集)』 권16 행장(行狀).
"平居不喜作詩 晩喜靖節詩 讀書之暇 潛心其中 和四十餘篇 蕭散冲澹 頗得其意趣 蓋翁之性情相近 故其篤好如此"

원계 유청수공은 진실로 원곡의 깊은 산속에서 곤궁히 지내며 사물에 느끼어 회포를 풀어 문득 시로 나타내었다. 마당에 소나무 대나무 매화 국화 연꽃을 나란히 심고, 또한 병풍을 만들어 그것들을 그리는데 그 가운데 똑같이 그리고는 스스로 세한(歲寒)의 약속에 의탁하여 그 집의 이름을 육우(六友)라고 하였다. 즐거이 평생을 오랜 친구와 더불어 바꾸어가며 노래 부르고 술 마셨는데 그 충담소산(冲澹蕭散)한 취가 지극했다.[31)]

위에 인용한 두 글에서 확인할 수 있듯이, '소산충담(蕭散沖淡)'이라는 말과 '충담소산(冲澹蕭散)'이라는 말이 모두 사용되고 있다.

조선에서 '충담소산(冲澹蕭散)'과 '소산충담(蕭散沖淡)'의 평어는 몇 가지 상황과 연관하여 사용되었는데, 유호인의 <발윤화부시집후(跋尹和夫詩集後)>의 경우처럼 산수 자연에 들어가 지내는 경우에 사용하거나, 이광정의 「월포옹이공행장(月浦翁李公行狀)」의 경우와 같이 도연명의 절개나 생활과 관련하여 사용하는 경우가 있다.

그리고 아래의 서명응(徐命膺, 1716~1787)처럼 임금에 충성하고 나라를 걱정하는[忠君憂國] 마음과 관련하여 사용하는 경우가 있다

한나라 장평자(張平子)가 정정사(定情辭)를 지었는데 충담소산(冲澹蕭散)하다. 천년 뒤에 오히려 그 임금에 충성하고 나라를 걱정하는[忠君憂國] 정성을 상상해 볼 수 있겠다. 사(辭, 곧 定情辭)에 어찌 많은가?[32)]

---

31) 이광정(李光靖), 「원계유집발(猿溪遺集跋)」『소산선생문집小山先生文集)』 권9 발(跋). "猿溪柳公淸修固窮於猿谷深山之中 感物遣懷 輒發之於詩 列植松竹梅菊蓮於庭 又爲屛以圖畫之 寫眞於其中 以自託於歲寒之契 而扁其堂曰六友 樂與平生故舊更唱迭酬 以極其沖澹蕭散之趣"

32) 서명응(徐命膺), <속정정사 병서(續定情辭 并序)>, 『보만재집(保晩齋集)』 권1 「사(辭)」. "漢張平子爲定情辭 冲澹蕭散 千載之下 猶可想見其忠君憂國之誠 辭豈在多乎哉"

4. 율곡 시 이론의 독창성

이상에서 살펴본 바와 같이 '충담소산(冲澹蕭散)', '소산충담(蕭散冲淡)', '이광소산(夷曠蕭散)'은 서로 같은 의미 범주를 가진 용어로서, 이러한 품격의 시들은 모두 성정을 읊어 꾸밈이 없고 자연으로부터 나왔으며 그래서 『시경(詩經)』의 유의(遺意)를 담고 있다는 것 등은 중국과 조선이 다르지 않고 대동소이했다. 또한 『시경』의 시세계를 '온유돈후(溫柔敦厚)'나 '우유충후(優柔忠厚)'로 보는 것도 같았다. 율곡의 『정언묘선』을 주자 및 중국의 여러 시론과 비교하여 율곡의 독창적인 면을 살펴보면 다음과 같다.

주자가 개인적인 작가나 작품에 대하여 분석하고 설명하였으나, 그것을 논리적으로 체계화시키지 못했지만, 율곡은 자신의 시관을 구체적으로 제시하면서 그것을 논리적으로 체계화시켰다는 데 우선 그의 독창성이 있다.

양(梁)나라의 유협(劉勰)이 제대(齊代) 말(499~501년)에 저작한 것으로 알려진 『문심조룡(文心雕龍)』에서 그는 전아(典雅), 원오(遠奧), 정약(精約), 현부(顯附), 번욕(繁縟), 장려(壯麗), 신기(新奇), 경미(輕靡) 등 팔체(八體)를 제시하고 간략하게 각각에 대해 설명을 한 후, 전아(典雅)와 신기(新奇), 원오(遠奧)와 현부(顯附), 정약(精約)과 번욕(繁縟), 장려(壯麗)와 경미(輕靡)의 작풍(作風)이 서로 상반되거나 경향을 달리한다고 소개하는 정도에 그치고 있다.

양대(梁代) 종영(鍾嶸, 480?~552)은 『시품(詩品)』에서 오언시(五言詩)를 대상으로 한대(漢代)부터 양대까지의 시인 122명에 대하여 상품(上品, 11명) 중품(中品, 39명) 하품(下品, 72명)으로 분류한 후 그들 작품의 근원을 밝히고 그 작가의 대표적인 작품에 대하여 품평(品評)을 하고 있다. 종영은 시의 근원을 『시경(詩經)』의 「국풍(國風)」, 「소아(小雅)」와 『초사(楚辭)』에 두고 있다.

중국 당(唐)나라 말의 사공도(司空圖, 837~908)는 『이십사시품(二十四詩品)』에서 시의 의경(意境)을 '웅혼(雄渾), 충담(冲淡), 섬농(纖穠), 침착(沈著), 고고(高古), 전아(典雅), 세련(洗煉), 경건(勁健), 기려(綺麗), 자연(自然), 함축(含蓄), 호방(豪放), 정신(精神), 진밀(縝密), 소야(疏野), 청기(淸奇), 위곡(委

曲), 실경(實境), 비개(悲慨), 형용(形容), 초예(超詣), 표일(飄逸), 광달(曠達), 유동(流動)' 등 24품(品)으로 나누어, 각각 4언(言)의 12구(句)의 운어(韻語)를 가지고 상징적으로 해설하였다.

역시 당나라의 승교연(僧皎然)은 『시식(詩式)』을 지었는데, 그 곳에서 '고(高), 일(逸), 정(貞), 충(忠), 절(節), 지(志), 기(氣), 정(情), 사(思), 덕(德), 계(誡), 한(閒), 달(達), 비(悲), 원(怨), 의(意), 역(力), 정(靜), 원(遠)' 등 19개의 낱글자로 된 품격 명과 이들 각각에 대한 4자 1구의 설명을 달아놓았다.

이들과 비교했을 때 율곡은 이전에 제기된 시 이론들을 모두 흡수한 후, 그것들을 성리학적 세계관에 기반하여 나름대로 체계화시킨 것으로 보여 진다. 그의 『정언묘선』[33]은 우선 성정의 근원으로 『시경』의 시세계를 제시하였다. 그리고 그 시세계는 사람의 정을 다 드러내고[曲盡人情] 사물의 이치에 두루 통하되[旁通物理] 유순하고 참된[優柔忠厚] 경지라고 하여 좋은 시가 갖추어야 할 기본요소를 제시한 후 충담(冲淡)을 근원으로 하여 각 품격들이 갈라져 나온 것으로 이해하고 있다. 그러므로 각 품격들 사이에는 우열(優劣)이 있다고 보지 않는다. 그러므로 이렇게 좋은 시가 갖추어야 할 기본요소를 제시한 후, 품격들의 선후와 본말을 체계적으로 제시한 것이 우선 율곡 시론의 독창성이다.

각 품격별로 품격의 특징을 일정한 서술방법에 의하여 기술하고 있으니, 첫째, 각 집의 품격 명(品格名)을 제시하며, 둘째, 그 품격을 드러내는 방법 혹은 그 내용을 서술하고, 셋째, 그러한 각 품격이 독자에게 주는 효과(효용성)에 관한 서술로 일관되어 있다. 이러한 설명 뒤에 각 체별(오언고시, 칠언고시, 오언율시, 칠언율시, 오언절구, 칠언절구)로 여러 시인들의 작품들을 배

33) 시의 품격을 논하여 시평어(詩評語)를 제시한 이로는 고려의 최자(崔滋)가 처음이다. 최자는 『보한집(補閑集)』에서 두 번에 걸쳐 평어(評語)를 제시하고 있는데, 첫번째는 두 자로 된 21종의 평어를 사용하여 시의 품격을 나타냈으며, 또 한편으로는 시를 상(上)·차(次)·병(病) 3종으로 나누고 그 아래 34종(상: 10종, 차: 16종, 병: 8종)의 두 자로 된 평어를 제시하고 있다. 후자의 경우에는 그 평어만을 제시할 뿐 그에 대한 예시(例詩)나 설명이 없으나, 전자의 경우는 각 평어에 해당하는 예시(例詩)를 들고 있는 것이 특징이다.

치하였는데, 『정언묘선』에 제시한 모든 품격을 이러한 체제로 설명하고 있는 것이 또한 율곡의 독창성이다.

5. 맺음말

지금까지의 연구를 정리하면 다음과 같다.

우선 용어상에 있어서 '소산충담(蕭散沖淡)', '충담소산(沖澹蕭散)', '이광소산(夷曠蕭散)'은 같은 의미의 품격 명이며, '평담(平淡)'은 이들의 한 구성요소로서 '충담소산'의 표현적인 면을 위주로 말할 때 주로 사용하는 것 같다.

'충담소산'은 『시경(詩經)』의 세계인 '온유돈후(溫柔敦厚)', '우유충후(優柔忠厚)'를 기반으로 하며, 그러기에 이들은 성정(性情)을 음영하여 사사로운 마음[私意]를 완전히 제거함으로써 꾸밈을 일삼지 않고 자연으로부터 나오는 것이다. 여기서 '온유돈후(溫柔敦厚)'와 '우유충후(優柔忠厚)'는 같은 의미의 다른 표현이다.

조선에서도 '충담소산'의 용어는 중국에서와 거의 비슷한 의미로 사용되었으니, 유호인의 <발윤화부시집후(跋尹和夫詩集後)>의 경우처럼 산수 자연에 들어가 지내는 경우에 사용하거나, 이광정의 「월포옹이공행장(月浦翁李公行狀)」의 경우와 같이 도연명의 절개나 생활과 관련하여 사용하는 경우, 그리고 서명응(徐命膺, 1716~1787)처럼 임금에 충성하고 나라를 걱정하는[忠君憂國] 마음과 관련하여 사용되었다.

율곡의 시 이론들을 주자나 그 이전의 시론들(『시품』, 『문심조룡』, 『이십사시품』, 『시식』)과 비교해 보았을 때 율곡은 이전에 제기된 모두 시론들을 흡수한 후, 그것들을 성리학적 세계관에 기반하여 나름대로 체계화시킨 것으로 보여 진다. 이들과 비교했을 때 율곡의 독창성은 다음과 같다. 첫째, 좋은 시가 갖추어야 할 기본요소를 제시한 후, 충담(沖淡)을 근원으로 하여 각 품격들의 선후와 본말을 체계적으로 제시한 것이 우선 율곡 시론의 독창성이다.

여기에서 시가 갖추어야 할 기본 요소는 '사람의 정을 다 드러내고[曲盡人情] 사물의 이치에 두루 통하되[旁通物理] 유순하고 참된[優柔忠厚]' 경지이다. 둘째, 『정언묘선』에 제시한 모든 품격을 일정한 체제로 설명하고 있는 것이 또한 율곡의 독창성이다. 여기에서 일정한 체제란 각 집의 품격 명(品格名)을 제시한 후 그 품격을 드러내는 방법 혹은 그 내용을 서술하고, 그 다음 그러한 각 품격이 독자에게 주는 효과(효용성)를 서술하고 있으며, 이러한 설명 뒤에 각 체별(오언고시, 칠언고시, 오언율시, 칠언율시, 오언절구, 칠언절구)로 여러 시인들의 작품들을 배치하고 있는 것을 말한다.

율곡의 이러한 시 이론은 우리 시사(詩史)에 독보적인 것이다.

제4장 〈무이도가〉와 〈고산구곡가〉

1. 〈고산구곡가〉의 시세계

율곡(栗谷, 1536~1584)은 주자(朱子)를 흠모했다. 그래서 해주(海州) 고산(高山)의 제5곡인 석담(石潭)에 정사(精舍)를 짓고는 '무이대은병(武夷大隱屛)'의 뜻을 취해 이름을 '은병(隱屛)'이라고 하였다. '무이대은병'은 주자가 무이산(武夷山) 제5곡에 지은 무이정사(武夷精舍)의 뒤에 있는 바위 이름이다. 또한 율곡은 <고산구곡가(高山九曲歌)> 열 수를 지어 <무이도가(武夷櫂歌)>에 견주었던 것이다.[1)]

1) 이이(李珥), 「연보(年譜)」, 무인(戊寅), 『율곡전서(栗谷全書) 2』, 성균관대학교 대동문화연구원, 309쪽.
隱屛精舍를 짓다.
수양산(首陽山)의 한 갈래가 서쪽으로 달려 선적봉(仙迹峯)이 되었고, 봉우리의 서쪽 수십 리에 진암산(眞巖山)이 있어, 물이 두 산 사이에서 나와 사십 리를 흐르며 아홉 번을 굽이져 바다에 드는데, 매 굽이마다 못이 있어 배를 부릴 만하다. 우연히 무이구곡(武夷九曲)과 서로 부합하므로 예전에 구곡이라 이름하였으며, 고산석담(高山石潭)이 또 마침 제5곡에 있고, 게다가 석봉이 그 앞에서 공읍하고 있다. 선생이 그 사이에 정사(精舍)를 짓고, 무이대은병(武夷大隱屛)의 뜻을 취하여 편액하여 이르기를, '은병(隱屛)'이라 하였으니 고정(考亭: 朱子)을 높이고 우러르는 뜻을 붙인 것이다. 정사는 청계당(聽溪堂)의 동쪽에 있다. 선생은 <고산구곡가(高山九曲歌)>를 지어 <무이도가(武夷櫂歌)>에 견주었다. 이로부터 원근(遠近)의 학자(學者)들이 더욱 찾아왔다.

이러한 사실은 <고산구곡가> 서곡에서도 밝히고 있다.

> 高山九曲潭을 사름이 모르더니
> 誅茅卜居ᄒᆞ니 벗님네 다 오시ᄂᆞ다
> 어즈버 武夷를 想像ᄒᆞ고 學朱子를 ᄒᆞ리라

율곡은 주자가 거처하던 무이산을 상상하며 주자를 배우겠다고 다짐하고 있다. 무이산에서의 주자의 생활을 율곡은 해주의 고산에서 실천하고 있는 것이다. 고산이 무이산과 마찬가지로 아홉 구비로 되어 있어서 가능했다고 볼 수 있다. 여기에 율곡은 주자가 무이산 제5곡에 무이정사를 지은 것처럼 고산의 제5곡에 은병정사(隱屏精舍)를 지었으며, 주자가 무이산에서 학문에 정진하며 사방의 친구와 만나 그 곳의 아름다운 경치를 즐겼듯이,[2] 율곡은 이곳 고산에서 학문에 정진하며 친구들과 어울리고 때로는 관동(冠童)과 더불어 이곳의 수석(水石)을 배회하며 노래 부르고 즐겼던 것[3]이니, 주자를 흠

「作隱屏精舍」.

"首陽山一支 西走爲仙迹峯 峯之西數十里 有眞巖山 有水出兩山間 流四十里 九折而入海 每折有潭 深可運舟 偶與武夷九曲相符 故舊名九曲 而高山石潭又適在第五曲 且有石峯拱揖於其前 先生築精舍於其間 取武夷大隱屏之義 扁之曰隱屏 以寓宗仰考亭之意 精舍在聽溪堂之東 先生作高山九曲歌以擬武夷棹歌 自是遠近學者益進"

2) 주자(朱子), 「무이정사잡영병서(武夷精舍雜詠竝序)」, 『주자대전(朱子大全)』 권9, 150쪽.
변변치 못한 거처[寒棲]의 밖에다 떡갈나무를 심고 울타리를 쳐서 양쪽 기슭의 어귀를 막고, 시비를 닫고 무이정사(武夷精舍)라는 편액(扁額)을 걸어서 경영(經營)을 순희(淳熙) 계묘(癸卯)의 봄에 시작하여 그해 여름 4월 16일[旣望]에 집[堂]이 완성되어서 비로소 와서 거처하니, 사방의 사우(士友)로서 오는 이가 매우 많았는데, 그 곳의 아름다운 승경[佳勝]을 경탄하지 않음이 없었으나, 그 방이 갖추어지지 않아서 오래 머물 수 없음을 한했다.
"寒棲之外 乃植棱列樊 以斷兩麓之口 掩以柴扉 而武夷精舍之扁揭焉 經始於淳熙癸卯之春 其夏四月旣望 堂成而始來居之 四方士友來者 亦甚衆 莫不歎其佳勝 而恨宅室之未具 不可以久留也"

3) 이정구(李廷龜), 시상(諡狀) 『율곡전서』 권36, 부록(附錄) 4, 성균관대학교 대동문화연구원, 382～383쪽.
본래 산수(山水)를 좋아하여, …… 뒤에 석담정사(石潭精舍)를 개축하였는데, 방안을 오로

모하는 마음이 어떠한지를 충분히 짐작할 수 있다.

그러므로 율곡이 지은 <고산구곡가>는 주자가 지어 즐겼던 <무이도가>의 시세계와 어느 정도 관련이 있다고 볼 수 있다. 그런데 여기에서 필자가 문제 삼는 것은 율곡이 <고산구곡가>를 지으면서 주자의 <무이도가>의 시세계를 그대로 갖고 왔느냐 하는 점이다. 품격적 측면에서 이러한 점을 구체적으로 살펴보고자 한자.

2. 기존 논의 검토

기존의 연구는 이 점에 있어서 일치하지 않고 있다. <고산구곡가(高山九曲歌)>를 품격적 측면에서 다룬 의견들을 살펴보면, 우선 이민홍(李敏弘) 교수는 <고산구곡가>에 대해 일부 '충담소산(沖澹蕭散)'의 품격을 인정하면서 '한미청적(閑美淸適)'의 품격을 지닌 것으로 규정하였다.[4)]

지 도서(圖書)로 갖추었고, 마음을 완색(玩索)하여 고명(高明)케 하여, 충념(沖恬)의 뜻을 기르고 그 정일(靜一)한 공(功)을 쌓으니, 이로부터 학문이 더욱 정밀하고 행실이 더욱 닦여져서, 도(道)가 날로 더욱 높아지고 이름이 날로 더욱 높아지니, 따르는[從遊] 선비가 날로 더욱 많아졌다. 강마(講劘)하는 겨를에 때때로 관동(冠童)과 함께 수석(水石)을 배회하며 노래를 읊어 스스로 즐기니, 소연(蕭然)히 출진(出塵)의 생각이 있으며 일체 세상 맛에는 담박(淡泊)[泊如]하였다.

"雅好山水 …… 後改築石潭精舍 一室圖書 玩心高明 養以沖恬之趣 積其靜一之功 自是學益精 行益修 道日益尊 名日益高 從遊之士日益衆 講劘之暇 時與冠童婆娑水石 詠歌自娛 蕭然有出塵之想 一切世味泊如也"

4) 이민홍(李敏弘), 「고산구곡가의 한미청적」, 『사림파문학의 연구』(수정증보판, 형설출판사, 1987), 239~258쪽.

이민홍 교수가 <고산구곡가>를 '한미청적'의 품격으로 보는 이유는 율곡 자신이 편찬한 『정언묘선』, 「형자집」에서 '한미청적'의 품격의 특징으로 서술한 '작은 수레를 타고 화혜(花蹊)와 초경(草徑)을 노니는 경지'가 <고산구곡가>를 읽을 때 느껴진다는 것이고, 또한 "인간의 세리(勢利)와 분화(芬華)가 저만치 아득히 멀리 있는 것처럼 보이"는 기분이 <고산구곡가>가 독자에게 주는 한 요소라는 것이 그 근거이다.

그러면서도 이민홍 교수는 "'한미청적'의 시경(詩境)은 '우흥(寓興)'에서 나오는 것으로 율곡은 해석했다. '흥(興)'이 '한미(閒美)'와 접맥된다면, 이는 강호에 임한 충담(沖澹)한 최진원(崔珍源) 선생은 <고산구곡가>를 '여백(餘白)'의 측면에서 다루었던 연구[5]를 발전시켜 <고산구곡가>의 미(美)를 탐구하면서 '충담소산'을 '담박(淡泊)'으로 규정하고 <고산구곡가>의 작품 속에서 이 '담박성(淡泊性)'의 구체적 양상을 밝힘으로써 이 방면에 대한 본격적이면서 구체적인 연구 결과를 내놓았다.[6]

그러는 사이에 그 동안 <정언묘선서(精言妙選序)>와 <정언묘선총서(精言妙選總敍)>만이 『율곡전서(栗谷全書)』에 전하던 『정언묘선(精言妙選)』의 작품들이 일부 계속 발굴되어 학계에 소개되었다.[7] 그런데 율곡이 <고산구곡가>를 짓고 비의(比擬)한 주자(朱子)의 <무이도가(武夷櫂歌)> 10수가 '한미청적(閑美淸適)'의 품격을 지닌 작품을 모아 놓은 「형자집(亨字集)」에 수록되어

서정이라 볼 수도 있다"라든가, "<고산구곡가>는 충담소산의 품격으로 한미청적의 시경을 읊은 작품으로 간주되고"라고 하여 <고산구곡가>를 '한미청적'의 품격으로 규정하면서도 '충담소산'의 성격을 일부 인정하고 있다.

5) 최진원(崔珍源), 『국문학과 자연』(증보판, 성대출판부, 1981), 75~102쪽.

6) 최진원, 「<고산구곡가>고」, 『대동문화연구』 21(성균관대 대동문화연구원, 1987), 137~154쪽.
최진원 선생은 <고산구곡가>의 담박은 형사억제(形似抑制)를 통하여 드러나는 것으로 <고산구곡가>의 형사억제는 묘사표현(감각적 박진성의 표현)의 억제이며 이정(移情, 곧 감정이입, 관념이입)의 억제이기도 하다는 사실을 제기하였다. 최진원 선생이 <고산구곡가>의 시세계를 '충담소산'과 관련지은 근거는 다음과 같다. 율곡이 편찬한 『정언묘선』의 '서(序)'와 각 집(원, 형, 이, 정, 인, 의, 예, 지 등 여덟집)의 '서(敍)'를 모아놓은 '총서(總敍)'가 『율곡전서』에 전하는데 율곡이 맨 처음에 제시한 품격이 바로 '충담소산'이고, 이것이 여러 정황으로 미루어 보아 율곡이 가장 중요하게 여긴 품격이라는 사실과 율곡이 '충담소산'의 미로 규정한 '담박함'이 나중에 율곡이 국문 시조의 형식으로 지은 <고산구곡가>의 매 작품마다 뚜렷이 나타난다는 것이다.

7) 현재까지 밝혀진 『정언묘선(精言妙選)』의 이본(異本)들은 다음과 같다.
동춘당본(필사본): 원자집 · 형자집 · 이자집 · 정자집 · 인자집 · 의자집 · 예자집
낙와본(목판본): 원자집 · 이자집 · 인자집
서울대 규장각본(목판본): 원자집 · 이자집 · 인자집
연세대 도서관본(필사본): 원자집 · 형자집 · 이자집 · 정자집 · 인자집
(목판본): 원자집 · 이자집 · 인자집
정신문화연구원본(필사본): 元字集 · 亨字集 · 이자집 · 정자집 · 인자집
이들 이본에 대한 자세한 설명은 졸저, 『고전시가의 미학 탐구』 참조.

있었다. 그러므로 <고산구곡가>의 품격이 '충담소산'이 아닌 '한미청적'일 수 있다는 가능성을 한층 높여주었다.

이러한 상황 속에서 필자는 사공도(司空圖)의 '충담(冲淡)'의 개념, 주자의 '소산충담(蕭散冲淡)'의 개념 그리고 율곡이 규정한 '충담소산'의 개념을 '충담소산'의 자의(字意)를 분석한 결과와 연결하여 다각도로 분석한 후 <고산구곡가>의 시세계가 '충담소산'의 품격을 지니고 있다고 주장하였다.[8)]

그리고 다시 최진원 선생은 <고산구곡가>의 품격에 대한 연구를 발표했는데,[9)] <고산구곡가>의 <이곡>과 <사곡>, 특히 <사곡>의 분석을 통하여 <고산구곡가>의 '한미청적(閑美淸適)'적 특성을 살펴서, <고산구곡가>에 '담박(淡泊)'과 '한적(閑適)'의 두 품격이 존재함을 밝혔으나, 율곡이 전자에 보다 더 무게를 둔 듯하다고 하여 '담박'이 <고산구곡가>의 시세계에 중심이 됨을 재차 확인하였다.

<고산구곡가>의 시세계를 파악함에 있어서의 문제가 되는 점은 기존의 연구들이 <고산구곡가>에 있어서 '충담소산(冲澹蕭散)'의 품격과 '한미청적(閑美淸適)'의 품격을 모두 인정을 하는데, 어떤 품격이 작품의 주류를 이루는가에 대한 이견[10)]이라고 볼 수 있다. 곧 이 연구에서는 율곡이 '한미청적'하다

---

8) 졸고, 「<고산구곡가> 연구」, 성균관대 박사학위논문, 1990, 62~78쪽.
필자는 율곡이 <고산구곡가>를 짓고 그것을 주자의 <무이도가>에 비의(比擬)하긴 했지만 그것이 바로 품격의 계승을 의미하는 것은 아니며, 또한 <고산구곡가>에 '한미청적'이나 '청신쇄락(淸新灑落)' 등 다른 품격의 특성이 약간씩 드러나 있는 것은 사실이나, <고산구곡가>에는 '충담소산'의 품격이 주류를 이루고 있다고 생각한다. 이러한 주장은 주자의 <무이도가> 역시 '한미청적'이나 '청고화후(淸高和厚), 충담쇄락(冲淡灑落)' 등 다양한 품격으로 인식되고 있다는 사실과 <고산구곡가>의 <서곡>과 <오곡>의 이론적 분석, 그리고 각 작품의 구체적 분석 및 고산 구곡 자료들의 검토를 통하여 볼 때 <고산구곡가>의 시세계가 '충담소산'의 품격적 시경(詩境)과 일치한다는 사실에 근거하여 제기되었다. 필자는 <고산구곡가>의 <서곡>과 <오곡>의 분석을 통하여 작가인 율곡의 의식이 이 작품 속에서 '충담소산'의 품격을 지향하고 있다는 사실을 밝혔으며, 아울러 『정언묘선』, 「원자집」의 품격으로 제시된 '충담소산'의 특징을 '평담(平淡)', '천연(天然: 自然)', '조화(調和)'의 셋으로 파악하여 <고산구곡가>가 이들 특성을 작품 구조와 표현의 측면에서 그대로 드러내고 있음을 밝혔다.

9) 최진원, 「고산구곡가고」, 『율곡학』 제12집(율곡사상연구원, 1999), 83~102쪽.

고 규정한 주자의 <무이도가(武夷櫂歌)>의 시세계를 율곡 자신이 <고산구곡가>에서 그대로 계승했는지 아니면 창조적으로 계승했는지를 다시 문제 삼는 것이다.

이를 바탕으로 율곡의 시선집 『정언묘선(精言妙選)』[11]의 「원자집(충담소산)」과 「형자집(한미청적)」의 분석을 통하여 <고산구곡가>의 시세계를 더욱 명확히 밝혀보려고 한다.

3. 우흥(寓興)

율곡(栗谷)은 주자(朱子)의 <무이도가(武夷櫂歌)>를 『정언묘선(精言妙選)』의 「형자집(亨字集)」에 분속해 놓았다. 즉 <무이도가>를 '한미청적(閑美淸適)'의 품격을 지닌 것으로 본 것이다. 이 품격의 특징에 대해 율곡은 다음과 같이 서술하고 있다.

---

10) 실제 주자(朱子)의 <무이도가(武夷櫂歌)>에도 여러 품격이 있음을 다음의 기대승의 언급을 통해서 확인할 수 있다.
기대승(奇大升), 「별지무이도가화운(別紙武夷櫂歌和韻)」, 『「고봉퇴계왕부서(高峯退溪往復書)』 권1, 『고봉전서(高峯全書)』.
그윽이 생각건대, 주자의 구곡십장(九曲十章)은 인물기흥으로써 가슴속의 뜻[趣]을 나타낸 것이니, 그 뜻의 담는[寓] 바와 그 말의 편 바는 진실로 모두 '청고화후(淸高和厚)', '충담쇄락(冲淡灑落)'하여, 바로 욕기(浴沂)의 기상과 더불어 그 쾌활함을 같이 한다.
"私竊以爲朱子於九曲十章 因物起興 以寫胸中之趣 而其意之所寓 其言之所宣 固皆淸高和厚 冲澹灑落 直與浴沂氣象 同其快活矣"

11) 율곡(1536~1584)은 38세 때(1573, 선조6)에 선시집인 『정언묘선』을 편찬했다. 이 책은 율곡의 시 이론서(詩理論書)로서 율곡의 시에 대한 뚜렷한 견해가 나타나 있으며, 아울러 시들을 여덟 부류로 나누어 각각의 특징을 서술하고 있다. 여기에서 율곡이 시들을 분류한 기준은 품격(品格)으로, 그 여덟 부류에 각각의 품격 명을 제시하고 거기에 해당되는 시들을 나누어 놓았다. 栗谷은 자신이 제시한 여덟 품격들의 우열을 가리지 않았으나 그 중에서 '충담소산'의 품격을 제일격으로 삼았다. 율곡은 선시집인 『정언묘선』을 편찬한 지 5년 뒤인 43세(1578년)에 국문으로 <고산구곡가> 10수를 지었다.

> 이 집은 한미청적(閑美淸適)의 것을 뽑았다. 조용히 스스로 얻는 것이 우흥(寓興)에서 나오는 것이지 사색으로 도달할 수 있는 것이 아니다. 이 집을 읽으면 심기(心氣)가 평화로워지고 작은 수레를 타고 마음대로 꽃길[花蹊]과 풀길[草徑]을 다니는 것 같아서 권세(權勢)·명리(名利)의 화려함 보기를 멀리할 것이다.[12]

즉, 이 '한미청적'의 품격적 특징은 바로 '우흥(寓興)'에 있다. '우흥'을 통하여 심기가 평화로워지고, 이로부터 화려한 권세와 명리를 멀리하게 될 수 있기 때문이다. 이러한 모습을 주자의 <무이도가(武夷櫂歌)>에서 찾아 볼 수 있다.

> 이곡이라. 우뚝한 옥녀봉
> 꽃을 꽂고 물가에 있음은 누구를 위한 단장인가?
> 도인은 다시 양대의 꿈을 꾸지 못하고
> 흥겹게 앞산으로 들어가니 푸르름은 몇 겹인가?
> 二曲亭亭玉女峯, 挿花臨水爲誰容.
> 道人不復陽臺夢, 興入前山翠幾重.

이처럼 '흥(興)'을 직접 언급하고 있으며,

> 온갖 계곡과 봉우리가 푸른 내에 쌓여 있구나. <일곡>
> 萬壑千峰鎖翠煙

> 사곡이라. 양쪽의 두 바위

---

12) 이이, 「정언묘선총서」, 『율곡전서』(성균관대 대동문화연구원, 1958), 531~532쪽.
"此集所選主於閑美淸適 從容自得 出於寓興 非思索可到 讀此集 則心平氣和 如乘小車 隨意行于花蹊草徑 而勢利芬華 視之邈矣"

바위꽃은 이슬 내려 푸르게 길게 드리웠는데
금계가 울기를 그치니 사람들은 보이지 않고
달빛은 빈산에 가득하고 물은 못에 가득하구나
四曲東西兩石巖, 巖花垂露碧㲯毿.
金鷄叫罷無人見, 月滿空山水滿潭.

다섯째 구비라. 산은 높고 구름 기운 깊어
오래도록 내리는 안개비에 평림이 어두우니
수풀 속에 객 있으나 사람들은 알지 못하고
어기여차 소리 속에 만고의 마음이라
五曲山高雲氣深, 長時烟雨暗平林.
林間有客無人識, 欸乃聲中萬古心.

육곡이라. 청병은 푸른 만을 둘렀는데
띠집은 하루 종일 사립문을 닫았네.
객이 와서 노에 기대니 바위꽃은 떨어지고
원숭이와 새는 놀라지 않으니 봄뜻이 한가롭구나.
六曲蒼屛遶碧灣, 茅茨終日掩柴關.
客來倚櫂巖花落, 猿鳥不驚春意閑.

칠곡이라. 배를 저어 푸른 개울 오르며
은병과 선장을 다시 돌아보네.
七曲移船上碧灘, 隱屛仙掌更回看.

팔곡이라. 바람 안개가 개려 하고
고루암 아래 물은 돌아가네.
八曲風烟勢欲開, 鼓樓巖下水縈洄.

구곡이라. 장차 다하여 눈 앞이 확 트여
뽕과 삼에 비 이슬 내리고 평천이 보이네.
九曲將窮眼豁然, 桑麻雨露見平川.

각 구비에서의 '흥'을 일으키는 경물을 구체적으로 제시하고 있다. 이것은,

> 순희 갑진 중춘에 정사에 한가로이 거처하면서 <무이도가(武夷櫂歌)> 열 수를 희작하여서 여러 동유(同遊)에게 보여 서로 함께 한번 웃었다.[13]

주자(朱子) 자신의 언급처럼 봄날 흥겨운 정취를 <무이도가(武夷櫂歌)>에 담아 즐겼던 것이다. <무이도가>에 '원조불경춘의한(猿鳥不驚春意閑, 육곡)'에서 직접적으로 '춘의(春意)'라고 하였으며, '춘의'가 '한가롭다(한)'고 하였다. 주자는 무이산(武夷山)에서의 한가로운 생활 속에서 흥겨움을 얻고 있다. '한(閑)'이 '흥(興)'[14]과 만날 때 이 '한흥(閑興)'은 '한미(閑美)'가 되며, 이는 하나의 미의식의 세계이다. 이러한 '흥(興)'으로 인해 기심(機心, 세속의 이해득실을 계교하는 마음)을 잊게 되며, 이로부터 무심(無心)의 경지에 드는 것이니, 이러한 경지에 들면 마음이 평화로워져서 세상의 부귀와 공명에 집착하는 마음이 멀어지는 것이다.[15]

「형자집(亨字集)」에 있는 위응물(韋應物)의 다음 시를 통해서도 이를 확인할 수 있다.

---

13) 주자(朱子), 『주자대전(朱子大全)』 권9, 151쪽.
"淳熙甲辰中春 精舍閒居 戲作武夷櫂歌 呈諸同遊相與一笑"

14) 최진원 선생은 이 '흥(興)'을 '심미감정(審美感情)'이라고 하였다.
최진원, <고산구곡가>고, 『율곡학』 제12집(율곡사상연구원, 1999), 87쪽.

15) 졸저, 「어부가와 한적」, 『고전시가의 미학 탐구』(월인, 2000), 148쪽.

<한가로이 거처하며 느낀 대로 짓다>[16)]

쓸쓸한 죽림원,
비바람에 난은 꺽이었네.
깊은 곳 새는 수풀 위에서 우짖고,
푸른 이끼는 사람의 자취를 끊었구나.
한가히 거처한 날이 이미 오래되어
여름 나무 어지럽게 우거졌네.
책상 시렁엔 많은 편지 쌓여 있어
때때로 와서 북창을 대하여 펼쳐보네.
蕭條竹林院, 風雨叢蘭折.
幽鳥林上啼, 青苔人迹絕.
燕居日已永, 夏木紛成結.
几閣積群書, 時來北窗閱.

이 시의 '유조(幽鳥)'라는 말로써 죽림원(竹林院)이 숲 속 깊은 곳에 있음을 알 수 있고, '푸른 이끼는 사람의 자취를 끊었구나.(青苔人迹絕)'라는 구절로써 竹林院(죽림원)은 사람들이 거의 찾지 않는 곳임을 알겠다. 또한 이 구절은 권세(權勢)와 명리(名利)를 찾는 속세의 시끄러운 소리가 닿지 않는다는 의미도 포함하고 있다. 이 시에서 '흥(興)'이라는 말은 사용되지 않고 있으나, 마지막 연 "책상 시렁엔 많은 편지 쌓여 있어 / 때때로 와서 북창을 대하여 펼쳐보네.(几閣積群書, 時來北窗閱.)"에서처럼 사람의 인적이 드문 곳에서 한가로이 지내며 때때로 북쪽 창가에서 친구나 친지들로부터 온 편지를 열람한다는 말에서 그 평화로운 마음과 즐거움을 충분히 상상할 수 있다.

그러므로 <무이도가>를 비롯한 「형자집」의 시들은 이 한흥(한미청적)을 드

16) 위응물, <연거즉사(燕居卽事)>, 『정언묘선』, 「형자집」 '오언고시'.

러내고 있다.

그런데 앞에서 언급했듯이 율곡은 그의 <고산구곡가>에서 무이산에서의 주자를 배우겠다고 선언하고 있으니, <고산구곡가> 서곡에서

> 高山九曲潭을 사름이 모르더니
> 誅茅卜居ᄒᆞ니 벋님네 다 오시ᄂᆞ다
> 어즈버 武夷를 想像ᄒᆞ고 學朱子를 ᄒᆞ리라

라고 하였으며, 또 은병정사(隱屛精舍)가 있는 오곡에서는

> 五曲은 어드메오 隱屛이 보기됴타
> 水邊精舍ᄂᆞᆫ 瀟灑홈도 ᄀᆞ이 업다
> 이 중에 講學도 ᄒᆞ려니와 咏月吟風 ᄒᆞ리라

처럼 '강학(講學)'과 '영월음풍(咏月吟風)'이라는 고산(高山)에서의 생활을 구체적으로 언급하고 있다.

나아가 율곡이 지은 <고산구곡가(高山九曲歌)>에도 이 '한미청적(閑美淸適)'의 큰 특징으로 검토하였던 '흥(興)'이 보이고 있다.

> 四曲은 어드메오 松崖예 ᄒᆡ 넘거다
> 潭心巖影은 온갓 비치 잠겨셰라
> 林泉이 깁도록 됴흐니 興을 계워 ᄒᆞ노라

율곡은 고산의 제4곡인 '송애'에서 '흥을 계워'하고 있는 것이다.

실제로 고산·구곡 각 구비의 경물(景物)을 서술하면서 율곡은 비록 '흥'이라는 말을 쓰지는 않았지만, 각 구비를 우리가 읽어나갈 때 그런 '흥'을 느낄 수 있다.

그러면 율곡은 <고산구곡가>를 지을 때, 주자의 <무이도가>의 '한미청적'이라는 품격까지 그대로 이어받은 것인가? 여기서 율곡의 <고산구곡가>와 주자의 <무이도가>를 관련지은 『율곡전서(栗谷全書)』 연보(年譜)의 기록을 다시 검토해 볼 필요가 있다.

先生作高山九曲歌以擬武夷棹歌[17]

이 기록을 대부분 "선생이 <무이도가>를 의방하여(또는 본떠서) <고산구곡가>를 지었다."라고 보고 있다. 그러나 조금 엄밀히 한다면 "선생이 <고산구곡가>를 지어 <무이도가>에 견주었다."라고 보아야 한다. 이것은 의미상 중요한 차이가 있다. 후자는 "무이산(武夷山)에 <무이도가>가 있다면, 이 땅에는 <고산구곡가>가 있다"는 율곡의 자부심의 표현일 수 있기 때문이다. 여기서 일단 율곡의 <고산구곡가>가 <무이도가>의 단순한 모방작이 아니라는 점을 느낄 수 있다.

덧붙여 여기서 한 가지 의문이 드는 것은 이 '한흥(閑興)'을 드러내는 시는 모두 '한미청적(閑美淸適)'의 품격을 지니는가? 하는 것이다.

그래서 율곡이 선집한 『정언묘선(精言妙選)』, 「원자집(元字集)」 속에 있는 시들 중에서 이 '흥'을 드러낸 시가 있는가를 살펴보았다. 「원자집」 속에 '흥'이란 용어가 나타나는 경우가 매우 드물지만 몇 편의 시에 나타나고 있음을 발견할 수 있었다. 우선 제목에 이 용어가 나타나는 경우는 노심(盧諶)의 <시흥(時興)>[18]과 이단(李端)의 <감흥(感興)>[19]이 있고, 시문(詩文) 가운데 나타나는 경우로는 왕유(王維)의 <종남별업(終南別業)>이 있다.

---

17) 이이, 『율곡전서』, 「연보」, 무인, 309쪽.
18) 오언고시
19) 오언절구

<종남산의 별장>[20]

중년에 자못 도를 좋아하여,
만년에 남산 기슭에 집을 지었네.
흥이 나면 매년 홀로 가니
좋은 일을 다만 혼자 아네.
가다가 물이 끝나는 곳에 이르면,
앉아서 구름이 일어나는 좋은 광경을 보네.
우연히 숲속 늙은이를 만나면,
웃으며 이야기하느라 돌아갈 기약이 없네.
中歲頗好道, 晚家南山陲.
興來每獨往, 勝事空自知.
行到水窮處, 坐看雲起時.
偶然値林叟, 談笑無還期.

왕유의 시에서도 흥겨움에 한가로이 자연을 즐기는 모습을 볼 수 있다. 이 시는 율곡이 '충담소산(冲澹蕭散)'하다는 「원자집」에 들어 있는 시이다. 그러므로 '한흥(閑興)'을 노래한다 하여 무조건적으로 '한미청적'의 품격이라고 단정할 수는 없는 것이다. 이러한 이유로 <고산구곡가>에 '한흥'이 보인다고 하여 반드시 '한미청적'의 품격으로만 볼 필요는 없는 것이다. 다만 이 경우 「원자집」과 「형자집(亨字集)」에 모두 '한흥'의 특징이 있다면 이 두 집을 또는 이 두 품격을 구분하는 기준은 무엇인가 하는 의문이 남는다.

20) 왕유, <종남별업(終南別業)>, 『정언묘선』, 「원자집」, 오언율시.

4. 묘취(妙趣)

율곡(栗谷)은 『정언묘선(精言妙選)』에서 「원자집(元字集)」에 대해 다음과 같은 서술을 하고 있다.

> 이 집은 충담소산(冲澹蕭散)의 것을 뽑았다. 회식(繪飾)을 일삼지 않아 저절로 깊이 묘취(妙趣)가 있다. 고조(古調) 고의(古意)를 아는 이가 적다. 당송(唐宋) 이하의 시는 품격이 혹 고시(古詩)에 미치지 못하나, 그 중 근체(近體)는 조탁(雕琢)의 교(巧)가 없으면서도 저절로 성률(聲律)에 맞으므로 아울러 뽑았다. 이 집을 읽으면 그 담박(淡泊)함을 맛볼 수 있고, 그 희음(希音)됨을 즐길 수 있으니, 삼백편의 유의(遺意)는 이에서 벗어나지 않을 것이다.[21]

이 품격은 '저절로 깊이 묘취가 있(自然之中 深有妙趣)'으며, 이에서 담박(淡泊)한 맛을 볼 수 있다고 한다. 이 담박함은 꾸밈없는 솔직함(不事繪飾)에 기인한다.

앞에서 「원자집」에도 「형자집(亨字集)」과 마찬가지로 '한흥(閑興)'의 모습을 보이는 시가 있다고 하면서 이 경우 두 집의 품격을 구분하는 기준이 궁금해진다고 했었다.

왕유(王維)의 <종남별업(終南別業)>과 「형자집」의 시들을 비교해 본다면 뚜렷한 차이가 있으니, 그것은 바로 인생을 관조하는 진솔한 태도이다. 왕유의 <종남별업>에 보이는 "우연히 숲속 늙은이를 만나면 / 웃으며 이야기하느라 돌아갈 기약이 없네.(偶然値林叟, 談笑無還期.)"에는 그러한 모습이 보인다. 가식이라고는 볼 수 없는 淡泊함이 있다.

이러한 모습을 율곡의 <고산구곡가(高山九曲歌)> <이곡>에서 볼 수 있다.

---

21) 이이, 『정언묘선』, 「원자집 · 서」, 『율곡전서 2』(성균관대 대동문화연구원, 1958), 습유, 권 4, 잡저1, 531~532쪽.

二曲은 어드메오 花巖애 春晩커다
碧波애 고즐 띄워 野外예 보내노라
사룸이 勝地를 모ᄅᆞ니 알에 ᄒᆞᆫ둘 엇더리

율곡은 고산의 아름다운 경치를 자기 것으로 고집하지도 않고 속세의 일반 사람들에게 공개하여 함께 즐기려고 하고 있다. 이러한 측면에서 율곡이 갖고 있는 마음의 훈훈함과 더불어 '淡泊'함을 느낄 수 있는 것이니, 이에서 인생에 대한 통찰과 인생을 관조하는 진지하면서도 솔직한 태도를 보게 되는 것이다.

<고산구곡가>의 전체 구성을 통해서도 이러한 충담소산(冲澹蕭散)한 면을 파악할 수 있다. 우선 <고산구곡가>는 <무이도가(武夷櫂歌)>에서 서곡과 매 구비를 노래하는 형식을 본받았다. 그러나 율곡은 거기에서 그친 것이 아니다. <고산구곡가>에서 <서곡>과 <오곡>을 제외한 나머지 <일곡>부터 <구곡>까지 하루의 시간과 한 해의 계절의 진행 및 순환을 순차적으로 함께 담았다.

高山의 구비	시 간	계 절
서곡		
1곡	아침부터 오후의 어느 시간까지	
2곡		봄
3곡		여름
4곡	늦은 오후의 어느 시간	
5곡		
6곡	밤	
7곡		가을
8곡	늦은 밤	
9곡		겨울

이에 대하여 필자는 다음과 같이 논한 바 있다.

> <고산구곡가>에 흐르고 있는 시간·계절이 의미하는 것은 무엇인가? 그것은 '영원성(永遠性)'의 획득이다. '고산구곡담(高山九曲潭)'의 하루의 시간은 1년의 시간으로 확장되고, 또 이것은 영원으로 이어진다. 이 '영원성'은 고산구곡담의 아름다움의 영원성이며, 율곡이 <서곡>에서 밝혔던 "무이를 상상ᄒᆞ고 학주자를 ᄒᆞ리라."는 자신의 의지의 영원성(불변성)이다.[22]

즉, <고산구곡가>에는 하루의 시간과 한 해의 계절이 순차적으로 포개어져 있는데, 그것에서 고산구곡담의 아름다움의 영원함과 율곡이 무이산에서의 주자를 배우겠다는 의지의 영원함(불변함)을 파악할 수 있다. 여기서 영원하다는 것은 주변의 상황에 어떻게 변하더라도 자신의 한번 먹은 마음을 바꾸지 않는 것이다.

이와 같이 <고산구곡가>를 통해 율곡이 지향하는 '영원성(불변성)'은 '충담소산'의 한 측면이다. 역시 위응물(韋應物)의 다음 시에 보인다.

> <의고(擬古)>[23]
>
> 그대를 떠나 멀리 가자니,
> 이 긴 한스런 생각에 (술을) 마시네.
> 이미 길이 멀다 여겼지만,
> 어찌하리오. 험난함에 처한다면.
> 흐르는 물은 바다에 이르고,
> 외로운 구름은 저문 산에 돌아가니
> 무정한 것도 오히려 돌아감이 있거늘,
> 나그네는 어찌 홀로 어려운가.
> 수레를 몰아 고향과 나라를 등지니,

---

22) 졸고, 앞의 책, 102쪽.
23) 위응물, <의고사수(擬古四首)> 중 첫 번째 시.

삭풍은 지나온 자취를 말아 흩트리고
추운 겨울의 서리는 살을 에이는데,
해 저물어도 쉴 겨를이 없어라.
근심과 기쁨 속에 얼굴과 터럭이 변하고,
추위와 더위 속에 사람의 일이 바뀌거늘
이 마음을 그대가 어찌 알리요
빙옥처럼 다만 곧고 흰 것을.
辭君遠行邁, 飮此長恨端.
已謂道里遠, 如何中險艱.
流水赴大壑, 孤雲還暮山.
無情尙有歸, 行子何獨難.
驅車背鄕國, 朔風捲行跡.
嚴冬霜斷肌, 日入不遑息.
憂歡容髮變, 寒暑人事易.
中心君詎知, 氷玉徒貞白.

위응물의 <의고> 시 중 첫 번째 시이다. 변화무쌍한 인간의 삶 속에서 변하지 않는 것은 매우 소중하고 가치 있는 것이다. 특히 고향이나 조국을 떠나 홀로 나그네가 되는 것을 감수하며 자신의 소중한 것을 가식 없이 영원히(변함없이) 지니기란 쉽지 않은 일이다. 이것이 품격 '충담소산'의 한 특징이다.

"흐르는 물은 바다에 이르고(流水赴大壑), 외로운 구름은 저문 산에 돌아가니(孤雲還暮山)"에서처럼 물이 바다에 이르고 구름에 산에 돌아가는 자연현상에 비겨 돌아가고 싶어도 갈 수 없는 자신의 처지를 표현하는 데 '묘취(妙趣)'가 있다.(비록 이러한 표현은 너무 자주 쓰여 요즈음은 전혀 신선함을 느낄 수는 없지만) 이와 같은 일은 인생에 대한 관조와 가식 없는 솔직함이 없이는 불가능한 일이다. <고산구곡가>에 보이는 율곡의 의지 속에서 이러한 면을 느낄 수 있다. <고산구곡가> 가운데 특히 <팔곡>에 잘 나타나 있다.

八曲은 어드메오 琴灘애 달이 볽다
玉軫金徽로 數三曲을 노는 말이
古調를 알리 업스니 홀로 즐겨 ᄒᆞ노라

비록 뭇 사람들은 옛 곡조(曲調)를 즐기지 않는다 하더라도 그 곡조에 담긴 옛 성현들의 뜻[古意]을 알고 있는 율곡은 홀로라도 즐기려 하는 것이다. 그러나 이것이 속세와 단절을 의미하는 것은 아니다. 앞에서 소개한 <이곡>에 보이듯이

二曲은 어드메오 花巖애 春晩커다
碧波애 고즐 띄워 野外예 보내노라
사ᄅᆞᆷ이 勝地를 모ᄅᆞ니 알에 ᄒᆞᆫ들 엇더리

율곡은 자신의 고산을 이미 속세의 사람들에게 개방하여 함께 즐기려고 있음을 밝히고 있다.

종장 "古調를 알리 업스니 홀로 즐겨 ᄒᆞ노라"는 사공도(司空圖)가 '충담(冲淡)'의 특징으로 언급하였듯이,

<충담(冲淡)>

평소에 처하기를 정묵(靜黙)으로 하고,
오묘한 기틀[契機]은 은미(隱微)도 하다.
조화로운 기운 들이마시고,
외로운 학(鶴)과 더불어 날아다닌다.
……
素處以黙, 妙機其微.
飮之太和, 獨鶴與飛.

……

“조화로운 기운 들이마시고, 외로운 학과 더불어 날아다닌다.(飮之太和, 獨鶴與飛.)”의 일 면을 느낄 수 있다.

5. 맺음말

지금까지 주자의 <무이도가>와 비교하여 율곡의 <고산구곡가>의 시품(詩品)의 특징에 대하여 살펴보았다.

<무이도가>는 무이산에서 각 구비의 경치를 평화로이 즐기는 주자 자신의 모습을 나타낸 것이며, <고산구곡가>는 고산의 각 구비의 흥겨운 경치를 하루와 일 년의 시간의 흐름 속에 나타내고 있으며, 동시에 고산에서 강학과 영월음풍(咏月吟風)을 하며 무이산의 주자를 흠모하는 율곡 자신의 마음이 영원하리라는 것을 표현하고 있다. 율곡은 고산의 아름다움과 주자를 흠모하는 자신의 마음을 세속의 사람들과 함께 하려 하고 할 뿐만 아니라 비록 세속 사람들이 자신의 뜻에 따르지 않는다 하더라도 홀로라도 옛 성현의 뜻과 생활을 즐기려 하고 있으며 아울러 실현하고자 하는 의지를 나타내고 있는 것이다. 이러한 점에 주자의 <무이도가>와 율곡의 <고산구곡가>의 차이가 있는 것이다. 즉 <무이도가>는 '한미청적'의 시세계를 갖고 있고, <고산구곡가>는 '충산소산'의 시세계를 지니고 있다.

'한미청적'은 물외에서나 속세에서나 '한'을 통하여 '청적'한 생활을 하면서 '망기(忘機)'하여 '무심(無心)'에 이르게 되고, 이 무심은 인세의 '부귀'를 추구하는 혼탁한 마음을 벗어나는 것으로, 이에서 '심기평화(心氣平和)'에 이르게 되며, '충담소산'의 시세계는 인생과 자연에 대한 관조를 통하여 보편적 진리를 발견하고 자신의 삶을 그것과 일치시키는 것으로, 많은 일반 사람들이 쉽게 깨닫지 못하는 것이기에 홀로 가는 외로움 수반하게 된다.

<고산구곡가>는 각 구비의 노래를 개별적으로 볼 때는 '우흥(寓興)'이라는 '한미청적'한 특징을 일면 보인다고 말할 수 있지만, 연시조로서의 <고산구곡가> 전체로 본다면 담박함을 느낄 수 있는 '충담소산'의 세계를 지니고 있다는 분명한 결론에 이르게 된다.

제5장 한미청적과 심기평화

–『정언묘선』 소재 한시를 대상으로–

1. 자연을 즐기는 뜻

율곡(栗谷, 1536~1584)은 38세 때 『정언묘선(精言妙選)』이란 선시집을 냈다. 이 책은 중국 역대의 시들 중 율곡 자신이 가장 모범적이며 훌륭하다고 생각하는 것들을 모아놓은 책으로, 율곡은 이 시들을 자기 나름의 기준에 의하여 「원자집(元字集)」「형자집(亨字集)」「이자집(利字集)」「정자집(貞字集)」「인자집(仁字集)」「의자집(義字集)」「예자집(禮字集)」「지자집(智字集)」의 여덟 집에 각각 나누어 놓았다. 이 글은 율곡이 선집한 『정언묘선』의 작품 중 「형자집」에 분속된 한시(漢詩)들을 대상으로 하여 그 미적 특질을 탐색한 것이다.[1] 이 책 속에 있는 한시 작품들 중에서 '한미청적'한 품격을 지닌 시들을 분석함으로써 마음을 평화롭게 해주는 시적 요소들과 이들의 짜임새 및 미적 특질을 밝히는 것을 그 목적으로 한다.[2]

---

1) 율곡이 편찬한 『정언묘선』에 관한 사실은 졸저, 『고전시가의 미학 탐구』(월인, 2000), 40~66쪽 및 375~394쪽 참조.

2) 『정언묘선』은 율곡이 한시의 미적 특질을 품격에 따라 분류하면서 각각의 부류들에 대한 시적 특징들을 서술해 놓았기 때문에 율곡의 서술과 이 책의 여덟 집 속에 들어 있는 작품들을 분석함으로써 작품 또는 그 작품군들 각각의 미적 특질을 드러내는 요소들을 밝힐 수 있다. 그러므로 이 책은 한시들의 미적 체계를 마련할 수 있는 좋은 자료인 것이다. 이들 한시들의 미적 특질을 밝히게 되면 이 방법을 우리 국문시가 특히 시조에 적용할 수

2. 자연(自然)과 우흥(寓興)

『정언묘선』의 「형자집」에 속한 시들은 자연에 대한 친숙함과 그것을 기반으로 자연의 아름다움을 발견하고 그로부터 흥취(興趣)를 얻은 작품들이다. 이 때 자연경물에 대해서는 시인의 감정을 이입시키지 않고 있는 그대로 객관적으로 표현하고 있으며, 그 경물에 대한 자신의 느낌을 나타내고 있는 것이다. 이것은 그 자연경물에 대한 시인의 감정에 독자가 공감할 수 있는 조건이 되는 것이다.

다음 한치요(韓致堯)의 시에서 이러한 자연미의 발견과 그 흥취를 볼 수 있다.

<이웃집 도려에게 부치다>[3)]

듣건대 열흘이 지나도록 문을 열지 않는다고,
약창에서 누구와 짝하여 취해 호쾌히 웃는가?
밤에 눈이 내려 앞마을 대숲을 내리 눌렀으니,
개울 남쪽 가까운 산을 더욱 많이 보겠네.
聞說經旬不啓關, 藥窓誰伴醉開顔.
夜來雪壓前村竹, 剩見溪南幾尺山.

있어서 조선조 사대부들의 시조의 미적 특질을 밝히는 데 많은 도움을 얻을 수 있다. 한시의 미적 특질을 밝힌 방법을 국문시가에 적용할 수 있는 가능성에 대해서는 졸저, 「시조품격론」(『고전시가의 미학 탐구』, 월인, 2000) 참조.

필자는 이전에 어부가계 작품의 미적 특질을 품격 '한미청적'의 측면에서 다룬 적이 있다(졸저, 「어부가와 한적」, 『고전시가의 미학 탐구』, 월인, 2000). 그 당시는 율곡의 '한미청적'에 대한 율곡의 서술 내용을 중심으로 연구를 했었는데, 이번에는 '한미청적'을 드러내는 한시들을 대상으로 하여 품격 '한미청적'의 미를 드러내는 구성요소들과 그들의 짜임새를 밝히고자 한다.

3) 한치요(韓致堯), <기린장도려(寄鄰莊道侶)>, 『정언묘선(精言妙選)』, 「형자집(亨字集)」 '칠언절구(七言絶句)'

이 시에 찍은 강조점은 원문에는 방점으로 되어 있으며, 이것은 율곡이 한시 중 정수인 것을 뽑은 후 시의 묘처인 곳에 표시한 것임. 이하 같음.

이 시는 한치요(842~923)가 이웃집 친구에게 보낸 시인데, 승구(承句)의 약창(藥窓)과 전구(轉句)의 눈[雪], 대숲[竹] 그리고 결구(結句)의 산(山)이 결합하여 자연스럽게 아름다움을 만들어 내고 있으니, 결구의 '잉견(剩見)'에서 확인할 수 있다. 시인의 친구 집의 약창은 산을 향하고 있어 이를 통해 그 풍광을 감상할 수 있다. 그런데 산과 약창 사이에는 대숲이 있어 평소에는 산의 윗부분만 보이는데, 이 날은 밤새 눈이 내려 대숲의 끝에 쌓인 눈의 무게 때문에 대숲의 끝이 고개를 숙이게 되었고, 그로 인해 산이 더욱 많이 그 모습을 드러내게 되었다. 그러므로 산의 풍광을 더욱 많이 볼 수 있게 된 것이다. 이처럼 자연이 이루어내는 아름다움에 더욱 홍취를 느끼게 되는 것이다.

기구(起句)와 승구(承句)의 '듣건대 열흘이 지나도록 문을 열지 않는다고/약창에서 누구와 짝하여 취해 호쾌히 웃는가?(聞說經旬不啓關/藥窓誰伴醉開顔)'에서 친구의 한가로움[閑]과 흥겨움[興]을 느낄 수가 있으며, 여기에 자연의 이루어내는 풍광이 그 흥을 더해주고 있다.

다음 이백(李白)의 시에서도 그런 홍취를 맛볼 수 있다.

<산중에서 속인에게 답하다>[4]

나에게 묻기를, 무슨 일로 푸른 산에 사냐고
웃으면 대답 아니 하니 마음 절로 한가롭네.
복숭아꽃 흐르는 물에 저 멀리 떠가는데
따로 천지가 있으니 인간세상이 아니라네.
問余何事栖碧山, 咲而不答心自閑.
桃花流水杳然去, 別有天地非人間.

4) 이백(李白), <산중답속인(山中答俗人)>, 『정언묘선』, 「형자집」 '칠언절구'.

이 작품은 문답 형식으로 구성되어 있는데, 승구(承句)의 '마음이 절로 한가롭네(心自閑)'에서 벽산에서의 생활로 인해 마음이 여유로움을 알 수 있다. 그 다음 전구(轉句)와 결구(結句)는 도연명(陶淵明)의 <도화원기(桃花源記)>를 용사(用事)한 것으로 자신의 벽산에서의 생활을 드러낸 것이다. 이것은 곧 '이연자락(怡然自樂)'을 의미하는 것이다. 옛날 무릉도원(武陵桃源)에서 세상과 떨어져 살던 사람들처럼 마음으로 기뻐하며 스스로 즐기는 삶을 이백 자신이 살고 있음을 나타내는 시구(詩句)이다. 이 시에서 벽산 속에서의 이백의 '흥(興)'을 충분히 느낄 수 있다.

이와 같이 '한미청적'한 품격을 지닌 시들은 자연과의 친밀한 삶 속에서 나름대로 즐거운 생활을 담고 있음을 알 수 있다. 이러한 세계에 세상의 번잡한 생각이 끼어들 틈이 없는 것이다.

3. 망기(忘機)와 심기평화(心氣平和)

이러한 자연의 아름다움에의 몰입은 시인으로 하여금 세속적인 마음을 잊게 해준다. 『정언묘선』, 「형자집」에 분속된 시들의 성격을 율곡은 다음과 같이 서술하고 있다.

> 이 집은 한미청적(閒美淸適)의 것을 뽑았다. 조용히 스스로 얻는 것이 우흥(寓興)에서 나오는 것이지 사색으로 도달할 수 있는 것이 아니다. 이 집을 읽으면 심기(心氣)가 평화로워지고 작은 수레를 타고 마음대로 꽃길[花蹊]과 풀길[草徑]을 다니는 것 같아서 권세(權勢)·명리(名利)의 화려함 보기를 멀리할 것이다.[5)]

5) 이이, 「정언묘선총서」, 앞의 책.
"此集所選主於閒美淸適 從容自得 出於寓興 非思索可到 讀此集 則心平氣和 如乘小車 隨意行于花蹊草徑 而勢利芬華 視之邈矣"

율곡은 ‘한미청적(閑美淸適)’한 시들로부터 마음의 평화로움을 얻을 수 있다고 한다. 이는 「형자집」에 속해 있는 시들의 공통적인 마음이기도 하다.

<원단구의 산속 거처에서 짓다>[6)]

친구가 동산에서 사는 것은
스스로 산수의 아름다움을 좋아해서라네.
푸르른 봄날 빈숲에 누워,
해가 떠도 일어나지 않네.
솔바람 소매에 맑게 불고,
석담에서 마음의 귀를 씻네.
부럽도다 그대여! 어지러이 시끄러운 소리 없으니,
베개를 높이 베고 푸른 놀 속에 있구나.
故人棲東山, 自愛丘壑美.
青春臥空林, 白日猶不起.
松風淸襟袖, 石潭洗心耳.
羨君無紛喧, 高枕碧霞裏.

이백은 이 시를 통해 자연 속에서 세속의 욕심을 버리고 산수의 아름다움을 즐기며 마음 편히 지내는 원구단의 생활을 기리고 있다. 이 시의 함련(頷聯) “푸르른 봄날 빈숲에 누워, 해가 떠도 일어나지 않네.(青春臥空林, 白日猶不起.)”에서 시인의 한가로운 생활과 산수의 아름다움을 좋아하는 마음을 읽을 수 있다. 경련(頸聯) 중 ‘송풍(松風)’과 ‘석담(石潭)’으로 마음의 속기(俗氣)를 없애고, 또한 미련(尾聯)에 보이듯이, 산수 속으로 세상의 시끄러운 소리[紛喧]가 들려오질 않으니, 시인의 마음은 평화로울 수밖에 없는 것이다. “베

6) 이백(李白), <제원단구산거(題元丹丘山居)>, 『정언묘선』, 「형자집」 ‘오언고시’.

개를 높이 베고 푸른 놀 속에 있구나(高枕碧霞裏)"에서 시인의 평화로운 마음을 느낄 수 있다.

이러한 마음의 평화로움을 유종원의 다음 시에서도 살펴볼 수 있다.

<가을 새벽에 남곡을 가다>7)

초가을 서리 이슬 무거운데,
새벽에 일어나 깊은 골짜기를 가네.
누런 잎 시내 다리를 덮었고,
황촌엔 오직 고목뿐.
찬 꽃은 성글어 고요하고,
깊은 샘물은 가늘게 이어졌다 끊겼다 하네.
기심을 잊은 지 이미 오랜데,
무슨 일로 고라니 사슴을 놀래키나.
杪秋霜露重, 晨起行幽谷.
黃葉覆溪橋, 荒村惟古木.
寒花疏寂歷, 幽泉微斷續.
機心久已忘, 何事驚麋鹿.

시인은 함련, 경련에서 '낙엽 덮인 시내의 다리, 황촌의 고목, 찬 기후로 성글어진 꽃, 수량이 줄어든 샘물'을 통해 남곡(南曲)의 초가을 한가로우며 조용한 정취를 드러내고 있다. 이러한 정취를 느낄 수 있는 것은 속세의 마음 즉 기심(機心)을 잊었기 때문이다. 이 시의 미련(尾聯) "무슨 일로 고라니 사슴을 놀래키나.(何事驚麋鹿)"에서 시인이 스스로 자연에 동화되어 자연과 하나라고 생각하고 있음을 알 수 있다. 유종원의 이 시를 통해 기심을 버림으로

7) 유종원(柳宗元), <추효행남곡(秋曉行南曲)>, 『정언묘선』, 「형자집」 '오언고시'.

써 물아일체(物我一體)의 경지에 이를 수 있음을 알 수 있다. 진정한 마음의 평화로움은 이에서 나오는 것이다.

다음으로 두보의 작품을 보겠다.

<우두사에 오르다>[8]

청산에 뜻을 다하지 못해,
서둘러 우두산에 오르네.
다시 구애될 게 없으니
진실로 마음껏 나와서 노닐게 되었네.
꽃이 무성하고 봄 절은 고요하며,
대나무 가늘고 들의 못 깊구나.
어디에서 꾀꼬리 울음소리 절절히 들리는데
시간이 지나도록 홀로 쉼이 없구나.
青山意不盡, 滾滾上牛頭.
無復能拘礙, 眞成浪出遊.
花濃春寺靜, 竹細野池幽.
何處啼鶯切, 移時獨未休.

두보(杜甫)의 이 시는 우두사에 올라 봄날 경치를 즐기는 내용이다. “청산에 뜻을 다하지 못해, 서둘러 우두산에 오르네. 다시 구애될 게 없으니, 진실로 마음껏 나와 노닐게 되었네.(青山意不盡, 滾滾上牛頭. 無復能拘礙, 眞成浪出遊)”라는 시구로써 두보가 일전에 이 우두사를 찾은 일이 있었으나, 시간이 넉넉하지 못해 마음껏 즐기지 못했음을 알 수 있다. 그래서 아쉬운 마음에 다시 마음먹고 시간을 내어 자유롭게 이 우두산에 오른 것이다.

8) 두보(杜甫), <상우두사(上牛頭寺)>, 『정언묘선』, 「형자집」 ‘오언율시’.

봄을 맞은 우두사에는 꽃이 피어 빛깔이 짙어지고, 사람의 발길이 없어 고요하다. 갓 자란 대나무와 들에 마련된 연못이 시인의 눈과 마음을 끌고 있다. 한가로운 우두사의 경치이다. "어디에서 꾀꼬리 울음소리 절절히 들리는데, 시간이 지나도록 홀로 쉼이 없구나.(何處啼鶯切, 移時獨未休.)"의 구에서처럼 꾀꼬리만이 홀로 쉼이 없이 울고 있다는 표현 속에서 우두사의 고요함과 시인의 한가로움을 알아챌 수 있으며, 이 한가로움 속에서 시인의 평화로운 마음을 느낄 수 있는 것이다.

이상에서와 같이 기심(機心)을 마음속에서 잊어 자연의 아름다움을 느낄 수도 있으며, 자연의 정취에 몰입하여 기심(機心)을 잊기도 한다. 이백의 다음 시에서도 이러한 면모를 찾아 볼 수 있다.

<종남산을 내려와 곡사산인의 숙소를 지나다 술을 놓고 마시다>[9)]

저물녘 푸른 산에서 내려오는데
산 달이 사람을 쫓아 오네.
오던 길을 뒤돌아보니
푸르른 기운 산꼭대기 부근에 가로놓였네.
서로 이끌어 전가에 이르니
어린 아이가 사립문을 여네.
푸른 대숲 그윽한 길로 들어감에
푸른 여라덩굴이 지나는 옷에 스치네.
쉴 곳을 얻어 기뻐 말하며
좋은 술 함께 휘날리네
긴 노래를 솔바람 속에 읊조리는데
곡이 다하자 은하의 별이 성기었네.

9) 이백(李白), <하종남산 과곡사산인숙 치주(下終南山 過斛斯山人宿 置酒)>, 『정언묘선』, 「형자집」 '오언고시'.

나는 취하고 그대 즐거우니
도연히 함께 기심(機心)을 잊네.
暮從碧山下, 山月隨人歸.
却顧所來徑, 蒼蒼橫翠微.
相携及田家, 童穉開荊扉.
綠竹入幽逕, 靑蘿拂行衣.
歡言得所憩, 美酒聊共揮.
長歌吟松風, 曲盡河星稀.
我醉君復樂, 陶然共忘機.

맑은 날 종남산의 달빛에 비치는 푸른 산기운, 이것은 날이 저물어도 종남산의 아름다움은 다하지 않음을 드러내 준다. 내려오는 도중에 들린 곡사산인의 거처에 마침 산인(山人)이 집에 있어 함께 술을 마시고, 노래를 부른다. 맑은 자연, 맛좋은 술과 맘에 맞는 벗이 함께 하여 즐거이 흥겨움에 젖어든다. 그러면서 자연스럽게 기심(機心)을 잊는 것이다.

유종원(柳宗元)의 다음 시는 불교적 언어로써 나타낸 것이지만 그 드러내는 뜻은 위의 시들과 다르지 않다.

<새벽에 조사원에 나아가 선경을 읽다>10)

우물물을 길어 시린 이를 닦고,
맑은 마음으로 옷 먼지를 터네.
한가로이 불경 책을 지니고서
동재로 걸어 나가 읽네.

---

10) 유종원(柳宗元), <신예조사원 독선경(晨詣趙師院 讀禪經)>, 『정언묘선』, 「형자집」 '오언고시'.

참된 근원을 마침내 얻지 못하고서
망령된 자취를 세상은 쫓는 것이라.
남긴 말씀 가히 그윽하길 바라며
심성 닦음은 무엇으로 익숙히 하리요.
도인의 뜰은 고요한데,
이끼 빛깔은 깊은 대숲으로 이어졌네.
해 뜨자 남은 안개 이슬,
푸른 소나무 기름칠한 듯하네.
담연히 언설을 떠나 있으니,
깨닫는 즐거움에 마음이 절로 흡족하네.
汲井漱寒齒, 淸心拂塵服.
閒持貝葉書, 步出東齋讀.
眞源了無取, 妄跡世所逐.
遺言冀可冥, 繕性何由熟.
道人庭宇靜, 苔色連深竹.
日出霧露餘, 靑松如膏沐.
澹然離言說, 悟悅心自足.

이 시에서 ‘청심(淸心)’은 ‘기심(機心)을 없앤 맑은 마음’을 말하는 것이다. 다만 유종원은 불경의 공부로 인하여 망령된 자취를 버리고 참된 근원에 도달하고자 한다. 세속의 언설에 미혹되지 않고 아침 햇살에 푸른 소나무가 빛나듯, 참된 근원을 깨닫는 즐거움을 만끽하고 있는 것이다.

다음으로 맹호연(孟浩然)의 시를 보겠다.

<용천정사를 들리다>[11]

11) 맹호연(孟浩然), <과용천정사(過龍泉精舍)>, 『정언묘선』, 「형자집」 ‘오언고시’.

정오에 산 종소리 듣고,
더욱 나아가니 걱정이 흩어지고 고요하네.
수풀을 찾아 지초를 캐며 가는데
골짜기 돌아가니 송라가 빽빽하네.
곁에서 보니 정사가 열려 있고,
긴 낭무에서 스님이 공양을 마쳤네.
돌 도랑에 눈 녹은 물이 흐르고,
금빛 열매는 나무에서 서리 맞아 빛나네.
죽방에서 지나온 놀이 생각하며,
쉼이 지나쳐 한나절이 되었네.
굴에 들어가 석수(종유석)를 살펴보고,
옆 언덕에서 벌꿀을 채취하네.
날이 저물자 원공과 헤어지며
호계에서 서로 보내네.
亭午聞山鍾, 起行散愁寂.
尋林採芝去, 谷轉松蘿密.
傍見精舍開, 長廊飯僧畢.
石渠流雪水, 金子耀霜橘.
竹房思舊遊, 過憩終永日.
入洞窺石髓, 傍崖採蜂蜜.
日暝辭遠公, 虎溪相送出.

이 시는 시인이 용천정사(龍泉精舍)에 있는 원공(遠公)을 찾아 가는 도정(道程)과 용천정사에서의 유람 그리고 즐거운 마음으로 헤어지기까지를 표현하고 있다.

'지초(芝草)'와 '송라(松蘿)', '유설수(流雪水)', '금자(金子)', '석수(石髓)', '봉밀(蜂蜜)' 등의 자연 경물 속에서 정사의 승려인 원공과 시인이 어울려 하루를 보내고 있다. "호계에서 서로 보내네.(虎溪相送出)"라는 표현에서 즐거이 담소하는 두 사람의 모습을 상상한다.

지금까지 살펴본 바와 같이 이들 '한미청적'한 시들은 자연경물에 대한 객관적인 서술을 통해 자연미의 아름다움을 독자들에게 상상할 수 있게 해주며, 이로 인하여 자연경물과 관련된 시인들의 인정(人情)에 공감하여 마음의 평화로움을 함께 할 수 있는 것이다.

4. 맺음말

지금까지 살펴보았듯이, 『정언묘선(精言妙選)』의 「형자집(亨字集)」에 속해 있는 시들은 자연의 아름다움을 발견하고 즐기며, 그로부터 얻는 흥(興)을 노래한다는 특징이 있다. 이러한 흥겨움으로부터 속세(俗世)의 명리(名利)를 쫒는 번잡한 마음이 절로 없어져 마음의 평화를 유지하기도 하고, 거꾸로 번잡한 마음을 없애기 위해 자연경물(自然景物)에 흥(興)을 부침으로써 마음의 평화를 구하기도 한다. 어느 경우든 작가의 한가로운 생활 속에서 가능한 일이다.

이들은 이러한 자연의 아름다움에 대한 몰입과 이로부터 얻는 흥취로 인해 세속의 권세(權勢)와 명리(名利)를 추구하는 마음[機心]을 잊거나 없앰으로써 무심(無心)의 경지에 이를 수 있으니, 이 경지가 곧 심기평화(心氣平和)의 세계이다.

제6장 청신쇄락과 시원함

1. 맑고 시원한 경지

품격 '청신쇄락(淸新灑落)'은 율곡이 편찬한 시선집 『정언묘선(精言妙選)』에서 제기되었으니, 율곡은 이 시선집의 「이자집(利字集)」에 실은 시들을 두고 이 말을 썼다. 이 항목에서는 율곡이 언급한 '청신쇄락'이라는 품격이 한시의 어떤 미적 특질을 지적한 것인지를 밝히고자 한다. 「이자집」에 실린 위응물(韋應物)의 시를 주요 대상으로 삼았다.

율곡은 「이자집」의 서에서 이 집에 실린 시들의 특징을 다음과 같이 언급하고 있다.

> 이 집은 청신쇄락(淸新灑落)의 것을 뽑았다. 매미가 풍로(風露) 속에서 허물을 벗듯이 연화식(煙火食)하는 입에서 나온 것 같지가 않다. 이 집을 읽으면 위장(胃腸)의 썩은 피[葷血]를 단번에 씻어내어 정신이 맑아지고 뼈가 시원해져서, 인간의 취부(臭腐)가 내 영혼에 끼치지 않을 것이다.[1)]

---

1) 이이, 「정언묘선총서」, 앞의 책.
"此集所選主於淸新灑落 蟬蛻風露 似不出於煙火食之口 讀此集 則可以一洗腸胃葷血 而魂瑩骨爽 人間臭腐 不足以累吾靈臺矣"

'연화식(煙火食)하는 입', '위장(胃腸)의 썩은 피[葷血]', 곧 '인간의 취부(臭腐)'인 속기(俗氣)가 전혀 없는 그래서 '매미가 풍로(風露) 속에서 허물을 벗듯이' 맑고 시원한 기운을 담은 것이 '청신쇄락'의 내용이다. 즉 '청신쇄락'은 그 시의 세계(또는 정신)가 진부하지 않아 깨끗하고 산뜻하여, 속세의 기운이 티끌만큼도 없는 것을 말한다. 율곡(栗谷)은 『정언묘선』의 「이자집」에 위응물의 오언고시 3편, 오언절구 3편, 칠언절구 1편 등 모두 7편을 분속시켜 놓았다. 구체적으로 이 한시들을 대상으로 그 특징을 살펴보겠다. 이 항목에서는 우선 '청신'과 '쇄락'의 공통적인 미적 특징을 검토한 후, 이를 바탕으로 각각의 특성을 살펴보고자 한다.

2. 청신쇄락의 지향성: 맑고 깨끗한 기운, 그리고 객관적 사물인식

「이자집」의 시들은 우선 자연에 대한 시인의 객관적 인식을 바탕으로 하고 있으며, 그러한 인식을 통해 표현된 자연현상이 시인의 재능에 힘입어 이 속에서 중요한 의미를 지니게 되니, 인간의 속기가 없는 자연의 맑고 깨끗한 기운과 시인의 청고(淸高)한 정신세계가 이들 시 속에서 하나가 된다.

이와 같은 면을 다음의 시에서 볼 수 있다.

<낭야 · 심표 두 스님을 생각하며>2)

흰 눈이 큰 계곡을 메웠는데,
그늘진 벼랑 어두워진 샘에 물이 떨어지네.
반드시 서쪽 석실에 머무르련만,
달빛에 산은 창연하구나.

---

2) 위응물, <회낭야 심표이석자(懷瑯琊 深標二釋子)>, 『정언묘선』, 「이자집」 '오언절구'.

白雪埋大壑, 陰崖滴夜泉.
應居西石室, 月照山蒼然.

기구 '흰 눈이 큰 계곡을 메웠는데(白雪埋大壑)'와 승구 '그늘진 벼랑 어두워진 샘에 물이 떨어지네(陰崖滴夜泉)'는 시인의 객관적 사물인식으로 인해 표현된 사실 그대로의 모습이다. 그런데 기구는 위응물의 <기전초산중도사(寄全椒山中道士)>에 표현된 '낙엽이 빈산에 가득하리니(落葉滿空山)'와 표현적인 면에서는 비슷하다. 이 큰 눈은 시인으로 하여금 냥야, 심표 두 스님이 머무르고 있을 석실로 다가갈 수 없게 한다.

기구에 이어지는 승구 '그늘진 벼랑 어두워진 샘에 물이 떨어지네.(陰崖滴夜泉)'의 '적(滴)'은 뛰어난 표현이다. 벼랑에서 샘으로 똑 똑 떨어지는 맑은 물소리는 조용한 밤에 더욱 또렷하게 시인의 귀에 들린다. 이 소리로 말미암아 시인은 두 스님이 서쪽 석실에서 수도하리라고 확신하기에 이른다. 아울러 두 스님이 정진하는 곳에서 들리는 이 맑은 물소리는 이 두 스님의 높은 정신적 경지를 나타내 주기도 한다.

이러한 상황에서 달이 산을 창연히 비춤으로써 큰 눈으로 뒤덮인 계곡의 맑고 깨끗한 기운과 수도에 정진하는 두 스님의 높은 정신적 경지는 이 시에서 하나가 된다.

'청신쇄락'의 품격은 사물에 대한 객관인식을 바탕으로 표현이 이루어진다는 것과, 특히 인간의 높은 정신적 경지가 자연의 맑고 깨끗한 기운과 더불어 내외가 하나가 되는 시적 특성을 나타낸다.

3. 청신(清新): 새로운 형상 방법

'청신쇄락'의 이러한 기본적인 특성을 바탕으로 '쇄락(灑落)'과 변별되는 '청신(清新)'의 특징을 살펴보겠다.

먼저 위응물의 다음 시를 살펴보자.

<회수가에서 바로 시를 지어 광릉 친구에게 부치다>[3)]

앞서 간 배 이미 아득해지고,
건너고자 하나 누가 기다리리요.
가을 산은 저녁 종소리 일으키고,
초 땅에 내린 비는 푸른 바다로 연이어 흘러드네.
풍파에 이별의 아픈 생각 가득한데,
어느새 얼굴과 터럭이 변하였네.
외로운 새 동남쪽으로 내려가는데,
광릉은 어느 곳에 있는가?
前舟已眇眇, 欲渡誰相待.
秋山起暮鐘, 楚雨連滄海.
風波離思滿, 宿昔容鬢改.
獨鳥下東南, 廣陵何處在.

이 시의 함연(頷聯) "가을 산은 저녁 종소리 일으키고, 초 땅에 내린 비는 푸른 바다로 연이어 흘러드네.(秋山起暮鐘, 楚雨連滄海.)"는 이 구만 놓고 보면 평범한 구절이며 객관적 상황이다. 가을 산에 저녁 종소리가 울리는 것은 늘 그런 것이고, 초 땅에 내리는 비는 늘 회수(淮水)를 통해 황해로 들어간다. 그런데 이 구절이 이 시를 짓는 작자의 당시 상황과 연결될 때 나름의 독특한 의미를 지니게 된다.

이 시의 미연(尾聯) "외로운 새 동남쪽으로 내려가는데.(獨鳥下東南)"의 '독조(獨鳥)'는 시인 자신을 가리키면서 동시에 홀로 떠돌아다니는 자신의 상황

3) 위응물, <회상즉사기광릉친고(淮上卽事寄廣陵親故)>, 『정언묘선』, 「이자집」 '오언고시'.

을 나타내 주는 말이다. 나그네가 된 시인은 광릉의 친구를 그리워한다. 만날 기약이 없으므로 그 마음은 더욱 애절하다. 그러한 상황이므로 수연(首聯)의 "앞서 간 배 이미 아득해지고, 건너고자하나 누가 기다리리요(前舟已眇眇, 欲渡誰相待.)"처럼 배를 타고 건너간들 나를 반겨 맞아줄 이가 없으므로 굳이 배를 타고 일찍 건널 마음이 없는 것이다. 이런 상황에서 함연(頷聯)의 "가을 산은 저녁 종소리 일으키고, 초 땅에 내린 비는 푸른 바다로 연이어 흘러드네.(秋山起暮鐘, 楚雨連滄海.)"는 미연(尾聯)의 '독조(獨鳥)'로 표현된 쓸쓸하고 애처로운 시인의 마음을 더욱 확대시키고 있는 것이다. 저녁에 울리는 종소리. 이 소리는 산과 산에 메아리친다. 초 땅에 내리는 비는 회수(淮水)를 통해 황해로 흘러든다. 즉 저녁 종소리는 메아리로서 산과 산을 이어주고, 회수를 통해 바다로 들러드는 비는 초 땅과 황해를 이어준다. 그러나 이러한 자연 현상과는 상반되게 시인은 광릉의 친구를 그리워하나 만날 수가 없는 상황이다. 그러므로 그리운 마음이 더욱 깊어지는 것이다. 그 심정을 시로 지어 광릉 친구에게 보내고 있다.

시인은 평범한 자연 현상을 훌륭히 시로 형상화하고 있다. 아울러 시인은 객관적 사물인식을 견지하고 있다. 함연의 "가을 산은 저녁 종소리 일으키고, 초 땅에 내린 비는 푸른 바다로 연이어 흘러드네.(秋山起暮鐘, 楚雨連滄海.)"는 이 시의 일부가 됨으로써 청신(淸新)해졌다. 특히 '기(起)'자는 뛰어나다. 청신(淸新)의 '청(淸)'은 '자연의 맑고 깨끗한 기운'을 의미하면서 동시에 '마음이 혼탁하지 않은 것'과 '세상의 티끌이 없는 것'을 의미한다.[4] 그리고 청신(淸新)의 '신(新)'은 그 드러내는 뜻[意]과 언어적 표현에 있어서 '앞 사람이 말하지 아니한 또는 표현하지 아니한 것'[5]을 의미한다. 시인은 가을 저녁에 내리는 빗속에서 울려 퍼지는 종소리를 들으며, 홀로 떠돌아다니는 자신의 처지를 애달파하고 또한 친구를 그리는 마음을 절실히 드러내고 있다.

---

4) 졸저, 『고전시가의 미학 탐구』(월인, 2000), 158~159쪽.

5) 조칙성(趙則誠), 장연제(張連弟), 필만심(畢萬忱) 주편(主編), 『중국고대문학이론사전』 '의신어공(意新語工)' 조(길림문사출판사, 1985), 516~517쪽.

다음의 시 역시 '청신(淸新)'하다.

<영양에서 자며 찬율사에게 부치다>[6]

멀리서도 알겠노라. 군재가 어두워지고,
언 눈은 송죽을 뒤덮었는데
그 때 산승이 내려와,
등을 매달고 홀로 머무르리란 것을.
遙知郡齋夜, 凍雪封松竹.
時有山僧來, 懸燈獨自宿.

이 시의 첫째 구에 표현된 '요지(遙知)'로써 지금 시인은 일로 인하여 군재를 떠나 영양 땅에 머무르고 있음을 알 수 있다. 눈 내리고 추운 날 시인은 때때로 자신을 군재로 찾아오는 친구인 찬율사를 생각하고 있다. 그런데 오늘은 자신이 군재에 없으므로 오늘 친구가 찾아왔다면 자신이 그 친구를 맞이할 수 없음을, 그리하여 등불을 걸어두고 홀로 잠을 청할 친구를 시인은 생각을 하고 있는 것이다.

이 시는 처음의 '요지(遙知)'가 시 전체의 상을 이끌고 있다. 그 언어적 표현에 있어서 역시 '청신'하다. 이 시는 '쇄락(灑落)'적 특징도 보이지만 '청신'이 그 중심을 이루고 있다.

다음 작품도 역시 '청신(淸新)'하다.

<포자와 함께 추재에 갔다가 혼자 머물며>[7]

산달은 밝기가 등불 같은데,

6) 위응물, <숙영양기찬율사(宿永陽寄璨律師)>, 『정언묘선』, 「이자집」 '오언절구'.
7) 위응물, <동포자추재독숙(同褒子秋齋獨宿)>, 『정언묘선』, 「이자집」 '오언절구'.

바람서리는 때때로 대를 흔드는구나.
한 밤중에 새는 놀랐다가 깃드는데,
창 안에 사람이 홀로 머무는구나.
山月皎如燭, 風霜時動竹.
夜半鳥驚栖, 窗間人獨宿.

시인은 포자와 함께 추재에 노닐다가 혼자 그곳에 남아 머물고 있는데, 달은 등불처럼 밝게 산 위에 떠 있는 아주 조용한 밤이다. 때때로 바람서리가 불어올 뿐. 이 바람이 대숲에 불어오면, 댓잎 부딪치는 소리가 들리고, 이 소리에 깊은 밤에 잠을 자던 새가 깜짝 놀라 날았다가 다시 보금자리에 깃들곤 한다. 이것은 어느 달 밝은 가을밤의 정취를 드러내고 있다. 그러나 이 시의 기・승・전 구는 마지막 결구가 놓임으로써 방안에서 홀로 잠을 자는 시인의 마음을 드러내 준다.

즉, 실제로 집안에서 잠을 청하고 있는 시인도 이 대숲의 소리를 인기척인가 여겨 일어났다가는 다시 잠드는 것이다. 이것을 새가 놀랐다가 깃든다고 하고 다만 사람이 집안에 홀로 잠잔다고만 했다. 때때로 대숲에 불어오는 바람소리에 새가 놀랬다가 깃드는 자연현상 다음에 방 안에서 홀로 잠드는 시인의 상황을 연이어 놓음으로써 아울러 집안에 있는 시인이 대숲에 부는 바람소리를 인기척으로 알고 일어났다가 다시 잠드는 상황을 형상화하는 이 언어적 표현이 '청신'하다.

그러므로 품격 '청신'은 사물에 대한 객관적 인식을 바탕으로 새롭고 뛰어난 표현을 지향한다. 아울러 '청신'은 새로운 의미를 지향하기도 하지만 여기서는 언급하지 않았다.

4. 쇄락(灑落): 내외의 맑고 깨끗함

위에서 살펴본 '청신(淸新)'과 변별되는 '쇄락(灑落)'의 특징을 살펴보겠다. 다음의 시를 보자.

<쉬는 날 왕시어를 찾았으나 만나지 못하고>[8)]

구일 동안 바쁘다 하루 한가로워,
그대를 찾았으나 만나지 못하고 또 헛되이 돌아가네.
시상이 인골을 맑게 해 옴을 괴이히 여겼거늘,
문이 찬바람 불어오는 눈 덮인 산을 마주하고 있구려.
九日驅馳一日閒, 尋君不遇又空還.
怪來詩思淸人骨, 門對寒流雪滿山.

이 시에서 결구 "문이 찬바람 불어오는 눈 덮인 산을 마주하고 있구려.(門對寒流雪滿山)"는 시인의 객관적 사물인식에 의한 표현이다. 친구인 왕시어가 머무는 집은 찬바람 불어오는 눈 덮인 산으로부터 불어오는 산을 마주하고 있어서 그 산으로부터 불어오는 자연의 맑은 기운이 시인의 뼛속까지 스미어 시인의 생각을 맑게 해주니 시인의 시상(詩想)조차 맑게 된다는 것이다. 여기에 인간의 속기(俗氣)가 개재할 틈이 없다. 이러한 표현은 "위장(胃腸)의 썩은 피[葷血]를 단번에 씻어내어 정신이 맑아지고 뼈가 시원해져서, 인간의 취부(臭腐)가 내 영혼에 끼치지 않을 것이다."란 이자집에 대한 율곡의 서술을 상기시킨다.

한편 사계(沙溪) 김장생(金長生)은 쇄락(灑落)에 대해 다음과 같이 언급하고 있다.

8) 위응물, <휴가일방왕시어불우(休暇日訪王侍御不遇)>, 『정언묘선』, 「이자집」 '칠언절구'.

> 염계는 쇄락(灑落)하다. 견식(見識)이 환함으로 말미암아 가슴속에 한 점 물욕(物欲)이 없으므로 자연스러움이 이와 같다. 이것은 쌓아 올린 것이 아니니 무엇으로써 이와 함께 하리요. 그러므로 주자의 문인들에게는 가슴속을 쇄락하게 하라는 말이 있었으나, 주자가 그것을 비판하여 말하기를, "이것은 억지로 시켜서 되는 것이 아니다."라고 하였다.[9]

가슴속에 물욕이 없다는 것은 무엇을 의미하는가? 그것은 물(物)에 사역(使役)당하지 않는 것을 의미한다. 그러면 '물(物)에 사역(使役)당하지 않는 것'은 무엇인가? 그것은 사물을 있는 그대로 인식하여 사물에 내 생각이나 감정을 집어넣어 주관화시켜 보지 않는 것이다. 이렇게 하지 않으면 이것은 사물을 해치고, 궁극적으로 나를 해치게 된다.

이러한 점들을 종합해 볼 때, '쇄락'은 속기가 없는 자연의 맑은 기운을 의미하면서, 동시에 인간의 견식이 높음으로 말미암아 사물을 있는 그대로 객관적으로 인식함으로써 그 사물로 인해 마음에 조금의 누(累)도 없는 상태를 의미한다고 볼 수 있다.

그러므로 위의 시에서 볼 때 자연에 대한 객관적 인식으로 인해 마음에 누가 없는 마음의 맑은 상태와 눈 덮인 산에서 집으로 불어오는 찬바람의 맑은 기운은 이 시에서 하나가 되고 있다. 이것이 '쇄락'이 지향하는 시적 특성이다.

5. 맺음말

지금까지 청신쇄락의 미적 특질을 살펴보았는데, 정리하면 다음과 같다.

---

9) 송시열(宋時烈), 「사계어록(沙溪語錄)」, 『사계유고(沙溪遺稿)』 권10.
"濂溪灑落 由於見識洞徹 胸中無一點物欲 故自然如此 此非積累 何以與此 故朱門人有云使胸中灑落 朱子非之曰 此非强使之者也"

우선 '청신쇄락'은 사물에 대한 객관적 인식을 바탕으로 표현되며, 맑고 깨끗한 상태를 의미한다.

'청신'은 '청신쇄락'의 이러한 특성을 바탕으로 주제적인 면에서나 표현적인 면에서 새롭고 독특함을 추구하는 것인데, 여기서는 형식이나 구성의 새로움만 말하고 주제적인 면의 새로움은 언급하지 않았다. 그리고 쇄락은 객관적인 사물인식으로 말미암아 마음이 사물에 사역되지 않는 마음의 맑은 상태와 주변 자연의 맑고 깨끗한 기운이 시 속에서 하나가 되는 특성을 나타낸다. 그러므로 청신쇄락의 품격은 시의 형상방법에 있어서나 시의 주제, 표현이 우리 마음속에 '시원함'을 느낄 수 있게 해준다.

제7장 정심의원과 애틋함

–품격 '충담소산'과의 대비를 통하여–

1. 그리움을 담는 방식

이 글은 품격 '충담소산(沖澹蕭散)'과의 대비를 통해서 품격 '정심의원(情深意遠)'의 특징을 밝히고자 한다. '충담소산'은 율곡이 『정언묘선(精言妙選)』에서 제시한 여덟 품격 중 첫 번째 품격이고, '정심의원'은 다섯 번째 품격이다.

여덟 품격 중에서 이 두 품격을 대비 검토하고자 하는 이유는 다음과 같다. 위응물(韋應物)은 <고시십구수(古詩十九首)>를 본떠 의고시(擬古詩) 12수를 지었는데, 그 중 4수가 '충담소산'의 「원자집(元字集)」에, 3수가 '정심의원'의 「인자집(仁字集)」에 분속되어 있다. 이 일곱 수는 임금과 신하의 관계이든 부부의 관계이든 서로 떨어져 있는 상대를 그리워하는 내용들인데, 한 작가의 비슷한 주제의 의고시가 양쪽에 분속되어 있으므로 이 작품들을 분석해보면 두 품격(品格)이 지향하는 차이를 밝힐 수 있으리라 생각한다.

기본적으로 "사람의 정을 다 드러내고[曲盡人情] 사물의 이치에 두루 통하되[旁通物理] 유순하고 참된[優柔忠厚]" 시인의 정신세계를 드러내는 '충담소산(「원자집」)'과 '정심의원(「인자집」)'의 품격적 차이는 구체적으로 어떻게 드러나는지를 밝히고자 한다.

2. 충담소산의 품격적 특징: 정(情)과 경(景)을 하나로

율곡은 『정언묘선』, 「원자집」 맨 앞에 다음과 같은 서(敍)를 달고 있다.

> 이 집은 충담소산(冲澹蕭散)의 것을 뽑았다. 회식(繪飾)을 일삼지 않아 자연스런 가운데 깊이 묘취(妙趣)가 있다. 고조(古調) 고의(古意)를 아는 이가 적다. 당송(唐宋) 이하의 시는 품격이 혹 고시(古詩)에 미치지 못하나, 그 중 근체(近體)는 조탁(雕琢)의 교(巧)가 없으면서도 저절로 성률(聲律)에 맞으므로 아울러 뽑았다. 이 집을 읽으면 그 담박(淡泊)함을 맛볼 수 있고, 그 희음(希音)됨을 즐길 수 있으니, 삼백편의 유의(遺意)는 이에서 벗어나지 않을 것이다.[1)]

위의 내용에서 살펴본다면 품격 '충담소산'이 추구하는 것은 곧 '고조(古調)·고의(古意)'이다. '고조'는 '희음(希音)'과 연관되고, '고의'는 '담박(淡泊)'과 관련된다. 그리고 구체적으로는 "회식(繪飾)을 일삼지 않아 자연스런 가운데 깊이 묘취(妙趣)가 있다.[不事繪飾 自然之中 深有妙趣]"를 그 내용으로 한다.

'회식(繪飾)을 일삼지 않'는 것은 시인의 정신적 태도 면에서 본다면 꾸밈 없는(거짓 없는) 참된 마음을 지닌다는 것이요, 표현적인 면에서 본다면 대구(對句)나 전고(典故)를 끌어다 문구를 아름답게 꾸미지 않으며, 성률(聲律) 또한 꾸미지 않는다는 복합적인 의미를 가지고 있다. 그리고 '묘취(妙趣)'라는 것은 "이지(伊摯, 곧 伊尹)가 음식을 만들면서 솥을 다루는 방법을 말로 나타낼 수 없었고, 윤편(輪扁)이 수레바퀴를 만들면서 도끼를 다루는 방법을 말로 드러낼 수 없었다."는 유협(劉勰)의 글[2)]에서처럼, '말로 다 표현할 수 없는 은

---

1) 이이, 『정언묘선』, 「원자집·서」, 『율곡전서』(성균관대 대동문화연구원, 1958), 습유, 권4, 잡저 1. "此集所選主於冲澹蕭散 不事繪飾 自然之中 深有妙趣 古調古意知者鮮矣 唐宋以下諸作品格或不逮古 間有近體 而皆無雕琢之巧 自中聲律 故竝選焉 讀此集 則味其淡泊 樂其希音 而三百之遺意 端不外此矣"

2) 유협(劉勰), 『문심조룡』 권6, 신사(神思) 제26.

미(隱微)함'을 의미한다. 그러므로 율곡에 있어서 '충담소산(冲澹蕭散)'은 시인이 마음을 꾸미거나 속이지 않는 참된 상태로 유지하면서, 대구(對句)나 전고(典故)의 사용 등 문장을 일체 꾸미지 않으며, 성률(聲律) 또한 자연스럽게 조화시켜, 시에 있어서 묘취(妙趣)를 드러내는 시적 경계를 뜻한다.

이러한 것을 내용으로 하는 담박과 희음(충담소산)은 삼백편 곧 『시경』의 유의(遺意)에 통하는 것이니, 이는 곧 율곡이 <정언묘선서>에서 시의 본원으로 언급한 "사람의 정을 다 드러내고[曲盡人情] 사물의 이치에 두루 통하되[旁通物理] 유순하고 참되다[優柔忠厚]."는 내용에 포함되는 구체적인 한 표현으로 볼 수 있다.

이러한 내용을 위응물(韋應物)의 시를 통하여 구체적으로 살펴보겠다.

<의고(擬古) 기 3>[3)]

봄이 되니 임목이 변하여,
동방은 저녁에 맑은 기운 머금네.
홀로 삶을 누가 헤아려 주리요.
즐거이 새가 나를 마주하여 지저귈 뿐.
님[낭인]은 오래도록 연과 조 땅에 있으니,
새사람이 평생(의 마음)을 옮겨 놓은 겐지.
이별할 때의 한 쌍의 원앙이 수놓인 비단 이불에
이 천년의 한스런 마음을 머물게 했네.

사고(思考)의 밖에 있는 자세한 뜻[纖旨]과 문장의 밖에 있는 곡진(曲盡)한 뜻[曲致]은 말로는 좇을 수 없으므로 붓은 진실로 멈추게 된다. 정밀함[精]에 이른 뒤에야 그 묘(妙)함을 드러내고, 변화[變]에 이른 뒤에야 그 이치를 통하게 된다. 이지(伊摯, 곧 伊尹)도 (음식을 만들 때의) 솥을 사용하는 방법[鼎]을 말할 수 없었고, 윤편(輪扁)도 (수레바퀴를 만들 때의) 도끼를 사용하는 방법[斤]을 말할 수 없었다. 그 은미(隱微)[微]함이여!(至於思表纖旨 文外曲致 言所不追 筆固知止 至精而後 闡其妙 至變而後 通其數 伊摯不能言鼎 輪扁不能語斤 其微矣乎)

3) 위응물, 의고(擬古) 기 3, 『정언묘선』, 「원자집」 '오언 고시'.

푸른 풀은 옛 자취에 돋아나고,
녹금은 아름다운 소리를 다했네.
넋이라도 꿈속에서 님을 만나고자 하였거늘,
뒤척이며 잠 못 이루네.
옷을 잡고 처소를 헤매이다,
들어 바라보니, 빈 앞뜰에
외로운 그림자 그 가운데 절로 측은하여,
나도 모르게 두 줄기 눈물이 떨어지네.
春至林木變, 洞房夕含淸.
單居誰能裁, 好鳥對我鳴.
良人久燕趙, 新愛移平生.
別時雙鴛綺, 留此千恨情.
碧草生舊迹, 綠琴歇芳聲.
思將魂夢歡, 反側寐不成.
攬衣迷所次, 起望空前庭.
孤影中自惻, 不知雙淚零.

위응물은 이 시 속에서 멀리 떨어져 있는 님에 대한 그리움이 새록새록 일어나는 여인의 마음을 봄이 되어 초목이 변화하는 그 양상과 결부시켜서 잘 드러내고 있다. 1구와 2구(春至林木變, 洞房夕含淸)는 바야흐로 봄이 되어 그 봄기운에 의해 임목이 연한 초록으로 변화함을 말할 뿐만 아니라, 그 봄기운이 방안에 퍼져 방안에 온통 맑은 봄기운이 가득함을 말해주고 있다. 3구와 4구(單居誰能裁, 好鳥對我鳴)는 다만 새와 짝하며 홀로 살고 있음을 말해주고 있으며, 이어지는 5구와 6구(良人久燕趙, 新愛移平生)은 자신이 홀로 살고 있는 이유를 짐작케 해준다. 즉 남편이 연 나라와 조 나라에 오래 머물면서 새 애인이 생겨 평생 함께 하자고 자신과 다짐했던 마음을 그 여인에게 주고 있는 것이 아닌지 염려하는 마음을 나타내고 있다. 그래서 밤이 되어 이별할 때 함께 했던 이불에 수놓아진 두 원앙을 보게 되면 한스런 마음이 들게 되는 것이다. 이것이 7구와 8구(別時雙鴛綺, 留此千恨情)인 것이다. 그러나 그럼에도 불구하고 그 다음 9구~16구에는 님에 대한 그리움이 짙게 배어 있음을 알 수 있다. 오랜 세월 변치 않는 참된 마음은 품격 '충담소산'의 내용적 특징이다.

이 시의 표현상 특징을 살펴보면 다음과 같다. 이 시 중에서 율곡은 1구와 2구(春至林木變, 洞房夕含淸) 그리고 9구~12구(碧草生舊迹, 綠琴歇芳聲. 思將魂夢歡, 反側寐不成)에 비점을 찍었다. 율곡이 이 시의 1구와 2구에 비점을 찍은 이유를 다음과 같이 생각해 볼 수 있겠다. 앞에서 언급했듯이 이 구들은 "바야흐로 봄이 되어 그 봄기운에 의해 임목이 연한 초록으로 변화함을 말할 뿐만 아니라, 그 봄기운이 방안에 퍼져 방안에 온통 맑은 봄기운이 가득함을 말해주고 있다."는 자연적 현상을 나타내고 있을 뿐만 아니라 겸하여 '봄이 되어 그 기운이 방안에 가득하듯이 봄기운을 느끼면서 자신의 마음속에 멀리 떨어져 만날 수 없는 님에 대한 그리움이 가득차 옴'을 함께 말하여 주고 있는 것이다. 즉 자연현상을 통하여 그 자연현상과 작자의 느낌[情]을 함께 말하고 있다. 이러한 것이 율곡이 『정언묘선』, 「원자집 · 서」에서 언급한 "회식(繪飾)을 일삼지 않아 자연스런 가운데 깊이 묘취(妙趣)가 있다(不事繪飾 自然之中 深有妙趣)"의 '묘취(妙趣)'이다.

그 다음 9구와 10구(碧草生舊迹, 綠琴歇芳聲)도 마찬가지이다. 이는 봄이 되어 작년에 풀이 시들었던 자리에 다시 푸른 풀이 돋아나는 자연적 현상을 언급하면서 아울러 시들었던 자리에 다시 풀이 돋아나듯이 '한스러워했던 마음' 속에 다시 님에 대한 그리움이 일어남을 함께 말하고 있는 것이다. 그래서 그 그리움으로 인해서 거문고를 끌어당겨 줄이 끊어지도록 거문고 줄에 그리움을 얹어 타는 것이다. 그럼에도 님에 대한 그리움이 더욱 커지자, 꿈에서나마 님을 보랴 하고 잠을 청하지만 이도 뜻대로 되지 않고 그 그리움으로 인해 몸을 뒤척일 뿐 잠은 오지 않는다(11구~12구). 율곡이 비점을 찍은 이 구절들에서도 '묘취(妙趣)'를 느낄 수 있다.

잠이 오지 않으므로 일어나 옷을 잡고 처소를 이리저리 왔다갔다(攬衣迷所次) 하게 되고, 그러다 무심코 바라본 앞뜰(起望空前庭)에 자기 자신의 그림자만이 있음을 보는 순간 그 그리움은 자신도 모르게 눈물이 되어 흘러내리는 것(不知雙淚零)이다.

이 시에는 님에 대한 그리움이 가슴 저리도록 절실하게 나타나 있다. 그러나 이 시 속에 나타나 있는 자연의 모습들은 다만 이 여인의 그리움을 드러내기 위해서 작가 위응물에 의해 꾸며진 것이 아니라 그 자체로 존재하는 것이며, 다만 자연적 현상과 여인의 님에 대한 그리움이 사실적으로 이 시 속에서 일치하고 있으며 시인은 그 두 가지를 자연스럽게 한 가지로 융합하여 드러내고 있는 것이다. 여기에 이 시의 '묘취(妙趣)'가 있는 것이다. 즉 품격 '충담소산'의 표현적 특징은 자연적 현상인 경(景)과 작자의 감정인 정(情)을 융합하여 한 가지로 표현하는 것이다.

위응물의 의고시 중 다른 시를 살펴보겠다.

<의고(擬古) 기4>[4)]

해가 기수가에 잠기니,
쓸쓸한 규방엔 먼 근심이 이네.
마음은 막을 수 없고
기수는 기리 유유히 흐르네.
아름다운 나무는 절로 향기를 뽐내며,
봄 짐승은 절로 짝을 구하는데
동서의 방을 배회하는
외로운 나는 누구와 짝할꼬.
세월은 흐르는 눈물 속에 지나는데,

---

4) 위응물, 의고(擬古) 기4, 『정언묘선』, 「원자집」 '오언 고시'.

한번 떨어지면 함께 거두지 못하네.
白日淇上沒, 空閨生遠愁.
寸心不可限, 淇水長悠悠.
芳樹自妍芳, 春禽自相求.
徘徊東西床, 孤妾誰與儔.
年華逐絲漏, 一落俱不收.

이 시는 멀리 떨어져 있는 님에 대한 그리움을 나타내고 있다. 이 시에서 1구와 2구(白日淇上沒, 空閨生遠愁)는 해가 기수가에 잠겨 날이 어두워지자, 빈 규방을 지키며 먼 곳에 있는 사람을 그리워하는 한 여인의 근심 어린 마음을 그리고 있다. 그리움이 짙어지면 그 어느 것으로도 그 마음을 막을 수 없게 된다. 그 다음에 표현된 4구(淇水長悠悠)는 기수가 길게 유유히 흘러가는 모습을 그리면서 동시에, 한 여인의 잔잔한 그리움이 길게 님 계신 먼 곳까지가 닿음을 나타내주고 있다. 이 역시 자연현상을 통하여 그 자연현상과 작자의 느낌[情]을 함께 말하고 있다. 이것이 율곡이 말한 '묘취(妙趣)'이다.

5구와 6구(芳樹自妍芳, 春禽自相求)는 봄날이 아름다운 나무가 절로 향기를 뽐내고, 짐승들이 서로 짝을 구하는 계절임을 나타내 주고 있다. 그런데 향기를 뽐내는 나무와, 짝을 구하는 짐승들과는 달리 나는 함께 할 짝이 없고 다만 그리움에 이 방 저 방을 배회하기만 하는 상황이다. 7구와 8구(徘徊東西床, 孤妾誰與儔)가 이를 나타낸다. 9구(年華逐絲漏)는 그리운 마음에 눈물을 흘리며 세월을 보내고 있음을 나타내 주고 있는데, 이와 함께 그 다음 10구가 역시 율곡이 말하는 '묘취(妙趣)'를 간직하고 있다. "한번 떨어지면 함께 거두지 못하네.(一落俱不收)"는 일차적으로 한번 떨어진 눈물을 거둘 수 없음을 말하면서 동시에 9구에서 세월이 흐르는 눈물 속에 지난다고 했으니, 한번 지나간 세월도 역시 돌이킬 수 없는 것임을 함께 나타내고 있다. 또한 현재의 상황을 야기시킨 님과의 만남도 님에 대한 그리움도 돌이킬 수 없는 것이다. 율곡은 이 시의 1구~4구와 9구~10구에 비점을 쳤으니, 이에서 그 이유를 알 수 있다. '연화축사루(年華逐絲漏)'의 '축(逐)'자로 인하여 이러한 함의가 이루어지고 있다. 여기에서도 자연적 현상(景)과 작가의 감정(情)이 하나로 융합하여 드러나고 있음을 알 수 있다.

다음으로 품격 '정심의원'의 특징을 살펴보겠다.

3. 정심의원의 품격적 특징: 경(景)과 정(情)의 병치

율곡은 『정언묘선』, 「인자집」 맨 앞에 다음과 같은 서(敍)를 달고 있다.

> 이 집은 정심의원(情深意遠)의 것을 뽑았다. 즉경(卽景) 즉사(卽事)하여 가슴속의 느낌을 그려내어, 원망하나 도리에 어긋나지 않고 슬퍼하나 마음 상하지 않는다. 이 집을 읽으면 반드시 조용히 오래도록 생각하여 처연히 탄식을 일으켜 고인(古人)의 마음을 얻어서 스스로 원대(怨懟) 음방(淫放)하는 잘못이 없게 될 것이다.5)

우선 율곡이 품격 '정심의원'에 대하여 언급한 "즉경(卽景) 즉사(卽事)하여 가슴속의 느낌을 그려내어"라고 한 이 표현은 이 품격의 시작(詩作)의 방법을 나타내주는 중요한 지적이다.

품격 '정심의원'의 시들은 모두 어떤 경물이나 어떤 사건에 직면하여서 느낀 느낌을 서술하고 있다. 그리고 그 느낌만을 시속에 담는 것이 아니라, 시를 시작하는 처음에 시인에게 느낌을 제공했던 그 경물이나 사건을 서술하고 나서 그 느낌을 표현하는 것이다. 즉 율곡의 이 표현은 품격 '정심의원'의 구성에 대한 중요한 언급이다.

---

5) 이이, 「정언묘선총서」, 앞의 책.
"此集所選主於情深意遠 卽景卽事 寫出襟懷 怨而不悖 哀而不傷 讀此集 則未嘗不穆爾長思 悽然興歎 求獲古人之心 而自無怨懟淫放之失矣"

구체적으로 위응물의 시를 통해 살펴보면 다음과 같다.

<의고(擬古) 기1>[6]

꾀꼬리는 즐거이 지저귀고,
그윽한 난초도 어여뻐라.
이 때에 깊은 규방에 여인네 있는데,
햇살은 비단 창문 안을 비추네.
아리따운 두 눈썹,
살짝 드러낸 흰 이.
스스로 애석하게 여기노니, 젊은 나이에
유협자에게 몸을 그르침이라.
일없이 오래도록 떨어져 있으니,
모르겠네. 지금은 죽었는지 살았는지.
黃鳥何關關, 幽蘭亦靡靡.
此時深閨婦, 日照紗窗裏.
娟娟雙青娥, 微微啓玉齒.
自惜桃李年, 誤身遊俠子.
無事久離別, 不知今生死.

위의 시에서 1구와 2구(黃鳥何關關, 幽蘭亦靡靡)는 명랑하고 그윽한 봄날의 경관을 나타내주고 있다. 이러한 좋은 봄날을 맞는 마음은 즐거워야 할 텐데, 이 시 속의 여인의 마음은 우울하기 그지없다. 즉 9구와 10구(無事久離別, 不知今生死)에서 알 수 있듯이 아무 일 없이 님과 떨어져 있어 생사조차 알 수 없는 상황인 것이다. 그러므로 봄날의 경관이 아무리 아름답다고 한들 이

6) 위응물, <의고(擬古) 기1>, 『정언묘선』, 「인자집」 '오언 고시'.

여인의 마음이 즐거울 리가 없는 것이다. 오히려 맑고 밝은 봄날의 경치를 대면하는 이 여인의 마음은 더욱더 슬픔에 빠져들 것이다. 즉 심리적으로 슬픔이 더욱 깊어지는 것이다. 『정언묘선』, 「인자집」 '정심의원(情深意遠)'의 '정심(情深)'은 곧 이를 말하는 것이라고 생각한다.

위응물은 이 여인의 마음속 애절한 슬픔을 나타내기 위해 "꾀꼬리는 즐거이 지저귀고, 그윽한 난초도 어여뻐라.(黃鳥何關關, 幽蘭亦靡靡)"라는 명랑하고 그윽한 봄날의 경관을 그려내고 있다. 마음속 심리상태와 정 반대되는 상황(경관이나 사건)을 제시하여 그 마음을 한층 더 절실히 나타내는 이러한 구상, 이것이 '정심의원(情深意遠)'의 '의원(意遠)'의 내용이라고 생각한다. '의(意)'는 문학작품에 있어서 주제의 의미뿐만 아니라 구상을 의미하기도 한다.[7] 여기서는 바로 구상의 의미로 쓰였다. 시적 자아의 마음 상태와 상반되는 자연경물이나 사건의 제시를 통하여 시적 자아의 마음 상태를 한층 절실하게 표현하는 이러한 양상은 품격 '정심의원'의 「인자집」에 일관된다.

그리고 '즉경(卽景) 즉사(卽事)하여 가슴속의 느낌'을 그려낼 때, 그 느낌은 곧 '고인의 마음'에 통해야 하는 것이니, 이는 품격 '정심의원'이 추구하는 내용으로 그 마음은 구체적으로 "원망하나 도리에 어긋나지 않고 슬퍼하나 마음 상하지 않는다.(怨而不悖 哀而不傷)"이다.

여기서 "슬퍼하나 마음상하지 않는다.(哀而不傷)"는 것은 곧 슬픔을 드러내되 '화(和)'를 해치지 않는 것[8]이니, '화(和)'란 '정(情)'이 발하여 모두 법도에

---

7) 의(意)가 문학작품에서 주제의 의미뿐만 아니라 구상의 의미로도 쓰이는 사실에 대해서는 졸저, 『고전시가의 미학탐구』(월인, 2000.2)의 「품격의 개념」(26~28쪽) 참조.

8) 주자는 "관저는 즐거우면서도 지나치지 않고 슬프면서도 마음 상하지 않는다.(關雎 樂而不淫 哀而不傷)"는 공자의 언급에 대하여 다음과 같이 주를 달고 있다.
"<관저(關雎)>는 주남(周南) 국풍(國風)이니, 『시경』의 첫 편이다. 음(淫)이라는 것은 즐거움이 지나쳐서 그 바른 것을 잃어버리는 것이요, 상(傷)이라는 것은 슬픔이 지나쳐서 화(和)를 해치는 것이다. <관저>라는 시는 후비(后妃)의 덕이 마땅히 군자(君子)에 짝할 만하니 구하여 얻지 못하면 자나 깨나 생각하며 몸을 뒤척이는 근심이 없을 수 없고, 구하여 얻으면 마땅히 금슬(琴瑟)과 종고(鐘鼓)의 즐거움이 있음을 말하고 있다. 대개 그 근심이 비록 깊더라도 화(和)를 해치지 않고 그 즐거움이 비록 성대하더라도 그 바름을 잃지 않아야 한다. 그러므로 공자께서는 그것을 일컫기를 이와 같이 하셔서, 배우는 자가 그

맞는 것[9]으로 즉 과불급이 없는 정(情)을 뜻한다. '정'이 이렇게 드러날 때 '성정의 바름'을 얻을 수 있는 것이다.

그러므로 품격 '정심의원'에서 추구하는 "원망하나 도리에 어긋나지 않고 슬퍼하나 마음 상하지 않는다.(怨而不悖 哀而不傷)"는 '고인의 마음'은 품격 '충담소산'의 '담박・희음'과 같이, 율곡이 <정언묘선서>에서 시의 본원으로 언급한 "사람의 정을 다 드러내고[曲盡人情] 사물의 이치에 두루 통하되[旁通物理] 유순하고 참되다[優柔忠厚]."는 내용에 포함되는 구체적인 한 표현임을 알 수 있다. 이러한 '고인의 마음'을 얻을 때에 스스로 원망하여 미워하거나 지나치게 내치는 잘못이 없게 될 것이다.

그리고 품격 '정심의원'에서 추구하는 "원망하나 도리에 어긋나지 않고 슬퍼하나 마음 상하지 않는다.(怨而不悖 哀而不傷)"는 마음은 '고인의 마음'의 한 측면을 지적한 것이지 그것만이 곧 오로지 '고인의 마음'이라는 것은 아니다.

율곡은 선정(善情)에 대하여 다음과 같이 언급하고 있다. 이 선정은 '고인의 마음'과 같다.

> 대저 사람의 정(情)이란 마땅히 기쁠 때 기뻐해야 하고 상(喪)을 당해서는 슬퍼하며 친한 이를 보고서는 사랑하고 이치를 보고서는 궁구하고자 하며 어진 이를 보고서는 같게 되고자 하는 것(이상은 기쁨, 슬픔, 사랑, 하고자 함의 네 가지 정)은 인(仁)의 실마리요, 마땅히 노여운 일에 노여워해야 하고 마땅히 미운

말을 음미하고, 그 소리를 살펴서 그 성정의 바름을 알도록 하고자 함이라.(『논어』 팔일(八佾), 關雎 周南國風 詩之首篇也 淫者 樂之過而失其正者也 傷者 哀之過而害於和者也 后妃之德 宜 配君子 求之未得 則不能無寤寐反則之憂 求而得之 則宜其有琴瑟鐘鼓之樂 蓋其憂雖深 而不害於和 其樂雖盛 而不失其正 故夫子稱之如此 欲學者玩其辭 審其音 而有以識其性情之正也)"

9) 이이, 「성호원에게 답하다[答成浩原] 임신(壬申)」, 『율곡전서』 권10, 서(書)2.
자사(子思)가 성정(性情)의 덕(德)을 논하여 말하기를, "기쁨과 노여움 슬픔과 즐거움이 발하지 않은 것을 중(中)이라 이르고, 발하여 모두 법도(法度)에 맞는 것을 화(和)라고 이른다" 하였습니다.(子思論性情之德曰 喜怒哀樂之未發 謂之中 發而皆中節 謂之和)

> 일에는 미워하는 것(노여움과 미워함의 두 가지 정)은 의(義)의 실마리요, 존귀한 이를 보고서 두려워하는 것(두려움의 정)은 예(禮)의 실마리요, 마땅히 기뻐하고 노여워하고 슬퍼하고 두려워할 즈음에 그 마땅히 기뻐할 바와 노여워할 바와 슬퍼할 바와 두려워할 바를 알며(이것은 옳음에 속함) 또 그 마땅히 기뻐하지 말아야 할 바와 노여워하지 말아야 할 바와 슬퍼하지 말아야 할 바와 두려워하지 말아야 할 바를 아는 것(이것은 그름에 속함. 이것은 칠정을 합하여 그 옳고 그름을 아는 정임)은 지(智)의 실마리입니다. 선한 정이 발하는 것을 낱낱이 들 수는 없습니다만 대개가 이와 같습니다.[10)]

그러므로 품격 '정심의원'은 어떤 경물이나 사건을 대하여 느껴지는 시인의 원망이나 슬픔의 감정을 나타내되 그 감정에 과불급이 없는 것이라고 하겠다.

위에서 든 위응물의 의고시를 대상으로 이러한 점을 살펴보겠다.

위응물은 위의 시 속에서 여인의 슬픔을 절실히 드러내고 있으나, 그 슬픔은 절제된 슬픔으로 나타나 있다. 위의 시에서 7구와 8구(自惜桃李年, 誤身遊俠子)는 젊은 나이에 유협자와 혼인하여 흥겨운 봄날의 경치와 같이 즐겁게 지내야 할 때에 홀로 지내야 하는 자신의 처지에 대한 자탄의 내용을 담고 있다. 더군다나 서로 떨어져 있어야 할 필연적인 사연이 있지도 않은데(無事久離別) 떨어져 소식조차 모르고 지낸다는 사실은 이 여인의 탄식을 더욱 깊게 만들고 있음을 알 수 있다. 그러나 10구(不知今生死)에 나타나듯이, 그러한 남편을 미워하기보다는 그 안부를 생각하는 데에서 여인의 남편에 대한 마음을 읽을 수 있겠다.

---

10) 이이, 「성호원에게 답하다[答成浩原] 임신(壬申)」, 『율곡전서』 권10, 서(書)2.
"夫人之情 當喜而喜 臨喪而哀 見所親而慈愛 見理而欲窮之 見賢而欲齊之者 (已上喜哀愛欲四情) 仁之端也 當怒而怒 當惡而惡者 (怒惡二情) 義之端也 見尊貴而畏懼者 (懼情) 禮之端也 當喜怒哀懼之際 知其所當喜 所當怒 所當哀 所當懼 (此屬是) 又知其所不當喜 所不當怒 所不當哀 所不當懼者 (此屬非 此合七情而知其是非之情也) 智之端也 善情之發 不可枚擧 大槩如此"

위응물의 의고시 중 다른 시를 살펴보자

<의고(擬古) 기2>[11]

비단 누각은 성대한데,
아침 햇살 정히 밝아오네.
방안에 맑은 기운 퍼져 있고,
붉은 노을빛 그 창으로 비춰오네.
옥 같은 얼굴을 하고 슬픈 노래를 부르는데,
듣기에 뛰어나니 세상의 것이 아니네.
다만 이별의 한스런 정을 느낄 뿐,
모르겠네. 어느 집의 여인네인지.
외로운 구름 홀연히 무색하게 되고,
변방의 말은 머리를 돌리게 되리.
가락은 푸른 하늘 높은 곳에서 끊어지고,
남은 소리는 가을 풀에 흩어지네.
휘장 안에서 배회하는 마음
홀로 밤을 지킬 수 없네.
생각은 삭풍을 쫓아 날아올라
한 번에 천릿길을 가네.
綺樓何氛氳, 朝日正杲杲.
四壁含淸風, 丹霞射其牖.
玉顔上哀囀, 絶耳非世有.
但感離恨情, 不知誰家婦.
孤雲忽無色, 邊馬爲回首.

11) 위응물, 의고(擬古) 기2, 『정언묘선』, 「인자집」.

曲絶碧天高, 餘聲散秋草.
徘徊帷中意, 獨夜不堪守.
思逐朔風翔, 一去千里道.

이 시는 변방으로 군역을 나간 남편의 안부를 궁금해 하며 남편을 그리워하는 절실한 마음을 그리고 있다. 그런데 위응물은 앞의 시에서와 마찬가지로 "비단 누각은 성대한데, 아침 햇살 정히 밝아오네. 방안에 맑은 기운 퍼져 있고, 붉은 노을빛 그 창으로 비춰오네.(綺樓何氛氳, 朝日正杲杲. 四壁含淸風, 丹霞射其牖.)"라는 밝고 맑은 아침 경관을 그리고 있다. 이러한 밝고 맑은 경관은 남편과 함께 할 수 없는 이 여인의 마음을 더욱 슬프게 만들어 주고 있다.

이 여인은 슬픈 마음을 노래로써 풀어보려고 하나(옥 같은 얼굴을 하고 슬픈 노래를 부르는데, 듣기에 뛰어나니 세상의 것이 아니네. 顔上哀囀, 絶耳非世有 / 가락은 푸른 하늘 높은 곳에서 끊어지고, 남은 소리는 가을 풀에 흩어지네. 曲絶碧天高, 餘聲散秋草), 그 노래를 부르는 것으로도 그리움이 사그라지지 않아 방안에서 배회하며 홀로 밤을 보내기 힘들어 하는 모습을 그리고 있다. 그리하여 길이 멀어 몸이 가지 못하므로 마음이 삭풍을 타고 날아올라 먼 곳에 있는 남편에게 다가가고 싶어 하는 여인의 애절한 마음(思逐朔風翔, 一去千里道)을 나타내고 있는 것이다.

이 시에서도 앞 9구까지 작자가 목격한 상황을 서술하고 있고, 그 뒤에 그 상황과 대조되는 작자의 느낌을 여인의 입장에서 그려내고 있으나 역시 그 애절함이 지나쳐 마음을 상하게 하는 데에 이르지는 않았다.

이상에서 살펴본 것들이 품격 '정심의원'의 특징들이다.

4. 품격 충담소산과 정심의원의 지향성

지금까지 위응물의 연작시인 의고시를 대상으로 하여 품격 '정심의원'의 특징들을 품격 '충담소산'과의 대비를 통하여 살펴보았다. 이들을 정리하면 다음과 같다.

우선 내용적인 측면에서 살펴보면, 율곡이 「정언묘선서」에서 시의 본원이라고 했던 "사람의 정을 다 드러내고[曲盡人情] 사물의 이치에 두루 통하되[旁通物理] 유순하고 참되다.[優柔忠厚]"는 내용을 품격 '충담소산'은 "회식(繪飾)을 일삼지 않아 자연스런 가운데 깊이 묘취(妙趣)가 있다.[不事繪飾 自然之中 深有妙趣]"는 '담박 · 희음'으로 구체화시켰는데, 이는 시인이 마음을 꾸미거나 속이지 않는 그리고 변치 않는 참된 상태로 유지하면서, 대구(對句)나 전고(典故)의 사용 등 문장을 일체 꾸미지 않으며, 성률(聲律) 또한 자연스럽게 조화시켜, 시에 있어서 묘취(妙趣)를 드러내는 시적 경계를 뜻한다. 그리고 품격 '정심의원'은 시의 본원적 내용을 "원망하나 도리에 어긋나지 않고 슬퍼하나 마음 상하지 않는다."는 '고인(古人)의 마음'으로 구체화시켰는데, 이것은 '정(情)'이 발할 때 모두 법도에 맞는 것으로 즉 과불급이 없는 정(情)을 뜻한다. 그리고 '정심의원'에서의 '정'은 애틋함(원망과 슬픔)을 위주로 한다.

두 품격의 표현상의 특징은 다음과 같다. 품격 '충담소산'은 자연적 현상인 경(景)과 작자의 감정인 정(情)을 융합하여 한 가지로 표현하는 경향이 있으며, 품격 '정심의원'은 시적 자아의 심리상태와 상반되는 자연적인 경물이나 사건을 제시하는 구상방법을 통하여 시적 자아의 마음의 애틋함을 더욱 깊이 있게 드러내는 것으로, 품격 '충담소산'처럼 경(景)과 정(情)을 하나로 융합하여 표현하는 것이 아니라, 경물이나 사건을 먼저 제시하고, 그 다음에 그와 상반되는 시적 자아의 감정을 드러내므로 시에 경(景)과 정(情)이 함께 겉으로 드러나 표현된다.

구체적인 작품을 대상으로 하여 세밀한 분석을 통한 감상이 이루어질 때 율곡의 품격론은 살아있는 이론이 되리라 생각한다.

Ⅱ. 조선 사대부 문학의 특성

제1장 송암 권호문 시가의 미적 특질

제2장 <독락팔곡>과 낙지

제3장 <한거록>과 은구의 낙

제4장 사계 김장생의 시가

제5장 한음 이덕형의 문학

제6장 청장관 이덕무 문학의 사상적 기반과 공안파 시론의 수용 양상

제1장 송암 권호문 시가의 미적 특질

1. 〈한거십팔곡〉과 〈독락팔곡〉의 미적 지향

송암(松巖) 권호문(權好文, 1532~1587)은 퇴계의 문인으로 <한거십팔곡>과 <독락팔곡>이라는 국문시가를 지어 향유했다. 도남[1])이 송암의 이 두 시가를 언급한 이래 송암의 삶과 이 두 국문시가, 그리고 한시에 이르기까지 송암의 작품이 두루 다루어져 왔다. 주로 두 국문시가가 논의의 대상이 되었으며, 작품의 품격을 밝히는 연구[2])를 비롯하여 장르론적 연구[3])와 작품의 구조를 통해 문학성을 밝히려는 연구가 시도되었고,[4]) 당시 사회적・정치적・지역적 상황과의 관련성 속에서 송암의 처사적 삶과 두 국문 시가의 의미를 폭넓게

---

1) 조윤제, 『한국시가사강』(박문출판사, 1937).

2) 최진원, 「은구와 온유돈후-독락팔곡과 한거십팔곡을 중심으로-」, 『인문과학』 창간호(성균관대 인문과학연구소, 1971).
______, 「독락팔곡・한거십팔곡과 은구」, 『한국고전시가의 형상성』(증보판, 성균관대 대동문화연구원, 1996).

3) 조규익, 「<독락팔곡>의 문학사적 의미-장시조의 문헌적 출발과 관련하여-」, 『논문집』 12(경남대학교, 1985).

4) 김문기, 「권호문의 시가 연구-한거십팔곡과 독락팔곡을 중심으로-」, 『한국의 철학』 14(경북대학교, 1986).
김상진, 「송암 권호문 시가의 구조적 이해」, 『한국학논집』 18(한양대 한국학연구소, 1990).

탐색하는 작업[5]이 있었으며, 사대부적 정서라는 공통의 정서적 기반 위에서 두 시가의 정서를 연관시키는 연구[6]도 나왔다. 또한 다른 작품과의 비교연구[7]도 진행되는 등 다양한 방향에서 송암의 이 두 국문시가는 연구되어 왔다.

이 연구는 지금까지 제출된 여러 연구 결과에 힘입어 진행된다. 특히 두 국문 시가의 미적 특질을 좀 더 세밀히 밝히고자 한다.

송암의 두 국문시가를 미적 차원에서 접근한 것은 최진원 선생으로부터이다.[8]

최진원 선생은 송암의 이 두 국문시가의 품격을 '온유돈후'로 규정하였으며, 이것은 퇴계의 도산십이곡의 '온유돈후'를 계승 확대하였다고 보았다.

> 이 '溫柔敦厚'는 '性情의 醇正'으로서 '日用平易明白處에 나아가 窮理하는 賞自然의 태도'에서 우러나오는 것으로, '자연의 理의 분명함'의 깨달음의 감동은 이념적 감동으로 도산십이곡의 시적 감동이기도 하다.[9]

그러므로 최진원 선생에 의하면 송암의 온유돈후도 위의 범주에 속하는 것으로 볼 수 있다.

한편 이동영은 퇴계와 그 문도 작가들의 시적 경향에 대하여 다음과 같은

5) 최선미, 「송암 권호문 시가의 연구」(이화여대 석사학위논문, 1995).
6) 최재남, 「<독락팔곡>과 <한거십팔곡>의 정서적 연관」, 『한국문학논총』 16집(한국문학회, 1995).
7) 김석회, 「<독락팔곡>과 <전가팔곡>의 거리」, 『조선후기 시가 연구』(월인, 2003).
8) 최진원, 앞의 논문, 125쪽.
도산십이곡(陶山十二曲)의 시경(詩境)은 '온유돈후(溫柔敦厚)'이고, 그 온유돈후는 전육곡(前六曲) 언지(言志)의 '상자연(賞自然)'과 후육곡(後六曲) 언학(言學)의 '연학(硏學)' 속에서 이루어진다. 송암(松岩)은 이 온유돈후(溫柔敦厚)를 계승하여, 독락팔곡(獨樂八曲) 한거십팔곡(閒居十八曲)에서 폭 넓게 형상하였거니와, 이 두 작품의 온유돈후 역시 상자연과 연학 속에서 이루어진다.
9) 최진원, 「<도산십이곡>과 경」, 『한국고전시가의 형상성』(증보판, 성균관대 대동문화연구원, 1996).

언급을 했다.

> 退溪 門下 중에서도 松岩 權好文(1532~1587)은 퇴계 詩歌를 확대 계승한 분이다. ……景幾體歌로서는 권호문의 작품이 가장 傑出이다. 이 작품은 <潔身傲世의 兼善>을 意氣昂然하게 나타내면서도 老莊的 高踏性을 잘 처리하고 있다. 그러면 소위 퇴계를 중심한 작가 李叔梁, 權好文, 張經世, 朴雲, 李徽逸, 權榘, 高應陟, 崔晛 등 門徒作家의 作風이 '陶山十二曲의 衣樣'에서 興起되었다고 볼 수 있다. 退溪는 理趣詩를 강구했으나 그 후대는 情趣的인 詩歌로 變換되어 갔다.[10]

라고 하여 송암이 퇴계의 시가를 확대 계승하였으나, 그 방향에 있어서 이취시를 강구한 퇴계와 달리 송암 등은 정취시를 추구했다고 하였으며, 나아가 최선미는 송암이 퇴계를 독창적으로 계승했다고 언급하고 있다.[11]

이동영과 최선미는 송암이 퇴계의 시가를 계승하였으나 퇴계와는 다른 점이 있음을 지적한 것이니, 그것은 송암의 작품이 퇴계의 작품에 비해 서정성이 높다는 것으로 송암의 구체적인 삶에서 우러나온 경험을 담았다는 것이다.

위의 지적은 정당한 것이다. 같은 '온유돈후'한 작품이라 하더라도 그 작가의 세계관이나 시적 형상화의 방식에 따라 그 미감이 조금씩 달라질 수 있는 것이다. 하물며 '온유돈후'는 매우 포괄적인 기준이다

퇴계가 이 말을 썼을 때의 상황을 살펴볼 필요가 있다.

---

10) 이동영, 「영남가단 연구」, 『시조학논총』 3집(한국시조학회, 1987).

11) 최선미, 앞의 논문, 90~91쪽.
권호문은 감정의 표현과 성정의 교화라는 두 가지 대응 개념을 歌者에게 결합시킬 수 있었던 것이고, 따라서 그는 退溪의 시가처럼 보편적이고 절대적인 가치를 노래한 것이 아니라 자신만의 경험, 즉 자신의 삶에 있어서의 뜻(志)과 즐거움(樂)을 <閑居十八曲>과 <獨樂八曲>에 담은 것이다. 이러한 점은 권호문 시가의 서정성의 밀도가 退溪의 것보다 훨씬 높은 이유가 된다. ……그의 사상과 문학은 모두 퇴계의 사상과 문학을 이어받아 자신만의 독창적인 변용을 낳은 것이었다.

> 오른 편의 도산십이곡이란 것은 도산노인이 지은 것이다. 노인이 이것을 지은 것은 무엇을 위함인가? 우리 동방의 가곡(歌曲)은 대체로 매우 지나치게 외설스러워 족히 말할 것이 없다. <한림별곡>과 같은 유는 문인의 입에서 나왔으나 긍호방탕(矜豪放蕩)하고 설만희압(褻慢戲狎)하여 더욱 군자가 마땅히 숭상할 것이 아니다. 오직 근세에 이별(李鼈)의 육가(六歌)라는 것이 있어서 세상에 왕성하게 전하는 바 오히려 저것이 이것보다 좋다고는 하나 또한 그것에 완세불공(玩世不恭)의 뜻이 있고 온유돈후(溫柔敦厚)한 내용이 적음을 애석하게 여긴다.[12]

퇴계의 글에서 본다면, '온유돈후'는 '긍호방탕, 설만희압', '완세불공'과 대척적인 위치에 있는 것으로, 퇴계의 입장에서 볼 때 시가 지녀야할 기본 요건을 제시한 것이라 볼 수 있다. 이 '온유돈후'는 율곡이 그의 <정언묘선서>[13]에서 제시한 '곡진인정(曲盡人情) 방통물리(旁通物理) 우유충후(優柔忠厚)'의 '우유충후(優柔忠厚)'에 비견될 수 있다. 율곡은 이것을 시의 본원이라 규정하고 이로부터 갈라져 나온 시들을 여덟 가지로 분류하여 제시하고 있으니, '충담소산(冲澹蕭散)·한미청적(閒美淸適)·청신쇄락(淸新灑落)·용의정심(用意精深)·정심의원(情深意遠)·격사청건(格詞淸健)·정공묘려(精工妙麗)·결(缺)'이 그것이다. 그러므로 퇴계의 '온유돈후'와 율곡의 '우유충후'는 작품의 구체적 미감을 지적한 것이라기보다 '시'라고 하면 반드시 지녀야 할 기본 요건으로 제시한 것으로 보인다.

그런데 송암의 시문에 대한 다음의 평가가 있어 주목된다.

---

12) 이황, <도산십이곡발>, 『퇴계집』 권43, 발.
"右陶山十二曲者 陶山老人之所作也 老人之作此何爲也哉 吾東方歌曲 大抵多淫哇不足言 如翰林別曲之類 出於文人之口 而矜豪放蕩兼以褻慢戲狎 尤非君子所宜尙 惟近世有李鼈六歌者 世所盛傳 猶爲彼善於此 亦惜乎其有玩世不恭之意 而少溫柔敦厚之實也"

13) 이이, <정언묘선서>, 『율곡전서』 권13, 서.
"詩本性情 非矯僞而成 聲音高下 出於自然 三百篇 曲盡人情 旁通物理 優柔忠厚 要歸於正 此詩之本源也"

> 만년에 이르러서는 덕기(德器)가 성취되어 응정화수(凝定和粹)하였으니 한때 덕(德)을 알고 논(論)을 숭상하는 이들이 혹 노선생(老先生, 곧 퇴계)의 평소 온아(溫雅)한 기상(氣象)에 비겼다. 이는 그 드러낸 말을 문장으로 지은 것이 소산충담(蕭散冲淡)하여 성하게 풍아(風雅)의 법도(法度)가 있는 것이니, 어찌 이른바 덕(德)이 있는 이는 반드시 훌륭한 말이 있으니 화순(和順)함이 마음속에 쌓여 영화(榮華)가 밖으로 드러나는 것이 아니겠는가? 오호라, 크도다.14)

라고 하여 송암의 시문(詩文)에 대해 '소산충담(蕭散冲淡)'하다는 평을 하고 있는 것이다.

율곡이 제시한 '충담소산(冲澹蕭散)'의 품격이 '우유충후(優柔忠厚)'를 기반으로 하듯이 갈암(葛庵) 이현일(李玄逸)은 '소산충담(蕭散冲淡)'이 '온유돈후(溫柔敦厚)'를 기반으로 하고 있다고 인식하고 있는 것이다. 그러므로 앞에서 언급했듯이, 퇴계의 '온유돈후'는 율곡의 '우유충후'와 같은 차원의 것으로 볼 수 있다. 송암은 이 '온유돈후'를 기반으로 하면서 '소산충담'한 품격의 미감을 작품을 통해 드러낸 것이다.

김태환의 다음 언급이 이 생각을 뒷받침해준다.

> 온후는 말하는 바의 취지를 직언하지 않고 다만 은근하게 드러내어 이른바 "말하는 사람은 허물이 없고, 듣는 사람은 족히 경계할 만하다."의 효과를 지닌다. 온후는 무엇보다 激情을 버려야 가능한 것이며, 따라서 온후를 위주로 하는 작품은 그 미감이 담박할 수밖에 없다. 요컨대 온후가 시의 이념으로 작용할 때에, 이것은 풍격의 충담을 가능케 하는 바로서 소박미를 구현하는 하나의 방법이다.15)

---

14) 이현일, <송암집서>, 「송암집」, 『이조명현집』 3(성균관대 대동문화연구원, 1989).
"迨其晩節 德器成就 凝定和粹 一時知德尙論之君子 或比之老先生平日溫雅氣象 此其所以吐辭爲文 蕭散冲淡 藹然有風雅典則者也. 豈非所謂有德者必有言 和順積中英華發外者耶 嗚呼 休哉"

15) 김태환, 「소박미의 전형적 원리와 구현 방법」, 『조선시대 시가예술의 소박미 연구』(신아

김태환은 온후(溫厚, 溫柔敦厚)를 충담(冲淡)을 가능케 하는 시적 이념으로 파악하고 있다.

송암의 두 국문시가는 '온유돈후'를 기반으로 하면서 각각 드러내는 구체적인 미적 특질이 다르니, <한거십팔곡>은 '충담소산(담박)'하고 <독락팔곡>은 한미청적(한흥)하다.

2. 소산충담(蕭散冲淡)

> 갈암(葛庵)은 송암의 글에 대하여 "그 드러낸 말을 문장으로 지은 것이 소산충담(蕭散冲淡)하여 성하게 풍아(風雅)의 법도(法度)가 있는 것이니"라고 하여 '소산충담'하다고 하였다. 이 때 '소산충담'은 율곡이 언급한 '충담소산'과 같은 의미의 품격 용어이다.[16]

율곡은 『정언묘선』, 「원자집서」에서 '충담소산'에 대해 다음과 같이 서술하고 있다.

> 이 집은 충담소산(冲澹蕭散)의 것을 뽑았다. 회식(繪飾)을 일삼지 않아 자연스런 가운데 깊이 묘취(妙趣)가 있다. 고조(古調) 고의(古意)를 아는 이가 적다. 당송(唐宋) 이하의 시는 품격이 혹 고시(古詩)에 미치지 못하나, 그 중 근체(近

출판사, 2003), 174쪽.
김태환은 '소박미(素朴美)의 전형적(典型的) 원리(原理)'로서 '담박(淡泊)함 속의 아름다운 문채(文采), 문식(文飾)의 절제와 실질의 유여(有餘)'를, 그리고 '소박미(素朴美)의 구현(具現) 방법(方法)'으로서 '의경(意境) 사출(寫出)의 자연성과 형상의 천지, 풍골(風骨)의 온건성과 운미(韻味), 감정표현의 온후(溫厚)와 형상의 순수, 단가(短歌) 형식의 자연성과 간소(簡素)'를 들고 있다. 위의 글은 소박미의 구현 방법의 하나인 온후를 설명하면서 충담과 관련지은 언급이다.

16) '소산충담'이란 용어는 주자로부터 보인다. 이에 대한 자세한 논의는 이 책 'Ⅰ. 고전시가의 미학, 제3장 충담소산과 소산충담'조 참조.

體)는 조탁(雕琢)의 교(巧)가 없으면서도 저절로 성률(聲律)에 맞으므로 아울러 뽑았다. 이 집(集)을 읽으면 그 담박(淡泊)함을 맛볼 수 있고, 그 희음(希音)됨을 즐길 수 있으니, 삼백편(三百篇)의 유의(遺意)는 이에서 벗어나지 않을 것이다.[17]

율곡은 '충담소산'에 대하여 "불사회식(不事繪飾)하여 저절로 묘취(妙趣)가 있다."고 하였다. '불사회식(不事繪飾)'은 '조탁(雕琢)의 교(巧)'가 없는 것이다. 여기에서 '회식(繪飾)'이나 '조탁(雕琢)'이라는 것은 대구(對句)나 대우(對偶), 그리고 전고(典故)를 갖다가 시(詩)를 아름답게 꾸미는 것을 말한다. 그리고 '묘취(妙趣)'라는 것은 이지(伊摯 곧 伊尹)가 음식을 만들면서 솥을 다루는 방법을 말로 나타낼 수 없었고, 윤편(輪扁)이 수레바퀴를 만들면서 도끼를 다루는 방법을 말로 드러낼 수 없었던 것처럼 '말로 다 표현할 수 없는 은미(隱微)[18]함'을 의미한다.

그리고 이 품격으로부터 담박함을 맛볼 수 있고 희음됨을 즐길 수 있다고 하였는데, 담박은 맛 가운데 가장 훌륭한 맛이고 희음은 소리 가운데 가장 훌륭한 소리이다(담박은 곧 고의(古意)요, 희음은 곧 고조(古調)이다). 여기에서 희음(希音)됨을 즐기는 것은 성률(聲律)에서 얻는 것으로 희음(希音)은 바로 '가장 자연스럽게 조화(調和)를 이룬 음(音)'이라고 생각해 볼 수 있다. 이것

17) 이이(李珥), 「정언묘선총서」, 『율곡전서』(성균관대 대동문화연구원, 1958), 습유, 권4, 잡저1. "此集所選主於沖澹蕭散 不事繪飾 自然之中 深有妙趣 古調古意知者鮮矣 唐宋以下諸作品格或不逮古 間有近體 而皆無雕琢之巧 自中聲律 故竝選焉 讀此集 則味其淡泊 樂其希音 而三百之遺意 端不外此矣"

18) 유협(劉勰), 『문심조룡(文心雕龍)』 권6, 신사(神思) 제26.
사고(思考)의 밖에 있는 자세한 뜻[纖旨]과 문장의 밖에 있는 곡진(曲盡)한 뜻[曲致]은 말로는 좇을 수 없으므로 붓은 진실로 멈추게 된다. 정밀함[精]에 이른 뒤에야 그 묘(妙)함을 드러내고, 변화[變]에 이른 뒤에야 그 이치를 통하게 된다. 이지(伊摯, 곧 伊尹)도 (음식을 만들 때의) 솥을 사용하는 방법[鼎]을 말할 수 없었고, 윤편(輪扁)도 (수레바퀴를 만들 때의) 도끼를 사용하는 방법[斤]을 말할 수 없었다. 그 은미(隱微)[微]함이여!(至於思表纖旨 文外曲致 言所不追 筆固知止 至精而後 闡其妙 至變而後 通其數 伊摯不能言鼎 輪扁不能語斤 其微矣乎)

은 '꾸밈없는 솔직함'을 바탕으로 한다.

이상에서처럼 '충담소산(冲澹蕭散)'의 품격이 추구하는 미는 '담박(淡泊)'[19] 이며, 율곡이 선집한 『정언묘선』, 「원자집」의 시들을 분석해 보면 담박함의 본질은 곧 '순박(醇朴)함'이다.[20]

송암에 대한 갈암의 언급 속에서도 이러한 면을 찾을 수 있다.

> 또한 세상에 숨어 무리에서 벗어나 높이 스스로 정취를 드러내며, 길이 가서 돌아오지 않는 자가 있었으니, 선생은 온화한 얼굴을 그 사이에 두었다. 조용히 물러날 것[恬退]을 스스로 실행하여 세상의 번거로움에 뜻을 끊고, 산림(山林)에 자취를 의탁하여, 혹 풍월(風月)을 희롱하여 읊조리고 천고(千古)를 거슬러 올라가 어진 이를 벗 삼고[尙友千古], 혹 연파(烟波)에 배를 저어 벗을 이끌어 술을 마시며 즐겁게 읊조리니 유연(悠然)히 욕기(浴沂)·풍우(風雩)의 취(趣)가 있다.

---

19) '충담(冲淡)'은 '정묵(靜默)', '은미(隱微)', '조화(調和)', '담일(淡逸)'을 작시 태도 또는 그 시경(詩境)으로 삼으며, 성률(聲律)의 자연스런 조화(調和)를 중시하고, 무심(無心)의 자세로 형사(形似)를 멀리하는 데서 얻어지는 품격(品格)으로(졸저, 앞의 책(2000), 72쪽), 충담소산의 품격이 추구하는 구체적인 미는 담박이다. 여기에서 담박의 본질을 '순박함'으로 본 것은 담박미의 내용적 특징을 지적하는 것이고, 담박미의 형식적 특징은 구체적인 묘사를 지양(형사억제)하는 것이다. 전자에 대해서는 졸고, 「시조의 창작 기법 연구」, 『한국사상과 문화』 제20집(한국사상문화학회, 2003), 106~111쪽을 참조하고, 후자에 대해서는 최진원, 『한국고전시가의 형상성』(증보판; 성균관대학교출판부, 1996) 참조.

20) 졸고, 「시조의 창작 기법 연구」, 『한국사상과 문화』 제20집(한국사상문화학회, 2003), 106~111쪽.
'담박(淡泊)'은 편안하고 고요한 마음의 상태에서 가능한 것이며, '진(眞)' 곧 거짓 없는 참됨 속에서 구할 수 있다. ……'참됨'은 '수졸(守拙)' 곧 살면서 사람으로서의 본성을 지키는 것이다. ……사람의 본성이란 바로 '순박함'이다. ……그러므로 이 순박함을 지킬 때 '참됨'을 얻을 수 있는 것으로 이에서 지극한 즐거움[至樂]을 얻을 수 있는 것이요, 이것이 곧 참된 즐거움[眞樂]인 것이다. ……'참됨'을 얻으면 형적(形迹)에 구애되지 않게 되니 이것은 외물에 얽매이지 않게 되어 자신의 뜻에 흡족하게 해도 이치에 어긋나지 않게 되는 것이다. 이것이 또한 '담박'이다. ……우연히 한번 참됨(담박함)을 얻었다고 해서 그 시인을 '충담소산'하다고 하지 않는다. 그것은 순박함을 그의 생활 속에서 지속적으로 지킬 때 이르는 말이다.
미감은 작품의 내용이나 형식, 또는 이 둘의 복합적 작용에 의하여 느낄 수 있는 것으로 여기에서의 담박은 작품의 내용을 위주로 하여 살펴본 것임.

> 대개 그 뜻이 깨끗한 까닭에 그 문장이 전아(典雅)하고 그 행실이 청렴(淸廉)한 까닭에 그 운치(韻致)[또는 稟性]가 높은 것이니, 이것이 어찌 속세를 끊고 세상을 벗어나는 것[絶俗離世]을 개결하다 여기고, 문장을 교묘하게 하고 말을 꾸미는 것[巧文麗辭]을 공교하게 여겨 그러한 것이겠는가! 또한 대개 반드시 그 근본이 있는 것이라.[21)]

갈암은 송암에 대하여 '욕기(浴沂)·풍우(風雩)의 취(趣)'가 있다고 하면서 그 뜻이 깨끗하고, 그 행실이 청렴하다고 했는데, '욕기(浴沂)·풍우(風雩)의 취(趣)'란 이것이 순박(醇朴)함과 상통한다.[22)]

지금까지 살펴본 '충담소산(소산충담)'의 미감을 그대로 드러낸 것이 송암의 <한거십팔곡>이다.

---

21) 이현일, 앞의 글.
"亦有遯世離羣 高自標致 長往而不返者 先生雍容其間 恬退自將絶意世紛 托跡山林 或吟弄風月尙友千古 或棹舟烟波携朋觴詠 悠然有浴沂風雩之趣 盖其志潔 故其文雅 其行廉 故其致高 是豈絶俗離世以爲介 巧文麗辭以爲工而然哉 盖亦必有其本矣"

22) '순박함'이란 사람의 본성으로 이는 거짓 없는 참됨 속에서 구할 수 있는 것이며, '참됨'을 얻으면 형적(形迹)에 구애되지 않아 자신의 뜻에 흡족하게 해도 이치에 어긋나지 않게 되는 것이다.
『논어』, 「선진편」에 '욕기(浴沂)·풍우(風雩)의 취(趣)'에 대한 주를 달면서 증자의 학문에 대하여 "인욕이 다하는 곳에 천리가 유행하여 곳에 따라 충만하여 조금의 빠짐도 없음을 봄이 있다."고 하였고, "처음부터 자기를 버리고 남을 위하는 뜻이 없어 그 가슴속이 유연하여 곧바로 천지 만물과 더불어 상하로 함께 흘러 각기 그 곳의 묘함을 얻어 은연히 절로 언외에 드러난다."고 하였다.(曾點之學 蓋有以見夫人欲盡處 天理流行 隨處充滿 無少欠闕. 故其動靜之際 從容如此. 而其言志 則又不過卽其所居之位 樂其日用之常 初無舍己爲人之意 而其胸次悠然 直與天地萬物上下同流 各得其所之妙 隱然自見於言外 視三子規規於事爲之末者 其氣象不侔矣. 故夫子嘆息而深許之) 그러므로 거짓이 없거나 인욕(人欲)이 없는 곳에 천리(天理)가 유행(流行)하는 것이니, 이 둘은 '천리(天理)의 유행(流行)'이라는 점에서 일치한다고 본다.

3. 〈한거십팔곡〉의 미: 담박(淡泊)

송암은 자신이 충효(忠孝)에 뜻을 두어 공명을 구하던 때로부터 갈등을 거쳐 진세(塵世)에 대한 생각을 깨끗이 씻어내고 '은구(隱求)의 낙(樂)'을 즐기기까지의 과정을 <한거십팔곡(閑居十八曲)>에 담아내고 있다. <한거십팔곡>은 권호문의 만년에 이르러 자신의 생애를 돌아보는 시간적인 순차를 가지는 자서전적인 구조[23]를 가지고 있으며, <1곡>과 <19곡>이 호응하는 수미상관식 구조[24]를 이루고 있다.

<한거십팔곡>에서 송암은 다음과 같이 자신의 뜻을 밝혔다.

生平애 願ᄒᆞᄂᆞ니 다ᄆᆞᆫ 忠孝 ᄲᅮᆫ이로다
이 두일 말면 禽獸ㅣ나 다라리야
ᄆᆞᄋᆞᆷ애 ᄒᆞ고져ᄒᆞ야 十載遑遑 ᄒᆞ노라 (1곡)

ᄒᆞ려ᄒᆞ려ᄒᆞᄃᆡ 이 ᄠᅳᆮ 못ᄒᆞ여라
이 ᄠᅳᆮ ᄒᆞ면 至樂이 잇ᄂᆞ니라
우웁다 엇그제 아니턴 일을 뉘올타 ᄒᆞ던고 (6곡)

그런데 <1곡>과 <6곡>의 그 지향하는 뜻은 그 함의가 같지 않다. <1곡>의 뜻은

計校 이ᄅᆞ터니 功名이 느저셰라
負笈東南ᄒᆞ야 如恐不及 ᄒᆞᄂᆞᆫ ᄠᅳᆮ을
歲月이 물 흘ᄋᆞᄃᆞᆺᄒᆞ니 못이롤가 ᄒᆞ야라 (2곡)

---

23) 최선미, 앞의 논문, 43쪽.
24) 김상진, 앞의 논문, 42쪽.

<2곡>에 보이듯이 '부급동남(負笈東南)ᄒᆞ야 여공불급(如恐不及) ᄒᆞᄂᆞᆫ 쁟'으로 '공명(功名)'을 얻어 '충효(忠孝) <1곡>'을 하려는 뜻이다. 반면 <6곡>에 보이는 뜻은

窮達浮雲 ᄀᆞᆺ치보아 世事 이저두고
好山佳水의 노ᄂᆞᆫ 쁟을
猿鶴이 내벋 아니어든 어ᄂᆡ분이 아ᄅᆞ실고(10곡)

바로 '호산가수(好山佳水)의 노ᄂᆞᆫ 쁟'으로 '지락(至樂) <6곡>'을 얻고자 하는 뜻이다.

그러므로 <5곡>에 보이는

어지게 이러그러 이몸이 엇디ᄒᆞᆯ고
行道도 어렵고 隱處도 定티아냣다
언제야 이쁟 決斷ᄒᆞ야 從我所樂 ᄒᆞ려뇨

'이쁟'은 '충효(忠孝, 곧 行道)'와 '지락(至樂, 곧 隱處)'에 대한 두 가지 의미를 갖고 있는 것이다. 그런데 이런 결단은 일반적으로 당시 사대부들에게 있어서 쉬운 일이 아니었겠지만 특히 송암에게는 더욱 어려운 일이었던 듯하다.

(어머니의) 상(喪)을 이미 마치자 공(公)이 탄식해 말하기를, "처음 내가 과장(科場)에 뜻을 굽힌 것은 어머니가 살아 계셨기 때문이다. 지금 가령 과거(科擧)에 급제한들 누구를 위한 영광이 되겠으며 곧 과거 공부를 한들 어디에 쓰겠는가?" 하였다. (퇴계) 선생이 듣고 기뻐하여 말하기를, "과거 공부는 이미 억지로 할 수 있는 것이 아닌즉 일찍 판단을 하여 내가 좋아하는 바를 쫓아 즐김만 못하다. 단 그 좋아하는 바에는 또한 갈래 길이 많으므로 가히 살펴 골라서 힘을

더하지 않을 수 없다.[25)]

송암은 어머니가 돌아가시자 3년 상을 마치고는 과거 공부를 단념하겠다는 생각을 굳게 한다. 이 말에 스승인 퇴계도 기뻐하여 산림을 즐기는 방법에 대해 조언을 해주었으니, 이것이 송암 35세 때의 일이다.

그럼에도 그 후에 송암은 다시 대과(大科)에 응시한다.

> 일찍이 학봉 김공과 더불어 이업산사(肄業山寺)에서 약속하여 말하기를, "두 사람이 올해에 곧 급제하지 못하면 반드시 청성주인(青城主人)이 되자."고 했다. 이 해에 학봉은 급제를 했으나 공은 급제하지 못했다. 이에 이르러 드디어 그곳에 거처하니 대개 평소의 약속을 저버리지 않은 것이라고 한다.[26)]

학봉이 대과에 급제한 해가 1567년이니 이 때는 송암 37세로 과거 공부를 그만두겠다고 한 지 2년 뒤의 일이다. 이것은 송암이 당시 선비로서의 시대적 이념("이 두일 말면 禽獸ㅣ나 다라리야" <1곡>)에 철저했기 때문이 아닌가 여겨진다. 이 이후 송암은 정녕 과거를 단념하고 오로지 처사의 삶을 살고자 뜻을 세워 실천한 것으로 보인다.

> 계유(선생 42세)……청성정사(青城精舍)가 완성되다.(선생이 은거하여 도를 구하면서 후학을 위해 힘쓰는 것을 자신의 임무로 삼았다. 이에 이르러 정사를 두고 그 집의 편액을 '인지(仁智)'라고 하였다.)[27)]

---

25) 『송암집(松巖集)』, 「부록」, <행장>
"服旣闋 公嘆曰 始吾屈志場屋者 爲母在故也 今縱得一科 誰爲爲榮 則安用學業爲也 先生聞而喜之曰 學業旣不可强 則不如早與之判斷 從吾所好之爲樂也 但其所好 亦多岐路 不可不審擇而加工焉爾"

26) 『송암집』, 「부록」, <행장>
"嘗與鶴峯金公 肄業山寺 約曰 兩人今年則不第 會須作青城主人 是年 鶴峯登第 而公不第 至是遂居之 盖不負素約云"

27) 『송암집』, 「별집(別集)」, <연보(年譜)>

위의 기록 이후에 송암의 과거와 관련된 기록이 보이지 않는다. 그간 무수히 갈등을 보였던 송암의 뜻은 이때에 이르러 '지락(至樂)'을 즐기는 쪽으로 굳어지게 된다.

出ᄒᆞ면 致君澤民 處ᄒᆞ면 釣月耕雲
明哲君子는 이룰사 즐기ᄂᆞ니
ᄒᆞ믈며 富貴危機ㅣ라 貧賤居를 ᄒᆞ오리라 <8곡>

출사하면 치군택민(致君澤民)하여 '공명(功名)'을 얻을 수 있지만 잘못되면 위태로울 수 있으므로 비록 가난한 삶이지만 '지락(至樂)'이 있는 조월경운(釣月耕雲)의 생활을 하겠다는 것이 그 명분이다. 어쨌든 달리 보면 뜻이 굳건하지 못하다는 오해를 받을 수 있는 갈등의 과정(立志의 과정)을 자세하게 드러내고 있는 점에 송암의 진솔(眞率)함이 있고 이 진솔함에서 송암의 순박(醇朴)함을 느낄 수 있다.

이후 <9곡>부터 <14곡>까지는 '십분청광(十分淸光) <12곡>', '일체청명(一體淸明) <14곡>'의 자연의 세계에 참여하는 즐기는 모습을 드러내고 있다. 이러한 생활을 통해

酒色 좃쟈ᄒᆞ니 騷人의 일아니고
富貴求챠ᄒᆞ니 뜻디 아니가ᄂᆡ
두어라 漁牧이 되오야 寂寞濱애 늘쟈 <15곡>

주색(酒色)과 부귀(富貴)를 멀리하고 어목(漁牧)이 되어 적막빈(寂寞濱)에 놀자는 다짐을 하게 되고,

癸酉(先生 四十二歲)……靑城精舍成(先生隱居求道 以勉進後學爲己任 至是置精舍 扁其堂曰仁智)

行藏有道ᄒᆞ니 ᄇᆞ리면 구테 구ᄒᆞ랴
山之南 水之北 병들고 늘근 날를
뉘라셔 懷寶迷邦ᄒᆞ니 오라말라 ᄒᆞᄂᆞ뇨 <16곡>

처럼 '회보미방(懷寶迷邦)'의 재능이 있으니 '겸선(兼善)'하라는 주위의 권유를 물리치기도 한다.

이 때의 물리침은,

> 절대적으로 기대던 스승이 죽고 난 뒤에 홀로 방향을 정해야 하는 불혹의 나이와, 그 이후 동문이었던 사람들이 현직(顯職)에 나아간 뒤 자연에만 묻혀 사는 권호문에게 음직이라도 하라고 요청했을 때, 이제는 갈등과 번민이 교차하는 내면의 세계가 아니라 자신의 확고한 태도를 선언해야 할 때가 닥친 것이다. 표면적인 대응은 <독락팔곡병서(獨樂八曲幷序)>이고 <한거록(閑居錄)>이지만 이면적으로는 그 동안 겪어야 했던 갈등과 고뇌가 내포된 것이 사실은 <독락팔곡>과 <한거십팔곡>이었다고 할 수 있다. 여기에는 자연에서만 지낸 50대의 자존심이 함께 자리하고 있는 것이다.28)

최재남의 지적처럼 '자연에서만 지낸 50대의 자존심'일 수도 있지만, 앞에서 제시한

> 만년에 이르러서는 덕기(德器)가 성취되어 응정화수(凝定和粹)하였으니 한때 덕(德)을 알고 논(論)을 숭상하는 이들이 혹 노선생(老先生)[퇴계]의 평소 온아(溫雅)한 기상(氣象)에 비겼다. 이는 그 드러낸 말을 문장으로 지은 것이 소산충담(蕭散冲淡)하여 성하게 풍아(風雅)의 법도(法度)가 있는 것이니, 어찌 이른바

---

28) 최재남, 앞의 논문, 331쪽.

> 덕(德)이 있는 이는 반드시 말이 있으니 화순(和順)함이 마음속에 쌓여 영화(榮華)가 밖으로 드러나는 것이 아니겠는가? 오호라, 크도다.[29)]

라는 갈암의 글에서처럼 어렵사리 갈등을 겪고 자신의 뜻(志)을 세운 송암으로서 이제는 자연 속의 생활을 통해 '천리유행(天理流行)의 묘(妙)'를 깨우친 후, 자신의 뜻의 굳음을 나타낸 것이라고도 볼 수 있다.

그래서

> 聖賢의 가신길히 萬古애 흔가지라
> 隱커나 見커나 道ㅣ 엇디 다ᄅᆞ리
> 一道ㅣ오 다ᄅᆞ디 아니커니 아ᄆᆞ된들 엇더라 <17곡>

여기서 송암은 자신의 은현(隱現)을 성현(聖賢)의 그것에 견주고 있는 것이다. 이것은

> 出ᄒᆞ면 致君澤民 處ᄒᆞ면 釣月耕雲
> 明哲君子는 이룰사 즐기ᄂᆞ니
> ᄒᆞ물며 富貴危機ㅣ라 貧賤居를 ᄒᆞ오리라 <8곡>

의 반복인 듯이 보이지만 그 격에 있어서 차이가 있다. <17곡>의 주장에는 도학적(道學的) 깊이가 느껴진다. 그래서 이어지는

> 漁磯예 비개거늘 綠苔로 독글사마
> 고기를 혜이고 낙글뜯을 어이ᄒᆞ리
> 纖月이 銀鈎ㅣ 되여 碧溪心에 ᄌᆞᆷ겻다 <18곡>

---

29) 이현일, <송암집서>, 「송암집」, 『이조명현집』 3(성균관대 대동문화연구원), 1989.

에서는 퇴계가 감탄해 마지 않았던

春風에 花滿山ᄒᆞ고 秋夜애 月滿臺라
四時佳興ㅣ 사ᄅᆞᆷ과 ᄒᆞᆫ가지라
ᄒᆞ믈며 魚躍鳶飛 雲影天光이ᅀᅡ 어늬 그지 이슬고 <언지 6곡>[30]

"ᄒᆞ믈며 어약연비(魚躍鳶飛) 운영천광(雲影天光)이ᅀᅡ 어늬 그지 이슬고"와 같은 '자연(自然)의 이(理)'를 느낄 수 있다. 퇴계의 이 감동에 대해 최진원 선생은 '조화유행(造化流行)의 활발(活潑)'과 '사시순환(四時循環)의 정연(整然)'으로부터 느껴지는 숙연함이라고 하였다.[31]

이 퇴계의 감동을 송암은 다만 담담하게 표현하고 있을 뿐이다. 송암은 사물을 보는 것[觀物]에 대하여 다음과 같이 언급하고 있다.

일물(一物)을 본즉 일물(一物)의 이(理)가 있으며 만물(萬物)을 본즉 만물(萬物)의 이(理)가 있으니, 한 근본(根本)으로부터 만 가지로 갈라져 흩어지고 만 가지로 갈라진 것을 미루어 한 근본(根本)에 이른다. 그 유행(流行)의 묘(妙)는 어찌 그리 지극한가? 그러므로 물(物)을 보는 자로서 눈으로 보는 것은 마음으로 보는 것만 못하고, 마음으로 보는 것은 이(理)로써 보는 것만 못하니 만약 이(理)로써 볼 수 있다면 곧 만물(萬物)을 환히 알 수 있으므로 모두 나에게 갖추어질 것이다.[32]

---

30) 이황, 『퇴도매화시첩(退陶梅花詩帖)』

31) 최진원, 앞의 논문(1996), 43~44쪽.

32) 권호문, 「관물당기(觀物堂記)」, 『송암집』 권5 기.
"觀一物則有一物之理 觀萬物則有萬物之理 自一本而散萬殊 推萬殊而至一本 其流行之妙何其至矣 是以 觀物者觀之以目 不若觀之以心 觀之以心 不若觀之以理 若能觀之以理 則洞然萬物 皆備於我矣"
그런데 송암의 사물에 대한 이러한 인식은 율곡에서도 찾아볼 수 있다. 율곡은 산수를 봄에 '눈으로만 보는 것', '산수의 취를 아는 것', '도체를 아는 것'의 세 부류로 나누었다.

사물을 보는 자를 셋으로 구분했으니, 첫째 사물을 눈으로 보는 자, 둘째 마음으로 보는 자, 셋째 이(理)로써 보는 자이다. 이 중에서 이(理)로써 보는 자를 최고로 생각했다.

<18곡>에 보이는 물속을 한가롭게 헤엄치는 고기와 그 물속에 떨어져 비치는 달빛, 그것은 바로 '천리(天理) 유행(流行)의 묘(妙)'인 것이다.

江干애 누어셔 江水보ᄂᆞᆫ 쁘든
逝者如斯ᄒᆞ니 百歲ㅣㄴ들 멀근이료
十年前塵世一念이 어름녹듯 ᄒᆞᆫ다<19곡>

<19곡>의 초장과 중장은 앞에서 깨달은 '천리(天理) 유행(流行)의 묘(妙)' 곧 '도체(道體)의 본연(本然)'을 때때로 살펴 조금의 그침도 없도록 하겠다는 의지의 표명[33]이며, 종장은 그러한 깨달음을 얻은 후의 마음의 상태를 나타낸 것이다.

이상에서 살펴보았듯이, <9곡>부터 <19곡>은 앞에서 세운 뜻(志)을 안으로 굳게 다지며(<15곡>) 세상의 권유(<16곡>)에도 흔들리지 않고 굳게 지켜나가는 모습을 보이고 있다. 주변 환경의 변화에도 불구하고 자신의 뜻을 변치 않고 굳게 지키는 것에서도 진솔(眞率)함을 느낄 수 있으며, 이것은 역시 순박(醇朴)함에서 오는 것이다. 이상의 분석을 통해 볼 때, <1곡>부터 <8곡>까지를 '입지(立志)'로, <9곡>부터 <19곡>까지를 '상지(尙志)'로 분류할 수 있겠다. 그러면서도 이 둘을 관통하여 <한거십팔곡>에는 '진솔(眞率)'함이 있으며, 그

이이, 「홍치재인우유풍악록발(洪恥齋仁祐遊楓嶽錄跋)」, 홍인우(洪仁祐), 『관동록(關東錄)』 부(附), 『치재유고(恥齋遺稿)』. 그러나 송암과 율곡의 영향 관계를 밝혀줄 자료는 아직 발견하지 못했다.

33) 공자(孔子), 「자한(子罕)」, 『논어(論語)』
"子在川上曰 逝者如斯夫 不舍晝夜"
(天地之化 往者過 來者續 無一息之停 乃道體之本然也. 然其可指而易見者 莫如川流. 故於此發以示人 欲學者時時省察 而無毫髮之間斷也)

것에서 순박(醇朴)함을 느낄 수 있다. 이 순박함이 곧 담박미(淡泊美)[蕭散沖淡]의 내용인 것이다.

4. 〈독락팔곡〉의 미: 한흥(閒興)

송암의 <독락팔곡>을 읽으면 <한거십팔곡>과는 다른 느낌을 받게 된다. 그것은 미적 구현 방식의 차이에서 연유한다고 본다.

송암이 지은 <독락팔곡>은 은거의 한가로운 생활 속에서의 즐거움과 이에 대한 자부(自負)를 담고 있다.

송암은 <독락팔곡>의 7장에서 다음과 같이 읊고 있다.

> 一屛一榻 左箴右銘 再唱
> 神目如電이라 暗室을 欺心ᄒᆞ며
> 天聽如雷라 私語ㄴ들 妄發ᄒᆞ랴
> 戒愼恐懼를 隱微間애 닛디마새
> 坐如尸 儼若思 終日乾乾 夕惕若 ᄒᆞᄂᆞᆫ뜯든
> 尊事天君ᄒᆞ고 攘除外累ᄒᆞ야
> 百體從令 五常不斁ᄒᆞ야
> 治平事業을 다이루려 ᄒᆞ엿더니
> 時也命也인디 迄無成功 歲不我與ᄒᆞ니
> 白首林泉의 ᄒᆞ올일이 다시업다
> 우읍다 山之南 水之北애 斂藏蹤跡ᄒᆞ야
> 百年閒老景 긔엇다ᄒᆞ니잇고 <제7장>

송암은 "산지남(山之南) 수지북(水之北)애 염장종적(斂藏蹤跡)ᄒᆞ야 백년한로경(百年閒老景) 긔엇다ᄒᆞ니잇고"라고 '백년한로(百年閒老)'의 생활을 노래하고 있다. 이것은 '은자(隱者)'의 일반적인 생활이요 표방이다. 그러나 이것이 송암의 본래 뜻은 아니니, "존사천군(尊事天君)ᄒᆞ고 양제외루(攘除外累)ᄒᆞ야/ 백체종령(百體從令) 오상불두(五常不斁)ᄒᆞ야/ 치평사업(治平事業)을 다이루려 ᄒᆞ엿더니"에서처럼 '치평사업(治平事業)'이 하고자 하는 바였다. 그런데 젊은 시절 계속되는 과거의 실패로 송암은 이 뜻을 이루지 못한다. 그래서 '마음의 불평(不平)'이 생기게 된다.

> 고인(古人)이 말하기를, "노래는 근심하는 마음에서 많이 나온다." 했는데 이 또한 나의 편안하지 못함[不平]에서 나온 것이며, 주문공(朱文公)이 말하기를, "그 뜻한 바를 읊조리고 노래하여 성정(性情)을 기른다." 하였으니 지극하도다. 이 말이여! 마음이 편안하지 못하여 이 노래가 있게 되었으니, 그것을 노래하여 뜻을 펴서 성정(性情)을 기른다.34)

이 '불평(不平)'으로 인해 은거를 하게 되며 이 '불평(不平)'을 해소하기 위해 자연을 즐기게 되니,

> 草屋三間 容膝裏 昂昂一閒人 再唱
> 琴書를 벗을 삼고 松竹으로 울을ᄒᆞ니
> 翛翛生事와 淡淡襟懷예 塵念이 어ᄃᆡ나리
> 時時예 落照趂淸 蘆花岸紅ᄒᆞ고
> 殘烟帶風 楊柳飛ᄒᆞ거든
> 一竿竹 빗기안고 忘機伴鷗景 긔엇다 ᄒᆞ니잇고 <제2장>

이에서 볼 수 있듯이, 송죽(松竹)으로 울타리를 치고 그 안에서 금서(琴書)

34) 「독락팔곡병서(獨樂八曲幷序)」, 『송암집』 속집(續集), 권6.
"古人云 歌多出於憂思 此亦發於余心之不平 而朱文公曰 詠歌其所志 以養性情 至哉斯言 心之不平而有是歌 歌之暢志而養其性"

를 보기도 하고, 때때로 "낙조진청(落照趁淸) 노화안홍(蘆花岸紅)ᄒᆞ고 / 잔연대풍(殘烟帶風) 양류비(楊柳飛)"할 때는 낚싯대 하나 갖고 그 경치를 즐기기도 한다. 이 생활 속에서 갈매기를 벗하며 기심(機心)을 잊게[忘機] 된다. 이 기심(機心)은 '진념(塵念) <제2장>'으로 구체적으로는

士何事乎 尙志而已 再唱
科名損志ᄒᆞ고 利達害德이라
모ᄅᆞ미 黃卷中 聖賢을 뫼압고
言語精神 日夜애 頤養ᄒᆞ야
一身이 正ᄒᆞ면 어ᄃᆡ러로 못가리오
俯仰恢恢ᄒᆞ고 往來平平ᄒᆞ니
갈길를 알오 立志를 아니ᄒᆞ랴
壁立萬仞 磊落不變ᄒᆞ야
嘐嘐然 尙友千古景 긔엇다ᄒᆞ니잇고 <제3장>

<제3장>에서 보듯이 '과명(科名)'과 '이달(利達)'이다. 그리고 이 망기(忘機)를 통해 무심(無心)의 경지에 들어가게 된다.

入山恐不深 入林恐不密
寬閒之野 寂寞之濱에 卜居를 定ᄒᆞ니
野服黃冠이 魚鳥外 버디업다
芳郊애 雨晴ᄒᆞ고 萬樹애 花落後에
靑藜杖 뷔집고 十里溪頭애 閒往閒來 ᄒᆞᄂᆞᆫ뜨든
曾點氏 浴沂風雩와 程明道 傍花隨柳도 이러턴가 엇다턴고
暖日光風이 불쩌니 블거니 興滿前ᄒᆞ니
悠然胷次ㅣ 與天地萬物 上下同流景 긔엇다ᄒᆞ니잇고 <제4장>

<제4장>의 "유연흉차(悠然胷次)ㅣ 여천지만물(與天地萬物) 상하동류경(上下同流景)"이 그러한 상태를 표현하고 있는 것이다. 이것은 『논어(論語)』, 「선진(先秦)」편에 나오는 말로 '인욕(人欲)이 다하여 천리(天理)가 유행(流行)하여 이르는 곳마다 조금의 빠짐도 없는 것'을 의미한다. 곧 무심(無心)의 경지인 것이다.

이상에서와 같이 송암은 마음의 불평을 자연에서의 생활을 통해 해소하는데, 바로 자연에 들어 '백년한로(百年閒老)'하는 생활을 통해 망기(忘機)를 하게 되고 그로 인해 무심(無心)의 경지에 이르게 되니 이 경지는 바로 '심기평화(心氣平和)'의 세계이다.

그리고 이 '한(閒)'이 '흥(興)'과 결합할 때 하나의 미의식이 형성된다.

율곡은 이 '한(閒)'을 미(美)의 차원에서 인식하였다.[閒美].

> 이 집은 한미청적의 것을 뽑았다. 조용히 스스로 얻는 것이 우흥(寓興)에서 나오는 것이지 사색으로 도달할 수 있는 것이 아니다. 이 집을 읽으면 심기가 평화로워지고 작은 수레를 타고 마음대로 꽃길[花蹊]과 풀길[草徑]을 다니는 것과 같아서 권세(權勢)·명리(名利)의 화려함 보기를 멀리할 것이다.35)

그러면 이 '한(閒)'을 미(美)의 차원으로 인식케 하는 동인(動因)은 무엇인가? 율곡은 '한미청적'의 세계에 대하여 "조용히 스스로 얻는 것이 우흥(寓興)에서 나오는 것이지 사색(思索)으로 도달할 수 있는 것이 아니다.[從容自得 出於寓興 非思索可到]"라고 하여 '우흥(寓興)'을 지적하고 있다. '한(閒)'이 '흥(興)'과 관계될 때 이 '한(閒)'은 비로소 미(美)의 차원에서 인식될 수 있다고 생각한다. 왜냐하면, 이 '흥(興)'은 대체로 외부세계(外部世界)의 사물(事物)에 감동(感動)하여 만들어지는 시인(詩人)의 감정(感情)을 이르기 때문이

35) 이이, 「정언묘선총서」, 『율곡전서』(성균관대 대동문화연구원, 1958), 습유, 권4, 잡저1.
"此集所選 主於閑美淸適 從容自得 出於寓興 非思索可到 讀此集則 心平氣和 如乘小車 隨意行花磎草徑而勢利芬華視之邈矣"

다.[36)]

그런데 송암의 <독락팔곡>에 나타나는 '흥(興)'은 두 가지 성격을 지니고 있다.

첫째는 상자연으로부터 나오는 흥(興)이다.

"芳郊애 雨晴ᄒᆞ고 萬樹애 花落後에 / 靑藜杖 뷔집고 十里溪頭애 閒往閒來ᄒᆞᄂᆞᆫ뜨듣 / 曾點氏 浴沂風雩와 程明道 傍花隨柳도 이러턴가 엇다턴고 / 暖日光風이 불써니 블거니 興滿前ᄒᆞ니 <제4장>"에서 보이는 '흥만전(興滿前)'의 '흥(興)'이 그렇다.

둘째는 연학(硏學)으로부터 나오는 흥(興)이다.

<제3장>의 "壁立萬仞 磊落不變ᄒᆞ야 / 嘐嘐然 尙友千古景 긔엇다ᄒᆞ니잇고"와 <제6장>의 "窮經學道를 뜯두고 이리ᄒᆞ랴 / 출하리 藏修丘壑 遯世無悶ᄒᆞ야 / 날조츤 번님네 뫼옵고 / 綠籤山窓의 共把遺經 究終始景 긔엇다ᄒᆞ니잇고"에서 보이는 '공파유경(共把遺經) 구종시경(究終始景)'의 '흥(興)'이다.

이상의 논의에서와 같이 <독락팔곡>은 '한흥(閒興)'을 드러내고 있는데, 이 '한흥(閒興)'이 '한미청적(閒美淸適)'[37)]이다.

여러 논자들이 지적했듯이, <독락팔곡>은 여러 가지 면에서 경기체가(景幾體歌)의 형식을 벗어나 있다. 그러나 한 가지 최선미의 지적[38)]처럼 자신의 처사적 생활을 '자부(自負)[自矜]'하고 있다는 사실이다. 비록 <한림별곡>에 넘쳐나는 호기(豪氣)가 송암의 <독락팔곡>에서는 많이 순화되었지만 송암의 처사적 삶에 대한 '자부(自負)'는 분명히 드러나고 있다.

---

36) 졸저, 「어부가와 한적」, 『고전시가의 미학 탐구』(월인, 2000), 147쪽.

37) 한미청적이 추구하는 세계는 '심기평화'의 세계로 이에서 한흥(閑興)을 느낀다. 한(閑)을 즐기는 생활 속에서 흥(興)을 얻고, 이 흥(興)으로써 세상의 번거로운 마음(世念, 곧 機心)을 잊어버리고[忘機] 무심(無心)의 세계로 나아가는 데, 이 무심(無心)의 경지가 곧 심기평화의 세계인 것이다. 이러한 경지에 이르게 되면 세상의 권세(權勢)와 명리(名利)를 멀리하게 되고 즐거움을 얻을 수 있게 된다. 이에 대해서는 졸저, 「어부가와 한적」, 『고전시가의 미적 탐구』(월인, 2000), 138~171쪽 참조.

38) 최선미, 앞의 논문, 42쪽.

○於斯臥 於斯眠 俯仰宇宙 流觀品物ᄒᆞ야 / 居居然 浩浩然 開襟獨酌 / 岸幘長嘯景 긔엇다ᄒᆞ니잇고 <제1장>

○時時예 落照趁淸 蘆花岸紅ᄒᆞ고 / 殘烟帶風 楊柳飛ᄒᆞ거든 / 一竿竹 빗기안고 忘機伴鷗景 긔엇다 ᄒᆞ니잇고 <제2장>

○壁立萬仞 磊落不變ᄒᆞ야 / 嘐嘐然 尙友千古景 긔엇다ᄒᆞ니잇고 <제3장>

○暖日光風이 불써니 블거니 興滿前ᄒᆞ니 / 悠然胷次ㅣ 與天地萬物 上下同流景 긔엇다ᄒᆞ니잇고 <제4장>

○두어라 彼以爵 我以義 不願人之文繡ᄒᆞ야 / 世間萬事 都付天命景 긔엇다ᄒᆞ니잇고 <제5장>

○출하리 藏修丘壑 遯世無悶ᄒᆞ야 / 날조ᄎᆞᆫ 번님네 뫼옵고 / 綠籤山窓의 共把遺經 究終始景 긔엇다ᄒᆞ니잇고 <제6장>

○우읍다 山之南 水之北애 斂藏蹤跡ᄒᆞ야 / 百年閒老景 긔엇다ᄒᆞ니잇고 <제7장>

이러한 자부(自負)는 퇴계가 <이별육가(李鼈六歌)>를 두고 평했던 '온유돈후(溫柔敦厚)의 실(實)이 적다'는 말이 그대로 적용될 만하다.

그러므로 퇴계 등 당시 사대부들의 입장에서 볼 때, 이 <독락팔곡>은 '한흥(閒興)'을 느끼는 한미청적(閑美淸適)의 품격을 드러내고 있으나, 그 격(格)이 다소 떨어진다고 볼 수 있다.[39)]

이상에서 살펴보았듯이, <한거십팔곡>과 <독락팔곡>은 그 미적 특질에 있어서 차이가 난다.[40)] 그러므로 이 노래에 대한 다음과 같은 평가는 재고되어

39) 퇴계는 그의 「도산십이곡발」에서 경기체가인 한림별곡류에 대하여 '설만희압하고 긍호방탕'하다고 혹평한 바 있다. 이 지적에서 전자는 '외설스러움이 지나침'으로 후자는 '자부가 지나침'으로 이해할 수 있다. 조목의 작품에 대해 '자랑하고 뻐기고 스스로 기뻐하는 태도'가 있다고 비판한 퇴계의 글을 참고하더라도 처사적 삶에 대한 송암의 자부는 퇴계의 입장에서 보았을 때 분명 비판의 대상이 되리라 본다. 「여조사경(與趙士敬)」, 『퇴계선생문집(退溪先生文集)』 조목의 글에 대한 내용은 김태환, 『조선시대 시가예술의 소박미 연구』(신아출판사, 2003), 177~178쪽 참조.

40) <한거십팔곡>과 <독락팔곡>의 미적 특질의 차이는 시조와 경기체가라는 장르적 차이에

야 한다고 생각한다.

> <한거록>의 진술과 <한거십팔곡>의 진술이 내용과 구조에 있어서 동일한 것은 권호문이 출처에 대하여 많은 고민과 방황 끝에 자신의 은현관을 확고히 하였다는 사실을 말해준다. 바로 <한거록>에서 산문으로 자신의 뜻을 밝힌 것으로 부족하여 <한거십팔곡>에서 노래로 부르게 되었으며 <독락팔곡>에서는 이러한 자신의 즐거움을 자부하고 드날리고자 한 것이다.[41]

최선미는 <한거록>, <한거십팔곡>, <독락팔곡>이 그 내용과 구조에 있어서 동일한 것으로 파악하고 있으나, 그 미적 특질에 있어서는 담박(淡泊)과 한흥(閒興)으로 달라지고 있다. 미적 특질의 면에 있어서 좀 더 엄밀히 말하면 송암 53세에 지어진 <한거록>은 그 이전에 지어진 <독락팔곡>의 세계의 연장선상에 놓이나, <한거십팔곡>은 이들과 다소 차이를 보이고 있다는 것이다.

5. 맺음말

지금까지 송암의 <한거십팔곡>과 <독락팔곡>의 미적 특질을 살펴보았다. 이 두 국문시가는 똑같이 송암의 처사로서의 삶을 '온유돈후(溫柔敦厚)'하게 노래하고 있으나, 각각 그 구체적인 미적 지향은 달랐으니, <한거십팔곡>은 '담박(淡泊)[蕭散冲淡]'이요, <독락팔곡>은 '한흥(閒興)[閒美淸適]'이다. 지금

서 비롯된 것이라기보다는 내적 구현 방식에 의해 결정된다. 율곡이 편찬한『정언묘선』을 보면 여덟 가지의 서로 다른 미적 범주 속에 각각 오언고시, 칠언고시, 오언율시, 칠언율시, 오언절구, 칠언절구 등 여섯 시체가 분속되어 있는데, 이로 볼 때, 미적 특질을 드러내는 데, 외형적 형식보다는 내적 구현 방식이 영향을 준다는 것을 알 수 있다. 이에 대해서는 졸저, 「시조품격론」,『고전시가의 미학탐구』(월인, 2000), 22~23쪽 참조.

41) 최선미, 앞의 논문, 63쪽.

까지의 논의를 정리하면 다음과 같다.

<한거십팔곡>은 <1곡>부터 <8곡>까지를 '입지(立志)'로, <9곡>부터 <19곡>까지를 '상지(尙志)'로 분류할 수 있겠다. 그리고 전자는 뜻이 굳건하지 못하다는 오해를 받을 수 있는 갈등의 과정[立志의 과정]을 자세하게 드러내고 있는 점에 송암의 진솔(眞率)함이 있고 이 진솔함에서 송암의 순박(醇朴)함을 느낄 수 있다. 그리고 <9곡>부터 <19곡>은 앞에서 세운 뜻[志]을 안으로 굳게 다지며(<15곡>) 세상의 권유(<16곡>)에도 흔들리지 않고 굳게 지켜나가는 모습을 보이고 있다. 주변 환경의 변화에도 불구하고 자신의 뜻을 변치 않고 굳게 지키는 것에서도 진솔(眞率)함을 느낄 수 있으며, 이것은 역시 순박(醇朴)함에서 오는 것이다. 이 노래에 관류하고 있는 것은 진솔함 속에 내재한 순박(醇朴)함이요, 이에서 담박(淡泊)함을 느낄 수 있다. 곧 이 순박함이 곧 담박미(淡泊美)[蕭散冲淡]의 내용인 것이다.

<독락팔곡>은 한가로운 생활 속에서 상자연을 하고 이 자연을 즐기면서 '망기(忘機)'를 하게 되며 나아가 '망기(忘機)'를 통한 '무심(無心)'의 세계로 나아가고 있으니, 이는 곧 심기평화(心氣平和)의 세계이다. 불평한 마음이 이 과정을 통해 평화로움을 찾는 것이다. 이 때 한(閒)이 흥(興)과 결합하면서 한흥(閒興)[閒美淸適]이라는 미의식이 생기게 된다. 송암의 <독락팔곡>에 보이는 흥(興)의 성격으로는 '상자연(賞自然)으로부터 나오는 흥(興)'과 '연학(硏學)으로 나오는 흥(興)'이 함께 공존하고 있다.

그러나 <독락팔곡>은 처사적 삶에 대한 송암의 '자부(自負)'가 드러나 있어 퇴계 등 당시 사대부들의 입장에서 볼 때, 그 격(格)이 다소 떨어진다고 볼 수 있다.

제2장 〈독락팔곡〉과 낙지

1. 〈독락팔곡〉에 담긴 뜻

<독락팔곡(獨樂八曲)>은 송암 권호문(權好文, 1532~1587)의 47세(1578년 선조11)에서 50세(1581년 선조14) 사이에 지어진 것으로 짐작되며,[1)] 미미하나

1) 『송암집』, 「별집(別集)」, <연보(年譜)>
"十四年 辛巳(先生 五十歲) 除內侍教官 不就(屢登薦剡 或稱學行卓異 或稱廉潔寡慾 鄭藥圃相公寄書 請留心兼濟 先生以獨樂八曲謝之)"
이 <독락팔곡>의 창작시기에 대해서 여러 이견이 보인다. 최재남은 「<독락팔곡>과 <한거십팔곡>의 정서적 연관」(『한국문학논총』 16집, 한국문학회, 1995; 『사림의 향촌생활과 시가문학』, 국학자료원, 1997, 319~353쪽 재수록)에서 약포(藥圃)가 '겸선(兼善)'을 청하자 거절하는 뜻으로 <독락팔곡>을 지어서 보냈다고 하여 송암 50세(1581년)에 <독락팔곡>이 지어진 것으로 보고 있고, 김석회는 「<독락팔곡>과 <전가팔곡>의 거리」(『조선후기 시가연구』, 월인, 2003)에서 <독락팔곡>의 창작시기를 <관물당기>의 제작이 이루어진 송암 40세(1471년)쯤으로 보고 있다. 또한 최선미는 「송암 권호문 시가의 연구」(이화여대 석사학위논문, 1994)에서 송암의 사회적 학문적 위치가 어느 정도 궤도에 올라 있었을 50대를 전후한 시기로 보고 있다. 송암 50세 때의 연보 내용을 음미해보면 약포(藥圃)가 '겸선(兼濟)'를 권하기 이전에 이미 송암이 <독락팔곡>을 지은 것으로 보는 것이 옳겠고, 또한 송암 47세(1578년) 때의 연보 기록을 살펴보면 송암이 이 때 집현전참봉에 제수되었으나 나아가지 않는다는 기록이 있는데, 이 때 지어졌다는 '기회(記懷)' 시에 대한 언급만 연보에 있고, <독락팔곡>에 대한 언급이 없는 것으로 보아 <독락팔곡>은 송암 47세에서 50세 사이에 창작된 것으로 짐작해 볼 수 있겠다. 그러나 그 정확한 시기에 대해서는 좀 더 살펴볼 필요가 있다.

마 경기체가의 형식을 띠고 있다. 약포(藥圃) 정탁(鄭琢, 1526~1605)이 송암에게 글을 보내 '겸선(兼濟)'에 뜻을 둘 것을 청하자 이 <독락팔곡>을 보이며 사양했다고 한다. 이 노래는 그 서(序)가 있어서 그 창작 동기와 이유를 알 수 있는데, 그것은 송암 자신의 평안하지 못한 마음을 노래하여 뜻을 펴서 성정을 기르기 위함이다.[2] 필자는 <한거십팔곡>과 대비하여 <독락팔곡>을 미의식의 측면에서 '한흥(閒興)'으로 규정[3]한 바 있는데, 본 연구에서는 <독락팔곡>의 작품 분석을 통해 독락(獨樂)이 담고 있는 의미와 그 연장선상에 있는 낙지(樂志)의 의미, 그리고 <독락팔곡> 전편에 흐르는 시작 태도이면서 송암의 생활태도인 관유온유(寬裕溫柔)에 대해 살펴보고자 한다. 이를 통하여 <독락팔곡>의 미적 특질이 더욱 절실하게 드러나리라 본다.

2. 독락(獨樂)의 의미: 자득(自得)과 급물(及物)의 즐거움, 나아가 물아일체(物我一體)의 즐거움

지금까지 송암의 작품을 대상으로 연구한 이들 중 송암의 <독락팔곡>에 보이는 독락(獨樂)의 의미에 대해 의문을 제기한 연구자는 거의 없었다. 아마도 송암이 평생 처사의 삶을 살아갔기에 독락(獨樂)을 자연스레 '홀로 즐긴다.'는 정도로 여긴 듯하다. 최재남이 처음 그 뜻을 밝혔으니, 독락(獨樂)을 '함께 누리는 즐거움'인 공락(共樂)의 대립적 의미로서 '혼자 즐기는 즐거움'이라 한 것이 그것이다.[4] 최재남이 든 예를 일부 살펴보겠다.

---

2) 『송암집』 <독락팔곡>
"此亦發於余心之不平 而朱文公曰 詠歌其所志 以養性情 至朮斯言 心之不平而有是歌 歌之暢志而養其性"

3) 졸고, 「송암 권호문 시가의 미적 특질」, 『한국시가연구』 제19집, 한국시가학회, 2005.
이 글에서 필자는 송암의 <한거십팔곡>과 <독락팔곡>이 모두 온유돈후(溫柔敦厚)를 바탕으로 하면서 <독락팔곡>은 '한흥(閒興)'(閒美淸適)을 <한거십팔곡>은 '담박(淡泊)'(冲澹蕭散)을 나타낸다고 그 미적 특질을 밝힌 바 있다.

4) 최재남은 독락(獨樂)에 대한 이러한 해석을 기초로 논의를 진전시켜, <독락팔곡>의 정서

○ 백성이 그(임금)와 더불어 함께 망하고자 한다면 비록 대[臺] 연못[池] 새[鳥] 짐승[獸]이 있다한들 어찌 홀로 즐길 수 있겠습니까?[5]

○ 홀로 그 뜻을 즐겨 그 도(道)를 싫어하지 않으며[6]

위의 양혜왕에게 한 맹자의 말과 『예기』, 「악기」의 글을 보면 독락(獨樂)은 분명 '혼자 즐기는 즐거움'이라고 할 수 있다. 이러한 의미를 부정할 수는 없지만 송암의 <독락팔곡병서>를 보면 이러한 내용만으로는 이해할 수 없는 서술이 있다.

때때로 소나무 위로 비치는 달이 뜰에 가득하고 봄꽃이 사람의 마음을 어지럽게 할 때 좋은 벗이 마침 찾아온 즉 잔을 기울여 좋은 술동이의 술을 다 마시고 함께 바위 난간에 기대어 노래 약간 장을 소리 높이 부르며 손과 발을 움직여 춤추면 숨어사는 이[幽人]의 즐거움은 충분하다.[7]

숨어사는 이[幽人]의 즐거움을 말하며, 찾아온 벗과 술과 노래와 춤을 함께

는 벼슬살이의 삶에 견주어서 자연에서의 생활을 그려내고 있는 것이 아니므로 독락(獨樂)이 그 즐거움이라고 말해도 그 즐거움은 이미 벼슬살이를 전제로 한 공락(共樂)의 정서를 지닌 경기체가의 일반적 정서와는 일정한 거리가 있다고 하면서 이러한 정서적 차이가 경기체가라는 갈래의 해체를 초래한 것으로 파악하고 있다(최재남, 앞의 논문, 331~339쪽 참조). 그러나 이러한 주장은 경기체가에 보이는 공락(共樂)을 벼슬살이를 전제로 한 갈래라고 일방적으로 규정한 것도 다소 문제가 있지만, 독락(獨樂)을 단순히 공락(共樂)의 대립적 의미인 '혼자 즐기는 즐거움'이라고 규정함으로 인하여 생긴 잘못이라고 본다.

5) 『맹자』 양혜왕 상
"民欲與之偕亡 雖有臺池鳥獸 豈能獨樂哉"

6) 『예기』, 「악기」
"獨樂其志 不厭其道"
이 외에 최재남은 『사문유취 속집』에 실린 <독락원기>의 내용을 소개하고 있으나 글이 길고 위의 두 글의 취지와 같으므로 소개하지 않는다.

7) 『송암집』 <독락팔곡병서>
"有時松月滿庭 春花撩人 佳朋適至 則酌罷芳樽 共憑巖軒 高歌若干章 手之舞足之蹈 幽人之樂足矣"

하는 것을 들고 있기 때문이다. 이것은 '혼자 즐기는 즐거움'이 아니라 '함께 하는 즐거움'인 것이다.

더욱이 <독락팔곡>에서도 벗과 함께 하는 모습이 보인다.

君門深九重ᄒᆞ고 草澤隔萬里ᄒᆞ니
十載心事를 어이ᄒᆞ야 上達ᄒᆞ료
數封奇策이 草ᄒᆞ얀디 오래거다
致君澤民은 내의 才分 아니런가
窮經學道를 뜯두고 이리ᄒᆞ랴
출하리 藏修丘壑 遯世無悶ᄒᆞ야
날조ᄎᆞᆫ 번님네 뫼옵고
綠籤山窓의 共把遺經 究終始景 긔엇다ᄒᆞ니잇고 <제6곡>

위의 <제6곡>의 '날조ᄎᆞᆫ 번님네 뫼옵고 / 녹섬산창(綠籤山窓)의 공파유경(共把遺經) 구종시경(究終始景) 긔엇다ᄒᆞ니잇고'에서 볼 수 있듯이, 송암은 자신을 따르는 벗과 함께 성현이 남긴 글을 가지고 그 처음과 끝을 연구하는 광경을 노래하고 있다. 그러므로 독락(獨樂)을 공락(共樂)의 대립개념으로서의 '혼자 즐기는 즐거움'이라고만 보기 어렵다는 것이다. 이러한 이유로 송암이 독락(獨樂)이라고 한 것에 대해 좀 더 세밀하게 분석할 필요가 있다.

독락(獨樂)의 또 다른 의미를 알 수 있는 기록이 있다. 단양백(丹陽伯)으로 있던 우현보(禹玄寶, 1333~1400)가 짓고 직접 편액한 독락당(獨樂堂)에 대해 권근(權近, 1352~1409)이 쓴 <독락당기>에 보면 독락(獨樂)에 대해 위와는 다른 설명을 대할 수 있다. 물론 우현보나 권근 그리고 권근이 쓴 <독락당기>가 송암이나 송암의 <독락팔곡>과 관련이 있는 것은 아니다. 다만 독락(獨樂)에 대한 개념을 얻어올 뿐이다.

어떤 사람이 일찍이 나에게 말하기를, "송(宋) 나라 사마군실(司馬君實)[8]과 범희문(范希文)[9]이 모두 유술(儒術)로써 벼슬이 재상(宰相)에 이르렀으며, 도덕과 업적[勳烈]도 서로 비슷하였다. 범공(范公)이 말하기를, '천하의 근심을 먼저 근심하고 천하의 즐거움을 나중에 즐긴다.' 하였으니, 그 뜻이 크고 그 인(仁)이 넓어서 마땅히 임금에게 충성을 받치고 백성에게 혜택을 베풀어 천하를 구제함이라. 대저 성현의 도는 독선(獨善)을 귀중하게 여기지 않고 다른 사람에게 그것을 미치게 하고자 한다. 그러므로 '벗이 찾아오면 즐겁다.'고 한 분은 공자요, '뭇 사람과 함께 즐긴다.'고 한 분은 맹자이다. 두 공(公)은 모두 공자・맹자의 도(道)를 배운 분들인데, 범공의 뜻은 크기가 이와 같으나, 사마공이 독락(獨樂)으로 그 동산을 이름한 것은 어째서인가?" 하였다.

내가 말하기를, "군자의 즐거움에는 근본과 말단[本末]이 있으니, 가슴속[胸中]에서 얻은 것은 근본이고 물(物)에 미치어[及物] 나타난 것은 말단이다. 가슴속[胸中]의 즐거움으로부터 미루어 물(勿)에 미침[及物]에 이른다면 곧 천지 만물이 모두 나와 일체이니, 어느 하나도 나의 즐거움 속에 있지 않는 것이 없다. 그러나 사람은 동류(同類)이므로 그 미침이 마땅히 먼저여야 한다. 그러므로 '벗이 먼 데서 찾아오면 기뻐할 만하다.'[10]고 했고, '영재를 얻어 교육하면 즐거울 만하다.'[11]고 하였으며, 한 시대에 나타나서는 낙지(樂只)의 읊조림[詠]이 지어졌고, 후세에 와서는 낙리(樂利)의 혜택이 멀리까지 이어졌다. 그 즐거움이 물(物)에 미침[及物]에 이르게 되면 곧 크게는 새 짐승 고기 자라[禽獸魚鱉]가 모두 이 같이 되고, 작게는 뜰의 풀도 없애지 않게 된다. 이는 물(物)과 내가 모두 대화(大和) 속에 싸여 각기 제자리를 얻게 되는 것이니, 그 즐거움이 어떠하겠는가? 그러나 물(物)에 미친다[及物]는 것은 다하기 어렵다. 나의 즐거움이 채워지지 못하여 나의 근심이 되는 것이 있는데, 어떻게 널리 베풀어 뭇 사람을 구

8) 이름은 광(光).
9) 이름은 중엄(仲淹).
10) 『논어』, 「학이」
11) 『맹자』, 「진심상」

제할 수 있겠는가? 요임금 순임금(堯舜)도 오히려 병통으로 여겼거늘, 하물며 그보다 못한 사람에 있어서랴!

대저 가슴속에 얻은 것은 물(物)에 따라 변하지 않고 언제나 호연(浩然)하게 그대로 있어, 안으로 돌이켜보아도[內省] 거리낌이 없고 위로 하늘을 우러러보거나 아래로 땅을 굽어보아도 부끄러움이 없는 것이니, 이것이 독락(獨樂)이다. 범공(范公)은 물(物)에 미침[及物]을 지극히 하여 말한 것이고, 사마씨(司馬氏)는 자득(自得)함을 오로지 하여 밝힌 것인데, 자득(自得)한 즐거움이 있는 사람이 아니면 물(物)에 미침[及物]을 지극히 할 수 없는 것이니, 두 공(公)의 말은 서로 밝힌 것이다.

비록 그렇지만 즐거움을 자득(自得)함에 또한 깊고 얕은 차이가 있다. 공자 문하의 뛰어난 제자들[高弟]이 친히 성인에게서 직접 배웠지만 그 성취된 바가 또한 같지 않았다. '거마(車馬)와 의복이 모두 해져도 섭섭함이 없다.'고 한 자로(子路)의 뜻[12]은 크다고 할 수 있으나, 증점(曾點)이 '동자(童子)와 관자(冠者)들과 함께 읊조리며 돌아오겠다.'[13]고 한 가슴속의 유연(悠然)한 즐거움과 비교하면 차이가 있다. 이는 모두 물(物)에 미치는[及物] 즈음에 있어서 본 것이요, 안자(顔子)가 '대그릇에 담긴 밥과 표주박에 담긴 물 즉 보잘 것 없는 음식을 먹으며 누추한 거리[陋巷]에서 지내더라도 그 즐거움을 고치지 않겠다.'[14]고 한 것과 같은 것은 곧 공자가 '거친 밥에 물을 마시며 팔을 베고 눕더라도 즐거움이 또한 그 속에 있다.'[15]고 한 것에 거의 가까운 것이다. 이는 참으로 가슴속에 자득(自得)하여 홀로 즐기는[獨樂] 것이다. ……" 하였더니, 어떤 사람은 "예 예" 하며 물러갔다. ……[16]

---

12) 『논어』, 「공야장」
13) 『논어』, 「선진」
14) 『논어』, 「옹야」
15) 『논어』, 「술이」
16) 권근, <독랑당기(獨樂堂記)>, 『양촌선생문집(陽村先生文集)』 권13, 「기류(記類)」
"或嘗語予曰 宋之司馬君實 范希文 俱以儒術位宰相 道德勳烈 亦與之相上下 范公之言曰 先天下之憂而憂 後天下之樂而樂 其志大而其仁廣 宜其致君澤民 以濟四海也 夫聖賢之道 非貴乎獨善 欲以及人焉爾 故朋來而樂者孔子也 與衆而樂者孟子也 二公皆學孔孟者也 范公

권근은 혹자와의 문답 형식을 빌어 독락(獨樂)의 의미를 밝히고 있다. 권근은 독락(獨樂)에 대해 '가슴속에 얻은 것은 물(物)에 따라 변하지 않고 언제나 호연(浩然)하게 그대로 있어, 안으로 돌이켜보아도[內省] 거리낌이 없고 위로 하늘을 우러러보거나 아래로 땅을 굽어보아도 부끄러움이 없는 것'이라고 하였다.

그리고 권근은 군자의 즐거움에 대해 언급하고 있는데 그 즐거움을 두 가지로 밝히고 있다. 군자의 즐거움 중 하나는 가슴속[胸中]에 자득(自得)한 것을 즐기는 즐거움이며, 다른 하나는 가슴속에서 자득한 즐거움이 가득한 후에 그 즐거움이 만물에 미침[及物]에 이르러 나와 천지 만물이 일체가 되는 즐거움이다. 그런데 여기서 말하는 '만물에 미침[及物]'에 대하여는 두 가지의 의미가 포함되어 있다. 독선(獨善)과 겸선(兼善)의 경우를 포괄하고 있는 것이다. 그러므로 "물(物)에 미친다[及物]는 것은 다하기 어렵다. 나의 즐거움이 채워지지 못하여 나의 근심이 되는 것이 있는데, 어떻게 널리 베풀어 뭇 사람을 구제할 수 있겠는가? 요임금 순임금(堯舜)도 오히려 병통으로 여겼거늘, 하물며 그보다 못한 사람에 있어서랴!"라는 언급 가운데 '물(物)에 미친다[及物]'는 표현의 여기에서의 의미는 '겸선(兼善)'을 의미한다. 그것은 "'천하의 근심을 먼저 근심하고 천하의 즐거움을 나중에 즐긴다.' 하였으니, 그 뜻이 크고 그 인(仁)이 넓어서 마땅히 임금에게 충성을 받치고 백성에게 혜택을

之志 其大如此 司馬公乃以獨樂名其園 何哉 予曰 君子之樂 有本有末 得於胸中者本也 現於及物者末也 自其胸中之樂 推而至於及物 則天地萬物 猶吾一體 無一不在吾樂之中 而人同類也 其及宜先 故有朋遠來 可樂也 英材敎育 可樂也 形於一時而樂只之詠作矣 及於後世而樂利之澤遠矣 至其及物 則大而鳥獸魚鱉之咸若 微而庭草之不除 是物與我皆囿於大和之中而得其所 其可樂也爲如何哉 然及物者難盡也 有吾樂未充而爲吾之憂者 焉博施濟衆 堯舜猶病 況其下者乎 若夫得於胸中者 不隨物而有變 常浩然而自存 內省不疚 俯仰無怍 此獨樂也 范公極於及物言之 司馬專於自得明之 非有自得之樂者 不能極於及物 二公之言 互相發也 雖然 樂之自得 亦有淺深之異 孔門高弟親炙聖人 而其所之亦各不同 車馬衣裘 共敝無憾 子路之志可謂大矣 然視曾點童冠詠歸胸次悠然之樂則有間矣 是皆於及物之際見之爾 若顏子簞瓢陋巷 不改其樂 卽與孔子疏食飮水 曲肱而枕 樂亦在其中者殆庶幾矣 是眞自得於胸中而獨樂者也…… 或唯唯而退……"

베풀어 천하를 구제함이라. 대저 성현의 도는 독선(獨善)을 귀중하게 여기지 않고 다른 사람에게 그것을 미치게 하고자 한다."는 범공(范公)의 말과 그에 대한 권근의 설명에서 알 수 있다.

그러므로 권근이 '가슴속에 얻은 것은 물(物)에 따라 변하지 않고 언제나 호연(浩然)하게 그대로 있어, 안으로 돌이켜보아도[內省] 거리낌이 없고 위로 하늘을 우러러보거나 아래로 땅을 굽어보아도 부끄러움이 없는 것'이라고 한 독락(獨樂)은 독선(獨善)을 전제로 하는 것이며, 독선(獨善)을 통하여 "가슴속[胸中]의 즐거움으로부터 미루어 물(勿)에 미침[及物]에 이른다면 곧 천지 만물이 모두 나와 일체이니, 어느 하나도 나의 즐거움 속에 있지 않는 것이 없다."의 즐거움이다.

여기에 군자의 참다운 즐거움[眞樂]을 설명한 율곡의 언급이 권근 나아가 송암의 독락(獨樂)을 이해하는 데 도움을 준다.

> 아! 외물(外物)의 즐거워할 만한 것은 모두 참다운 즐거움[眞樂]이 아니다. 군자가 즐거워할 것은 (나의) 안에 있지 밖에 있는 것이 아니므로 곧 저 치솟고 또한 흐르는 것은 나에게 관여함이 없는 것이다. 그러나 옛 성현(聖賢)은 오히려 이것을 즐거워하였는데 그 까닭은 무엇인가? 대개 안과 밖을 나누어 그것을 둘로 하는 것은 참다운 즐거움을 아는 것이 아니다. 반드시 안과 밖을 하나로 하여 피차(彼此)가 없는 것, 그것이 참다운 즐거움을 아는 것일진저! 천리(天理)는 본래 안과 밖의 틈이 없는데 저것에 안이 있고 밖이 있음은 반드시 인욕(人欲)이 이것에 간여한 것이다. 진실로 인욕(人欲)의 간여함이 없다면 곧 호연(浩然)함을 절로 얻을 것이니 어디를 간들 즐겁지 않으리요! 옛날 증석(曾晳)에게는 기수(沂水)에서 목욕하겠다고 한 이야기가 있는데, 공자(孔子)가 탄식을 하면서 깊이 허락하였다. 증석이 저 인욕이 다한 곳에 천리(天理)의 유행(流行)하는 묘(妙)를 본 까닭이다. 그렇지 않다면 성남(城南)에서 목욕하고 단상(壇上)에서 읊조리는 일은 노(魯)나라 사람들이 다 같이 하는 것인데, 어찌 일일이 그것을 허락할 수 있겠는가. 비록 그렇더라도 천리(天理)의 묘(妙)는 학자가 쉽게 말할 수

> 있는 것이 아니다. 천리의 묘를 보려 한다면 마땅히 신독(愼獨)으로부터 시작해야 한다. 홀로 있을 때 삼간다면 내 마음에 틈이 없게 되고, 내 마음에 틈이 없으면 곧 천리(天理)가 유행(流行)할 것이요, 홀로 있을 때 삼가지 않는다면 내 마음에 틈이 생길 것이고, 틈이 생기면 천리(天理)가 막힐 것이니, 우리 선비들은 이에 힘쓰라.17)

군자의 참다운 즐거움에 대한 율곡의 견해를 요약하면 다음과 같다. 신독을 통해 내 마음의 틈이 생기지 않도록 함으로써 인욕의 간여를 막아 그로 인해 천리가 유행하여 안과 밖을 하나로 하여 피차가 없도록 하는 것이 군자의 참다운 즐거움[眞樂]이라는 것이다. 또한 율곡은 신독(愼獨)을 하여 인욕의 간여를 막으면 호연(浩然)함을 얻어 어디를 가더라도 즐거울 것이라고 한다. 물론 율곡은 군자의 즐거움을 논하면서 독선(獨善)과 겸선(兼善)을 구분하지 않고 아울러 군자의 즐거움을 언급한 것이다. 이러한 율곡의 언급은 권근의 설명과 다르지 않다. 율곡의 '인욕의 간여를 막아 호연(浩然)함을 얻는 것'은 권근이 말한 '가슴속에 자득(自得)하여 얻은 것'과 다르지 않으며, 율곡이 말한 "안과 밖을 하나로 하여 피차(彼此)가 없는 것"은 권근이 말한 "가슴속[胸中]의 즐거움으로부터 미루어 물(勿)에 미침[及物]에 이른다면 곧 천지 만물이 모두 나와 일체다."라는 것과 같은 것이다. 이러한 즐거움이 독선(獨善)을 통해 얻어질 때 이것이 권근이 말한 독락(獨樂)인 것이다. 율곡의 언급이 권근의 설명보다 구체적이어서 송암의 독락(獨樂)을 이해하는 데 더 유용하다.

그런데 앞에 최재남이 든 예 중 「악기」의 기록은 독락(獨樂)에 대한 또 다

17) 이이, 「송애기(松崖記)」, 『율곡전서』 권13, 기(記).
"嗚呼 外物之可樂者 皆非眞樂也 君子之所樂 在內而不在外 則彼之峙且流者 無與於我 而古之聖賢 尙有樂之者 其故何耶 蓋分內外而二之者 非知眞樂者也 必也一內外 無彼此者 其知眞樂乎 天理本無內外之間 彼有內有外 必有人欲間之也 苟無人欲之間 則浩然自得 焉往而不樂哉 昔者曾晳 有浴沂之談 夫子嘆息而深許之 以晳也見夫人欲盡處 天理流行之妙故也 不然則城南之浴 壇上之詠 魯人之所同也 烏可一一與之乎 雖然天理之妙 非學者所可易言也 欲見天理之妙 當自愼獨始 愼乎獨 則吾心無間 吾心無間 則天理流行矣 不愼乎獨 則吾心有間 吾心有間 則天理阻閡矣 吾黨之士 其勉乎此"

른 의미를 제기한다. 해당 문구의 전후 문장을 「악기」에서 살펴볼 필요가 있다.

> 악(樂)이라는 것은 마음의 움직임이고, 성(聲)이라는 것은 악(樂)의 형상이요, 악장(樂章[文采])과 가락[節奏]은 성(聲)의 꾸밈이다. 군자는 그 근본에 감동하고 그 형상을 즐긴 연후에 그 꾸밈을 다스린다. 그러므로 무왕(武王)이 주(紂)를 토벌할 때 먼저 북을 울려 뭇 사람을 경계하였듯이 악의 연주에는) 먼저 북을 울려 (그 시작을) 경계하며 세 번 발을 움직여 무악(舞樂)의 방식을 알린다. (무왕이 다시 간 것을 나타내듯이 한 절을 끝내고는) 다시 시작할 때 북을 울려 앞으로 나아감을 밝히고, 다시 끝날 때는 물러나 돌아오는 것을 장식한다. 곡조가 빠르나 도(度)에 넘치지 않고 (악(樂)의 도(道)가) 지극히 깊어서 알기 어려우나 숨기지 않는다. 홀로 그 뜻을 즐겨[獨樂其志] 그 도(道)에 싫증을 느끼지 않으며, 갖추어 그 도를 다하여서 그 욕구를 사사로이 하지 않는다. 그러므로 (그 음악에는) 정의(情意)가 보이고 도리(義理)가 서며, 악(樂)이 끝나면 덕(德)이 존중된다. 군자는 그것으로써 선을 좋아하고 소인은 그것으로 마음의 허물을 씻나니, 그러므로 말하기를, "생민(生民)의 도(道)는 악(樂)이 중대한 것"이라고 하였다.[18]

위의 기록 중 '홀로 그 뜻을 즐겨[獨樂其志]' 이후에 보이는 "그 도(道)를 싫어하지 않으며, 갖추어 그 도를 다하여서 그 욕구를 사사로이 하지 않는다."는 것과 "그리하여 (그 음악에는) 정의(情意)가 보이고 도리(義理)가 서며, 악(樂)이 끝나면 덕(德)이 존중된다."는 것은 권근에 있어서 '가슴속[胸中]에 자득(自得)한 것의 즐거움'과 '가슴속에서 자득한 즐거움이 만물에 미침[及物]

---

18) 『예기(禮記)』, 「악기(樂記)」
"樂者 心之動也 聲者 樂之象也 文采節奏 聲之飾也 君子動其本 樂其象 然後治其飾 是故先鼓以警戒 三步以見方 再始以著往 復亂以飭歸 奮疾而不拔 極幽而不隱 獨樂其志 不厭其道 備擧其道 不私其欲 是故情見而義立 樂終而德尊 君子以好善 小人以聽過 故曰 生民之道樂爲大焉"

에 이르러 나와 천지의 만물이 일체가 되는 즐거움'이며, 율곡에 있어서 '인욕의 간여를 막아 호연(浩然)함을 얻는 것'과 '안과 밖을 하나로 하여 피차(彼此)가 없어져 천리(天理)의 묘가 유행'하는 것에 해당한다.

그런데 『악기』의 기록은 독락(獨樂)에 대해 새로운 해석을 가능케 한다. 그것은 다음과 같은 기록 때문이다.

> (그 음악에는) 정의(情意)가 보이고 도리(義理)가 서며, 악(樂)이 끝나면 덕(德)이 존중된다. 군자는 그것으로써 선을 좋아하고 소인은 그것으로 마음의 허물을 씻나니, 그러므로 말하기를, '생민(生民)의 도(道)는 악(樂)이 중대한 것'이라고 하였다.

여기서 음악은 혼자 듣고 즐기는 것이 아니라 여럿이 함께 하는 것이다. 그런데, 『악기』는 "홀로 그 뜻을 즐겨[獨樂其志] 그 도(道)에 싫증을 느끼지 않으며, 갖추어 그 도를 다하여서 그 욕구를 사사로이 하지 않는다."고 하여 '홀로 그 뜻을 즐긴다.'고 했다. 이것은 '그 음악에 담겨 있는 정의(情意)와 도리(義理)'를 즐겨 자기 자신을 스스로 수양한다는 것으로 보이며 이 때 실제로 음악을 홀로 즐기느냐 여럿이 함께 즐기느냐의 문제가 아닌 것이다.

그렇다면 위의 「악기」의 기록은 권근이 말한 독락(獨樂)의 개념을 좀 더 보완적으로 구체화시킨다고 본다. 권근이 말한 독락(獨樂)은 독선(獨善)을 전제로 한 것이나, 율곡과 마찬가지로 「악기」의 기록은 그것을 전제로 하지 않는다. 또 하나는 '여럿이 함께 하더라도 독락(獨樂)할 수 있다.'는 것이다. 그러므로 위의 <독락당기>의 글 중 권근의 "즐거움을 자득(自得)함에 또한 깊고 얕은 차이가 있다. …… 증점(曾點)이 '동자(童子)와 관자(冠者)들과 함께 읊조리며 돌아오겠다.'고 한 가슴속의 유연(悠然)한 즐거움과 비교하면 차이가 있다. 이는 모두 물(物)에 미치는[及物] 즈음에 있어서 본 것이요"처럼 마음에 자득(自得)한 즐거움을 증점이 '동자(童子)와 관자(冠者)들'과 함께 하였듯이, 독락(獨樂)의 즐거움은 그 뜻을 같이 하는 사람들과의 어울림 속에서도 가능하다는 것이다. 송암의 독락(獨樂)은 이러한 의미에 보다 가깝다고 본다.

이상에서 살펴본 바와 같이 독락(獨樂)의 의미를 파악해야 송암의 <독락팔곡병서>에 보이는 찾아온 벗과 술과 노래와 춤을 함께하는 내용과 <독락팔곡 제6곡>에 보이는 찾아온 벗과 성현의 글을 통해 그 처음과 끝을 연구하는 것이 이해된다.

3. 낙지(樂志)

앞 항목에서 살펴보았듯이, 독락(獨樂)이란 '가슴속[胸中]에 자득(自得)한 즐거움이 가득한 후에 그 즐거움이 만물에 미침[及物]에 이르러 나와 천지의 만물이 일체가 되는 것'이며 '가슴속에 얻은 것은 물(物)에 따라 변하지 않고 언제나 호연(浩然)하게 그대로 있어, 안으로 돌이켜보아도[內省] 거리낌이 없고 위로 하늘을 우러러보거나 아래로 땅을 굽어보아도 부끄러움이 없는 것'이다. 나아가 앞에서 살펴보았듯이, 권근은 군자의 즐거움에 근본과 말단[本末]이 있다고 하면서 가슴속[胸中]에서 얻은 것은 근본이고 물(物)에 미치어[及物] 나타난 것은 말단이라고 하면서, 가슴속[胸中]의 즐거움으로부터 미루어 물(勿)에 미침[及物]에 이른다면 곧 천지 만물이 모두 나와 일체이니, 어느 하나도 나의 즐거움 속에 있지 않는 것이 없다고 하였다.

송암이 <독락팔곡병서>에서 "마음의 득실을 잊고 그 뜻을 즐기면서 원사(原思)의 가난함을 달게 여기고 자장(子張)의 녹에 침 뱉으며 희황(羲皇)의 북창(北窓)에 기대고 화서(華胥)의 고침(高枕)을 즐기니 부귀(富貴)로 어찌 혼란케 할 수 있으며 위무(威武)로 빼앗을 수가 없다."고 했을 때, 그 즐기는 '뜻[志]'은 무엇이고, '마음의 득실을 잊고 그 뜻을 즐긴다.'고 했을 때 그 뜻을 즐기는 방법은 어떠하며, 그것이 <독락팔곡>에 어떻게 형상화되었는가?

송암은 <독락팔곡병서>에서 그 즐김에 대하여 다음과 같이 언급하고 있다.

> 때때로 소나무 위로 비치는 달이 뜰에 가득하고 봄꽃이 사람의 마음을 어지럽게 할 때 좋은 벗이 마침 찾아온 즉 잔을 기울여 좋은 술동이의 술을 다 마시고 함께 바위 난간에 기대어 노래 약간 장을 소리 높이 부르며 손과 발을 움직여 춤추면 숨어사는 이[幽人]의 즐거움은 충분하다. 은거하여 산수를 즐기는 이[考槃]의 노래와 땔나무를 진 이[負薪]의 노래가 누구의 것이 낫고 누구의 것이 못한지 알지 못하겠다. 마음의 득실을 잊고 그 뜻을 즐기면서 원사(原思)의 가난함을 달게 여기고 자장(子張)의 녹에 침 뱉으며 희황(羲皇)의 북창(北窓)에 기대어 화서(華胥)의 고침(高枕)을 즐기니 부귀(富貴)로 어찌 혼란케 할 수 있으며 위무(威武)로 빼앗을 수가 없다.[19]

송암은 위의 글에서 '소나무 위로 뜰 가득히 비치는 달빛', '사람의 마음을 어지럽히는 봄꽃', '찾아온 좋은 벗', '좋은 술동이의 술', '친구와 함께 바위 난간에 기대어 소리 높이 부르는 노래', '손과 발을 움직여 추는 춤'이 어우러지는 숨어사는 이[幽人]의 즐거움을 언급하고 있다. 아울러 마음의 득실을 잊고 그 뜻을 즐긴다고 했으며, 또한 뜻한 바를 읊조리고 노래하여 성정을 기른다[20]는 주자(朱子)의 말을 인용하여 자신도 노래를 불러 뜻을 펴서 성정을 기른다고 하였다. 여기서 '그 뜻을 즐긴다.'고 했을 때 송암이 즐기는 것은 '마음의 득실을 잊도록 한 그 뜻'이다.

'즐김[樂]'에 대해 공자는 다음과 같이 말했다.

> (道를) 아는 자는 좋아하는 자만 못하고 좋아하는 자는 즐거워하는 자만 못하

19) 권호문, <독락팔곡병서>, 『송암집』
"有時松月滿庭 春花撩人 佳朋適至 則酌罷芳樽 共憑巖軒 高歌若干章 手之舞足之蹈 幽人之樂足矣 考槃之歌 負薪之謠 不知孰優孰劣也 忘懷得失 以樂其志 甘原思之貧 而唾子張之祿 臥羲皇之北窓 酣華胥之高枕 富貴何能淫 威武不能奪"

20) 주문공(朱文公)이 말하기를, "그 뜻한 바를 읊조리고 노래하여 성정(性情)을 기른다." 하였으니 지극하도다. 이 말이여! 마음이 편안하지 못하여 이 노래가 있게 되었으니, 그것을 노래하여 뜻을 펴서 성정(性情)을 기른다.(朱文公曰 詠歌其所志 以養性情 至哉斯言 心之不平而有是歌 歌之暢志而養其性)

다.[21]

그리고 그 주석에 이르기를,

> 윤씨가 말하기를, 안다는 것은 이 도(道)가 있음을 아는 것이요, 좋아하는 것은 좋아하나 아직 얻지 못한 것이요, 즐거워한다는 것은 얻음이 있어 즐거워한다는 것이다.[22]

그러므로 송암이 "마음의 득실을 잊어 그 뜻을 즐긴다."는 것은 '마음의 득실을 잊음'을 머릿속으로 아는 데 그친 것이 아니라 일상생활 속에서 그것을 좋아함이 지극하여 마음속에 얻어 즐거워하는 것임을 알 수 있다. 이러한 모습을 송암의 <독락팔곡>에서 찾아보고자 한다.

1) 마음의 득실을 잊음

마음의 득실을 잊는다는 것은 세상살이에서 득실을 따지는 마음 곧 기심(機心)을 잊는다는 것이다 송암에게는 환로(宦路)에 대한 마음을 잊는 것이다. 송암은 평생을 처사로 생활하였지만 본래 그랬던 것은 아니다.

> 一屛一榻 左箴右銘 再唱
> 神目如電이라 暗室을 欺心ᄒᆞ며
> 天聽如雷라 私語ㄴ들 妄發ᄒᆞ랴
> 戒愼恐懼를 隱微間애 닛디마새

---

21) 『논어』, 「옹야」
"子曰 知之者不如好之者 好之者不如樂之者"

22) 『논어』, 「옹야」
"尹氏曰 知之者 知有此道也 好之者 好而未得也 樂之者 有所得而樂之也"

坐如尸 儼若思 終日乾乾 夕惕若 ᄒᆞᄂᆞᆫ뜯든
尊事天君ᄒᆞ고 攘除外累ᄒᆞ야
百體從令 五常不斁ᄒᆞ야
治平事業을 다이루려 ᄒᆞ엿더니
時也命也인디 迄無成功 歲不我與ᄒᆞ니
白首林泉의 ᄒᆞ올일이 다시업다
우읍다 山之南 水之北애 斂藏蹤跡ᄒᆞ야
百年閒老景 긔엇다ᄒᆞ니잇고 <제7곡>

<제7곡>에서 확인할 수 있듯이, 송암의 처음 뜻은 '치평사업(治平事業)'을 이루는 것이었다. 그러나 '때(時)'와 '명(命)'이 어긋나 대과(大科)에 급제하지 못하고(공을 이루지 못하고) 세월이 나를 허여하지 않기에 양지바른 산수에 종적을 거두고 지내는 것이다

'치평사업(治平事業)'에 대한 송암의 노력은 대과 응시로 나타나지만, 송암은 대과(大科)에 두 번 응시하여 모두 급제하지 못한다(迄無成功). 송암은 37세 되던 해에 마지막으로 학봉과 함께 대과에 응시하였으나 낙방한다.

> 일찍이 학봉 김공과 더불어 이업산사(肄業山寺)에서 약속하여 말하기를, "두 사람이 올해에 곧 급제하지 못하면 반드시 청성주인(靑城主人)이 되자."고 했다. 이 해에 학봉은 급제를 했으나 공은 급제하지 못했다. 이에 이르러 드디어 그곳에 거처하니 대개 평소의 약속을 저버리지 않은 것이라고 한다.[23]

학봉이 대과에 급제한 해가 1567년이니 이 때는 송암 37세로 과거 공부를 그만두겠다고 한 지 2년 뒤의 일이다. 이것은 송암이 당시 선비로서의 시대적

23) 『송암집(松巖集)』, 「부록(附錄)」 <행장(行狀)>
"嘗與鶴峯金公 肄業山寺 約曰 兩人今年則不第 會須作靑城主人 是年 鶴峯登第 而公不第 至是遂居之 盖不負素約云"

이념에 철저했기 때문이 아닌가 여겨진다. 이 이후 송암은 정녕 과거를 단념하고 오로지 처사의 삶을 살고자 뜻을 세워 실천하였다.[24)]

이렇게 두 번에 걸쳐 대과에 실패한 후 대과에의 뜻을 거두고 청성정사(靑城精舍)를 지어 후학을 기르는 데 힘쓰는 것을 자신의 소임으로 여기고 처사로서의 삶을 살아간다. 송암은 이것을 때(時)와 명(命)이 어긋난 때문이라고 보는 것이다.

그리하여 산수에 들어 기심(機心)을 잊고 지내니, <독락팔곡 제2곡>이 그러한 모습을 그리고 있다.

> 草屋三間 容膝裏 昂昂一閒人 再唱
> 琴書를 벗을 삼고 松竹으로 울을ᄒᆞ니
> 翛翛生事와 淡淡襟懷예 塵念이 어ᄃᆡ나리
> 時時예 落照趁淸 蘆花岸紅ᄒᆞ고
> 殘烟帶風 楊柳飛ᄒᆞ거든
> 一竿竹 빗기안고 忘機伴鷗景 긔엇다 ᄒᆞ니잇고 <제2곡>

<제2곡>에서는 송암이 '낙조진청(落照趁淸) 노화안홍(蘆花岸紅)'과 '잔연대풍(殘烟帶風) 양류비(楊柳飛)' 하는 광경을 보며 낚싯대를 던져놓고 앉아 기심(機心)을 잊고 갈매기와 짝하는 즐거움을 나타내고 있다. 이와 같이 산수에 거처하며 마음의 득실을 잊는 것이다.

---

24) 송암이 과거에 대한 생각을 거둔 직접적인 첫 번째 계기는 33세 때인 어머니의 죽음이었다.
(어머니의) 喪을 이미 마치자 公이 탄식해 말하기를, "처음 내가 科場에 뜻을 굽힌 것은 어머니가 살아계셨기 때문이다. 지금 가령 科擧에 급제한들 누구를 위한 영광이 되겠으며 곧 科擧 공부를 한들 어디에 쓰겠는가?" 하였다.(服旣闋 公嘆曰 始吾屈志場屋者 爲母在故也 今縱得一科 誰爲爲榮 則安用擧業爲也 『송암집(松巖集)』, 「부록(附錄)」 <행장(行狀)>)

2) 자득(自得)

마음의 득실을 잊는 것은 마음속에 자득(自得)하여 그것을 즐김으로써 이루어지는 것이다. 송암의 기회(記懷)시[25]에 산수 생활에 대한 송암의 즐거움이 잘 나타나 있다. 이 시는 송암 47세 때 집현전참봉(集賢殿參奉)에 제수되나 나아가지 않고 그 감회를 쓴 것이다

> 일신이 편안하니 아마도 백년은 곤궁할 듯,
> 도를 지킴이 벼슬 지키는 것보다 예로부터 나았지.
> 자득 편안하여 산사(山舍)가 즐거운데,
> 다시 생각해도 걸음걸음마다 환도(宦途)는 어려우리.
> 흰머리에 재랑(齋郎)[26]의 모자를 즐겨 쓰느니,
> 마땅히 맨손으로 낚시대 잡으리.
> 밤 꿈도 또한 내가 (벼슬을) 맡지 않을 줄 알고,
> 푸른 도롱이(입은 늙은이)와 안개비를 앞개울 가까이 두는구나.
> 一身寧怕百年寒, 守道從來勝守官.
> 自得居居山舍樂, 還思步步宦途難.
> 白頭肯着齋郎帽, 赤手宜携釣叟竿.
> 夜夢亦知身不管, 綠蓑煙雨傍前灘.

송암은 산사(山舍)의 생활은 즐거우나, 환도(宦途)의 생활은 한 걸음 걸을 때마다 어려울 것이라는 점과 나이가 들어 흰머리를 하고 벼슬을 하는 것보다는 산수에서 낚싯대를 잡는 것이 더 좋다는 생각을 드러낸다. 그러면서 산사(山舍)에서의 생활의 즐거움에 대해 ‘자득거거(自得居居)’라고 표현하고 있다.

---

25) 기회(記懷)『송암선생문집』권3.
26) 재랑(齋郎)은 제사 때 집사(執事)하는 벼슬아치임.

<독락팔곡 제1곡>에서 그 자득(自得)한 모습을 볼 수 있다.

> 太平聖代 田野逸民 (再唱)
> 耕雲麓 釣烟江이 이밧긔 일이업다
> 窮通이 在天ᄒᆞ니 貧賤을 시름ᄒᆞ랴
> 玉堂金馬ᄂᆞᆫ 내의願이 아니로다
> 泉石이 壽城이오 草屋이 春臺라
> 於斯臥 於斯眠 俯仰宇宙 流觀品物ᄒᆞ야
> 居居然 浩浩然 開襟獨酌
> 岸幘長嘯景 긔엇다ᄒᆞ니잇고 <제1곡>

<제1곡>의 '거거연(居居然) 호호연(浩浩然)'한 것은 바로 자득(自得)한 모습이며, "개금독작(開襟獨酌) / 안책장소경(岸幘長嘯景) 긔엇다ᄒᆞ니잇고"는 송암이 자득(自得)한 것을 '옷섶을 풀어놓고 홀로 술 마시며 두건을 뒤로 젖히고 기리 휘파람 불며[開襟獨酌 岸幘長嘯]' 즐기고 있는 것이다.

앞의 <기회(記懷)>시에서 "자득 편안하여 산사(山舍)가 즐거운데[自得居居山舍樂]"라고 하였고, 율곡은 <송애기>서 다음과 같이 호연(浩然)을 인욕(人欲)의 간여함이 없이 천리(天理)가 유행하는 모습으로 설명하고 있다.

> 천리(天理)는 본래 안과 밖의 틈이 없는데 저것에 안이 있고 밖이 있음은 반드시 인욕(人欲)이 이것에 간여한 것이다. 진실로 인욕(人欲)의 간여함이 없다면 곧 호연(浩然)함을 절로 얻을 것이니 어디를 간들 즐겁지 않으리요![27]

그러므로 <독락팔곡 제1곡>은 자득(自得)하여 저 멀리 천지 만물을 올려보고 내려보는 모습을 나타내고 있는 것이다.

---

27) 이이, 「송애기(松崖記)」, 『율곡전서』 권13, 기(記).

그리고 <제2곡>의 "초옥삼간(草屋三間) 용슬리(容膝裏) 앙앙일한인(昂昂一閒人) 재창(再唱) / 금서(琴書)를 벗을 삼고 송죽(松竹)으로 울을ᄒᆞ니 / 소소생사(翛翛生事)와 담담금회(淡淡襟懷)예 진념(塵念)이 어ᄃᆡ나리"에서 '담담금회(淡淡襟懷)'도 자득(自得)한 모습을 나타낸 것이며, "시시(時時)예 낙조진청(落照趁淸) 노화안홍(蘆花岸紅)ᄒᆞ고 / 잔연대풍(殘烟帶風) 양류비(楊柳飛)ᄒᆞ거든 / 일간죽(一竿竹) 빗기안고 망기반구경(忘機伴鷗景) 긔엇다 ᄒᆞ니잇고."는 담담한 마음으로 아름다운 자연(낙조가 맑게 비치어 갈꽃이 언덕 위에 붉게 물들고, 남은 내 띠를 이루는 바람결에 버들이 흩날릴 때) 속에서 낚싯대 빗겨 던져 놓고 기심을 잊고 갈매기와 짝하는 자신을 즐기고 있는 모습이다.

그리고 <독락팔곡 4곡>은 그 자득(自得)한 것을 즐기는 모습을 확연히 보여주고 있다.

> 入山恐不深 入林恐不密
> 寬閒之野 寂寞之濱에 卜居를 定ᄒᆞ니
> 野服黃冠이 魚鳥外 버디업다
> 芳郊애 雨晴ᄒᆞ고 萬樹애 花落後에
> 靑藜杖 뷔집고 十里溪頭애 閒往閒來 ᄒᆞᄂᆞᆫ ᄠᅳ든
> 曾點氏 浴沂風雩와 程明道 傍花隨柳도 이러턴가 엇다턴고
> 暖日光風이 불쌔니 블거니 興滿前ᄒᆞ니
> 悠然胷次ㅣ 與天地萬物 上下同流景 긔엇다ᄒᆞ니잇고 <제4곡>

송암 자신이 '청려장(靑藜杖) 뷔집고 십리계두(十里溪頭)애 한왕한래(閒往閒來)'하는 뜻을 '증점씨(曾點氏) 욕기풍우(浴沂風雩)'와 '정명도(程明道) 방화수류(傍花隨柳)'에 견주고 있으며 한왕한래(閒往閒來)하며 '난일광풍(暖日光風)이 불쌔니 블거니 흥만전(興滿前)한' 계곡에서의 흥겨움을 노래하니 그 흥겨움은 '유연흉차(悠然胷次)ㅣ 여천지만물(與天地萬物) 상하동류(上下同流)'하는 데서, 즉 물아일체(物我一體)의 경지에서 오는 것이다.

3) 상지(尙志)

송암이 자득(自得)함을 얻은 것은 학문적 연마를 통해서이다.

君門深九重ᄒᆞ고 草澤隔萬里ᄒᆞ니
十載心事를 어이ᄒᆞ야 上達ᄒᆞ료
數封奇策이 草ᄒᆞ얀디 오래거다
致君澤民은 내의 才分 아니런가
窮經學道를 쁟두고 이리ᄒᆞ랴
출하리 藏修丘壑 遯世無悶ᄒᆞ야
날조츤 번님네 뫼옵고
綠鐵山窓의 共把遺經 究終始景 긔엇다ᄒᆞ니잇고 <제6곡>

<제6곡>에 보이는 '궁경학도(窮經學道)'가 그것이다. 송암은 자신을 따르는 벗들과 함께 성현의 글을 통해 이치의 시종(始終)을 연구하고 있음을 자부하고 있다. 그리고 이러한 모습을 <독락팔곡 제3곡>에서도 확인할 수 있다.

士何事乎 尙志而已 再唱
科名損志ᄒᆞ고 利達害德이라
모ᄅᆞ미 黃卷中 聖賢을 뫼압고
言語精神 日夜애 頤養ᄒᆞ야
一身이 正ᄒᆞ면 어ᄃᆡ러로 못가리오
俯仰恢恢ᄒᆞ고 往來平平ᄒᆞ니
갈길를 알오 立志를 아니ᄒᆞ랴
壁立萬仞 磊落不變ᄒᆞ야
嘐嘐然 尙友千古景 긔엇다ᄒᆞ니잇고 <제3곡>

<제3곡>의 "모ᄅᆞ미 황권중(黃卷中) 성현(聖賢)을 뫼압고 / 언어정신(言語精神) 일야(日夜)애 이양(頤養)ᄒᆞ야 / 일신(一身)이 정(正)ᄒᆞ면 어ᄃᆡ러로 못가리오"가 그렇다. '궁경학도(窮經學道)'는 "모ᄅᆞ미 황권중(黃卷中) 성현(聖賢)을 뫼압고 / 언어정신(言語精神) 일야(日夜)애 이양(頤養)ᄒᆞ야" '일신(一身)'을 '바르게[正]' 하는 것이다. 그리하여 <제3곡>은 학문 연마를 통해 인의(仁義)에 힘써 자득(自得)한 모습을 보이고 있다. 그리고 그러한 즐거움을 부귀(富貴)로 혼란케 할 수 없으며 위무(威武)로 빼앗을 수가 없다는 다부진 선언을 하고 있다. <제3곡>의 마지막에 놓인 "교교연(嘐嘐然) 상우천고경(尙友千古景) 긔엇다ᄒᆞ니잇고"는 뜻을 고상히 하여[尙志] '궁경학도(窮經學道)'를 지향하는 데서 오는 즐거움을 자부(自負)하는 것이다.[28)]

---

28) <독락팔곡 제3곡>의 "교교연(嘐嘐然) 상우천고경(尙友千古景) 긔엇다ᄒᆞ니잇고"를 '궁경학도(窮經學道)'를 지향하는 데서 오는 즐거움을 자부(自負)하는 것으로 보는 것은 이 구절이 <제3곡>에 "모ᄅᆞ미 황권중(黃卷中) 성현(聖賢)을 뫼압고 / 언어정신(言語精神) 일야(日夜)애 이양(頤養)ᄒᆞ야 / 일신(一身)이 정(正)ᄒᆞ면 어ᄃᆡ러로 못가리오"라는 구절과 관련되어 생기는 의미이다. 그 연결되는 구절에 따라 그 의미가 달라지기도 한다. 송암의 다음 글에서 이를 확인할 수 있다.

그 강가에 띠풀을 엮어 선인의 못쓰게 된 농막집[廢廬]을 지켜서 일세의 공[功]을 마치고자 하는 것인즉 군자가 가히 할 수 있는 것이요, 어리석은 무리[庸流]들이 거스르기 어려운 것입니다. 그 온 동산의 뽕나무, 가래나무와 강에 가득한 고기와 새는 모두 선인이 심고 짝한 것인즉 봄비에 한번 호미질로 밭가는 즐거움을 일으킬 수 있으며, 가을달에 긴 낚시대로 낚시의 맛을 얻을 수 있습니다. 이곳에서 살아 이곳에서 늙어가며 이곳에서 선인의 제사를 받들고 이곳에서 가까운 친척과 화목하게 지내며 한 이랑의 마을을 지키면서 백년의 한가로움을 누리면 어찌 즐겁지 않겠습니까? 어지럽고 소란한 것을 생각하지 않으니 부귀(富貴)라고 말하는 것, 명리(名利)라고 말하는 것, 영욕(榮辱)이라고 말하는 것 훼예(毁譽)라고 말하는 것이 나에게 어찌 있겠습니까? 이것이 나의 지극한 도[至道]입니다. 그대가 지금 적막한 가운데 갑자기 깨달으니 깊이 깊이 축하합니다. 저[文] 또한 이른 나이에 이러한 마음을 알아 깊은 곳에 암당(巖堂)을 지어 한가지로 나무꾼과 어부의 노래를 적으며 마을에 소나무와 대나무를 심고 거문고[陶琴]를 어루만지며 두보의 시구에 화답하면서 뜻을 크게 하여 먼 옛날로 거슬러 올라가 어진 이를 벗 삼아 그 뜻을 즐길 따름입니다(嘐嘐然尙友千古 以樂其志耳). 그대가 능히 약간의 정사를 지어 풍연(風煙)의 마음을 기르고 갈매기와 해오라기[鷗鷺]의 아름다운 맹세를 무르익게 한즉 내가 장차 때때로 흥겨움을 얻어 산 남쪽의 배를 띄워 물결을 따라 좇아내려가 달빛 비추는 물가에서 숲속 집의 문을 두드릴 것이니 곧 그대는 사공(謝公)의 신발을 거꾸로 하고, 진씨(陳氏)의 걸상 그러면 송암이 학문연마를 통해서 추구하는 것은 무엇인가? 그것은 바로 인의(仁義)이다.

<독락팔곡 제3곡>의 "사하사호(士何事乎) 상지이이(尙志而已) 재창(再唱) / 과명손지(科名損志)ᄒᆞ고 이달해덕(利達害德)이라"의 '상지(尙志)에서 확인할 수 있다. '선비는 무엇을 일삼는가?(士何事)', '뜻을 고상히 합입니다.(尙志)'라는 제나라 왕자 점(墊)과 맹자의 문답[29]을 <독락팔곡 제3곡>의 첫머리에 내어 송암은 선비[士]의 '뜻을 고상히 함[尙志]'을 강조하고 있다. 상지(尙志)는 인의(仁義[30])이다. 어짊[仁]이라는 것은 천지 생물(生物)의 마음으로 사람에 있어서인즉 본심(本心) 전체의 덕이 되어 천리 자연의 편안함[安]이 있으며 인욕[人欲]과 함닉[陷溺]의 위태로움이 없는 것[31]이고, 의(義)라는 것은 마땅

에서 내려와 종전에 다하지 못한 마음을 쏟을 것인가 아닌가?(其欲結茅江上 守先人廢廬 了一世事功 則君子之所可能 而庸流之所難反也 想其一園桑梓 滿江魚鳥 都是先人之所種所伴 則一鋤春雨 可以起耕田之樂 長竿秋月 可以得釣水之味 於斯而居 於斯而老 於斯而奉先祀 於斯而睦宗戚 保一畝之官 享百年之閑 豈不樂哉 膜外紛紛擾擾 曰富貴 曰名利 曰榮辱 曰毁譽 於我何有哉 此吾人之至道 而君今斗覺於寂寞中 深賀深賀 文亦早歲知得此心 幽築巖堂 共譜樵漁 寺栽松篁 撫陶琴 和杜句 嘐嘐然尙友千古 以樂其志耳 君能構若干精舍 養風煙之襟懷 熟鷗鷺之芳盟 則吾將有時兼輿 泛山陰之舸 遡流從之 叩林扉於月渚之上 則君其倒謝公之屣 下陳氏之榻 以瀉從前未盡之抱歟否「답류경우서(答柳景遇書)」,『송암선생별집』권2)

송암은 유경우(柳景遇)에게 은거의 삶을 권하는 서신에서 자신의 즐거움을 밝히고 있으니, 곧 '뜻을 크게 하여 먼 옛날로 거슬러 올라가 어진 이를 벗 삼아 그 뜻을 즐길 따름(嘐嘐然尙友千古 以樂其志耳)'이라는 것이다. 그런데 이 때 이 구절의 의미는 '한가지로 나무꾼과 어부의 노래를 적으며 마을에 소나무와 대나무를 심고 거문고[陶琴]를 어루만지며 두보의 시구에 화답하면서' 즐기는 즐거움으로 <독락팔곡 제3곡>에 보이는 '궁경학도(窮經學道)'를 지향하는 데서 오는 즐거움과는 다른 것임을 알 수 있다.

29) 『맹자』, 「진심장구상」
"王子墊問曰 士何事 孟子曰 尙志"

30) 『맹자』, 「진심장구상」
"曰 何謂尙志 曰 仁義而已矣"
인의가 가 무엇이냐는 왕자 점(墊)의 이어진 질문에 맹자는 인의(仁義)일 뿐이라고 답한다.

31) 『맹자』, 「공손추상」
"仁者 天地生物之心 得之最先 而兼統四者 所謂元者善之長也. 故曰 尊爵. 在人則爲本心全體之德 有天理自然之安 無人欲陷溺之危. 人當常在其中 而不可須臾離者也. 故曰 安宅."

함으로, 곧 천리의 마땅한 운행이며 인욕(人欲)의 치우침과 굽음[邪曲]이 없는 것[32]이다.

송암이 인의(仁義)를 중시함을 <독락팔곡 제5곡>에서도 확인할 수 있다.

> 집은 范萊蕪의 蓬蒿ㅣ오 길은 蔣元卿의 花竹이로다
> 百年浮生 이러타 엇다ᄒᆞ리
> 진실로 隱居求志ᄒᆞ고 長往不返ᄒᆞ면
> 軒冕이 泥塗ㅣ오 鼎鐘ㅣ 塵土ㅣ라
> 千磨霜刃인ᄃᆞᆯ 이 ᄠᅳ들 긋ᄎᆞ리랴
> 韓昌黎 三上書ᄂᆞᆫ 내의ᄠᅳ데 區區ᄒᆞ고
> 杜子美 三大賦ㅣ 내ᄯᅩᆼ내 行道ᄒᆞ랴
> 두어라 彼以爵 我以義 不願人之文繡ᄒᆞ야
> 世間萬事 都付天命景 긔엇다ᄒᆞ니잇고 <제5곡>

<제5곡>의 "두어라 피이작(彼以爵) 아이의(我以義) 불원인지문수(不願人之文繡)ᄒᆞ야 / 세간만사(世間萬事) 도부천명경(都付天命景) 긔엇다ᄒᆞ니잇고"의 '다른 사람의 아름다운 옷은 원치 않는다[不願人之文繡]'는 것이 그 이유가 된다. 이 구절은 『맹자』, 「고자장구상」에 나오는 구절이다.

> 『시경』에 이르기를, "이미 술로써 취하였으며 이미 덕으로써 배불리 했다."고 하니 인의(仁義)로 배불리 했기에 다른 사람의 고량(膏粱)의 맛을 원하지 않으며, 좋은 명성과 넓은 명예가 몸에 베풀어졌기에 다른 사람의 문수(文繡)를 원하지 않는다.[33]

---

32) 『맹자』, 「이루장구상」
"義者 宜也. 乃天理之當行 無人欲之邪曲 故曰正路."

33) 『맹자』, 「고자장구상」
"詩云 既醉以酒 既飽以德 言飽乎仁義也 所以不願人之膏粱之味也 令聞廣譽 施於身 所以不願人之文繡也"

이 말의 뜻은 진실로 귀한[良貴] 인의(仁義)와 명예[聞譽]가 충족되고 드러났으므로 다른 사람의 살진 고기와 아름다운 곡식[膏粱], 다른 사람의 아름다운 옷[벼슬]은 진실로 귀한 것[良貴]이 아니므로 원치 않는다는 것이다. 그러므로 <제5곡>의 "두어라 피이작(彼以爵) 아이의(我以義) 불원인지문수(不願人之文繡)ᄒᆞ야"의 뜻은 한창려(韓昌黎)와 두자미(杜子美)는 다른 사람이 주는 벼슬을 하지만 나는 의(義)를 하니 다른 사람의 아름다운 옷[벼슬]은 입지 않겠다는 것이다. 의(義)를 중시하는 송암의 태도를 엿볼 수 있다.

지금까지 살펴본 바와 같이 송암은 학문연구를 통해 인의(仁義)를 추구하며 이를 통해 마음의 자득(自得)을 얻어 마음의 득실을 잊고 그 뜻을 즐기는 모습을 <독락팔곡>에서 보여주고 있는 것이다.

4. 관유온후(寬裕溫厚)

<독락팔곡>이 마음의 자득(自得)을 얻어 마음의 득실을 잊고 그 뜻을 즐기는 모습을 보여 주는 것이라면, 마음의 편안하지 못함에서 <독락팔곡>을 지었다는 송암의 말을 해명해야 한다. <독락팔곡병서>에서 송암은 다음과 같이 말하고 있다.

> 고인(古人)이 말하기를, "노래는 근심하는 마음에서 많이 나온다." 했는데 이 또한 나의 편안하지 못함[不平]에서 나온 것이며, 주문공(朱文公)이 말하기를, "그 뜻한 바를 읊조리고 노래하여 성정(性情)을 기른다." 하였으니 지극하도다. 이 말이여! 마음이 편안하지 못하여 이 노래가 있게 되었으니, 그것을 노래하여 뜻을 펴서 성정(性情)을 기른다.

송암은 <독락팔곡병서>에서 세상 밖[物外]에서 숨어 지내는 자신의 즐거움[幽人之樂]을 언급하고 있는데, 세상 밖에서 지내며 마음의 득실을 잊어 그 뜻을 즐기기[樂其志]도 하고, 자신의 편안하지 못한 마음으로 인하여 노래로 만들어 불러 뜻을 폄[暢志]으로써 자신의 성정을 기르기도 한다. '마음의 득실을 잊어 그 뜻을 즐기는[樂其志]' 것은 은거의 생활 속에서 얻어지는 것이면서 노래 <독락팔곡>에 담긴 것이기도 하다. '자신의 편안하지 못한 마음으로 인하여 노래로 만들어 불러 뜻을 편다는[暢志]' 것은 '마음의 득실을 잊어 그 뜻을 즐기는[樂其志]' 내용의 노래를 불러 그 속에 담긴 자신의 뜻을 드러내는 것이요, 그로 인해 '성정을 기른다.'는 것은 노래로 인해 자신의 마음속에 있을 '찌꺼기를 씻어내고 사악함과 더러움을 쓸어낸' 결과인 것이다.

그런데 자신의 '편안하지 못한 마음'으로 인해 노래를 지었는데, '마음의 득실을 잊어 그 뜻을 즐기는[樂其志]' 내용을 담을 수 있는 것인가? 송암은 <독락팔곡병서>에서 다음과 같이 언급하고 있다.

> 무릇 일상생활[日用] 속의 희로애락(喜怒哀樂)의 드러남과 우감비환(憂憾悲歡)의 일이 이런 부드러움[寬]에서 하나가 되니 찌꺼기를 씻어내고 사악함과 더러움을 쓸어내는 것은 기약하지 않아도 그렇게 된다.

송암은 일상생활[日用] 속의 희로애락(喜怒哀樂)의 드러남과 우감비환(憂憾悲歡)의 일이 이런 부드러움[寬]에서 하나가 된다고 했다. 즉 일상생활 속에서 대면하게 되는 우감비환(憂憾悲歡)의 일에 대한 나의 희로애락(喜怒哀樂)의 마음이 내 마음의 '부드러움[寬]' 속에서 그 적절함을 얻는 것을 의미한다. 그렇기에 마음의 득실을 잊고 그 뜻을 즐길 수 있는 것이다. 그러면 '부드러움[寬]'이란 무엇인가?

"강함[强]이 무엇입니까?"라는 자로(子路)의 물음에 공자는 "남방의 강함인가. 북방의 강함인가. 아니면 너의 강함인가? 관유(寬柔)로써 가르쳐 무도(無道)함을 보복하지 않으니 남방의 강함이며 군자가 그 곳에 거처한다."[34]라고

34) 『중용』, 10장.
"子曰 南方之强與 北方之强與 抑而强與 寬柔以敎 不報無道 南方之强也 君子居之"

대답한다. 이 문답에 대해 다음과 같은 주석이 있다.

> 관유(寬柔)로써 가르침은 부드럽고 순함[巽順]을 포용하고 있어서 다른 사람이 미치지 못함을 깨우치는 것을 이른다.35)

이 때 관유(寬柔)는

> 오직 천하의 지극한 성인[至聖]만이 능히 총명예지하여 족히 (아래로) 임함이 있으며, 관유온유(寬裕溫柔)하여 족히 포용함이 있다.36)

의 '관유온유(寬裕溫柔)'이다. 또한 이것은 같은 곳에 '인의예지지덕(仁義禮智之德)'이라고 주석되어 있다. 그렇다면 송암이 언급한 이 '부드러움[寬]'은 그 의미하는 내용으로 보아 이 '관유온유(寬裕溫柔)'로 보이며, 이것은 퇴계가 언급한 '온유돈후(溫柔敦厚)'에 다름 아니다. 그러므로 송암은 일상생활 속에서 퇴계의 '온유돈후(溫柔敦厚)'를 실천하고 있는 것이며, <독락팔곡>에서 <도산십이곡>을 계승한 것이다.37)

송암은 관유온유[온유돈후]를 바탕으로 하기에 편안하지 못한 마음을 노래로 만들면서도 그 희로애락의 마음이 적절함을 얻어 그것이 노래에 나타날 수가 있었던 것이다. 나아가 송암은 이 <독락팔곡>을 불러, 그 속에 들어 있

---

35) 『중용』, 10장.
"寬柔以敎 謂含容巽順 以誨人之不及也"

36) 『중용』, 31장.
"唯天下至聖 爲能聰明睿知 足以有臨也 寬裕溫柔 足以有容也"

37) 송암의 <독락팔곡>이 퇴계의 온유돈후(溫柔敦厚)를 계승했음은 최진원 선생에 의해서 언급되었다(최진원, 「독락팔곡·한거십팔곡과 은구」, 『한국고전시가의 형상성』(증보판, 성균관대학교 출판부, 1996)). 필자는 그것을 논증한 것이다. 송암의 <독락팔곡>은 퇴계의 '온유돈후(溫柔敦厚)'를 계승하여 이를 바탕으로 하면서 '한흥[閒興 곧 閒美淸適]의 미를 드러내고 있다(필자의 「송암 권호문 시가의 미적 특질」, 『한국시가연구』 제19집, 한국시가학회, 2005 참조).

는 뜻을 펴서 성정(性情)을 기름으로써 자신의 '불평(不平)'한 마음을 없애는 것인데, 이것은 송암이 <독락팔곡 병서>에서 말한 '말 가운데 뜻이 있고 뜻 속에 아름다움[指: 華美함]이 있다'고 했을 때의 그 아름다움으로 인한 것이다.

5. 맺음말

이 항목에서는 송암이 <독락팔곡>에서 사용하고 있는 독락(獨樂)의 의미를 세밀히 밝히고, 이 독락(獨樂)의 개념을 바탕으로 '마음의 득실을 잊고 그 뜻을 즐긴다.' 것의 의미와 <독락팔곡>에서의 그 구체적인 실현 양상을 살펴보았으며, 아울러 <독락팔곡>이 송암의 관유온후(寬裕溫厚)함 속에서 이루어졌음을 밝혔다. 그 대략을 요약하면 다음과 같다.

우선 송암의 <독락팔곡>에 쓰인 독락(獨樂)의 의미는 '가슴속에 얻은 것은 물(物)에 따라 변하지 않고 언제나 호연(浩然)하게 그대로 있어, 안으로 돌이켜보아도[內省] 거리낌이 없고 위로 하늘을 우러러보거나 아래로 땅을 굽어보아도 부끄러움이 없는 것'이며 이것은 독선(獨善)을 통하여 "가슴속[胸中]의 즐거움으로부터 미루어 물(勿)에 미침[及物]에 이른다면 곧 천지 만물이 모두 나와 일체이니, 어느 하나도 나의 즐거움 속에 있지 않는 것이 없다."의 즐거움이다. 이 때 독락(獨樂)의 그 즐거움은 그 뜻을 같이 하는 사람들 속에서도 가능하다는 것이다.

송암이 독락(獨樂)하는 것은 그 뜻[志]으로 그것은 '마음의 득실을 잊는 것'이며, 그 뜻을 즐긴다는 것은 '마음의 득실을 잊도록 하는 그 뜻'을 즐긴다는 것이다. 마음의 득실을 잊는다는 것은 세상살이에서 득실을 따지는 마음 곧 기심(機心)을 잊는다는 것으로 송암에게는 환로(宦路)에 대한 마음을 잊는 것이다. 송암은 <독락팔곡>에서 학문 연구를 통해 인의(仁義)를 추구하며 이를 통해 마음의 자득(自得)을 얻어 마음의 득실을 잊고 그 뜻을 즐기는 모습을 보여주고 있는 것이다.

송암의 <독락팔곡>은 관유온유(寬裕溫柔)함을 드러내고 있는데, 이는 퇴계의 온유돈후(溫柔敦厚)를 계승한 것으로 송암이 실제 생활 속에서 실천하는 것이다. 송암은 관유온유[온유돈후]를 바탕으로 하기에 편안하지 못한 마음을 노래로 만들면서도 그 희로애락의 마음이 적절함을 얻어 그것이 노래에 나타날 수가 있었던 것이다. 그 적절함이란 송암이 <독락팔곡 병서>에서 말한 '말 가운데 뜻이 있고 뜻 속에 아름다움[指: 華美함]이 있다'고 했을 때의 그 아름다움인 것이다. 송암은 이러한 <독락팔곡>을 불러, 그 속에 들어 있는 뜻을 펴서 성정(性情)을 기르고자 했던 것이다.

제3장 〈한거록〉과 은구의 낙

1. 〈한거록〉의 '한(閒)'의 뜻

송암(松巖) 권호문(權好文, 1532～1587)은 퇴계의 문인으로 대과(大科)에 급제하지는 못했으나 그의 높고 남다른 학행(學行)과 청렴(淸廉)함으로 인해 자주 벼슬에 천거되었다. 그는 37세(1568, 선조1)에 학봉(鶴峯) 김성일(金誠一, 1538～1593)과 함께 대과(大科)에 응시하여 낙방한 이후로는 다시 대과(大科)에 뜻을 두지 아니하였으며, 42세(1573, 선조6)에 청성정사(靑城精舍)가 완성되자 이곳에 은거하여 도(道)를 구하면서 후학(後學)을 기르는 것을 자신의 소임으로 여겼다.

그래서 47세(1578, 선조11) 봄에 집현전(集賢殿) 참봉(參奉)에 제수(除授)되었으나 부임하지 아니하였고, 50세(1581, 선조14)에는 내시교관(內侍敎官)에 제수되었으나 나아가지 아니하였다. 이 때 약포(藥圃) 정탁(鄭琢, 1526～1605)이 송암에게 글을 보내 '겸제(兼濟)'에 뜻을 둘 것을 권하니 <독락팔곡(獨樂八曲)>을 보이며 거절하였다. 또한 53세(1584, 선조17) 때는 백담(栢潭) 구봉령(具鳳齡, 1526～1586)이 아전(亞銓)으로 있으면서 육품관(六品官)으로 추천하고자 하자 송암은 그 해 4월에 지은 <한거록(閒居錄)>을 보이며 사양하기도 하였다. 이와 같이 송암은 청성정사에 은거한 이후로는 과거는 물론 벼슬길에 오르지 않았다.

문학적인 면에서 보았을 때, 송암은 두 편의 국문시가를 남겼으니, 바로 <독락팔곡>과 <한거십팔곡>이다. <독락팔곡>은 미미하나마 경기체가의 특성을 지니고 있고, <한거십팔곡>은 연시조의 형식을 취했다. 학계에서는 이 두 작품의 성향을 유사한 것으로 파악하고 있으나, 미적인 면에서 이 두 작품의 성향은 다르니, 이 두 작품은 '관유온유(寬裕溫柔)[溫柔敦厚]'를 바탕으로 하면서 <독락팔곡>은 '한흥(閑興)[閑美淸適]'을 나타내고 있고, <한거십팔곡>은 '담박(淡泊)[冲澹蕭散]'을 나타내고 있다는 것이다.[1]

그리고 <독락팔곡>, <한거십팔곡>, <한거록>의 관계는 미적 특질의 면에 있어서 다른 지향을 보이고 있다. 좀 더 엄밀히 말하면 송암 53세에 지어진 <한거록>은 그 이전에 지어진 <독락팔곡>의 세계의 연장선상에 놓이지만, <한거십팔곡>은 이들과 다소 차이를 보이고 있다. 그러므로 미적인 면에서 보았을 때, <한거록>이 <한거십팔곡>보다는 <독락팔곡>과 동일선상에 놓인다.

이 글에서는 송암이 백담 구봉령에게 벼슬을 사양하며 보인 <한거록>을 분석하여, <한거록>을 쓴 송암의 의도와 그 속에 담긴 세상에 대한 송암의 태도, 그리고 <한거록> 소재 한시를 분석하여 '한(閑)'에 대한 송암의 견해를 밝히고자 한다.

2. 〈한거록〉의 집필 의도

우선 <한거록>의 전문을 소개하면 다음과 같다.

1) 김병국, 「송암 권호문 시가의 미적 특질」, 『어문연구』 제19집(한국어문교육연구회, 2005).

한거록(閒居錄)

선비의 한 몸은 도(道)가 실리는 곳이니, 그 몸의 나아감과 머무름을 따라서 도(道)의 드러남과 드러나지 않음을 살필 수 있다. 그러므로 옛날의 성현군자(聖賢君子)는 하늘이 이 몸에 큰 임무[大任]를 내린 것을 알고, 세상을 구할[濟世] 뜻을 충실히[拳拳] 하고 도를 행할[行道] 뜻을 부지런히 힘써[汲汲], 일찍이 하루도 마음에 잊은 적이 없었다.

(禹王은) 문 앞을 지나면서 진흙썰매를 쉬지 않았고, (孔子는) 천하(天下)를 돌아다니며 수레를 멈추지 않았고, 혹은 (伊尹은) 할팽(割烹)하여 벼슬을 구하였고, 혹은 (姜太公은) 낚시를 지니고서[收釣] 스스로를 자랑하였으니, 어지러운 나라에서 보배를 품속에 지니는 것[懷寶迷邦]이 어찌 고인(古人)이 바라는 것이리요.

멀리 이끌어 기리 가서[遠引長往] 왕후(王侯)를 섬기지 않고, 몸을 깨끗이 하여 세상을 업신여겨[潔身傲世] 산림(山林)에서 홀로 수양[獨善]하는 일 같은 것은, 비록 성현(聖賢)의 일과 다른 듯도 하지마는, 또한 스스로 숨어살며 뜻을 구하는 즐거움[隱求之樂]을 얻게 된다.

나는 젊어서부터 과거[科程]에는 배우기를 게을리 하고, 뜻은 계산(溪山)에 오래 두어, 산과 물을 찾아다니며[尋山訪水] 즐거워하지 않는 바가 없었고, 노을과 구름에 깃들여 누워[棲霞臥雲] 평안(平安)하지 않는 바가 없었다.

일찍이 옛 한인들을 두루 들어 말하면 다음과 같다. 소나무와 국화의 주인이 되고자 한 자[松菊主人者]로는 위표(韋表),[2] 바람과 달과 함께 한가로운 자[風月閒人者]로는 구양자(歐陽子),[3] 강호에 한가로운 자[江湖散人者]로는 천수자(天

---

2) 위표(韋表)는 위표미(韋表微)임. 『신당서(新唐書)』 열전(列傳) 제102.
자(字) 자명(子明) 수미성공(隋郿城公) 원례(元禮)의 7세손. 스스로 송국주인(松菊主人)이 되어 도연명(陶淵明)에 부끄럽지 않겠다고 함.

3) 구양자(歐陽子)는 조숙평(趙叔平)임. 「권유록(倦游錄)」, 『고금사문유취(古今事文類聚)』 전집(前集) 권32.
"風月閒人 趙叔平 退居睢陽 歐陽永叔 致政居潁 叔平來訪永叔 時呂晦叔知潁 開宴召二公

隨子),[4] 내와 놀을 너무 좋아한 자[煙霞痼疾者]로는 전유암(田游巖[5])이 있고, 속됨을 뛰어넘음[超超越俗]이 하늘의 붉은 노을[天半朱霞]과 같고 뜻이 높아 티끌을 벗어남[矯矯出塵]이 구름 속 흰 학[雲中白鶴]과 같은 것으로는 유우(劉訏) 형제(兄弟)[6]의 높이 드러남[高標]이요, 북산(北山)의 북(北)에서 인간세상(人間世上)을 끊어버리고[棄絶] 남산(南山)의 남(南)에서 세상의 그물[世網]을 뛰어넘은[超踰] 것으로는 소대환(蕭大圜)[7]의 한가로이 편안한 마음[閒放]이다. 홍경(弘景)[8]의 풍치(風致)로는 모산(茅山)에서 소를 그린 것[畵牛茅山]이고, 화정(和靖)[9]의 은일(隱逸)로는 서호(西湖)에서 학을 놓은 것[放鶴西湖]이라.

이것들은 전부 부귀(富貴)를 벗어 내버린 신[脫屣]으로 여기고, 공명(功名)을 버려진 풀[棄芥]로 얕보며, 초헌과 면류관[軒冕]이여! 진창 길[泥塗]이요, 지팡이와 신[杖屨]이여! 마소가 끄는 수레[蹄輪]로다. 이른바 깨우친 사람[達人]이 녹과

永叔自為致語其詩曰 欲知盛席繼荀陳 請看當筵主與賓 金馬玉堂三學士 清風明月兩閒人 紅芳已過鶯尤囀 青杏初嘗酒正醇 好景難逢良會少 乘歡舉白莫辭頻"

4) 천수자(天隨子)는 육구몽(陸龜蒙)임. 『신당서』 열전 제121.
자(字) 노망(魯望) 원방(元方)의 칠세손임.
"有田數百畝屋三十楹田苦下雨潦則與江通故常苦飢身畚鍤茠刺無休時或譏其勞答曰堯舜黴瘠禹胼胝彼聖人也吾一褐衣敢不勤乎嗜茶置園顧渚山下歲取租茶自判品第張又新為水說七種其二慧山泉三虎丘井六松江人助其好者雖百里為致之初病酒再朞乃已其後客至絜壺置杯不復飲不喜與流俗交雖造門不肯見不乘馬升舟設蓬席齎束書茶竈筆牀釣具往來時謂江湖散人或號天隨子"

5) 전유암(田游巖)은 경조삼원인(京兆三原人)으로 영휘(永徽) 때 보태학생(補太學生)을 하였음.
"高宗幸嵩山 遣中書侍郎薛元超 就問其母賜藥物絮帛 帝親至其門 游巖野服出拜儀止謹樸 帝令左右扶止謂曰 先生比佳 否答曰 臣所謂 泉石膏肓 烟霞痼疾者"

6) 『통지(通志)』 권178 은일전(隱逸傳) 제2 양(梁)
"族祖孝標與書稱之曰 訏超超越俗如天半朱霞 歊矯矯出塵如雲中白鶴 皆儉歲之粱稷 寒年之纖纊"

7) 소대환(蕭大圜)의 자(字)는 인현(仁顯)으로 양(梁)의 간문제(簡文帝)의 아들임. 『주서(周書)』 양(梁)
"北山之北棄絶人間南山之南超踰世網"

8) 홍경(弘景)은 도홍경(陶弘景)임. 『시경패소(詩經稗疏)』
남북조시대의 본초가.

9) 송나라의 은사.

지위[祿位]를 가볍게 여기고 임천(林泉)의 곁에 거처하며, 때때로 오직 태평성대에 늙도록 흘러간 세월을 한스러워하지 않음[聖代老不恨流年]을 노래하는 자들이다. 평생 부러워[歆艷] 하는 것은 위에 열거한 이들의 습기(習氣)를 벗어나지 않는다. 그러므로 신세(身世)인즉 언덕과 골짜기[丘壑]에 있는 뜬 구름[浮雲]이요, 강호(江湖)에 있는 빈 배[虛舟]이다.

지향하는 것[志尙]인즉, "분수에 편안히 하여[安分] 몸에 욕(辱)됨이 없고 / 기심(機心)을 알아[知幾] 마음이 스스로 한가로우니 / 비록 티끌세상[塵世上]에 있더라도 / 몸은 도리어 인간세상(人間世上)을 벗어나네.(安分身無辱 知機心自閑 雖居人世上 却是出人間)"[10]요 즐거워하는 것인즉, "만고(萬古)의 흥망(興亡)을 말았다 폈다[卷舒]하는 손이요 / 천 겹의 운수(雲水)에 드나드는 몸이라.(卷舒萬古興亡手 出入千重雲水身)"[11]이며 "집안에 명언[寶唾] 일천 권을 간직하고 / 삼십 년 동안 주역[韋編]을 손으로 넘겨보는[手閱] 일들(家藏寶唾一千卷 手閱韋編三十春.)[12]이다.

두보(杜甫)의 시를 읊조린즉 '어찌 때를 구할 계책이 없으랴마는 / 마침내 그물에 걸릴까 두렵구나.(豈無濟時策 終竟畏網罟)'[13]요, 지리은자(智異隱者)를 그

---

10) <안분음(安分吟)> 소자(邵子)『성리대전서』 권70.

11) 소요부(邵堯夫),『성리대전서』 권39.
온전한 시는 다음과 같다.

헤아리건대, 얕고 깊음에 섭리가 있으니,
마심에 조금도 경륜에 매임이 없네.
만고의 흥망을 말았다 폈다 하는 손이요,
천 겹의 수운에 드나드는 몸이라.
斟有淺深存燮理, 飮無多少繫經綸.
卷舒萬古興亡手, 出入千重雲水身.

12) 출전 불명

13) <견흥(遣興)> 두보(杜甫)
숨은 용은 세 겨울을 누어있고,
늙은 학은 만리 밖에 마음을 두네.
옛날의 어질고 뛰어난 사람
만나지 못함이 이제를 보는 같네.
혜강은 죽지 않았고,

리워한즉, '밭 갈며 한낮을 보내고/약초를 캐며 청춘을 지냈네.(耕田消白日 採藥過靑春)'[14]이라. 이와 견주어본즉, 나의 한거(閑居)의 기록(記錄)도 진실로 이와 같으리라.

그 사시(四時)의 아름다운 경치[佳景]와 아침 저녁[朝暮]의 뛰어난 경치[勝致]

공명은 친한 벗을 얻었네.
또한 언덕 밑의 소나무 같이
쓰임과 버림은 찾는 바에 있네.
훌륭하도다! 눈서리 내린 줄기
세월이 오래되어 고림이 되었구나.
옛날의 방덕공은 일찍이 주부에 들지 않았고,
양양의 늙은이들 속에서
처사의 절개 홀로 괴롭네.
어찌 때를 구할 계책이 없으랴마는
마침내 그물에 걸릴까 두렵구나.
숲이 우거지니 새들은 돌아오고,
물이 깊으니 고기들이 모일 줄 아네.
온 집안이 녹문에 의지하니
유표를 어찌 취할 수 있으리.
蟄龍三冬卧, 老鶴萬里心.
昔時賢俊人, 未遇猶視今.
嵇康不得死, 孔明有知音.
又如壠底松, 用捨在所尋.
大哉霜雪幹, 歲久爲枯林.
昔者龐德公, 未曾入州府.
襄陽耆舊間, 處士節獨苦.
豈無濟時策, 終竟畏羅罟.
林茂鳥有歸, 水深魚知聚.
舉家依鹿門, 劉表焉得取.

14) 지리은자(智異隱者)는 신숙(申淑)임.
<귀향시(歸鄕詩)> 신숙(申淑)
밭 갈며 한낮을 보내고,
약초를 캐며 청춘을 지냈네.
산과 물 있는 곳은
몸을 영화롭게도 욕되게도 하지 않네.
畊田消白日, 採藥過靑春.
有水有山處, 無榮無辱身.

는 붓끝[筆端]이 입이 없으니[無口] 어찌 핍진(逼眞)하게 말할 수 있으리요. 그래서 드디어 고인(古人)의 시(詩)를 따서 한거(閒居)의 취(趣)를 부친다.

봄비가 새로 개고 맑은 못이 거울같이 맑으면, 짧은 노를 저어서 넘실거리는 물결에 낚싯대를 던져 노래하나니, 기일(其一)은 "서색산 앞에 백로가 날고 / 도화꽃 흘러오는 물에 쏘가리가 살쪄 있네. / 청약립 쓰고 녹사의 걸치고는 / 빗긴 바람 가랑비에 돌아갈 줄 모르는구나.(西塞山前白鷺飛 桃花流水鱖魚肥 靑篛笠綠簑衣 斜風細雨不須歸)"[15]이며, 기이(其二)는 "샛바람 서쪽으로 기운 해에 초강은 깊고 / 온통 이끼 낀 돌에 온갖 버드나무 그늘이라 / 낱낱의 풍류 그리기 어려운 곳 / 푸른 마름의 신세는 백구의 마음이라.(東風西日楚江深 一片苔磯萬柳陰 箇裏風流難畵處 綠萍身世白鷗心)"[16]이다.

여름이 회태(恢台)하야 물화(物華)가 펴나기 시작하면, 머리에 폭건(幅巾)을 쓰고 나무 그늘에 잠자고 돌을 베고 읊조리나니, 기일(其一)은 "별원 깊고 깊은 곳에 여름 대자리가 맑고 / 석류꽃 피어 발에 밝게 비치네 / 나무 그늘 땅에 가득하니 해는 한낮이고 / 꿈을 깨니 나는 꾀고리의 외마디 울음소리.(別院深深夏簟淸 石榴花發透簾明 樹陰滿地日亭午 夢覺流鶯啼一聲)"[17]요, 기이(其二)는 "돌다리는 띠집 굽이진 물가에 놓여 있고 / 흐르는 물은 빠르게 두 갈래로 나뉘네 / 갠 날 따뜻한 바람은 보리 기운을 돋우고 / 푸른 나무 그늘에 향그러운 풀이 꽃보다

---

15) <어부사(漁父辭)>, 『경향록(敬鄕錄)』[오사도(吳師道) 집(輯)]
"西塞山邊白鷺飛 桃花流水鱖魚肥 靑箬笠綠蓑衣 斜風細雨不須歸
漁父辭 憲宗嘗求訪其詞李德裕爲潤州刺史得之"
원(元)의 진자(真子)로 어부사(漁父辭)에서 말한 '서색산전 백로비(西塞山前白鷺飛)' 한 자이다.

16) 조동각(趙東閣) <어부(漁父)> 『정선당송천가연주시격(精選唐宋千家聯珠詩格)』 권10 용별유자격(用別有字格)
(정운채, 「악장가사 소재 어부가의 한시 수용 양상」, 『장르교섭과 고전시가』, 68쪽 인용)
"東風西日楚江深 一片苔磯萬柳陰 別有風流難畵處 綠萍身世白鷗心"
이 부분은 이현보의 어부장가에도 수용이 되어 있다.
"東風西日楚江深 / 一片苔磯萬柳陰이라 / 이퍼라 이퍼라 / 綠萍身世白鷗心라 / 至匊悤 至匊悤 於思臥 / 隔岸漁村三兩家라"(이현보 어부장가 5)

17) 소자미(蘇子美) <하의(夏意)>
"別院深深夏簟清 石榴花遍透簾明 樹陰滿地日停午 夢覺流鶯啼一聲"

나은 때라.(石梁茅屋有灣碕 流水濺濺兩度歧 晴日暖風生麥氣 綠陰芳草勝花時)"[18] 이며, 기삼(其三)은 "돌베개에 서늘한 기운 생기니 버섯이 빈 집에 피어나고 / 다만 응당 매화의 윤기는 도서에 들리. / 나이 듦을 피하지 못하여 쇠약해지고 병을 앓게 되니 / 기쁜 일은 임천에 은거하는 것이라네. / 분죽 합초는 숙로를 내리고 / 푸른 연꽃의 들쭉날쭉한 그림자 노는 고기를 모으네. / 북창의 사람은 희황의 위에 있고 / 때로 연명이 나와 함께 한다.(石枕凉生菌閣虛 只應梅潤入圖書 不辭齒髮多衰疾 所喜林泉有隱居 粉竹合梢垂宿露 翠荷差影聚游魚 北窓人在羲皇上 時爲淵明一起予)[19]이다.

추색(秋色)이 입산(入山)하여 광경(光景)이 선명(鮮明)하면, 무릎에 소금(素琴)을 빗겨 사물에 접촉하여 흥을 부치고[觸物寄興] 난간(欄杆)에 기대어 읊조리나니, 기일(其一)은, "뜰에 가득한 시의 정경 붉은 잎을 흩날리고 / 섬돌 휘감는 거문고 소리 암천에 물 떨어지는 소리라 / 문 밖 비갠 늦가을 색은 무르익으니 / 온갖 가지의 찬 구슬은 한 시내의 안개라.(滿庭詩景飄紅葉 繞砌琴聲滴暗泉 門外晩晴秋色老 萬條寒玉一溪烟)"[20]이고, 기이(其二)는, "홀로 요금을 안고 옥계를 지나니 / 밝고 맑은 밤에 달빛이 밝은 때라 / 지금 이미 무심한 지 오래니 / 아마 산 앞에 삼태기 메어보면 알리라.(獨抱瑤琴過玉溪 朗然淸夜月明時 只今已是無心久 却怕山前荷蕢知)"[21]이며, 기삼(其三)은, "한가로워 일마다 조용하지 않음이 없고 / 잠을 깨니 동창이 이미 붉었네 / 만물을 조용히 관찰하니 모두 절로 얻은 것이니 / 사시의 가흥이 사람과 한가지라 / 도는 천지에 통하여 형적 밖에 있고, 생각은 풍운에 들어 변하는 가운데 있구나 / 부귀에 미혹되지 않고 빈천을 즐기니 / 남아가 이에 이르면 호걸영웅이라.(閒來無事不從容 睡覺東窓日已紅 萬物靜觀

---

18) 왕안석(王安石) <초하즉사(初夏即事)> 『임천문집(臨川文集)』 칠언절구
"石梁茅屋有彎碕 流水濺濺度兩陂 晴日煖風生麥氣 綠陰幽草勝花時"

19) 임포(林逋) <하일즉사(夏日即事)>
"石枕凉生菌閣虛 已應梅潤入圖書 不辭齒髮多衰疾 所喜林泉有隱居 粉竹亞梢垂宿露 翠荷差影聚游魚 北牕人在羲皇上 時為淵明一起予"

20) 옹도(雍陶) <위처사교거(韋處士郊居)>

21) 양만리(楊萬里) <독리빈로옥간시우성(讀李賓老玉澗詩偶成)>
"獨抱瑤琴過玉溪 琅然淸夜月明時 祇今已是無心久 却怕山前荷蕢知"

皆自得 四時佳興與人同 道通天地有形外 思入風雲變態中 富貴不淫貧賤樂 男兒到此是豪雄)"22)이다.

동기(冬氣)가 늠렬(凜冽)하고 풍설(風雪)이 만산(滿山)하면, 화로(火爐)를 끼고 향(香)을 사르며 책을 펼쳐 읽나니, 기일(其一)은 "바람이 누런 구름을 말아 올려 저녁 눈이 개니 / 강 안개는 버드나무 가지를 씻어내 가볍게 하네 / 발 앞의 수편 꽃잎을 쓸 사람이 없고 / 또한 서창의 한 밤이 밝았네.(風捲黃雲暮雪晴 江烟洗盡柳條輕 簾前數片無人掃 又得書窓一夜明)"23)이고, 기이(其二)는, "한 평상의 옥 같은 눈이 맑아 티가 없고 / 술동이에 향이 일고 솥에는 차가 있네 / 한밤중에 일어나 주역을 읽으며 / 보기 좋구나. 밝은 달이 매화꽃을 환히 비추니.(一床玉雪瑩無瑕 罏有生香鼎有茶 夜半起來讀周易 好看明月透梅花)"24)이며, 기삼(其三)은, "삭풍이 불어 공중을 흔드니 세모의 하늘이요 / 바람 부는 낡은 집에서 책 읽는 모전인이라. / 한 추위가 뼈에 이르니 어찌 능히 풀리요. / 온갖 일 관심은 다만 스스로 차를 다리는 것이라 / 금철은 밤이 깊어 쌓인 눈이 밝고 / 초산은 저자에서 멀어 불 때는 연기가 끊어졌네 / 시인이 냉기를 참음은 지금이 예와 같으니 / 물가에서 매화를 찾는 것에 견주리.(朔吹搖空歲暮天 颼颼老屋讀書氈 一寒到骨那能解 萬事關心只自煎 衾鐵夜深明積雪 樵山市遠絶炊烟 詩人耐冷今猶古 擬訪梅花澗水邊)25)이다.

아! 나의 본뜻은 다만 여기에 있는 것이 아니지만, 명(命)과 때가 어긋나고 사람이 나를 꾀하지 않으매, 기마(驥馬)는 이미 늙어 마구간에 엎드리고, 거북은

---

22) 정호(鄭顥) 명도(明道) <추일(秋日)>『성리군서구해(性理群書句解)』 권4.
23) 융욱(戎昱) <한사인서재잔설(韓舍人書齋殘雪)>『문원영화(文苑英華)』
"風卷黃雲暮雪晴 江烟洗盡柳枝輕 簷前數片無人掃 更得書窓一夜明"
『재조집(才調集)』에는 <제설(霽雪)>이라는 제목으로 소개되어 있는데, 글자도 약간 다른 부분이 있다.
"風捲寒雲莫雪晴 江煙洗盡柳條輕 簷前數片無人掃 又得書窗一夜明"
24) 출전 불명.
25) 이곡(李穀) <고한(苦寒)>『가정선생문집(稼亭先生文集)』 권18 율시.
"朔吹搖空歲暮天, 颼颼老屋讀書氈. 一寒到骨那能解, 萬事開心只自煎. 衾鐵夜深明積雪, 樵山市近絶炊煙. 詩人耐冷今猶古, 擬訪梅花澗水邊."

영(靈)치 못하여 돌을 지게 되니, 사람을 대하여 말한즉 눈을 높이고 귀를 꿰뚫는[嵬目洞耳] 논(論)이 없고, 때를 근심하여 읊조린즉 거리의 이야기와 노래[街談巷謠]의 속됨에 뒤섞인다. 그러니 주위(周衛)에 올라 성명(聖明)을 도와서 임금을 요순(堯舜)으로 하고 세상(世上)을 상주(商周)로 만드는 것을 감히 바랄 수 있으리요. 하물며 고거사마(高車駟馬)의 근심이 어찌 빈천(貧賤)의 자유로운 뜻[肆志]과 같으며, 남은 잔에 차가운 고기[殘杯冷炙]의 욕됨이 어찌 낚시하고 나물 캐는[釣採] 아름다움[美鮮]과 같으리요. 일상생활[日用]에서 기를 기르는 것[養氣]은 어린 아이를 기르는 것[養兒]과 같고 약(藥) 백첩[百裹]을 복용함이 홀로 누워 있는 것[獨臥]만 못함을 안다. 그러므로 스스로의 재능을 감추는 것을 마음에 달갑게 여기고[甘心自晦] 문을 닫고 나가지 않음이 수십 년이다.

벗이 오면 술잔을 기울이고, 홀로 한가하면 읊조리면서, 세월을 한가로이 보내고 마음속 생각을 편안히 하여 길이 황왕(皇王)과 제백(帝伯)의 위에 서고 인세의 부귀를 단호히 끊는[頓絶] 가운데, 바로 천지를 궁구하여 만물을 세밀히 알아 독왕(獨往)할 수 있다. 어찌 반드시 홍몽(鴻濛)을 초탈하고 희이(希夷)를 확충하여 요요명명(窈窈冥冥)한 뒤에라야만 한(閒)이라 이를 수 있겠는가?

갑신(甲申) 맹하(孟夏) 상한(上澣) 청성상인(青城上人)[26)]

---

26) 권호문 <한거록(閒居錄)>, 『송암집(松岩集)』 권5, 「녹(錄)」
"士之一身 道之所載 隨其身之出處 占此道之顯晦 是故 古之聖賢君子 知天之降大任於一身 而拳拳濟世之志 汲汲行道之意 未嘗一日之忘于心 過門前而橇不休 環天下而轍不息 或有割烹之要 或有收釣而衒 懷寶迷邦 豈古人之所欲哉 若夫遠引長往 不事王侯 潔身傲世 獨善山林者 雖似異於聖賢之事 亦自得其隱求之樂也 余自蚤歲學懶科程 志痴溪山 尋山訪水 無所不樂 棲霞臥雲 無處不安 嘗歷擧古閒人 曰欲爲松菊主人者 韋表也 風月閒人者 歐陽子也 江湖散人者 天隨子也 煙霞痼疾者 田游巖也 超超越俗如天半朱霞 矯矯出塵 如雲中白鶴者 劉紆兄弟之高標也 北山之北棄絶人間 南山之南超踰世網者 蕭大圜之閒放也 弘景之風致 晝牛茅山 和靖之隱逸 放鶴西湖 此皆視富貴於脫屣 蔑功名於棄芥 軒冕兮泥塗 杖屨兮蹄輪 所謂達人輕祿位 居處傍林泉間 惟歌聖代老不恨流年者也 生平歆艷者 不出右列人習氣 故身世則浮雲乎丘壑 虛舟乎江湖也 志尙則 安分身無辱 知幾心自閒 雖居塵世上 却是出人間也 所樂則 卷舒萬古興亡手 出入千重雲水身 家藏寶唾一千卷 手閱韋編三十春也 吟杜甫詩則曰 豈無濟時策 終竟畏網罟 慕智異隱者則曰 耕田消白日 採藥過青春 較之以是則 余之錄閒居者

책의 이름이 <한거록>이라는 점과 송암이 백담의 '겸선(兼善)' 권유를 사양하며 보여준 글이라는 점에서 이 글은 '한거(閒居)'의 생활을 긍정하는 것이라는 사실을 짐작할 수 있다. 그리고 젊어서부터 수차례 과거시험에 낙방하고 처사로서의 삶을 살고 있는 자기 자신의 삶에 대한 의미와 명분을 부여하고자 한 점도 있었을 것이라고 본다.

송암은 <한거록>의 맨 처음을 다음과 같이 '선비[士]' 대한 언급으로부터 시작하고 있다.

> 선비의 한 몸은 도(道)가 실리는 곳이니, 그 몸의 나아감과 머무름을 따라서 도(道)의 드러남과 드러나지 않음을 살필 수 있다.[27]

良有以歟 其四時佳景 朝暮勝致 筆端無口 何能言之逼眞哉 遂拈古人之詩 以寓閒居之趣 若夫春雨新霽 澄潭鏡明則 手挺短棹 泛泛波面 投竿而歌 其一 西塞山前白鷺飛 桃花流水鱖魚肥 青篛笠綠簑衣 斜風細雨不須歸 其二 東風西日楚江深 一片苔磯萬柳陰 箇裡風流難畫處 綠萍身世白鷗心 至如夏至恢台 物華初敷則 頭戴幅巾 睡足樹陰 枕石而詠 其一 別院深深夏簟淸 石榴花發透簾明 樹陰滿地日亭午 夢覺流鶯啼一聲 其二 石梁茅屋有灣碕 流水濺濺兩度歧 晴日暖風生麥氣 綠陰芳草勝花時 其三 石枕凉生菌閣虛 只應梅潤入圖書 不辭齒髮多衰疾 所喜林泉有隱居 粉竹合梢垂宿露 翠荷差影聚游魚 北窓人在羲皇上 時爲淵明一起予 及其秋色入山 光景鮮明則 膝橫素琴 觸物寄興 倚欄而哦 其一 滿庭詩景飄紅葉 繞砌琴聲滴暗泉 門外晩晴秋色老 萬條寒玉一溪烟 其二 獨抱瑤琴過玉溪 朗然淸夜月明時 只今已是無心久 却怕山前荷蕢知 其三 閒來無事不從容 睡覺東窓日已紅 萬物靜觀皆自得 四時佳興與人同 道通天地有形外 思入風雲變態中 富貴不淫貧賤樂 男兒到此是豪雄 又如冬氣凜冽 風雪滿山則 擁爐燒香 展卷而讀 其一 風捲黃雲暮雪晴 江烟洗盡柳條輕 簾前數片無人掃 又得書窓一夜明 其二 一床玉雪瑩無瑕 鑪有生香鼎有茶 夜半起來讀周易 好看明月透梅花 其三 朔吹搖空歲暮天 颼颼老屋讀書氈 一寒到骨那能解 萬事關心只自煎 衾鐵夜深明積雪 樵山市遠絶炊烟 詩人耐冷今猶古 擬訪梅花澗水邊 噫愚生素志 不徒在於此 而命與時違 人不吾謀 驥已老而伏櫪 鰲不靈而戴石 對人而言 則無寃目洞耳之論 憂時而詠 則混街談巷謠之俚 其敢望登周衛翊聖明 而君吾堯舜 世吾商周乎 況高車駟馬之憂 何如貧賤之肆志 殘杯冷炙之辱 何如釣採之美鮮也 知日用養氣如養兒 服藥百裹 不如獨臥 故甘心自晦 封戶不出者 幾數十年矣 朋來則觴 獨暇則詠 悠悠日月 休休心事 長在乎皇王帝伯之上 頓絶於人世富貴之中 直可以窮天地 細萬物而獨往 何必超鴻濛混希夷 窈窈冥冥 然後方可謂之閒也哉 甲申孟夏上澣靑城上人"

27) 권호문, 위의 글.

선비의 몸에는 도(道)가 실려 있다고 함으로써 선비의 들어가고 나감[出處]과 도(道)의 드러나고 드러나지 않음[顯晦]을 동일시하고 있다. 이를 통해 선비라는 존재에 대한 송암의 인식의 정도를 알 수 있을 뿐만 아니라, 자신에 대한 스스로의 자부심도 느낄 수 있다.

선비라는 존재를 이렇게 봄으로써 선비의 현실참여[兼善]에 대한 명분을 굳게 세우고 있다. 그래서 "세상을 구할[濟世] 뜻을 충실히[拳拳] 하고 도를 행할[行道] 뜻을 부지런히 힘쓴[汲汲]" 성현군자의 모습을 긍정적으로 서술하고 있다. 직접적으로 우왕(禹王), 공자(孔子), 이윤(伊尹), 강태공(姜太公) 등을 거론하고 있다.

그러면서 선비의 '겸선(兼善)' 외에 '은구(隱求)의 즐거움'을 적극 내세우고 있다. '은구(隱求)'란 '숨어살며 뜻을 구한다.(隱居以求其志)'라는 것으로, '겸선(兼善)'을 할 수 없는 상황에서 선비가 택할 수 있는 또 하나의 길로서, 자연에 들어가 스스로를 수양하는 것을 이른다. 이 '은구(隱求)의 즐거움'을 강조함으로써 자신의 처사로서의 삶에 대한 명분과 의미를 부여하여 있다.

그러면 왜 송암은 '은구(隱求)의 즐거움'을 내세우고 있는가? 송암은 자신이 한거(閒居)의 삶을 택한 이유에 대하여 다음과 같이 언급하고 있다.

> 두보(杜甫)의 시를 읊조린즉 '어찌 때를 구할 계책이 없으랴마는 / 마침내 그물에 걸릴까 두렵구나.(豈無濟時策 終竟畏網罟)'요, 지리은자(智異隱者)를 그리워한즉, '밭 갈며 한낮을 보내고 / 약초를 캐며 청춘을 지냈네.(耕田消白日 採藥過靑春)'이라. 이와 견주어본즉, 나의 한거(閒居)의 기록(記錄)도 진실로 이와 같으리라.[28]

두보의 시에서 느낄 수 있듯이, 송암은 자신이 세상에 나아가 '세상을 구할[濟世] 뜻'과 '도를 행할[行道] 뜻'을 펼칠 수는 있으나 혹여 세상의 그물에 걸

28) 권호문, 위의 글.

려 험난한 길을 걸을지도 모를 두려움을 갖고 있는 것이요, 그래서 송암은 신숙(申淑)의 시에서 보여지듯이 산수(山水) 속에서 소일하며 스스로 즐거움을 얻는 삶을 택한 것이다.

이에 대해 송암은 <한거록>에서 구체적으로 언급하고 있다.

> 아! 나의 본뜻은 다만 여기에 있는 것이 아니지만, 명(命)과 때가 어긋나고 사람이 나를 꾀하지 않으매, 기마(驥馬)는 이미 늙어 마구간에 엎드리고, 거북은 영(靈)치 못하여 돌을 지게 되니, 사람을 대하여 말한즉 눈을 높이고 귀를 꿰뚫는[嵬目洞耳] 論이 없고, 때를 근심하여 읊조린즉 거리의 이야기와 노래[街談巷謠]의 속됨에 뒤섞인다. 그러니 주위(周衛)에 올라 성명(聖明)을 도와서 임금을 요순(堯舜)으로 하고 세상(世上)을 상주(商周)로 만드는 것을 감히 바랄 수 있으리요.[29]

이 말을 잘 새겨본다면, 송암은 자신에게도 '세상을 구할[濟世] 뜻'과 '도를 행할[行道] 뜻'이 있었지만 명(命)과 때가 어긋나서 '겸선(兼善)'할 수가 없으므로 젊어서부터 좋아하던 산수에서의 '은구(隱求)의 즐거움'을 추구하며 산다는 것으로 이해할 수 있다.

그래서 송암은 자신이 추구하는 '은구(隱求)의 즐거움'이 젊어서부터 추구하던 것이라고 주장한다.

> 나는 젊어서부터 과거[科程]에는 배우기를 게을리 하고, 뜻은 계산(溪山)에 오래 두어, 산과 물을 찾아다니며[尋山訪水] 즐거워하지 않는 바가 없었고, 노을과 구름에 깃들여 누워[棲霞臥雲] 평안(平安)하지 않는 바가 없었다.[30]

위의 글에서 보듯, 젊어서부터 산수(山水)를 좋아하고 그 속에서 마음의 평

---

29) 권호문, 위의 글.
30) 권호문, 위의 글.

안(平安)을 얻었던 것이다. 그래서 송암은 자신이 지향하는 것을 "분수에 편안히 하여[安分] 몸에 욕(辱)됨이 없고 / 기심(機心)을 알아[知幾] 마음이 스스로 한가로우니 / 비록 티끌세상[塵世上]에 있더라도 / 몸은 도리어 인간세상(人間世上)을 벗어나네.(安分身無辱, 知機心自閑. 雖居人世上, 却是出人間.)"라고 하여 '기심(機心)을 알아 그에 얽매이지 않음으로써 마음을 스스로 한가롭게 가질 수 있는 것'을 원하고 있으며, 그러한 삶 속에서 즐거움을 얻고자 하고 있으니, 그 즐거움이란 "만고(萬古)의 흥망(興亡)을 말았다 폈다[卷舒]하는 손이요 / 천 겹의 운수(雲水)에 드나드는 몸이라(卷舒萬古興亡手, 出入千重雲水身)"와 "집안에 명언[寶唾] 일천 권을 간직하고 / 삼십 년 동안 주역[韋編]을 손으로 넘겨보는[手閱] 일들(家藏寶唾一千卷, 手閱韋編三十春)"에서 알 수 있듯이, 산수 속에서 그 아름다움을 즐기며, 독서하는 것이다.

산수 속에 거처하며 이와 같은 '은구(隱求)의 즐거움'을 추구하는 것이 송암이 처사로서 살아가는 명분이요, 그 의미가 되는 것이다. 이러한 것을 분명히 하기 위해 집필한 것이 바로 <한거록>인 것이다.

3. 〈한거록〉의 구성

<한거록>은 송암의 '한거(閒居)'에 대한 명분을 밝힌 글로서 다음과 같은 내용으로 구성되어 있다.

○ 선비[士]의 두 가지 삶의 방식을 제시
- 세상을 구할[濟世] 뜻과 도를 행할[行道] 뜻을 세상에서 실천함
- 산림에서 독선(獨善)함

○ 옛 한인(閒人)들 열거

○ 자신이 지향하는 삶과 즐거워하는 삶의 모습 제시

○ 자신이 한거(閒居)의 기록을 남기는 이유 제시

○ 고인의 시를 따서 사시(四時)에 분속하여 놓음으로써 자신의 한거(閒居)의 취(趣)를 나타냄.
○ 자신의 본의가 '한거(閒居)의 취(趣)'에 있지 않았음에 대한 해명
○ 자신이 추구하는 '한(閒)'에 대한 설명

이상과 같은 구성을 하면서, 송암은 가능한 기존의 서적에 나타난 기록을 갖다가 엮어서 표현하고 있다.

4. 〈한거록〉 소재 한시 분석

송암은 고인의 시들 뽑아 사시(四時)에 분속하여 자신의 '한거(閒居)의 취(趣)'를 들어내고 있는데, 사시(四時)즉 봄, 여름, 가을, 겨울에 대해 자신이 생각하는 특징을 서술한 다음 그에 알맞은 고인의 시들을 갖다가 분속해 놓고 있다. 봄에만 두 편의 시를 싣고, 나머지 세 계절에 대해서는 세 편의 시를 들고 있다.

1) 봄의 흥취

송암은 봄에 대하여, "봄비가 새로 개고 맑은 못이 거울같이 맑으면, 짧은 노를 저어서 넘실거리는 물결에 낚싯대를 던져 노래하나니."라고 하여 봄의 맑고 깨끗한 정경 속에서 낚시하는 흥취를 나타내고 있다. 이러한 봄의 흥취를 나타낸 두 편의 시를 싣고 있는데, 다음과 같다.

서색산 앞에 백로가 날고
도화꽃 흘러오는 물에 쏘가리가 살쪄 있네.
청약립 쓰고 녹사의 걸치고는

빗긴 바람 가랑비에 돌아갈 줄 모르는구나.
西塞山前白鷺飛, 桃花流水鱖魚肥.
靑篛笠綠簑衣, 斜風細雨不須歸.

샛바람 서쪽으로 기운 해에 초강은 깊고
온통 이끼 낀 돌에 온갖 버드나무 그늘이라.
낱낱의 풍류 그리기 어려운 곳
푸른 마름의 신세는 백구의 마음이라.
東風西日楚江深, 一片苔磯萬柳陰.
箇裏風流難畵處, 綠萍身世白鷗心.

처음 시는 원(元)나라 진자(眞子)의 <어부사(漁父辭)>이며, 둘째 시는 조동각(趙東閣)의 <어부(漁父)>로 모두 봄날 무심(無心)한 어부(漁父)의 흥취를 노래하고 있다. 진자의 <어부사>를 보면, 서색산 앞에 백로가 나는 것은 살찐 쏘가리가 있기 때문이요, 도화꽃이 떠내려오니, 그 곳은 속세가 아닌 이상향임을 알 수 있다. 그러니 가랑비가 온들 그 흥취를 누를 수가 있겠는가? 조동각의 <어부>를 보면, 따뜻한 봄바람이 부는 초강의 저녁, 끝없는 버드나무 그늘 아래 이끼 낀 낚시터, 그것은 낱낱이 그릴 수 없을 정도의 아름다운 풍경이다. 그 속에서 시인은 세속의 부귀에 얽매이지 않는 한가로움을 만끽하는 것이다.

2) 여름의 흥취

송암은 여름에 대하여, "여름이 회태(恢台)하야 물화(物華)가 펴나기 시작하면, 머리에 폭건(幅巾)을 쓰고 나무 그늘에 잠자고 돌을 베고 읊조리나니" 라고 하여 여름의 경치 속에 한가로운 흥취를 나타내고 있다. 이에 해당하는 세 편의 시를 싣고 있으니 다음과 같다.

별원 깊고 깊은 곳에 여름 대자리가 맑고
석류꽃 피어 발에 밝게 비치네.
나무 그늘 땅에 가득하니 해는 한낮이고
꿈을 깨니 나는 꾀꼬리의 외마디 울음소리
別院深深夏簟淸, 石榴花發透簾明.
樹陰滿地日亭午, 夢覺流鶯啼一聲.

돌다리는 띠집 굽이진 물가에 놓여 있고
흐르는 물은 빠르게 두 갈래로 나뉘네.
갠 날 따뜻한 바람은 보리 기운을 돋우고
푸른 나무 그늘에 향그러운 풀이 꽃보다 나은 때라.
石梁茅屋有灣碕, 流水濺濺兩度歧.
晴日暖風生麥氣, 綠陰芳草勝花時.

돌베개에 서늘한 기운 생기니 버섯이 빈 집에 피어나고
다만 응당 매화의 윤기는 도서에 들리.
나이 듦을 피하지 못하여 쇠약해지고 병을 앓게 되니
기쁜 일은 임천에 은거하는 것이라네.
분죽 합초는 숙로를 내리고
푸른 연꽃의 들쭉날쭉한 그림자 노는 고기를 모으네.
북창의 사람은 희황의 위에 있고
때로 연명이 나와 함께 한다.
石枕凉生菌閣虛, 只應梅潤入圖書.
不辭齒髮多衰疾, 所喜林泉有隱居.
粉竹合梢垂宿露, 翠荷差影聚游魚.
北窓人在羲皇上, 時爲淵明一起予.

이 세 편은 소자미(蘇子美), 왕안석(王安石), 임포(林逋)의 시이다. 소자미의 <하의(夏意)>를 보면, 꿈속에서 한가로이 지내다가 깨어보니 꾀꼬리의 소리가 들린다는 것으로, 여름의 한가로움에 겨워 잠시 조는데, 꿈에 보니, 깊은 산속 별원에 맑은 대자리와 발에 비친 석류꽃, 그리고 숲이 우거져 한낮에도 땅에 온통 그늘이 지는 곳이라. 한여름의 한가로움은 꿈에서나 현실에서나 마찬가지이다. 왕안석의 <초하즉사(初夏卽事)>를 보면, 시인의 집은 물 가운데 섬에 있고, 그것은 돌다리로 연결되어 있다. 그런데 초여름에 비가 내려 물의 양이 많아져 물살이 센데, 날이 개자 여름의 따뜻한 기운이 왕성해져서 보리가 부쩍 자라고, 우거진 나무 그늘에 핀 풀 향기가 자욱이 퍼지는 초여름의 정경을 읊고 있는 것이다. 임포의 <하일즉사>는 시인이 나이가 들어 쇠약해져 은거의 즐거움을 누리는 것을 읊고 있는 것이다.

3) 가을의 흥취

송암은 가을에 대하여 "추색(秋色)이 입산(入山)하여 광경(光景)이 선명(鮮明)하면, 무릎에 소금(素琴)을 빗겨 사물에 접촉하여 흥을 부치고[觸物寄興] 난간(欄杆)에 기대어 읊조리나니"라고 하여 깨끗한 가을 정경에 나아가 마음속에 일어나는 흥취를 나타내고 있다. 이에 세 편의 시를 싣고 있다.

뜰에 가득한 시의 정경 붉은 잎을 흩날리고
섬돌 휘감는 거문고 소리 암천에 물 떨어지는 소리라.
문 밖 비갠 늦가을 색은 무르익으니
온갖 가지의 찬 구슬은 한 시내의 안개라.
滿庭詩景飄紅葉, 繞砌琴聲滴暗泉.
門外晚晴秋色老, 萬條寒玉一溪烟.

홀로 요금을 안고 옥계를 지나니

밝고 맑은 밤에 달빛이 밝은 때라.
지금 이미 무심한 지 오래니
아마 산 앞에 삼태기 메어보면 알리라.
獨抱瑤琴過玉溪, 朗然淸夜月明時.
只今已是無心久, 却怕山前荷蕢知.

한가로워 일마다 조용하지 않음이 없고
잠을 깨니 동창이 이미 붉었네.
만물을 조용히 관찰하니 모두 절로 얻은 것이니
사시의 가흥이 사람과 한가지라.
도는 천지에 통하여 형적 밖에 있고
생각은 풍운에 들어 변하는 가운데 있구나.
부귀에 미혹되지 않고 빈천을 즐기니
남아가 이에 이르면 호걸영웅이라.
閒來無事不從容, 睡覺東窓日已紅.
萬物靜觀皆自得, 四時佳興與人同.
道通天地有形外, 思入風雲變態中.
富貴不淫貧賤樂, 男兒到此是豪雄.

위에 소개된 시는 옹도(雍陶), 양만리(楊萬里), 정호(鄭顥)의 시이다. 옹도(雍陶)의 <위처사교거(韋處士郊居)>를 보면, 시인은 위처사(위응물)의 은거(隱居)하는 곳의 늦가을의 맑고 아름다운 정경을 노래하고 있다. 양만리(楊萬里)의 <독이빈로옥간시우성(讀李賓老玉澗詩偶成)>은 시인이 이빈로(李賓老)의 옥간시(玉澗詩)를 읽고 느낀 감회를 시로 적은 것으로, 맑은 가을 달밤 세속의 부귀에 얽매이지 않은 시인의 무심한 심정을 노래한 것이다. 정호(鄭顥) 명도(明道)의 <추일(秋日)>은 자연의 이치를 통해 세속의 부귀에 미혹되지 않고 빈천을 즐기는 삶을 구가하고 있는 것이다.

4) 겨울의 흥취

송암은 겨울에 대하여, "동기(冬氣)가 늠렬(凜冽)하고 풍설(風雪)이 만산(滿山)하면, 화로(火爐)를 끼고 향(香)을 사르며 책을 펼쳐 읽나니"라고 하여 겨울의 차가운 기운과 눈 내린 풍경 속에서 집안에서 화로를 피우며 책을 읽는 흥취를 나타내고 있다. 이에 세 편의 시를 싣고 있다.

바람이 누런 구름을 말아 올려 저녁 눈이 개니
강 안개는 버드나무 가지를 씻어내 가볍게 하네.
발 앞의 수편 꽃잎을 쓸 사람이 없고
또한 서창의 한 밤이 밝았네.
風捲黃雲暮雪晴, 江烟洗盡柳條輕.
簾前數片無人掃, 又得書窓一夜明.

한 평상의 옥 같은 눈이 맑아 티가 없고
술동이에 향이 일고 솥에는 차가 있네.
한밤중에 일어나 주역을 읽으며
보기 좋구나. 밝은 달이 매화꽃을 환히 비추니.
一床玉雪瑩無瑕, 罏有生香鼎有茶.
夜半起來讀周易, 好看明月透梅花.

삭풍이 불어 공중을 흔드니 세모의 하늘이요,
바람 부는 낡은 집에서 책 읽는 모전인이라.
한 추위가 뼈에 이르니 어찌 능히 풀리요.
온갖 일 관심은 다만 스스로 차를 다리는 것이라.
금철은 밤이 깊어 쌓인 눈이 밝고
초산은 저자에서 멀어 불 때는 연기가 끊어졌네.

시인이 냉기를 참음은 지금이 예와 같으니
물가에서 매화를 찾는 것에 견주리.
朔吹搖空歲暮天, 颼颼老屋讀書氈.
一寒到骨那能解, 萬事關心只自煎.
衾鐵夜深明積雪, 樵山市遠絶炊烟.
詩人耐冷今猶古, 擬訪梅花澗水邊.

두 번째 시는 출전이 명확하지 않고 첫 번째는 융욱(戎昱)의 <한사인서재잔설(韓舍人書齋殘雪)>이고, 세 번째는 이곡(李穀)의 <고한(苦寒)>이다. 융욱의 시는 눈이 내리다 갠 겨울의 맑고 깨끗한 기운을 읊고 있으며, 두 번째 시는 눈이 내려 세상은 티 없이 맑은데, 한밤중 눈 내린 매화꽃 위로 밝은 달빛이 하얗게 내려 비치는 정감 있는 흥취를 나타내고 있으며, 이곡의 시는 추운 겨울날 냉기를 참는 시인의 모습을 나타내고 있다.

5. 맺음말

지금까지 살펴본 바와 같이 송암은 과거에 급제하지 못하고 산림에 은거하는 자신의 삶에 대한 명분과 의미 부여[隱求之樂]를 위해 <한거록>을 지었다. 이 <한거록>은 옛 사람들의 삶에 대한 언급과 그들의 시를 선별하여 구성하였는데, 그 출전을 일일이 밝힌 것이 이 글의 장점 중 하나이다. <한거록> 소재 한시의 분석을 통하여 각 계절에 대한 언급을 통해 송암이 받아들인 계절에 대한 이미지를 살펴볼 수 있었다.

제4장 사계 김장생의 시가

1. 사계(沙溪)의 시적 풍류

사계(沙溪) 김장생(金長生, 1548~1631)은 조선 예학(禮學)의 태두(泰斗)이다. 그는 예(禮)를 깊이 탐구하여 예에 관한 많은 저술을 남겼다.[1] 사계가 예학에 전념하게 된 데에는 스승인 율곡(1536~1584)의 학문 중에 '약례(約禮)'의 면에 있어서는 보완할 것이 있다고 스스로 생각했기 때문이라고 본다.[2] 그리하여 사계는 평생을 예학의 문제에 몰두하게 된다. 이에 비해 문학에 관한 저술은 소략하여 거의 주목을 받지 못하고 있는 실정이다. 현재 남아 전하는 그의 시 작품은 「최여윤을 애도하며(挽崔汝允)」, 「가야산에서 윤정경을 만나(伽倻山逢尹正卿)」 그리고 「다시 가야산에 노닐며(再遊伽倻山)」 등 3편과

1) 사계가 남긴 예서(禮書)로는 『상례비요(喪禮備要)』·『가례집람(家禮輯覽)』·『의례문해(疑禮問解)』·『전례문답(典禮問答)』 등이 있으며, 이 중 『가례집람』·『의례문해』는 평생 보완했다고 함(한기범, 「김장생의 생애와 예학사상」, 『백제연구』 20, 충남대 백제연구소, 1989.

2) 「어록(송시열 찬)」, 『사계유고(沙溪遺稿)』 권45. "박문(博文) 약례(約禮) 두 가지는 성현의 세계에 있어서 수레의 두 바퀴와 같고 새의 두 날개와 같다. 율곡이 매번 이 말을 하면서 가르쳤다. 그러나 내가 보기에 율곡은 박문(博文)의 공은 가장 많으나 약례(約禮)에 있어서는 오히려 이르지 못한 곳이 있다."(博文約禮二者 於聖賢之門 如車兩輪 如鳥兩翼 栗谷每誦此言以敎之 然余所見 栗谷於博文之功最多 而於約禮 猶有所未至也)

『악학습영(樂學拾零)』과 『진본(珍本) 청구영언(靑丘永言)』에 전하는 시조 2편뿐이다. 그리하여 사계는 그 시적인 재능이 뛰어나지 못하다는 평을 받고 있다.

일단 남아 있는 작품이 별로 없기 때문에 이러한 인식에서 완전히 벗어날 수는 없겠지만, 그의 글들을 살펴보면, 꼭 그렇지만은 않다는 생각을 갖게 된다. 그리고 이러한 점을 논외로 한다 하더라도 시는 조선의 사대부들에게 있어서는 하나의 교양이었다. 그들은 시로써 그들의 생활감정을 자연스럽게 표현했기 때문에 현재 남아 있는 작품이 적다고 하여 사계가 그 작품밖에 짓지 않았다거나 시적 재능이 없었다고 몰아세울 수 없다는 생각이 든다. 특히 양성당(養性堂)을 중심으로 한 사계의 문학 교유를 염두에 둔다면 더더욱 그렇다.

여기에서는 사계의 문학, 특히 시와 시조에 관한 그의 인식과 양성당을 중심으로 한 그의 문학 교유, 그리고 그의 생활시가를 통해 사계 문학의 특징을 살펴보고자 한다. 아울러 이를 통해 사계 김장생의 시적 풍류를 짐작해 보려는 것이다.

2. 시(詩)는 성정(性情)에 근본한다

사계(沙溪)는 문학에 대한 자신을 생각을 구체적으로 밝혀놓지 않았지만, 사계가 예학과 성리학 등 사상적인 면에서 율곡을 계승하고 있다는 점에서 일단은 그가 율곡의 문학관과 같은 선상에 놓여 있다고 볼 수 있겠다.

사계는 13세에 구봉(龜峰) 송익필(宋翼弼, 1534~1599)에게서 사자(四子), 근사록(近思錄) 등을 배웠고, 20세에 율곡(栗谷) 을 스승으로 모시고 도학(道學)에 대한 배움을 받았다. 아울러 사계가 이 두 분에게서 예학(禮學)을 배웠음은 물론이다. 그래서 사계를 구봉과 율곡의 문인이라고 하지만 사계가 대부분 율곡의 영향을 받았으므로 일반적으로 율곡의 적통(嫡統)을 이은 것으로 인식되고 있다. 이러한 사정은 사계의 다음 글에서도 짐작할 수 있다.

> 나는 기질이 미련하여 어려서부터 배울 때를 놓쳤고, 과거(科擧)의 문장에 뜻이 없었다. 나이 스물에 이르러 비로소 곧 깨닫고 고인(古人)의 학문에 뜻을 두어 드디어 선현(先賢)의 문하를 쫓아 대강 들어 그 대체적인 내용을 배웠다.[3]

나이 스물에 선현의 문하에서 배웠다는 위의 글로 보아 사계가 율곡의 학문적 계통을 이었음을 짐작할 수 있다.

그리고 문학, 특히 시에 대한 사계의 생각을 알아볼 수 있는 것으로 구봉의 문집에 쓴 발문(跋文)의 글이 있다.

> 시(詩)는 성정(性情)에 근본하여 느낌에 따라 나오므로 선악(善惡)을 가릴 수 없음은 분명하다. 그의 시를 읊고 그의 글을 읽으면 그 사람을 알 만하지 않겠는가? 선사(先師)께서는 평소에 성현의 글을 읽어서 정자(程子)와 주자(朱子)를 읽으면서 말씀해 주시었고, 소학(小學)을 스스로 본받아 문사(文詞)는 특히 그 나머지일 따름이다. 그 시를 자세히 살펴보면 고아간일(高雅簡逸)하고 유연자득(悠然自得)하여 모두 학문하는 가운데서 나온 것으로, 풍월(風月)을 읊조리는 자들이 그 만에 하나를 본뜨는 것이 아니고 진실로 덕이 있는 자의 말이다. 슬프게도 그는 율곡(栗谷)·우계(牛溪)·송강(松江)과 더불어 서로 잘 지낸 것에 연루되어 거듭 시샘하고 미워함을 입은 것이 노여움으로 변하고 교묘히 재앙의 기틀을 만들어 밀쳐 빠뜨림을 헤아리지 못하여 불우하게 세상에 용납되지 못하고 삶을 마치었다. 인심(人心)의 험함이 곧 이와 같으니 두려워할 만하다. 대저 시집(詩集)은 버려진 지가 오래되었는데, 동문의 벗인 심사경(沈士敬)이 홍산(鴻山)을 다스리던 수개월에 곧 간행하였으니, 또한 가상하다.[4]

---

3) 김장생, 「왕언첩서(王言帖序)」, 『사계유고』 권5.
"余氣質魯鈍 自少失學 無意於科學之文 年至二十 始乃覺悟有志古人之學 遂從先賢之文 略聞爲學梗槩"

사계는 구봉의 문집에 대한 발문의 글을 쓰면서 시를 일러 그것은 성정에 근본한다고 했다. 그리고 구봉의 시를 논하여, 그의 시가 학문하는 가운데 나온 것으로 풍월을 음영한 것이 아니고 덕이 있는 자의 말이라고 했다. 이러한 말들을 통해서 우리는 사계의 시문(詩文)에 대한 인식이 성리학(性理學)과 긴밀히 관련되어 있음을 알 수 있으며, 또한 대체적으로 율곡의 문학에 대한 인식의 그 연장선상에 놓여 있음을 짐작할 수 있다.

율곡은 풍월을 음영하는 자들을 비판하면서 성정으로서 시를 지어야 한다고 하였는데, 이 성정으로써 시를 짓는 것이 학식이 낮은 자로서는 하기 힘든 일이라고 하였다. 이는 성정으로써 시를 지을 때 바르게 짓기가 어렵다는 말이다. 외부 사물로부터 마음속에 어떤 자극이 오면 마음속 성(性)으로부터 정(情)이 나오게 된다. 이렇게 나온 정(情)은 선(善)하기도 하고 악(惡)하기도 한데, 이러한 정(情)은 자신도 모르는 사이에 나오므로 이러한 정이 담기는 시는 때로 선하지 못한 곧 바람직하지 못한 내용을 담게 되기 때문에 시를 바르게 짓기가 어렵다는 말이다.

성리학은 모든 대상을 선과 악으로 인식케 함으로써 사람들에게 악한 것을 경계하여 멀리하게 하고 선한 것을 취하여 그것을 지향하게 한다.

성리학과의 연관 속에서 사계가 시문(詩文)을 이해하고 있기 때문에 선악(善惡)의 문제와 연관하여 외부의 자극에 의하여 성(性)으로부터 정(情)이 나오는 과정을 간단히 살펴볼 필요가 있다.

이 과정을 살펴보기 전에 우리는 우리의 마음에 대한 도학적(道學的) 분석을 이해할 필요가 있다. 성리학적 입장에서 보면, 우리의 마음속에는 성(性)과 정(情)과 의(意)가 있어서 성(性), 정(情), 의(意) 이 셋을 합하여 마음이라고

---

4) 김장생, 「구봉집후발(龜峯集後跋)」, 『사계유고』 권5.
"詩本性情 隨感而發 善惡之不可掩 昭昭也 誦其詩 讀其書 而不知其人可乎 先師平日讀聖賢書 講說程朱 以小學自律 文詞特其緒餘耳 迹其詩 高雅簡逸 悠然自得 皆自學問中出 非吟風咏月者之所可髣像其萬一 信有德者之言也 惜其坐與栗谷牛溪松江相善 重被媢嫉者移怒巧設禍機 擠陷不測 坎軻不容於世而終 人心之險乃如此 可懼也夫 詩集見拋久 同門友沈君士敬宰鴻山之數月 卽刊行之 亦可尙也"

하고, 또는 이 각각을 마음이라 할 수도 있다. 어쨌든 마음은 이들 셋을 주재한다.

우선 성(性)은 천리(天理)를 우리 인간이 부여받은 것으로 변치 않는 우리 마음의 바탕이다. 그런데 이 성(性)은 기질(氣質)에 감싸여 있다. 일반적으로 성(性)에 대한 이름이 두 가지인데, '본연의 성[本然之性]'과 '기질의 성[氣質之性]'이 그것이다. 그러나 성(性)이 두 가지인 것은 아니고 하나로 상황에 따라 부르는 것이 두 가지일 뿐이다. 성(性)을 감싸고 있는 기질을 제외한 순수한 성(性)만을 일컬을 때, '본연의 성[本然之性]'이라 하고, 기질을 포함한 성(性)을 말할 때 '기질의 성[氣質之性]'이라 한다. 하늘로부터 부여받은 이 성(性)은 오로지 선(善)한데, 성(性)을 싸고 있는 기질에는 맑고[淸] 흐림[濁]이 있어서 이로부터 나오는 정(情)에 선과 악이 나뉘게 된다. 그래서 외부의 자극에 의해 성(性)으로부터 정(情)이 나올 때 정(情)이 기질의 맑은 곳을 통해 나오면 그 정(情)은 선(善)한 것이 되고 기질의 흐린 곳을 통해 나오게 되면 그 정(情)은 악(惡)한 것이 된다.

이와 같이 정(情)이 선(善)하고 악(惡)하게 되는 것은 기질의 청탁(淸濁)에 좌우된다. 성(性)으로부터 정(情)이 나오게 되면 그에 연유하여 작용하는 것이 의(意)이다. 의(意)는 정(情)의 선하고 악한 것을 헤아려 그 선한 것을 행하게 하고 그 악한 것을 행하지 못하게 하는 역할을 한다. 이러한 정(情)과 의(意)의 관계, 의(意)에 대해 묻는 어떤 사람에게 답하는 사계의 글 속에서 이에 관한 사계의 생각을 알아 볼 수 있다. 어떤 이는 사계에게 다음과 같이 묻는다.

> "정(情)에 말미암는 것이 의(意)이다." "혹 기쁘고 혹 노엽고 혹 슬프고 혹 두렵다는 것 등 네 가지와 수신장(修身章)의 친하고 사랑하는 것[親愛]과 낮고 미워하는 것[賤惡] 등 다섯 가지의 것은 모두 마음[心]의 쓰임이다." "의(意)가 나오는 것은 천백 종이라 하였으나 대학 성의장(誠意章)에 다만 '좋아함과 미워함[好惡]' 두 가지의 의(意)를 말한다."라고 한 것은 무엇입니까?[5)]

이러한 물음에 사계는 다음과 같이 그것을 설명하고 있다.

주자(朱子)가 말하기를, 정(情)이 나오는 것이 이와 같고 의(意)가 주장하는 것이 곧 이와 같다. 저 물(物)을 좋아하는 것이 정(情)이고 저 물(物)을 멀리 하고 좋아하는 것이 곧 의(意)인 것과 같다 하였다. 또한 말하기를, 정(情)은 움직이는 곳이요, 의(意)는 주장하여 나아감이 있는 것이다. '좋아하고 미워하는 것[好惡]'과 같은 것은 정(情)이요, 아름다운 용모[好色]를 좋아하고 나쁜 냄새[惡臭]를 싫어하는 것이 곧 의(意)이다. 총괄하여 논한다면, 사람이 기쁜 일에 당하여서 기뻐하고 노여운 일에 당하여서 노여워하고 슬픈 일에 당하여서 슬퍼하고 두려운 일에 당하여서 두려워하고 사랑스런 일에 당하여서 사랑하고 미운 일에 당하여서 미워하고 하고자 하는 일에 당하여서 하고자 하는 것, 이 모든 것은 정(情)의 좋은 면이다. 이에 있어서, 좋다고 하는 것을 헤아려 행하는 것이 의(意)이요, 기쁘지 않은 일에 당하여서 기뻐하고 노엽지 않은 일에 당하여서 노여워하고 슬프지 않은 일에 당하여서 슬퍼하고 두렵지 않은 일에 당하여서 두려워하고 사랑스럽지 않은 일에 당하여서 사랑하고 밉지 않은 일에 당하여서 미워하고 하고자 하지 않는 일에 당하여서 하고자 하는 것, 이 모든 것은 정(情)의 나쁜 면이다. 이에 있어서, 나쁘다고 하는 것을 헤아려 행하지 않는 것이 의(意)이다. 대저 일은 비록 수만 가지이나 선악(善惡) 두 가지에 지나지 않고, 의(意)는 비록 천 가지로 변하나 '좋아함과 미워함[好惡]' 두 가지를 벗어나지 않을 뿐이다. 『禮運』에 이르기를, 무엇을 인정(人情)이라고 하는가? 기쁘고 노엽고 슬프고 두려워하고 사랑하고 싫어하고 하고자 하는 일곱 가지의 것은 배우지 않아도 능히 할 수 있는 것이다. 마시고 먹는 일과 남녀의 일은 사람이 크게 하고자 함이 그 곳에 있으며, 죽어 없어지고 가난하고 고통스러운 일은 사람이 크게 싫어함이 그 곳에 있다. 그러므로 '하고자함[欲]과 싫어함[惡]'이라는 것은 마

---

5) 김장생, 「답혹인문목(答或人問目)」, 『사계유고』 권4.
"緣情爲意也 或喜或怒或哀或懼等四者 及修身章之親愛賤惡等五者 皆心之用也 而意之所發千百種 而大學誠意章 只以好惡二者之意爲言者 是何也"

음의 큰 갈래이다[大端]. 대개 의(意)는 정(情)에 말미암는 것이다. 정(情)이 이미 이와 같으므로 의(意) 또한 이와 같다. 맹자 역시 야기장(夜氣章)에서 다만 '좋아함과 미워함[好惡]' 두 자로써 인심(人心)을 총괄하여 말하였다. 『예운(禮運)』·『대학(大學)』과 『맹자(孟子)』의 설은 그것이 한 가지로 꿰뚫는다고 이를 만하다.6)

사계는 정(情)에 말미암는 것이 의(意)라고 하면서 정(情)은 좋아하고 미워하는 것과 같은 것이요, 의(意)는 아름다운 용모를 좋아하고 나쁜 냄새를 싫어하는 것과 같은 것이라고 '좋아함과 미워함[好惡]'으로써 구별을 하고 있다. 그리하여 의(意)는 그것이 천 가지로 변하나 좋아하고 미워하는 것 두 가지뿐이라고 한다.

그런데 이 의(意)에도 선한 것과 악한 것이 있어 그 나온 정(情)의 선한 것과 악한 것을 헤아림이 잘못될 수가 있는 것이다. 그래서 의(意)의 선한 것과 악한 것 중에서 어느 한 쪽으로 정하여 나아가는 것을 지(志)라고 한다. 이 정(情)과 성(性), 의(意)와 지(志)의 관계에 대해 사계는 다음과 같이 율곡의 말을 빌어 말하고 있다.

일찍이 율곡 선생의 말씀을 들었는데 말씀하기를, "정(情)은 지각(知覺)하지 못하는 사이에 저절로 발하여 나오는 것이지, 자기로 말미암아 부리는 것이 아

6) 김장생, 같은 곳, 같은 책.
"朱子曰 情是發出恁地 意是主張要恁地 如愛那物是情 所以去愛那物是意 又曰 情是動處 意則有主向 如好惡是情 好好色 惡惡臭便是意 總而論之 人之當喜而喜 當怒而怒 當哀而哀 當懼而懼 當愛而愛 當惡而惡 當欲而欲 是皆情之善者 於是乎以爲善 而較計商量而行之者 是意也 不當喜而喜 不當怒而怒 不當哀而哀 不當懼而懼 不當愛而愛 不當惡而惡 不當欲而欲 是皆情之惡者 於是乎以爲惡 而較計商量而不行之者 是意也 大抵事雖萬端 而不過善惡兩者 意雖千變 而不出好惡二者而已 禮運曰 何謂人情 喜怒哀懼愛惡欲 七者弗學而能 飮食男女 人之大欲存焉 死亡貧苦 人之大惡存焉 故欲惡者 心之大端也 盖意緣情者也 情旣如此 故意亦如此矣 孟子亦於夜氣章 只以好惡二者 摠括人心而言之 禮運大學及孟子之說 其可謂一以貫之矣"

니다. 오직 평일에 함양(涵養)하는 공(功)이 지극하면 곧 그 나오는 것이 사악하고 굽음이 없을 것이다. 의(意)는 곧 정이 발하여 나온 이후에 인연하여 헤아리는 것이요, 지(志)는 일정한 곳을 가리켜 한가지로 똑바로 따라가는 것이다. 의(意)는 음(陰)이요 지(志)는 양(陽)이다. 그러므로 성(性)과 정(情)은 마음에 통어(統御)되고 지(志)와 의(意)는 정(情)에 통어(統御)된다." 하셨다.7)

지금까지 외부 사물의 자극으로부터 정(情)이 나오는 과정을 살펴보았다. 이에서 알 수 있듯이 일반 사람들이 선한 정(情)을 내기가 쉽지 않다. 시(詩)란 이러한 정(情)을 담는 것이기에 율곡은 시에 대해 학식(學識)이 낮은 자가 하기 어렵고 또한 학문을 하는 자가 능히 잘해야 할 일이 아니라고 하였다. 그러면서도 시가 사람과 귀신을 감동시킬 수 있는 것이며, 또한 성정을 읊어 청화(淸和)를 펴서 가슴속의 더러움을 씻을 수 있다면 존양성찰(存養省察)에 일조가 된다고 그 시(詩)의 가치를 평가하고 있다. 사계의 어록(語錄) 속에 율곡의 이 말이 실린 것으로 보아 사계도 율곡의 이 말에 깊이 공감하고 있었음을 짐작할 수 있다. 아마 사계가 시를 많이 짓지 않은 이유가 여기에 있는 것은 아닌지 모르겠다. 율곡이 학문하는 자가 능히 잘해야 할 일이 아니라고 하였듯이, 예학에 깊이 몰두하면서 혹시 조심하지만 조금이라도 잘못된 정(情)이 시 속에 담길까봐 염려한 것은 아닌지 모르겠다.

3. 양성당(養性堂)을 매개로 한 문학 교유

사계가 지어 남긴 시는 몇 편 안되지만 사계는 시를 즐긴 인물이다. 동춘당

7) 김장생,「어록(語錄)」,『사계유고』권10.
"嘗聞栗谷先生之言曰 情是不知不覺 自發出來 不敎由自家 惟平日涵養之功至 則其發出者自無邪枉矣 意則是情之發出後因緣計較者 志則是之一處一直趨向者 意陰而志陽也 然則性情統於心而 志意又統於情者也"

(同春堂) 송준길(宋浚吉)이 자신의 선고(先考)의 연보(年譜)를 작성하면서 다음과 같은 글을 남기고 있다.

> 그 때에 사계(沙溪) 선생이 가화(家禍)를 만나 연산(連山)에 돌아와 있었는데, 매일 (부친과) 서로 왕래하여 오래 머물면서 세월을 헛되이 보내지 않았다. 죽창(竹窓)·수옹(睡翁) 두 공과 특히 서로 잘 지내 지기(知己)를 허락하여 시주(詩酒)로써 서로 맞이하여 속세의 밖에서 노닐어 늙어감을 알지 못했다. 스스로 도의(道意)를 담아 정기(亭記)와 절구(絶句) 두 수를 지었다.[8]

동춘당의 글에서 보면 사계는 청좌와(淸坐窩) 송이창(宋爾昌), 수옹(睡翁) 송갑조(宋甲祚), 죽창(竹窓) 이시직(李時稷) 등과 교유하면서 시주(詩酒)와 산수를 즐기는 생활을 했음을 알 수 있다.

그리고 사계는 자신의 백조부(伯祖父)가 구한 아한정(雅閑亭)에 새겨진 시들을 읊조리며 또 한편으로는 여러 명사(名士)들의 시들을 구하여 옛 시들에 이어 새겨놓으며 그 시들을 즐겼을 뿐만 아니라, 특히 임진란(壬辰亂) 이후 아한정(雅閑亭)의 옛터에 지은 양성당(養性堂)을 중심으로 당세의 여러 명사들에게 글(주로 시들임)을 청하여 새겨서 그 시들을 즐겼음을 알 수 있다. 특히 양성당 건립 이후에는 이를 중심으로 사상적으로 뜻을 함께하는 사람들의 작품을 구하여 교유하였다는 점에서 이들의 문학 활동은 특별한 의미를 지닌

---

8) 송준길, 「선고청좌와부군연보(先考淸坐窩府君年譜)」, 『동춘당집(同春堂集)Ⅱ』(민족문화추진회간) 별집(別集) 권8 연보.
"丙辰萬曆四十四年條 府君年五十六歲 ○搆挹灝亭望辰居時沙溪先生亦遭家禍 歸在連鄕 每相往來 留連無虛歲 與竹窓睡翁兩公特相善 許而知己 詩酒相邀 逍遙於塵后之外 不知老之將至 自製亭記及兩絶以道意"
이때 가화(家禍)라는 것은 사계 66세(1613, 광해군 5년) 때 일어난 계축옥사(癸丑獄事)에 서제(庶弟)인 경손(慶孫)과 평손(平孫)이 연루되어 처벌을 받은 일을 의미한다. 이 때 사계도 연좌형을 받을 뻔하였으나 겨우 면하고 당시 재임 중이었던 철원부사에서 축출되는 것으로 마무리 된다. 이 때 사계는 연산으로 귀향하였는데, 위의 기록은 이 때의 생활을 말하고 있는 것이다.

다고 보인다. 이는 사계를 중심으로 한 일종의 사상을 함께 하는 집단이 형성되었음을 의미하는 것이다.

사계가 양성당을 건립하고 스스로 그 기문(記文)을 지었는데 그 내용은 다음과 같다.

> 돈암(遯巖) 원림(園林) 안에는 옛날에 정자가 있었는데 현판에 '아한(雅閑)'이라 하였다. 우리 세조조의 문사(文士) 최청강(崔淸江)의 별업[별장]이라. 뒤에 우리 백조부(伯祖父)인 서윤(庶尹) 석(錫)이란 분이 얻은 것인데 내가 그곳에 인하여 집을 지었다. 뒤에는 조그만 산이 있는데 산기슭에 소나무와 대나무[松竹]가 있고 앞에 긴 수풀[長林]이 있으며, 그 바깥에 맑은 시내가 있어 흰 모래가 아름답고 고우며 깊이가 배를 띄울 만하였다. 또 뒤에 산골물이 바위 사이에서 떨어지며 흘러 갓을 씻을 만하다. (그 물을) 이끌어 위 아래로 연못을 만들고서 붉은 연과 흰 연을 심었다. 또 도화꽃 핀 계곡 길과 버드나무 물가가 있으며 사초(莎草)가 뚝에 피어 있는 것이 수백 보쯤 된다. 배나무 대추나무 감나무 밤나무 닥나무 옻나무 뽕나무 산뽕나무가 좌우에 빙 둘러져 있으며 그 먼 기세로는 대둔산(大屯山)이 그 남쪽에 있고 계룡산(鷄龍山)이 그 북쪽에 솟아 있는데 봉우리들이 험준하나 한 자리에 다 모인다. 교외에 메마른 밭이 몇 이랑 있어, 이에 하인들로 하여금 그 안에서 부지런히 힘써 족히 죽을 바치게 했다. 그러나 내가 서울에서 나고 자라[生長] 조정에서 관직에 매여서 속세의 번거로운 일에 골몰하느라 하루도 정양(靜養)하는 공이 없으므로 허물과 후회가 산처럼 쌓여 있고 머리를 돌림이 아득하니 가히 세월로써 구원하고 다스릴 수 있음이 아니다. 이에 벼슬에 오르기 전의 옷[初服]을 찾아 우러러 산을 즐기고 몸을 굽혀 물을 보며 사물에 촉발하여 이치를 깨달아 (그 속에) 잠겨 한가로운 즉 반드시 마음의 공부에 도움이 없지 않을 것이다. 그러한 뜻이 있으나 능히 결정하지 못한 것이 대개 오래되었다가 올해에야 비로소 돌아올 수 있다. 정자에는 옛날에 새긴 시편들이 있었는데, 그 중에 하나가 곧 내 선조인 정승공(政丞公)이 지은 것이다. 내가 일찍이 그 안에서 풍영(諷詠)하면서 다시 여러 명인들의 작품들을 구해다

가 이어놓았었다. 임진란 때 정자의 집과 함께 다 타버려 이제 곧 우러러보고 굽어보니 근심스러우므로 인하여 남은 터에 조그만 집을 짓고 다시 여러 시들을 새기어 때때로 보면서 스스로 풀었다. 또 이름을 고쳐 양성(養性)이라 하고 당세의 작자들에게 화답을 구하였다.[9]

위의 양성당기에서 확인할 수 있듯이, 사계는 아한정(雅閑亭)에 걸린 시들을 읊조리기도 하고, 스스로 당시 명사(名士)들의 작품을 구해 새겨 놓는 등 시에 대해 관심을 갖고 즐겼었다. 그리고 후에 아한정의 옛터에 양성당을 지어 여러 시편들을 새겨 즐겼으며, 아울러 당세의 작자들에게 화답(和答)의 작품들을 구하였으니, 이 때 참여한 사람들로는 사계를 포함해 송익필(宋翼弼), 김상용(金尙容), 정엽(鄭曄), 조익(趙翊), 소광진(蘇光震), 이단하(李端夏), 심광세(沈光世), 홍천경(洪千璟), 신흠(申欽), 황혁(黃赫), 임숙영(任叔英), 권진기(權盡己), 김상헌(金尙憲), 이정구(李廷龜), 장유(張維), 정홍명(鄭弘溟), 김지남(金止男), 양경우(梁慶遇) 등 19명이다. 이들은 여러 해에 걸쳐 작품을 썼으며, 후에 이 작품들이 없어질 것을 염려하여 사계의 막내아들인 비(棐)가 이들의 글을 모아 『양성당제영(養性堂題詠)』이라는 책자를 내었다.[10] 그리고 이 책의 끝에 우암 송시열이 발문을 적었다.

---

9) 김장생, 「양성당기(養性堂記)」, 『사계유고』 권5.
"遯巖園林中 舊有亭 扁曰牙閑 本世祖朝文士崔淸江之別業也 後爲吾伯祖父庶尹諱錫所得 而余因家焉 背有小山 山下有松竹 前有長林 林外有淸溪 白沙明媚 深可移艇 又後澗懸流巖石間 可以濯纓 引爲上下池 以種紅白蓮 又有桃蹊柳汀 而沙草被堤者可數百步 梨棗柿栗楮漆桑柘 環繞左右 其遠勢則大屯在其南 鷄龍峙其北 峯巒峭崒 咸萃於一席間 郊外有薄田數頃 若使僮僕 勤力其中 足以供饘粥 然余生長京洛 繫官于朝 役役塵冗 無一日靜養之功 而尤悔山積 回首茫然 非可以歲月救治也 若早尋初服 仰而樂山 俯而觀水 觸物悟理 涵泳優遊 則未必無助於心地上工夫 而有其志未能決者盖久 今歲始得來歸矣 亭有舊刻詩什 其一乃吾先祖政丞公所題也 余嘗諷詠其間 而復求諸名作以續之矣 壬辰喪亂 並與亭舍而灰燼 今乃俛仰傷感 仍搆小堂於遺址 復刻諸詩 時觀而自釋焉 又改號曰養性 而求和於當世之作者焉"

10) 필자는 『양성당제영(養性堂題詠)』이라는 책을 소유하고 있는 김영한(金英漢, 충남 및 대전 문화재위원) 선생님을 만나 이 책을 직접 볼 수 있었다. 현재 이 책이 현재 대전시 문화재 자료(제21호)로 지정되어 있다.

『양성당제영』을 살펴보면, 맨 앞에 사계십영(沙溪十詠)이 소개되어 있고, 김장생과 정엽이 「양성당기」를 각각 적었으며, 나머지는 시를 지었는데, 수은(壽隱, 구봉 송익필의 옛 호)이 「양성당제영」이라는 제목으로 10수의 시를 오언(五言)으로 지었으며, 송간(松磵)과 황혁(黃赫)이 「양성당십영」이라는 제목으로 각각 10수의 시를 오언으로 지었고, 정홍명(鄭弘溟)과 양경우(梁慶遇)가 역시 「양성당십영」이라는 제목으로 각각 10수의 시를 7언으로 지었다. 즉 「양성당제영」이라는 시가 1편, 「양성당십영」이라는 시가 4편이 들어 있는 것이다.

그런데 사계십영과 양성당십영은 돈암서원의 근처를 흐르는 사계 주변의 '사계십경'을 읊은 것인데, 그 십경의 이름이 같지 않다.[11] 각각 그 이름을 비교해보면 다음과 같다.

○ 沙溪十詠	○ 養性堂十詠
① 前溪釣魚	① 藥圃春雨
② 後澗濯足	② 沙渚秋魚
③ 鷄龍訪隱	③ 鷄龍訪隱
④ 大屯尋僧	④ 大屯尋僧
⑤ 梅梢明月	⑤ 梅梢明月
⑥ 竹塢淸風	⑥ 竹林淸風
⑦ 蓮池驟雨	⑦ 一區桃源
⑧ 柳汀炊烟	⑧ 兩池荷花
⑨ 黌舍談經	⑨ 黌舍談經
⑩ 林亭觀德	⑩ 野亭觀稼

11) 김영한 선생님에 의하면, 사계(沙溪)라는 내는 돈암서원이 현재의 위치로 옮겨지기 전에 있었던 지역의 근처를 흐르는 물이었다고 한다. 그런데 호남선 철로가 놓이면서 흐르던 물을 막아 돈암서원에 물이 차오자 돈암서원을 현재의 위치로 옮겼다고 한다.

『양성당제영(養性堂題詠)』이라는 책을 일별해 보니 그 십경의 이름이 달라진 이유가 짐작이 간다. 돈암서원(遯巖書院)의 옛 자리 근처에 사계(沙溪)라는 내가 있었다. 사계의 「양성당기」에 “산기슭에 소나무와 대나무[松竹]가 있고 앞에 긴 수풀[長林]이 있으며, 그 바깥에 맑은 시내가 있어 흰 모래가 아름답고 고우며 깊이가 배를 띄울 만하였다.”라고 한 점으로 미루어 아름답고 고운 모래가 있어서 아마 ‘사계(沙溪)’라는 이름이 붙은 것이 아닌가 한다. 그런데 이 사계 주변의 경치가 아름다워 최청강(崔淸江)이 아한정(雅閑亭)을 지을 때 이미 ‘사계십경(沙溪十景)’이 있었던 듯하다. 『양성당제영』의 맨 앞에 소개된 ‘사계십영’은 이를 말하는 것인 것 같다. 그리고 아한정이 임진란 때 불타 없어지고 그 자리에 사계가 양성당을 지은 후 그 십경을 일부 바꾸었다. ③계룡방은(鷄龍訪隱) ④대둔심승(大屯尋僧) ⑤매초명월(梅梢明月) ⑨횡사담경(黌舍談經)은 옛 것을 그대로 쓴 것이며, ②사저추어(沙渚秋魚) ⑥죽림청풍(竹林淸風) ⑩야정관가(野亭觀稼)는 그 이름만 바꾼 듯하고, ①약포춘우(藥圃春雨) ⑦일구도원(一區桃源) ⑧양지하화(兩池荷花)는 경(景)을 바꾼 듯하다. 양성당을 지은 이후에 ‘사계십경’이 바뀌었음을 확인시켜 주는 것이 바로 제8경인 ‘양지하화(兩池荷花)’이다. 여기서 양지(兩池)는 사계가 「양성당기」에서 서술한 “뒤에 산골물이 바위 사이에서 떨어지며 흘러 갓을 씻을 만하다. (그 물을) 이끌어 위 아래로 연못을 만들고서 붉은 연과 흰 연을 심었다.”의 위아래로 만든 연못을 의미함이 분명하다. 이 두 연못은 사계가 직접 만든 것이므로 이것으로써 양성당이 지어진 후 십경에 변화가 있었음을 확인할 수 있다.

양성당을 매개로한 이들의 문학 교유는 매우 활발하였던 듯한데, 이는 사계를 중심으로 한 그룹화 현상으로 받아들일 수 있을 것 같다. 이들 작품들에 대한 분석적 고찰은 이들 작품이 공개된 후에야 가능하므로 후일을 기약할 수밖에 없다.

4. 사계의 생활시와 시조

사계가 남긴 시가 작품으로는 한시 3편과 시조 2편에 지나지 않지만, 앞에서 살펴보았듯이 청좌와(淸坐窩) 송이창(宋爾昌), 수옹(睡翁) 송갑조(宋甲祚), 죽창(竹窓) 이시직(李時稷) 등과 교유하면서 시주(詩酒)를 즐긴 일, 아한정(雅閑亭)과 양성당(養性堂)의 시를 읊어 즐기고, 또 명사들의 시를 청해 즐긴 일 등을 살펴볼 때, 사계가 시를 즐겼음을 짐작할 수 있다.

그리고 사계의 아버지가 평안감사로 있을 때 사계가 석담을 찾아가 율곡에게서 배우고 다시 돌아갈 때 율곡이 지어준 시가 있다. 그 시는 다음과 같다.[12)]

천리 길에 적막한 물가 찾아와,
골 구름 시내 달에 함께 수양은 하였네만,
돌아갈 때 자루 비니 너무도 부끄럽구려,
뒤엘랑 부디 괄목할 기회 잦도록 하게나.
千里相從寂寞濱, 洞雲溪月伴怡神.
歸時垂槖吾堪愧, 別後須敎刮目頻.

이와 같이 스승이 시를 지어 주게 되면 그에 답하는 시가 으레 있기 마련이다. 현재 작품은 보이지 않지만 이 때 사계가 화답한 시가 있지 않았을까 생각된다.

앞에서 언급하였듯이 사계가 남긴 이들 시들을 살펴보면, 모두 사계의 생활 속에서 그 당시의 감회를 담은 곧 인정(人情)을 담은 생활시인 것을 알 수 있다. 사계가 도학(道學)을 배웠지만 그런 도학적 냄새가 전혀 드러나 있지

---

12) 이이, 「김희원(金希元) 장생(長生) 내석담수업사귀평양시이증지(來石潭受業辭歸平壤詩以贈之)」 을해(乙亥, 1575) 시김군대인중회위평안감사(時金君大人重晦爲平安監司), 『율곡전서』 권2.

않다.

먼저 한시 중 「최여윤을 애도하며(挽崔汝允)」란 시를 보면 다음과 같다.

<최여윤을 애도하며(挽崔汝允)>[13)]

우리 어진 이 나이 오십에,
어찌 갑자기 이에 이를 줄 알았으리요.
바탕이 순수하고 순박하며,
총명함을 또한 아울렀었네.
이른 나이에 도학에 뜻을 두어,
인의를 터전 삼았네.
그대 나를 스승 삼고,
나 그댈 스승 삼아,
서로 기다림이 빠르고 빨라,
고인을 내 기약할 만하였네.
성현의 글에 빠져,
학문과 덕을 닦음에 날로 서로 도왔지.
어찌 수삭을 병들어 있으면서,
처음에 나에게 알리려 하지 않았나.
떨어져 있어야 백 리 안이거늘,
갑자기 이 이별이라니.
부음을 듣고 비로소 와서 곡을 하니,
경황이 없어 살았는가 죽었는가 하네.
아들을 대면하니 가슴을 에는 듯하고,
흰 천막 내려진 곳 적막하구려.

---

13) 김장생, 『사계유고』 권5.

그대 부르는 소리 그대는 듣지 못하는가.
그대 곡하는 소리 그대는 알지 못하는가.
늙지 아니하여 나를 앞서 떠나가니,
늙은 나는 어느 때인가.
혼탁한 세상 속을 날아,
기리 가며 신발을 남긴 듯.
온전히 살다 온전히 돌아가니,
그대에게 있어서인 즉 무엇이 슬프리요.
거문고 줄 끊기가 이제부터 시작이니,
책을 펼칠 때마다 생각나겠구려.
학문 좋아하는 이 이제는 없으니,
내가 슬퍼함이 사사로이 하는 것이 아니라오.

吾賢年五十, 豈料遽至斯.
禀氣粹而淳, 聰明又兼之.
早歲志於道, 仁義以爲基.
君以我爲師, 我以君爲師.
相待豈淺淺, 古人吾可期.
沈滯聖賢書, 麗澤日相資.
如何數朔病, 初不報我爲.
貽阻百里內, 奄忽此別離.
聞訃始來哭, 惝況生死疑.
斬焉對孤子, 寂寞垂素帷.
呼子子不聞, 哭子子不知.
未老先我逝, 老我能幾時.
翻然濁世中, 長去若屣遺.
全生又全歸, 在子則何悲.
斷絃從此始, 開卷每相思.

好學今也無, 吾慟非爲私.

여윤 최명룡의 죽음을 슬퍼하는 시이다. 도우(道友)의 죽음을 슬퍼하는 마음이 곳곳에 배어 있다. 도우가 50세에 죽은 일, 성품과 총기 있음, 도학에 뜻을 두어 서로 도와 공부한 일, 갑자기 병이 나서 운명을 달리한 일, 상가에 와 곡을 하는 일 등을 쭉 이야기하고 나서 혼탁한 세상에서 도우의 삶이 온전했음을, 그래서 죽은 이는 슬픔이 없으리라는 것을 말하고, 남은 자신의 도우 없는 슬픔을 언급하면서 마지막으로 도우의 죽음이 나라의 큰 손실임을 지적하는 것으로 마무리 짓고 있다. 도우인 여윤 최명룡의 삶과 학문을 간략하면서도 곡진하게 잘 나타내고 있다.

다음으로 「가야산에서 윤정경을 만나다.(伽倻山逢尹正卿)」를 살펴보면 다음과 같다.

<가야산에서 윤정경을 만나다.(伽倻山逢尹正卿)>14)

가야산에서 만났는데,
비를 맞은 자취 있네.
서로 만나 막 한번 웃고는,
서로 대면하여 말을 잊었네.
邂逅伽倻山, 行裝帶雨痕.
相逢方一笑, 相對却忘言.

이 시는 사계가 가야산에 오르다가 윤정경을 우연히 만난 기쁨을 읊고 있다. 기구와 승구는 가야산의 웅대함을, 그래서 기후가 곳곳이 다름을 말하여 주고 있다. 가야산을 오르다가 친구를 만났는데, 친구의 행장에서 비를 맞은

14) 김장생, 『사계유고』 권5.

흔적을 본다는 것은 곧 자신은 비를 맞지 않았다는 사실을 짐작할 수 있다. 전구와 결구는 우연히 만나 반가운 마음에 한차례 크게 웃었는데, 할 말을 잊었다는 것에서 그 반가운 마음의 크기를 짐작할 수 있다.

다음으로 「다시 가야산에서(再伽倻山)」를 보면 다음과 같다.

<다시 가야산에서(再伽倻山)>15)

옛 절에 노닌 지 이미 십 년,
찬 방에 홀로 앉아 생각은 길고도 기네.
옛 산 봄빛은 온전히 예와 같은데,
머리를 구성으로 돌리니 두 줄기 눈물이 흐르네.
古寺曾遊已十秋, 寒齋獨坐思悠悠.
故山春色渾如舊, 回首龜城雙涕流.

[구성은 지례이다. 선생의 할아버지가 일찍이 이 현을 다스리셨는데, 선생이 모시고 왔었기 때문에 옛일을 생각하여 느꺼워 그에 미친 것이다(龜城 知禮也 先生祖考嘗宰此縣 先生侍來 故追感故事而及之)].

이 시는 사계가 돌아가신 할아버지를 사모(思慕)하는 마음을 담고 있다. 기구와 승구는 사계가 십 년 만에 전에 할아버지와 함께 찾았던 고사(古寺)에 들러 깊은 감회에 젖어드는 모습을 그리고 있다. 전구는 산의 봄빛은 십 년 전과 다름을 없다는 것을 말함으로써 자연은 변함없이 그대로인데 그 때 함께 했던 할아버지는 없다는 사실을 생각하고는 변함없는 자연에 비해 인명(人命)의 유한함을, 그리고 그에 대한 애상(哀傷)을 말하고 있는 것이다.

특히 사계는 할아버지에 대한 정이 남다르다고 볼 수 있다. 사계의 나이 13세 때 어머니가 돌아가시고, 아버지마저 외지로 나가시는 바람에, 사계는 할

15) 김장생, 『사계유고』 권5.

아버지 손에서 자라났기 때문이다. 더군다나 가야산에서 옛날 할아버지가 다스리던 구성이 가까우니, 그 사모의 정이 없을 수 없는 것이다.

이상에서 사계의 시를 살펴보았는데, 이 시들은 사계가 "사람이 기쁜 일에 당하여서 기뻐하고 노여운 일에 당하여서 노여워하고 슬픈 일에 당하여서 슬퍼하고 두려운 일에 당하여서 두려워하고 사랑스런 일에 당하여서 사랑하고 미운 일에 당하여서 미워하고 하고자 하는 일에 당하여서 하고자 하는 것, 이 모든 것은 정(情)의 좋은 면이다. 이에 있어서 좋다고 하는 것을 헤아려 행하는 것이 의(意)이다."라고 했듯이 그 때를 당하여 그 마음을 곡진하게 드러냈다고 볼 수 있다. 그리고 이 시들의 격조(格調)을 논한다면, 일반적인 인식처럼 그 격조가 결코 낮지 않으며 어느 정도 격조를 갖추고 있음을 느낄 수 있다.

사계가 남긴 시조 작품은 2편이『악학습영』과『진본 청구영언』에 전하는데, 사계의 문집에는 사계가 시조를 지었다거나 읊조렸다는 기록이 보이지 않는다. 그러므로 이 작품을 사계의 것으로 보기에는 보다 검증이 필요하다고 본다. 여기서는 작품을 통해 간략히 검증을 해보고 그 작품들의 특성을 살펴보겠다.

> 대 심거 울을 삼고 솔 갓고와 亭子로다
> 白雲 덥힌 곳에 날 잇는 줄 제 뉘 알리
> 庭畔에 鶴徘徊ᄒᆞ니 긔 벗인가 ᄒᆞ노라. (악학습영 178)[16]

이 작품의 초장과 종장의 소재-대, 솔, 정자, 정반(庭畔) 등-를 살펴보면 그 당시의 일반적인 것들이라고 볼 수 있지만, 그 소재들이 사계가 쓴「양성당기」의 내용과 일치함을 알 수 있다.

---

16) 진본 청구영언에도 이 작품(401)이 전하는데 표기의 차이가 있을 뿐 표현적인 면에는 다른 점이 없다.

> 돈암(遯巖) 원림(園林) 안에는 옛날에 정자가 있었는데 현판에 '아한(雅閑)'이라 하였다. 우리 세조조의 문사(文士) 최청강(崔淸江)의 별업[별장]이라. 뒤에 우리 백조부(伯祖父)인 서윤(庶尹) 석(錫)이란 분이 얻은 것인데 내가 그곳에 인하여 집을 지었다. 뒤에는 조그만 산이 있는데 산기슭에 소나무와 대나무[松竹]가 있고 앞에 긴 수풀[長林]이 있으며, 그 바깥에 맑은 시내가 있어 흰 모래가 아름답고 고우며 깊이가 배를 띄울 만하였다.[17]

사계가 돈암 원림 안에 집을 지었는데, 그 곳에는 '아한(雅閑)'이라는 정자가 있었고, 스스로 소나무와 대나무를 심은 점 등이 시조의 내용과 너무나 흡사한 것이다. 그러므로 이 시조는 소재 및 그 배치와 관련해서 보았을 때, 사계가 돈암 원림에서 생활하며 지은 작품이라고 볼 수 있겠다.

중장 "백운(白雲) 덥힌 곳에 날 잇는 줄 제 뉘 알리"의 '백운(白雲)'과 '날'은 자연적인 구름과 해를 의미하기도 하지만, 이존오(李存吾)의 다음 시조처럼

> 구룸이 無心툰 말이 아마도 虛浪ᄒᆞ다
> 中天에 ᄯᅥ 이셔 任意로 ᄃᆞᆫ니면서
> 구ᄐᆡ야 光明ᄒᆞᆫ 날빗츨 ᄯᆞ라가며 덥ᄂᆞ니.

'날'은 임금을 '백운(白雲)'은 임금의 주변에 있는 간신 무리배를 의미하는 것으로 볼 수 있다. 그러므로 이 시조는 조정에서 떠나와 은거하여 한가로이 지내며, 조정의 간신배들에 둘러싸인 임금을 생각하는 마음을 담고 있는 것으로 보인다.

---

17) 김장생, 「양성당기(養性堂記)」, 『사계유고』 권5.
"遯巖園林中 舊有亭 扁曰牙閑 本世祖朝文士崔淸江之別業也 後爲吾伯祖父庶尹諱錫所得 而余因家焉 背有小山 山下有松竹 前有長林 林外有淸溪 白沙明媚 深可移艇"

十年을 經營ᄒᆞ야 草廬 三間 지어 ᄂᆡ니
나 ᄒᆞᆫ 간 ᄃᆞᆯ ᄒᆞᆫ 간에 淸風 ᄒᆞᆫ 간 맛져 두고
江山은 드릴 ᄃᆡ 업스니 둘너 두고 보리라. (진본 청구영언 370)[18)]

위 시조는 사계의 작품으로 보기에 약간의 문제가 있다. 우선, 초장에서 "십년을 경영(經營)ᄒᆞ야 초려(草廬) 삼간(三間) 지어 ᄂᆡ니"라고 읊고 있는데, 사계는 출사(出仕) 후 스스로 은거를 결심한 적이 없으며, 그렇기에 10년이란 시간적 여유를 가지고 초려(草廬)를 지었다는 기록이 보이지 않는다. 「양성당기」에서도 돈암 원림에 집을 지었다는 기록은 있으나 10년이란 세월이 걸렸다는 이야기는 없다. 더구나 중장 종장은 비록 멋스럽고 풍류 있게 보이지만 객관적 사물인식과 그 표현에 벗어나므로 이것이 진정 사계의 작품인지는 좀 더 검토가 필요하다.

5. 맺음말

지금까지 사계(沙溪)의 시에 대한 인식과 양성당(養性堂)을 매개로 한 사계 중심의 문학 교유의 상황, 그리고 사계의 한시 및 시조 작품 분석을 통하여 그 시적 특징들을 살펴보았다.

여러 번 지적했듯이 사계의 3편의 한시와 2편의 시조(더군다나 1편은 사계의 작품으로 보기에 무리가 있음)만으로 사계의 시세계를 운운하기에는 미흡한 면이 없지 않으나, 대체적으로 그 시적 특징들을 짐작해 볼 수 있다. 그리고 사계가 벗들과 시주(詩酒)를 즐긴 사실이라든가, 아한정(雅閑亭)의 시들을

18) 『악학습영(樂學拾零)』에도 이 작품이 전하나 표현상의 차이가 있으니, 그 작품은 다음과 같다.
"十年을 經營ᄒᆞ야 草廬 ᄒᆞᆫ間 지어 ᄂᆡ니
半間은 淸風이오 半間은 明月이라
江山은 드릴 ᄃᆡ 업ᄉᆞ니 둘너 두고 보리라."(177)

읊조려 즐기고, 당시 명사(名士)들의 시들을 받아 정자에 걸은 일, 그리고 임란 후 아한정의 옛 터에 양성당을 지어 그 시들을 다시 새기고, 역시 당세의 명사들의 화답을 구하여 즐긴 일 등을 미루어 볼 때, 사계가 시를 적게 남긴 것이 그가 결코 시적 재능이 없어서라든가 시를 경시해서가 아님을 확인할 수가 있다. 그리고 『양성당제영』이라는 책의 존재를 확인한 점은 큰 수확이라고 생각한다.

제5장 한음 이덕형의 문학

1. 국난(國難) 시기의 신료의 시문

이 항목에서는 한음(漢陰) 이덕형(李德馨, 1561~1613) 문학의 특성을 밝히고자 한다. 한음은 어려서부터 문학적 재능을 드러내어 주위로부터 인정을 받았다. 그래서 그의 문집인 『한음문고(漢陰文稿)』에는 습유에 전하는 시까지 포함해서 모두 230제 310수의 시 작품이 전하고 있다. 구체적으로는 <오언절구> 6제 13수, <칠언절구> 84제 117수, <오언율시> 20제 21수, <칠언율시> 108제 144수, <오언배율> 3제 3수, <칠언배율> 5제 5수, <칠언고시> 4제 4수가 전하고 있는데, 특히 <칠언절구>와 <칠언율시>가 많다.

그러나 현재 그의 문집엔 그의 문학적 견해를 밝힌 글이나 철학적 입장을 밝힌 글은 전하지 않고 있다. 임진왜란과 정유재란을 겪으면서 그의 많은 글들이 소실된 결과인지 모르겠다. 그러나 그러한 결과라기보다는 한음의 시(詩)와 문(文)을 살펴보았을 때 한음이 사변적인 데 치중하기보다는 현실 생활 속에서 실천할 수 있는 것에 더 의미를 두고 있었던 것이 아닌가 하는 생각을 하게 된다. 한음의 시와 문을 통해 한음 문학의 한 특징을 살펴보고자 한다.

2. 성리학에 대한 관심과 문학적 재능

한음의 학문 및 성리학에 대한 관심은 그의 연보에 자세히 나와 있다. 한음은 어려서 부친에게 여쭈어 학문에 정진하였는데, 그 의미를 상세히 알고자 했다.

> 목종 황제 융경 원년 정묘(丁卯) 2년 우리 선조대왕 원년 무신(戊辰) 공 8세, 비로소『소학』을 읽었다. 앞서 배운 원형이정(元亨利貞)의 뜻을 청하자, 지사공(知事公)이 말하기를, "이 뜻은 심오해서 어린 아이가 능히 깨달을 수 있는 것이 아니다." 한데, 공이 말하기를, "독서에는 반드시 먼저 그 뜻을 세밀하게 하여 곧 의미를 알아야 합니다." 하면서 해설을 강하게 청하므로 지사공이 그것을 크게 기특하게 여겼다.[1]

한음은 어려서부터 스스로 철저한 독서를 했음을 알 수 있다. 그래서 그러한 성과가 금방 나타났다.

> 5년 신미(辛未) 공 11세. 초츤의 때(약 7・8세)부터 문예가 일찍 이루어져 이웃 아이들과 놀 때 기쁨과 노여움을 나타내지 않았고 입으로 망령된 말을 내지 않았으며 여러 아이들과 함께 놀 때 감히 희롱하는 말로서 함부로 하지 않았다. 나이 겨우 10여 세에 행보와 언어가 이미 성인과 같았으니 단정히 앉기를 종일토록 하여 장중함을 스스로 지니었고 침착히 외물(外物)에 동(動)하지 않아[深沈] 헤아림이 있어 덕기(德器)가 일찍 이루어졌으므로 사람들이 모두 총각정승이라고 불렀다.[2]

1) 이덕형,『한음문고』,「부록」권1, <연보 상>.
"穆宗皇帝隆慶元年丁卯 公七歲.
二年 我宣祖大王元年 戊辰 公八歲 始讀小學.
請先受元亨利貞之義 知事公曰 此義深奧 非幼兒所能曉 公曰 讀書必先詳其義 乃知意味 強請解說 知事公大奇之."

위의 기록에서 한음이 어린 시절부터 이미 학문이 깊어져 마음을 다잡고 그것을 실천했음을 알 수 있다. 이는 철저한 독서의 성과라 할 수 있다.

조선조 사대부들에게 있어서 그들의 문학은 대부분 성리학적 문학론에 근거하고 있으며, 또한 그러한 문학론은 그들의 성리학적 이해와 긴밀히 연관되어 있다. 현재 『한음문고(漢陰文稿)』엔 그의 성리학에 대해 논의한 글들이 전하지 않고 있지만, 그의 성리학에 대한 관심을 짐작할 수 있는 기록이 보인다.

> 26년 무술(戊戌) 공 38세. 9월에 훈자손첩(訓子孫帖)을 지었는데, 손수 써서 경계를 내렸다.
>
> 공(公)이 송(宋)의 명신언행록(名臣言行錄)을 열람하여 주돈이[濂]・정호・정이[洛]・장재[關]・주자[閩]의 도학(道學)의 요점과 손신로(孫莘老)의 자손을 가르친 말을 추려 모아서 한 첩(帖)을 지어 만들어 손으로 베껴서 여러 자손에게 남겼다. 그 말미에 써서 말하기를, "너희들[兒輩]이 늘 눈을 그것에 두어서 그 어진 마음을 감발하기를 바란다. 아아, 부모의 마음을 너희들이 알아라." 하였다.[3]

한음이 송(宋)의 명신언행록(名臣言行錄)을 열람하여 주돈이[濂]・정호・정이[洛]・장재[關]・주자[閩]와 손신로(孫莘老)의 글을 모아 후손에게 주면서 그들이 어진 마음을 감발하기를 바랐다는 것은 한음이 성리학에 관심이 있었

---

2) 이덕형, 『한음문고』, 「부록」 권1, <연보 상>.
"五年 辛未 公十一歲.
自髫齔時 文藝夙成 與隣兒戲嬉 喜怒不形 口不出妄語 同遊諸兒 不敢以戲語慢之 年纔十餘 行步言語 已如成人 端坐終日 莊重自持 深沈有量 德器早成 人皆呼以總角政丞."

3) 이덕형, 『한음문고』, 「부록」 권1, <연보 상>.
"二十六年 戊戌 公三十八歲.
九月 作訓子孫帖 手書貽戒.
公閱宋名臣言行錄 撮取濂, 洛, 關, 閩道學要略及孫莘老教子孫語 作爲一帖 手寫遺諸子 題其尾曰 願兒輩常目在之 以感發其良心 噫 父母之情 爾其知之."

고, 그 핵심을 어진 마음[良心]으로 보았음을 알 수 있다.

아울러 당시의 성리학의 모습도 알고자 하는 노력을 보이고 있다.

> 35년 정미(丁未) 공 47세. 돌아와 통주(通州)에 이르러 제독(提督) 홍세준(洪世俊)과 학문을 논하다. 공이 관[館, 會同館]에 있을 때는 사신의 일이 온전하지 못해 감히 사사로운 일을 말하지 못하다가 돌아와 통주에 이르러서 회동관 제독 홍공에게 글을 보내어 "성(性)을 회복하고 기(氣)를 기른다.(復性養氣)"는 설을 논하고 또한 중조(中朝)의 이학(理學)으로 지금 어떤 사람이 있는지 물었으며, 또한 근래 명공(名公) 왕남명(汪南明)과 허해악(許海嶽)의 문집과 송태사의 제편(題扁)을 청하였다.[4]

위의 글 중 "회동관 제독 홍공에게 글을 보내어 '성(性)을 회복하고 기(氣)를 기른다.(復性養氣)'는 설을 논하고"라고 한 표현은 한음이 "성(性)을 회복하고 기(氣)를 기른다.(復性養氣)"는 것에 대해 자신의 견해를 말한 것처럼 들리게 하는데, 실제 그 편지를 살펴보면 그것에 대한 자신의 견해를 제시한 것이 아니라 그것에 대한 자신의 견해를 홍세준으로부터 바로잡고 싶다는 의견을 제시하고 있을 뿐이다.[5] 그러나 어쨌든 한음이 성리학에 관심을 갖고 있음은 분명히 알 수 있다.

한편 한음은 문학적 재능을 일찍부터 보였고, 주위의 여러 사람들로부터 인정을 받았다.

---

4) 이덕형, 『한음문고』, 「부록」 권1, <연보 하>.
"三十五年丁未 公四十七歲.
回到通州 揭提督洪世俊論學.
公在館 以使事未完 不敢言私事 及歸到通州 貽書會同館提督洪公 論復性養氣之說 且問中朝理學 今有何人 又請近時名公汪南明, 許海嶽文集 宋太史題扁."

5) 이덕형, 『한음문고』 권11, 「간독(簡牘)」, <도통주 상회동관제독홍야서(到通州 上會同館提督洪爺書)>.
"鯫生欲一就大人老先生之門 以質復性養氣之說 而償宿願焉 則外藩之使禁戒有拘 坐館悶嘿 相望懸絶 何啻壤蟲于黃鵠哉."

> 5년 신미(辛未) 공 11세. 이웃집에서 글을 읽는데 화분의 대나무가 말라 죽어 있었다. 운(韻)을 부르며 시를 지으라 명하니, 공이 곧 한 편을 이루었는데, "근심스럽게 연못가를 거닐던 사람과 흡사하구나."라는 구절이 있었다. 자리에 가득 있던 사람들이 모두 붓을 던졌다.6)

이 시의 전편은 다음과 같다.

> 봄, 여름, 가을, 겨울 중에 기리 봄을 짓지만,
> 추운 겨울이 된 연후에야 홀로 푸르고 새롭다네.
> 지금 초췌하여 뭇 향기를 다한 것이,
> 근심스럽게 연못가를 거닐던 사람과 흡사하구나.7)
> 春夏秋冬長作春, 歲寒然後獨靑新.
> 如今憔悴群芳盡, 恰似離騷澤畔人.

한음은 화분의 대나무가 말라 죽은 것을 마치 절개를 지키다 죽은 굴원(屈原)에 견주었으니, 당시 사대부들이 대나무를 비롯한 매화, 난초, 국화에게서 선비의 절개를 사유한 것에 근거하여 그 비유가 절묘했음을 알 수 있다. 이러한 문학적 재능은 그의 나이 14세 때에도 유감없이 발휘되고 있다.

> 2년 갑술(甲戌) 공 14세 봄 외숙 유상국을 쫓아 포천(抱川)에서 글을 읽다. 유공의 집은 포천에 있는데, 봉래(蓬萊) 양사언(楊士彦) 형제가(사언의 아우 풍고 사준, 죽재 사기는 모두 문장(文章), 필예(筆藝)로 세상에 이름이 났다.) 지나다 공을 보고 크게 기특하게 여겨, 공의 손을 잡고 영평(永平) 우두연(牛頭淵)에 놀

6) 이덕형, 『한음문고』, 「부록」 권1, <연보 상>.
"五年 辛未 公十一歲.
讀書隣家 有盆竹枯死 呼韻命賦 公卽成一絶 有恰似離騷澤畔人之句 滿座閣筆."

7) 이준(李埈), <행장>; 이덕형, 『한음문고』, 「부록」 권3.

러 갔다.(김명세의 무송소설에 영평 금수담이라 일컬었다.) 봉래가 먼저 한 편을 부르자 공이 곧 화답하여 이르기를,

들은 넓고 저녁 빛이 이르니,
물이 맑아 산 그림자 뛰어나구나.
녹음에 흰 연기 일어나니,
향기로운 풀 핀 곳에 두세 집이로다.
野闊暮光薄, 水明山影多.
綠陰白煙起, 芳草兩三家.

인하여 수십 수를 불러 화답하였는데, 나오면 나올수록 더욱 아름다워지므로 봉래가 크게 놀라 말하기를, "그대는 내 스승이지, 내 적수가 아니다." 하고는 드디어 네 구(句)를 손수 써서 금수 계석에 새기니 지금까지 완연하다.(무송소설에는 이 시를 10세에 지은 것으로 하였으나, 비(碑)와 지(誌)를 좇아 이 해에 엮었다.)[8]

앞의 글에서 알 수 있듯이, 한음은 14세에 문장(文章)과 필예(筆藝)가 뛰어난 양사언 형제에게서 자신이 지은 시에 대해 큰 칭찬을 들었다.

위의 시를 보면 기구와 승구가 대(對)를 이루고 있고, 전구와 결구가 대를 이루고 있다. 대(對)는 물상이든 개념이든 이미지를 분명하게 해준다. 기구와 승구에서는 '野－水', '闊－明', '暮光－山影', '薄－多'가 대를 이룬다. 그러면서 기구와 전구는 '원인－결과'의 관계가 성립된다. 기구의 '모광(暮光)'으로

8) 이덕형, 『한음문고』, 「부록」 권1, <연보 상>.
"二年甲戌 公十四歲 春 從舅氏柳相國 讀書于抱川.
柳公家在抱川 楊蓬萊士彦兄弟 士彦弟楓皐士俊, 竹齋士奇 俱以文章筆藝名世 過見公 大奇之 携公遊永平牛頭淵 金命世茂松小說 稱永平錦水潭 蓬萊先唱一律 公卽和曰 野闊暮光薄水明山影多 綠陰白煙起 芳草兩三家 仍唱和數十首 愈出愈佳 蓬萊大驚曰 君 我師也 非我敵也 遂手書四句 刻之錦水溪石至今宛然 茂松小說 以此詩爲公十歲作 而從碑誌編于是歲."

인해 승구의 물에 비친 '산영(山影)'이 아름답게 보이기 때문이다. 승구의 '녹(綠)'과 '백(白)'은 색채대를 이루고 있다. 그러면서 자연 속에 인가(人家)를 배치했으니, 전구의 '백연(白煙)'이 그 단서가 된다. 비로소 한음의 시선은 아름다운 자연 속에 옹기종기 모여 있는 두세 집을 향하게 된다. 전구와 결구의 전개를 통해 우리는 순박한 인정(人情)을 느끼게 된다. 결국 우리는 이 시를 통해 자연의 아름다운 풍광과 사람의 순박한 인정을 모두 느끼게 되는 것이다. 대(對)를 통한 그 시상의 전개가 절묘하다고 할 수 있다. 14세의 소년이 지었다고 하기에는 매우 훌륭한 시가 아닐 수 없다. 이상에서와 같이 한음은 어려서부터 문학에 대한 남다른 재주가 있었다.

3. 충직한 신하의 마음

한음의 문과 시들을 보면 임금과 국가를 위하는 충직(忠直)한 마음을 엿볼 수 있다.

> 20년 임진(壬辰) 공 32세. 정주(定州)에 이르러 청원사(請援使)로 뽑혀 요(遼)에 다다라 병사를 구하다. 공이 밤낮으로 2백리를 달려 요동에 이르러 학순안걸(郝巡按杰)에게 하루에 여섯 번 글을 올려 원병을 내줄 것을 청하였다. 인하여 선익문(仙翼門)의 장하(帳下)에 이르러 뜰에 서서 통곡을 하니 소리가 슬펐다. 종일토록 물러나지 않으니 학걸(郝杰)이 낯빛을 고치고 임금에게 아뢰기 전에 곧 마땅히 본진 병사 5천을 징발하여 총병(摠兵) 조승훈(祖承訓)으로 하여금 거느리게 했고, 유격(游擊) 사유(史儒)로 하여금 보좌하여 와서 돕게 했다. 공은 곧 말을 달려 돌아와 의주(義州)에서 복명(復命)했다.[9]

9) 이덕형, 『한음문고』, 「부록」 권1, <연보 상>.
"二十年壬辰 公三十二歲.
到定州 差請援使 赴遼乞師.

임진왜란이 일어나 선조가 파천(播遷)하는 상황 속에서 국가가 존망의 위기에 놓이자 죽을 각오로 중국에 가서 명(明)의 원병을 구해오는 모습은 비장하기까지 하다.

또한 한음은 국가와 임금을 위한 충언을 아끼지 않았다.

> 근자에 또 유일(柳舟日)의 옥사를 인해서 성상(聖上)의 교지(敎旨)가 매우 엄하시어 온 조정이 떨며 놀라워했습니다. 유일의 일은 신이 진실로 감히 논하지 못하지마는 저 변양걸(邊良傑)은 일의 형편[事體]이 유일과는 다릅니다. 양걸이 무슨 이로움이 자기에게 있다고 감히 모해할 마음을 내겠습니까? …… 다른 사람이 감히 말하지 못하는데 신마저도 입을 다물면 이것은 온 조정이 성상(聖上)을 저버리는 것입니다. 장차 죽음을 무릅쓰고 아뢰려 하였으나 옥사(獄事)가 끝나지 않아서 시속(時俗)의 혐의가 없을 수 없으므로 머뭇거리다[趑趄] 잠시 그쳤던 것입니다. …… 무릇 국가의 대체(大體)에 관하여 말할 만한 것이 있어도 대신은 말하기를, "형세(形勢)가 어려워서 감히 말하지 못한다." 하고 대간도 말하기를, "형세(形勢)가 어려워서 감히 말하지 못한다."하며, 여러 재상(宰相)들은 말하기를, "이 일을 만약 논의하면 반드시 임금의 노여움을 격하게 할 것이다." 하여 각자 그 맡은 바를 잊고 다만 자신의 편리함만 생각한다면 곧 사대부로서 군부(君父)를 사랑하는 것이 또한 박하지 않겠습니까? …… 도리어 세상 도리가 나날이 무너지고 나랏일이 나날이 글러지는 것은 모두 사대부의 죄로서, 사사로움에 치우침이 정사를 해치는 근본이 됩니다. … 드디어 지존(至尊)으로 하여금 홀로 종묘와 사직을 걱정하여 굴하지 않는 굳센 덕[乾剛]을 독단으로 운용케 하고 조반(朝班)을 깔보아서 이에 나랏일을 어찌할 수 없는 지경이라고 돌리니 신이 매양 생각이 여기에 미치면 깨닫지 못하는 사이에 눈물이 흐릅니다. …… 신이 병들고 식견(識見)이 오활하여 갑자기 다 아뢰기는 어렵사오나 또한 감히 중

公晝夜馳二百里 及至遼東 一日六上書于郝巡按杰 乞出援兵 因到仙翼門帳下 立庭痛哭 聲氣慷慨 終日不退 郝杰爲之改容 未及上奏 便宜調發本鎭兵五千 以摠兵祖承訓領之 游擊史儒副之來援 公卽先馳還 復命于義州."

하고 큰 것을 버려두고 먼저 일의 말단이 되는 것에 미칠 수가 없사와 삼가 성궁(聖躬)을 조섭하여 지키시고 아랫사람의 뜻을 통하시라는 것으로써 성상에게 간절합니다. 말이 비록 소박(素朴)하고 비루하오나 모두 다 충심(衷心)에서 나온 것이니, 만약 채택하심을 입게 된다면 신은 죽어도 한이 없습니다.10)

엎드려 생각건대 신은 타고난 성품이 어리석으나 구구한 진실 된 마음[赤心]은 오직 임금을 섬김에 숨김이 없는 데에 있었습니다. 나라에 이해(利害)됨이 있으면 본래 능히 잠자코 있어서 품었던 마음을 저버릴 수가 없었습니다.11)

충심으로 임금을 걱정하고 나라를 염려하는 한음의 마음은 연보와 여러 글 곳곳에서 발견할 수 있다. 이러한 마음이 그의 시에서도 보인다.

<응천(凝川)에서 비를 마주하여, 송운에게 보이다.>12)

온갖 계책 이루어지지 않았는데 살쩍은 이미 세었고,
변치 않는 마음은 나라 걱정에 늘 집을 잊는구려.
꿈에선 양복(楊僕)이 남월(南越)을 평정했던 일을 찾고 있는데,
오히려 누선(樓船)에 걸터앉아 흰 물결만 발로 차네.

---

10) 이덕형, <인구언진폐차(因求言陳弊箚) 갑진(甲辰)>, 『한음문고』 권4 소차.
"頃又因柳舟日獄事 聖敎極嚴 擧朝震駭 柳舟日之事 臣誠不敢論 彼邊良傑 則事體異於柳舟日矣 良傑有何利於己 而敢生謀害之心哉 …… 他人不敢言 而臣又結舌 則是擧朝負聖明也 將擬冒死陳達 而獄事未竟 不能無俗嫌 趑趄姑止 …… 凡有可言關國家大體者 大臣曰 勢難不敢言 臺諫曰 勢難不敢言 諸宰相曰 此事若論之 必激天怒 各忘其所職 而但占便利 則士大夫之愛君父 不亦薄乎 …… 抑世道日頹 國事日非者 皆是士大夫之罪 而偏私爲害政之本 …… 遂使至尊獨憂廟社 乾剛高運 眇視朝列 乃以國事諉之無柰何之地 臣每念及此 不覺流涕 …… 臣病昏識迂 難以率爾盡達 且不敢舍其重且大者 而先及於事爲之末 謹以護攝聖躬 開通下情 惓惓於聖明 言雖朴野 悉出心肝 如蒙採擇 則臣死而無所憾矣."
11) 이덕형, <자명차(自明箚) 무신(戊申)>, 『한음문고』 권4 소차.
"伏以臣賦性戇愚 區區赤心 唯在事君無隱 國有利害 素不能含默以負所懷."
12) 이덕형, <응천대우 시송운(凝川對雨 示松雲)>, 『한음문고』 권1 「시」, '칠언절구'.

百計無成鬢已華, 片心憂國尙忘家.
夢尋楊僕平南越, 猶跨樓船蹴浪花.

응천(凝川)은 현재의 밀양이다. 이 시는 기구의 처음을 '백계(百計)'로 시작함으로써 온갖 계책이 필요할 정도로 급한 상황임을 알게 해주고, 승구의 '우국(憂國)'이라는 표현으로 인해 그것이 나라에 관련된 것임을 알 수 있다. 그러나 기구에서 온갖 계책을 써보았으나 이루어진 것이 없는 참담한 현실을 나타내고 있으며, 더구나 한음은 이미 살쩍이 세어질 정도로 나이가 들어갔으니, 그 현실은 더욱 암담한 상황을 나타내주고 있다. 그럼에도 오직 나라 사랑하는 마음만큼은 변하지 않고 있으며, 그런 암담한 상황 속에서도 전구에서처럼 새로운 묘책을 찾고 있으나, 현실은 그와 달리 자신이 배에 걸터앉아 이는 흰 물결을 발로 차는 무기력한 상황인 것이다. 이 시도 기구와 승구, 전구와 결구가 대를 이루고 있다. 기구는 암담한 현실을 승구는 변치 않는 자신의 마음을 나타내고 있으며, 전구는 꿈속에서 새로운 묘책을 찾고 있는 상황을, 결구는 현실에서 무기력한 자신의 상황을 나타내고 있다. 이 시는 대(對)를 이용한 시상의 전개를 통해 나라의 위급함에도 불구하고 대응할 방도를 찾지 못하는 한음의 안타까운 마음을 나타내고 있다. 그 안타까움은 한음의 나라를 걱정하는 충직함에서 나오는 것이다.

<요양(遼陽)을 지나며 감회가 있어>[13]

일찍이 선왕의 은혜[雨露] 사사로이 입어,
마음으로 기리 한 맹세, 황천[九原]이 알리.
진나라 뜰의 피울음 울던 옛 자취 남았는데,
또 조칙(詔勅)을 받들며 눈물을 닦네.
夙被先王雨露私, 寸心長誓九原知.

13) 이덕형, <과료양유감(過遼陽有感)>, 『한음문고』 권1 「시」, '칠언절구'.

秦庭泣血餘陳迹, 又奉絲綸拭涕洟.

이 시의 기구는 한음이 임금[선조]의 은혜를 입은 사실을 드러내주고 있으며, 그래서 승구는 한음이 임금을 위하겠다는 마음의 맹서를 한 사실을 나타내고 있다. 그러면서 전구와 결구는 실제로 자신이 임금을 위해 일하는 모습을 보여주고 있는데, 과거의 사실과 현재의 사실을 전구와 결구에 나란히 배치한 점이 흥미롭다. 즉 세월이 아무리 지나가도 임금과 국가를 위하는 자신의 마음은 변한 없음을 이 시에서 한음은 보여주고 있는 것이다. 이 시의 전구는 한음 32세(1592년) 임진왜란이 일어나 선조가 파천을 해서 정주(定州)에 이르렀을 때 청원사(請援使)로서 학순안걸(郝巡按杰) 앞에서 슬피 통곡하며 청병(請兵)하던 사실을 초(楚)의 신포서(申包胥)의 고사(故事)를 통하여 말하는 것이고, 결구는 또다시 임금을 위해 중국에 사신 가며 요양(遼陽)을 지날 때의 일로 여겨진다.

이상에서 한음의 임금과 국가를 위한 충직(忠直)한 마음을 절실하게 느낄 수 있다.

4. 애민하는 신료의 마음

한음의 글 속에서 백성을 위하는 마음도 살펴볼 수 있다.

서울과 지방 백성으로서 전쟁에 죽고 굶어 죽고 돌림병으로 죽어서 열에 한 사람만이 겨우 남아 있으며 점점 더욱 줄어듭니다. 만약 내년에도 기근과 질병이 또한 올해 같으면 곧 나라의 근본이 장차 다 없어지고 말 것이니 백성을 살리는 방책을 마땅하고도 시기에 맞게 강구해야 합니다.14)

---

14) 이덕형, <시무팔조계(時務八條啓)>, 『한음문고』 권8 계사.
"中外之民 兵死餓死癘疫死 什一猶存 漸益消蹙 若明年飢病 又如今歲 則邦本將盡喪矣 活

전쟁과 기아, 돌림병으로 죽어가는 백성들을 구제할 방책을 마련할 것을 한음은 건의하고 있다. 한음이 민심을 바로 잡아야 국가를 유지할 수 있다는 전통적인 민본사상을 갖고 있음을 다음 글을 통해서도 알 수 있다.

> 국가로서 지탱하여 오래도록 가게 하는 것은 오직 민심에 있습니다. 민심은 지극히 어리석으나 쉽게 감동하고 지극히 미약하여도 가히 두려워할 만합니다. 한 생각이 착하면 그 마음을 미루어 넓혀 가서 사방이 귀의하고, 한 가지 일이 옳지 않으면 해로움이 없을 것이라 여겨도 미천한 백성은 이미 떠나 버립니다. 임금이 구중궁궐에 깊이 살고 있어 (임금에게) 이르는 계단이 매우 멀지만 생각하는 잠깐 사이에 다스림과 어지러움이 금방 판단되니, 그 기틀[機]이 또한 큽니다.[15]

이러한 백성을 걱정하고 사랑하는 마음은 다음 시에서도 잘 나타나고 있다.

<대동강 가에서 뱃놀이를 보고 읊다>[16]

강가의 봄날이 개니 아름다운 배[畫航]를 띄워
취하여 한데 어울려 빙 둘러서고 음악 소리 길어지네
중국 사신[使華]을 진중(珍重)히 여김은 환락(歡樂)과 먼데
백성들의 밭이 도처에 황폐함을 보게나.
江上春晴泛畫航, 醉歸齊擁管絃長.

民之策 所當及時講究."

15) 이덕형, <시무팔조계>, 『한음문고』 권8 계사.
"國家之所以維持而經遠者 唯在民心 民心至愚而易感 至微而可畏 一念之善 推廣其心 而四方歸化 一事之不是 以爲無害 而小民已離 人主深居九重 堂陛甚遠 而志慮毫忽之間 治亂立判 其機亦大矣."

16) 이덕형, <대동강상 견선유구점(大同江上 見船遊口占)>, 『한음문고』 권1 「시」, '칠언절구'.

使華珍重踈歡樂, 看取民田到處荒.

이 시의 기구는 비 갠 맑은 봄날 강에서의 뱃놀이를 통해 그 흥겨움을 나타내주고 있으며, 승구는 그들이 관현의 음악에 맞추어 술을 마시며 노는 흥겨운 모습을 그리고 있다. 전구는 그 놀이가 중국 사신을 환대하는 자리임을 그리고 그 잔치의 도가 지나침을 아울러 지적하고 있으며, 마지막 결구에 대조적으로 백성이 일구는 밭이 도처에서 황폐해짐을 읊음으로써 권력이 있는 귀족들의 사치를 비판하면서 백성들의 어려움을 선명하게 드러내고 있다.

<관서의 안렴사로 가는 박자룡 영공을 보내며>17)

서주에 가면 함께 꿈속의 사람이 되리니,
머리 흰 이의 긴 생각이 거진(莒辰)에 있으리.
스스로 백성을 지키고 변방을 지키며
마음에 두지 말고 병을 잊음이 곧 몸을 잊음이라.
변방의 성에 달아나는 집들이 여러 해 이래 다할지니
공관(公館)은 노래 자리 어지러워진 뒤에 새로워지리.
그대[使君]를 생각하매, 걱정스런 생각 멀어지니
어떤 계책으로 궁궐에 보답할지 알지 못하겠네.
西州同作夢中人, 頭白長思在莒辰.
自是保民爲保塞, 等閑忘病卽忘身.
邊城逃戶年來盡, 公館歌筵亂後新.
想得使君憂思遠, 未知何策報重宸.

이 시의 수련(首聯)은 박자룡이 관서의 안렴사로 가면 꿈에서나 만날 볼 정

17) 이덕형, <송박자룡령공안렴관서(送朴子龍令公按廉關西)>, 『한음문고』 권2 「시」, ‘칠언율시’.

도로 서로 만나보기 힘듦을 나타내고 있으며, 함련(頷聯)은 박자룡이 자신을 돌보지 않고 백성을 지키고 요새를 지키는 모습을, 경련(頸聯)은 그 결과 안정이 되어 여러 해 동안 도망가던 백성들이 도망하지 않게 되고 기뻐 잔치하는 상황을 상상해보는 것이며, 미련(尾聯)은 한음이 떠나는 이를 생각하며 박자룡이 자신이 짐작하지 못할 계책으로 임금의 은혜에 보답할 것이라는 기대를 나타내고 있다. 이 시를 통해서 관서의 백성들이 생업에 종사하지 못하고 도망갈 정도로 생활이 피폐해져 있음을 알 수 있다.

5. 강호에 한적하는 마음

한음은 임진왜란이라는 국가적 재난 속에서, 또 그 후에도 바쁜 생활을 하느라 만년의 몇 년을 제외하고는 한가로운 생활을 할 여유가 거의 없었다. 그러나 틈틈이 한가로운 마음을 읊은 시들이 보인다.

<신안(新安)에서 쓰다>18)

일은 풍운과 더불어 변하고,
강은 세월과 함께 흐르네.
영웅의 지금과 옛 뜻은
모두 한 빈 배에 부치네.
事與風雲變, 江同歲月流.
英雄今古意, 都付一虛舟.

이 시의 기구와 승구는 대(對)를 이루는데, 기구에서는 세상의 일을 풍운

18) 이덕형, <신안제(新安題)>, 『한음문고』 권1 「시」, '오언절구'.

(風雲)에 견주어 변화무쌍함을 나타내고 있고, 승구에서는 세월을 강에 견주어 부단히 흘러감을 나타내고 있는데, 눈에 보이지 않는 세상일과 세월을 눈에 보이는 풍운과 강에 견줌으로써 그러한 현상을 구체적으로 보여주고 있는 점이 새롭다. 기구는 공간(空間) 개념이고 승구는 시간(時間) 개념이다. 부단히 변하고 흘러가는 시공(時空), 그 속에서 수없이 등장한 고금의 영웅들, 그들이 가졌던 웅장한 뜻들은 세월의 흐름 속에서 한갓 한가로이 떠 있는 빈 배에 지나지 않는 것임을 한음은 읊고 있다. 이 시는 세상에서 물러날 뜻을 갖고 있다.

<삼족당에 쓰다>19)

들빛은 연기 속에 가리고,
여울 소리 달빛 아래 차네.
가을바람 끊임없이 불어오니,
맑은 흥이 저물녘 강가에 이네.
野色煙中隱, 灘聲月下寒.
秋風吹不盡, 淸興暮江干.

이 시는 한음이 청도(淸道)의 운문산(雲門山) 밑에 있는 김대유(金大有, 1455~?)의 삼족당(三足堂)에 들러 그 곳에서 바라보는 풍경을 읊은 것이다.

이 시의 기구도 승구와 대를 이루고 있는데, 기구는 해가 차츰 저물어 들판의 물색이 연기 속에서 어두워져 감을 나타내고 있다. 날이 어두워지면 들판을 흐르는 물소리는 더욱 크고 맑게 들리고, 달빛은 더욱 밝아지게 되니, 승구가 그렇다. 전구의 가을바람이 쉼 없이 불어오듯이, 결구에서는 저물녘 강가의 맑은 흥이 다함없이 일어나고 있는 것이다. 이 시의 시상은 '야색(野色)'

19) 이덕형, <제삼족당(題三足堂)>, 『한음문고』 권1 「시」, '오언절구'.

-'탄성(灘聲)'-'추성(秋聲)'-'청흥(淸興)'으로 이어지는 독특한 모습을 하고 있다.

<늦은 개인 날 우연히 읊어 송운에게 보이다>[20]

엷은 구름 남은 빛은 험준한 산을 아름답게 하고,
먼 나무와 사촌은 노을 속에 묘연하네.
앉아서 저녁 맑은 기운 골짜기에서 생겨나는 것을 아끼므로
벽오동 그늘 아래서 맑은 산을 바라보네.
薄雲殘照媚孱顔, 遠樹沙村杳靄間.
坐愛夕涼生洞壑, 碧梧陰下看晴山.

이 시의 기구와 승구도 대를 이루고 있다. 이 시는 대상을 바라보는 이중적 시선과 시선의 이동을 보여주고 있다. 기구의 엷은 구름과 남은 빛 곧 노을이 험준한 산과 어우러져 만들어내는 아름다움을 그리고 있으며 이것은 시인이 바라보는 풍광이다. 그리고 승구는 기구의 아름다움을 바라보는 시인이 있는 원수사촌(遠樹沙村)으로 시선이 옮아간다. 그러다가 결구에 가서는 기구의 아름다움과 그것을 바라보는 시인이 동시에 그려지고 있다. 즉 결구에는 노을 진 험준한 산의 아름다움을 바라보는 시인의 시선과 그 둘을 아울러 바라보는 또 다른 시선이 함께 존재하는 것이다.

이상의 시들은 강호 자연을 동경하거나 그 속에서 한가로운 생활을 하면서 느끼는 흥(興)을 적실하게 드러내고 있다.

한음의 문학에서 하나 더 주목되는 것은 한글 가사 작품인 <사제곡(莎堤曲)>과 관련된 것이다. 이것은 한글로 지어진 가사 작품으로 이에 관한 다음의 기록이 있다.

20) 이덕형, <만청우음 시송운(晩晴偶吟 示松雲)>, 『한음문고』 권1 「시」, '칠언절구'.

39년 신해(辛亥) 공 51세 봄 용진에 있으면서 사제곡(莎堤曲)을 지었다.

사제(莎堤)는 별장이 있는 마을 이름이다. 이 때 만호(萬戶) 박인로(朴仁老)가 공을 좇아 노닐었다. 처음에 무반으로 천거되어 만호가 되었으나 만년에 장유헌(張旅軒)을 좇아 성리의 말을 배워서는 자신의 뜻을 꺾고 공부하였다. 공이 영남을 살필 때 서로 매우 좋아하게 되었다. 인로가 노래를 잘하므로 드디어 사제곡(莎堤曲)을 짓게 했는데, 한가로운 곳에 들어 수양하는 즐거움과 강호에서 근심을 물리치는 마음을 지극히 서술하여 마음을 펴고 있어서 지금까지 듣는 자들은 늘 그 사모하고 충애(忠愛)하는 정성을 볼 수 있다.[21]

사제곡(莎堤曲)

사제(莎堤)는 지명이라 용진강의 동쪽으로 5리쯤에 있는데 곧 한음 이상공의 강정(江亭)이 있는 곳이다. 공이 상공을 대신하여 이 곡을 지었다.[22]

앞의 것을 『한음문고』의 기록이고 뒤의 것은 『노계집』의 기록이다. 이 두 기록을 종합해보면 <사제곡>은 한음의 입장에서 노계가 지은 좀 특이한 상황 속에 놓여 있는 것이다. 『한음문고』의 「연보」에 '사제곡을 지었다.(作莎堤曲)' 이라고 표현되어 있으나 『한음문고』에 이 <사제곡>의 내용이 수록되지 않은 점으로 보아 이것을 한음의 작으로 보지는 않는 것 같다. 그러나 <사제곡>의 분석을 통해 적어도 말년의 한음의 심회를 살펴볼 수는 있는 것이다.

21) 이덕형, 『한음문고』, 「부록」 권1, <연보 하>.
"三十九年辛亥 公五十一歲 春 在龍津 作莎堤曲.
莎堤 別墅村名也 時朴萬戶仁老從公遊 仁老始武擧爲萬戶 晩從張旅軒學性理語 折節爲學 公體察嶺南時 甚相善 仁老善歌 遂令作莎堤曲 極敍投閒致養之樂 江湖退憂之情以述懷焉 至今聽者 尙可見其眷眷忠愛之誠."

22) 박인로, 『노계집(蘆溪集)』 권3, 「가(歌)」 <사제곡>.
"莎堤 地名 在龍津江東距五里許 卽漢陰李相公江亭所在處也 公代相公作此曲."

6. 맺음말

현재 한음 이덕형의 문학에 대한 논의가 거의 전무한 상태라서 한음의 문학적 특징을 밝혀내는데 많은 어려움이 있었으며, 이 연구는 한음 문학을 연구하는 그 첫 걸음이라고 생각한다.

한음은 어려서부터 문학적 재능이 있었으며, 스스로의 철저한 독서습관으로 인해 일찍 성숙해질 수 있었다. 현재 충분한 자료가 남아 있지 않지만 한음은 성리학을 사변적으로 깊이 있게 다루어 스스로의 논을 주장한 것 같지는 않고 성리학적 지식을 현실 생활 속에서 실천하는 데 더 주안점을 둔 것 같다. 따라서 문학에 있어서도 나름의 문학론을 정립한다기보다는 생활 속에서의 주장과 느낌을 문과 시로 드러냈다고 본다. 한음의 문학적 특징을 다음의 세 가지로 정리해 볼 수 있다.

첫째, 충직한 신하의 마음. 한음은 스스로도 말했지만, 국가의 이해(利害)에 관련되고 올바른 일에 대해서는 주변의 눈치를 보지 않고 자신의 주장을 펴는 충직한 마음을 지녔으며, 그러한 마음이 시(詩)와 문(文)을 통해 그대로 드러나고 있음을 보았다.

둘째, 애민하는 신료의 마음. 한음은 전쟁과 기근, 돌림병 그리고 못된 사대부 및 관료들의 횡포에 시달리는 백성들을 불쌍히 여겨, 이들을 구제할 구체적인 방법을 제시하고 있고, 그의 시 속에서도 이러한 애민의 마음을 엿볼 수 있다.

셋째, 강호에 한적하는 마음. 한음은 말년을 제외하고는 나라를 위해 동분서주하느라 한가로운 여유를 가질 시간이 없었으나, 틈틈이 맞이하는 한가로운 상황 속에서 그것을 즐겼으며 그러한 마음을 시로 나타내었다. 특히 말년에 박인로에게 부탁하여 지은 <사제곡(莎堤曲)>에는 용진에서 자연을 즐기는 한음의 마음이 잘 나타나 있다.

제6장 청장관 이덕무 문학의 사상적 기반과 공안파 시론의 수용 양상

1. 주자학 전통에의 지향

청장관(靑莊館) 이덕무(李德懋, 1741~1793)는 정종대왕(正宗大王)의 열다섯 번째 왕자인 무림군(茂林君)의 12세손으로, 1741년(영조 17년)에 한성(漢城) 중부(中部) 관인방(寬仁坊) 대사동(大寺洞, 지금의 仁寺洞) 부근 본댁에서 통덕부(通德郞) 이성호(李聖浩)의 장남으로 태어났다.

청장관은 특별히 학문을 수학한 스승이 있지 않았지만 천성적으로 학문을 좋아하여 홀로 독학하였다.

> 어렸을 때 집안사람들이 일찍이 소재(所在)를 잃어버렸다가 저녁 무렵에서야 청벽(廳壁) 뒤 풀더미 속에서 찾았는데, 대개 벽에 바른 옛글을 보느라 몰두해서 날이 저무는 줄도 몰랐던 것이니, 그 학문을 좋아함은 곧 천성이다.[1]

> 어릴 때부터 일찍이 남에게 수학하지 않고 왕고(王考)께서 먼저 『십구사략

---

1) 이광규(李光葵), 「선고부군(先考府君)의 유사(遺事)」, 부록, 『간본(刊本) 아정유고(雅正遺稿)』 제8권.
"幼時 家人嘗失所在 向夕 於廳壁後積草間得之 盖耽觀塗壁之古書 不知日之暮 其嗜學卽天性也"

(十九史略)』을 가르치셨는데, 태고(太古)로부터의 주석(注釋)을 상고(詳考)하여 그 긴요한 말을 베끼었고, 의심나고 어려운 것을 물어 미처 이해되지 않으면 반드시 조용한 곳에 앉아 깊이 생각해 풀어내어 그 귀취(歸趣)를 안 다음에 비로소 기뻐하며 웃었다. 그렇지 않으면 처음부터 끝까지 반복하기에 끼니를 잊는 데까지 이르렀다. 혹 그날 배울 분량을 배우지 못하면 어른의 옷자락을 잡고 울며 따라다녔으며, 왕고께서 출타 중에 글 뜻이 통하지 않는 곳이 있으면, 반드시 책을 끼고 남에게 업혀 이웃 마을 장로(長老)에게 나아가서 물어, 『사략(史略)』 한 편을 다 읽기 전에 익숙히 외었던 것 같이 문리(文理)가 통창(通暢)하였다. 글을 읽을 적에는 벽에다 5시가 되도록 해시계를 그어놓고, 때가 되면 여러 아이들과 놀다가도 그 노리개를 다 버리고 어른이 경계하기 전에 1시간에 10번, 하루 50번 읽는 것을 일과(日課)로 삼았다.[2]

청장관은 어려서부터 학문에 남다른 재능과 열정이 있었던 듯하다. 이러한 결과 그는 평생 섭렵한 책이 수만 권이 넘고 베낀 책만도 거의 수백 권이 된다고 한다. 그리고 평생 12권의 저서를 냈으니, 『영처고(嬰處稿)』,[3] 『청장관고(青莊館稿)』,[4] 『이목구비서(耳目口心書)』,[5] 『사소절(士小節)』,[6] 『청비록(淸脾錄)』,[7] 『기년아람(紀年兒覽)』,[8] 『청령국지(蜻蛉國志)』,[9] 『앙엽기(盎葉記)』,[10]

---

2) 위의 책.
"自幼未嘗受學於人 王考先敎十九史略 自太古 考其注釋 鈔其緊要語 問其疑難 未及領會 必坐靜處 深思抽繹 得其歸趣 始怡然而笑 否則上下反覆 以至忘食 或未課學 則挽長者衣 泣而隨之 王考若出門 而文義有未曉處 必挾冊 肩負於人 就隣里長老問之 未盡史略一篇 文理已通暢 如宿講 其讀書也 畫日晷于屋壁 爲五時 時至則雖與羣兒遊嬉 盡棄戲具 不待長者之警 而一時讀十遍 一日爲五十遍 日以爲課"

3) 이 책(冊)은 청장관(青莊館)이 소시(小時)에 저술한 시문(詩文)으로서 몸가짐과 행실(行實) 삼가기를 어린아이나 처자(處子)처럼 해야 한다고 말한 것으로 고명(稿名)을 붙인 것이다.

4) 이 책의 청장(青莊)은 곧 교청(鵁鶄, 푸른 白鷺)의 별명(別名)으로서 강호(江湖)에 살면서 영위(營爲)하는 것이 없고 오직 앞에 지나가는 고기만 먹기에 일명 신천옹(信天翁)이라 하는데, 이를 자호(自號)하였으며 이것으로 책명을 삼은 것이다.

5) 이 책은 곧 귀로 들은 것, 눈으로 본 것, 입으로 말한 것, 마음으로 생각한 것이다.

6) 이 책은 옛 성현(聖賢)들의 훈계(訓戒)를 끌어다가 잠경(箴警)을 만들고 요즈음 사람의 비근(卑近)한 일을 엮어 관감(觀感)의 자료로 삼은 것이다.

『한죽당섭필(寒竹堂涉筆)』,[11] 『예기억(禮記臆)』,[12] 『송사보유전(宋史補遺傳)』,[13] 『뇌뢰낙낙서(磊磊落落書)』[14]가 그것이다. 이렇듯 청장관은 독서량이 풍부하여 그로부터 백과전서적(百科全書的)인 폭넓은 지식을 습득했다.

그러므로 청장관의 문학을 이해하고자 하는 노력이 여러 방면에서 기울여졌으며, 그 접근하는 방법도 다양하다.

첫째, 전통적인 주자학적 문학관의 입장에서 접근하거나, 둘째, 원시유교에 근거하여 주자학적 세계관과 탈주자학적인 면이 공유한다는 입장에서의 접근, 셋째, 실학의 입장에서의 접근, 그리고 청장관의 문학사상 속에서 복고주의(復古主義)나 공안파(公安派)로부터 받은 영향의 양상을 파악하려는 접근 등이다. 이 글에서는 청장관의 문학사상의 계통과 공안파 이론의 수용 양상을 밝혀 청장관이 주자학과 공안파의 이론을 어떻게 자기화(自己化)했는지를 밝혀보고자 한다.

2. 이덕무의 학문과 문학에 대한 태도: 작고짐금(酌古斟今), 중도(中道)

청장관(青莊館)의 학문하는 태도는 다음의 말에 단적으로 드러나고 있다.

---

7) 이 책은 고금(古今) 명인(名人)들의 시화(詩話)를 실은 것이다.
8) 이 책은 상고시대(上古時代)에서부터 시작하여 명(明)·청(淸) 및 춘추시대(春秋時代) 소국(小國)에 이르기까지 중화(中華)와 오랑캐를 상세히 분별(分別)한 것이다.
9) 이 책은 일본(日本)의 세계(世系)·지도(地圖)·풍속(風俗)·언어(言語)·물산(物產)을 기록한 것이다.
10) 이 책은 곧 고금(古今)의 고거(考據)와 변증(辨證)의 말을 기록한 것이다.
11) 이 책은 교남우승(嶠南郵丞)이 되었을 때 견문(見聞)을 기록한 것이다.
12) 이 책은 『예기(禮記)』의 어려운 글자와 의심되는 뜻을 해석한 것이다.
13) 이 책은 어명(御命)으로 『어정송사전(御定宋史筌)』을 편찬 교열할 적에 유민(遺民)의 렬전(列傳) 및 고려(高麗)·요(遼)·금(金)·몽고(蒙古)의 전기(傳記)를 보충한 것이다.
14) 이 책은 명(明) 말년의 유민전(遺民傳)을 편집(編輯)한 것이다.

> 옛 것을 배우면서 그 곳에 빠지면 그것은 진고(眞古)가 아니다. 옛 것을 참작하여 오늘을 헤아리는 것이 오늘날 진고(眞古)이다.15)

세속을 벗어난 선비는 일마다 옛것을 따르려 하고, 세속에 흐른 선비는 일마다 지금을 따르려 하는데, 서로 격분하여 중도(中道)를 얻기 어렵다. 절로 옛것을 참작하고 지금을 헤아리는 좋은 방도가 있으니, 어찌 사군자(士君子)의 중정(中正)한 학문을 해치리요? 옛날에는 엉금엉금 기어가[匍匐]서 조상[弔]한 사람이 있었고, 듣기에, 근래에 선비로서 수신(修身)하고 옛것을 좋아하여, 입자(笠子)는 동방(東方)의 풍속(風俗)에 쓸 바가 되지 못한다 하고는 버드나무 껍질을 말아 갓을 만들어 쓰고 길에서 다니다가 사람들의 웃음거리가 되었다고 하니, 옛것을 따르는 폐단(弊端)도 진실로 괴이하지만 지금을 따르는 폐단이야 모두 말할 수 있겠는가?16)

청장관은 옛 것을 배워 그것을 무조건 따르는 것이 아니라, 옛 것과 오늘의 것 중에서 오늘날 유용하게 쓸 수 있는 것을 가려 유익하게 활용하고자 했던 것이다. 이것이 청장관의 학문하는 뚜렷한 태도인 것이다.

이러한 태도는 문학에 있어서도 마찬가지이다.

> 어떤 이가 묻기를, "역대의 시(詩) 중에 어느 것이 가장 좋으냐?"고 하자, 대답하기를 "꿀벌이 꿀을 만들 적에는 꽃을 가림이 없다. 꿀벌이 만약 꽃을 가린다면 반드시 꿀을 만들지 못할 것이다. 시(詩)를 짓는 것 또한 이와 같다. 시(詩)를 짓는 사람은 마땅히 여러 사람의 것을 널리 보아야 하니, 분별하여 헤아리는

---

15) 이덕무(李德懋), 「교습(敎習)」, 『사소절(士小節)』 3.
"學古而泥 非眞古也 酌古斟今 今眞古也"

16) <세정석담(歲精惜譚)>, 「영처잡고(嬰處雜稿)」 1, 『청장관전서(青莊館全書)』 제5권.
"脫累之士 事事欲遵古 流俗之士 事事欲從今 互相激憤 難得適中 自有酌古量今底好道理 何害士君子中正之學也 古有匍匐 弔表之人 又聞頃世 士修身好古 以笠爲東俗 不堪著 及卷柳皮爲冠 行于道 爲人駭笑 遵古之弊 固已怪也 從今之弊可勝言哉"

것이 있다면 내 시(詩)에는 역대의 체격(體格)이 각각 갖추어질 것이다. 지금 사람들이 당(唐)·송(宋)·원(元)·명(明)을 말하며 각각 높이는 것이 있는데, 이는 시(詩)를 말하는 불변의 논[鐵論]이 아니다." 하였다.17)

청장관은 시(詩)를 지음에 있어서도 어느 하나에 치우치지 말고 두루 섭렵하여 역대 시(詩)의 체격(體格)을 두루 갖출 것을 권하고 있으니, 그렇게 하면 스스로 시(詩)에 대하여 분별하여 가릴 수 있는 안목(眼目)이 생기게 된다는 것이다.

그러면 청장관이 추구하던 옛 것은 무엇인가?

> 우리들이 20년 전에 백가서(百家書)를 박람(博覽)하여 또한 풍부하다 하겠으나, 마침내 궁극적인 뜻은 바로 경사(經史)를 온전히 하는 것이며, 글을 지어 나름의 의견을 세운 것은 경제(經濟)와 실용(實用) 사이에서 벗어나지 않으니, 가만히 스스로를 어중(漁仲)·귀여(貴與)의 반열에 붙이었소. 사장(詞章)을 짓는 데도 별도로 위체(僞體)를 버리고[別裁僞體] 많은 스승을 스승으로 삼기[多師爲師]를 서로 서약하였소.18)

이 글은 1793년 정조(正祖)가 박제가(朴齊家)에게 문체(文體)에 대한 자송문(自訟文)을 지으라는 명을 내리매, 청장관이 당시 부여(夫餘)의 원(員)으로 있던 박제가에게 보낸 편지의 일부이다. 즉 청장관이 추구하던 '옛 것'은 바로 널리 보아 경사(經史)를 온전히 하는 것이며, 현실의 관심은 바로 경제(經濟)와 실용(實用)에 있었다. 사장(詞章)에 있어서도 화미(華美)한 풍조(風潮)의

---

17) 이광규(李光葵), <선고부군유사(先考府君遺事)>, 「부록」, 『간본 아정유고』 제8권.
"或問 歷代詩何者最好 曰蜂之釀蜜 不擇花 蜂若擇花 蜜必不成 爲詩亦猶詩也 爲詩者當汎濫於諸家 有所裁度 則吾詩各具歷代體格 今之人曰唐曰宋曰元曰明 各有所尙 非言詩之鐵論也"

18) <박재선제가서(朴在先齊家書)>, 『간본 아정유고』 제7권, 문(文), 서(書).
"吾儕二十年前 汎覽百家 亦云富有 畢竟歸趣 即全經全史 而著書立言 不出經濟實用間 竊自付於漁中貴與之列 發爲詞章 亦以別裁僞體 多師爲師 相與約誓"

시(詩)를 본받지 않고 풍아(風雅)를 전범(典範)으로 삼으며, 다양한 체(體)의 문장을 섭렵하여 그 좋은 것을 취하려 했다는 것이니,[19] 청장관의 학문에 한 궁극적 지향점과 문장에 대한 그의 입장을 분명히 알 수 있다. 특히 이 글이 그가 임종하는 해에 지나온 과거를 회상해서 한 언급이라는 점에서 남다른 의미를 지닌다고 하겠다.

그리고 다음의 글에서 참된 문장[眞文]에 대한 그의 생각을 읽을 수 있다.

> 고문(古文)이란 명목(名目)이 성행한 것이 수(隋)·당(唐) 이래일진저! 대저 세상에 이름난 준걸(雋傑)에게는 각기 의기(志氣)와 정신(精神), 언어(言語)와 사공(事功)이 있어 붓끝으로 드러내어 서로 응하여 끊이지 않는 것으로 문(文)이 아님이 없는데 비록 공교(工巧)하고 졸(拙)한 분별은 있으나 어찌 고금(古今)의 나뉨이 있겠는가? 과거(科擧)의 학문이 나온 뒤부터는 오로지 부허(浮虛)를 숭상하고 과문[科文: 功令]에 구애되어 주사(主司)의 눈에 들지 않을까 두려워하였으니 그것을 비로소 시문(時文)이라 이름하였고, 기타 서(序)·기(記)·논(論)·설(說) 등 문자에 조금 전칙(典則)을 가한 것을 고문(古文)이라 이름하여, 보면서 지극히 어려운 것으로 생각하였다. 이로써 두 길로 나뉘어 문장의 참된 것이 대부분 없어졌다.[20]

청장관이 생각하는 참된 문장은 과문(科文)에 구애된 시문(時文)도 아니고, 기타 서(序)·기(記)·논(論)·설(說) 등 문자에 조금 전칙(典則)을 가하여 당시에 어렵다고 느끼던 고문(古文)도 아닌, 뛰어난 준걸에게 있는 의기(志氣)

---

19) '별재위체(別裁僞體)'와 '다사위사(多師爲師)'의 의미에 대해서는 금동현(琴東昡), 앞의 책, 239~240쪽 참조.

20) <이목구심서(耳目口心書)> 1, 『청장관전서』 제48권.
"古文之名目盛行 其隋唐以來乎 夫名世雋傑 各有志氣精神 言語事功 發露筆端 酬應不已者 無非文也 雖有工拙之辨 安有古今之分 科擧之學旣出後 專尙浮虛 拘於功令 以不入主司之眼爲可懼 而始号爲時文 其它序記論說等文字稍加典則者 号爲古文 視之爲至難底物 於是分爲二道 文章之眞十亡八九矣"

와 정신(精神), 언어(言語)와 사공(事功)이 서로 응하여 끊이지 않는 것이다.

청장관은 학문을 함에 경사(經史)를 온전히 하면서 다양한 글을 읽어 그 좋은 것을 취하는 매우 유연한 태도를 취했으며, 이러한 태도는 문학을 함에 있어서도 마찬가지라고 생각한다.

3. 주자학(朱子學) 전통의 계승 양상

청장관(靑莊館)은 주자(朱子)의 학문을 익혔으며 조선의 기호성리학(畿湖性理學)의 계통에 대한 인식 속에서 특히 율곡(栗谷)의 학문을 높였으며, 이 분들의 학문을 몸소 실천하였다.

1) 주자(朱子)와 조선 기호성리학(畿湖性理學)의 습득

청장관(靑莊館)이 경사(經史)를 온전히 하는 것을 궁극적인 목표로 삼았었는데, 그가 지향하는 구체적인 학문은 곧 주자의 학문이다. 연암(燕巖) 박지원(朴趾源)은 청장관의 행장(行狀)에서 청장관의 이러한 면에 대하여 언급하고 있다.

> 무관(懋官)은 일찍이 유자(儒者)라고 자칭하지 않았으나 그의 행실(行實)을 공정히 생각해보면 삼가 정주(程朱)의 문호(門戶)를 지킴에 조금도 잃지 않았으며, 문장을 지음에 치빙진요(馳騁震耀)를 구하지 않고 말이 통하여 이치에 가닿으며 그림을 새기듯 간결하기로 일가(一家)를 이루었다.[21]

---

21) 박지원(朴趾源), <행장(行狀)>, 「부록」, 『간본 아정유고』 제8권.
"懋官未嘗以儒者自命 夷考其行 謹守程朱門戶 不失尺寸 爲文章 不求馳騁震耀 辭達理到 刻畫簡潔 自成一家"

연암은 청장관의 행실(行實)과 문장을 평하여, 행실(行實)은 정주(程朱)에서 조금도 벗어나지 않았고 문장은 말이 통하여 이치에 맞고 간결하다고 했다. 이 글은 오랜 세월을 함께 교유한 연암이 청장관의 일생을 돌아보면 회고한 글이라는 점에서 의미가 크다고 생각한다. 연암의 언급을 통해서 볼 때, 청장관은 학문과 그 실천으로서의 행실(行實) 그리고 문장에 있어서 기본적으로 정주(程朱)를 따랐다는 것을 알 수 있다.

주자의 학문에 경도된 청장관은 조선에 전래된 주자학(朱子學) 중에서 특히 기호성리학에 대한 관심을 드러내고 있다.

청장관은 『한죽당섭필(寒竹堂涉筆)』에서 본암(本菴) 김종후(金鍾厚)의 <남계묘정비(濫溪廟庭碑)>[22]를 소개하고 있는데, 이 비문은 김종후(金鍾厚)가 쓴 것으로 그는 이 비에서 조선 성리학(性理學)의 계통을 나름대로 밝히고 있다.

> 이에 우뚝이 사도(斯道)를 위하여 땅에 떨어진 유학(儒學)의 실마리를 중국에서 이어온 이는 실로 한훤(寒暄) 김선생(金先生: 金宏弼)과 일두(一蠹) 정선생(鄭先生: 鄭汝昌)으로부터 이를 이은 정암(靜庵: 趙光祖)・퇴계(退溪: 李滉)・율곡(栗谷: 李珥)・우계(牛溪 成渾)・사계 (沙溪: 金長生)・우암(尤庵: 宋時烈)・동춘(同春: 宋浚吉) 여러 선생이 대대로 일어나 지금에 이르기까지 크게 빛나서 천하의 도통(道統)의 전함이 우리나라에 돌아왔으니 아름답고도 훌륭하구나.[23]

청장관은 다른 글에서 성리학(性理學)을 하는 분들의 시(詩)를 소개하고 있는데, 다음과 같다.

---

22) 남계서원(濫溪書院)은 문헌공(文獻公) 정일두(鄭一蠹: 鄭汝昌) 선생을 향사(享祀)하는 곳으로, 묘정비(廟庭碑)는 봉사손(奉祀孫) 덕제(德濟)가 세우고, 비문(碑文)은 본암[本菴: 김종후(金鍾厚)]이 지었다.

23) <남계묘정비(濫溪廟庭碑)>, 『한죽당섭필(寒竹堂涉筆)』 하, 『청장관전서』 제69권.
"其卓然爲斯道 倡接墜緖於中土者 實自寒暄金先生 一蠹鄭先生 始沿是而有靜菴退溪栗谷牛溪沙溪牛菴同春 諸先生代作 至于今 磊落燀赫 而天下道統之傳 歸于我矣 猗歟威哉"

우연히 여러 선생의 절구(絶句) 가운데 독송(讀誦)할 만한 것을 생각하였다. 정일두(鄭一蠹: 鄭汝昌) 선생의 <유두류산(遊頭流山)> 시(詩)에,

바람이 부들을 살랑살랑 희롱하는데,24)
사월 화개(花開)엔 보리 이미 익었구나.25)
두류산(頭流山) 천만 봉우리 다 구경하고,
홀로 배 타고 큰 강물로 내려오네.
風蒲獵獵弄輕柔, 四月花開麥已秋.
看盡頭流千萬疊, 孤舟又下大江流.

하였고, 이율곡(李栗谷) 선생이 금사사(金沙寺)에 쓴 시(詩)에,

소나무 사이로 거니니 낮 바람 서늘하고
손으로 금모래 희롱하노라니 석양(夕陽)이 되었네.
천 년 아랑(阿郞)의 자취 찾을 곳 없고
시기루(蜃氣樓) 사라지니 바다가 넓구나.
松間引步午風涼, 手弄金沙到夕陽.
千載阿郞無處覓, 蜃樓消盡海天長.

하였고, 성우계(成牛溪, 成渾) 선생의 <계상춘(溪上春)日> 시(詩)에,

오십 년간 푸른 산에 누웠으니
시비(是非) 많은 세상에 뭣하러 나가리.

24) (原註) 案 侯鯖錄 宋詩僧參寥詩 風蒲獵獵弄輕柔 欲立蜻蜓不自由(『후청록(侯鯖錄)』을 상고하건대, 송(宋)의 시승(詩僧) 참요(參寥)의 시에 '바람이 부들에 살랑살랑 불어오니, 고추잠자리 앉으려 하나 마음대로 되지 않네.' 하였다.)

25) (原註) 案 花開州名(상고하건대 화개(花開)는 고을 이름이다.)

작은 집에 봄바람 끝없이 불어오니
웃는 꽃 자는 버들 한가롭기만 하네.
五十年來臥碧山, 是非何事到人間.
小堂無限春風地, 花笑柳眠閒又閒.

하였고, 송우암(宋尤菴: 宋時烈) 선생의 <도봉서원(道峯書院)> 시(詩)에,

푸른 절벽 깎아세운 듯한 곳에 동구(洞口)가 열렸는데
시냇물 졸졸 흘러 몇 구비를 돌았는가.
요순(堯舜) 때 임군과 백성 당세의 뜻이거늘
묘당(廟堂) 문 앞은 비고 후인(後人)들만 찾아오네.
蒼崖削立洞門開, 澗水潺湲幾曲回.
堯舜君民當世志, 廟前空有後人來.

하였고, 김농암(金農巖: 金昌協) 선생의 <강행(江行)> 시(詩)에,

갈대 자란 언덕마다 이슬 빛 가득하고
뱃지붕에 가을바람 밤새도록 불어오네.
배에 누워 맑은 강 삼십 리를 거슬러 오르니
달은 밝은데 부드럽게 젓는 노 소리 꿈결인 듯하네.
蒹葭岸岸露華盈, 篷屋秋風一夜生.
臥遡淸江三十里, 月明柔櫓夢中聲.

하였고, 이도암(李陶菴: 李縡) 선생의 <춘흥(春興)> 시(詩)에,

동산의 꽃 적적(寂寂)한데 꾀꼬리 한 마리 울고
들 물 출렁이니 백로(白鷺) 한 쌍 분명쿠나.

지팡이 짚고 시내 서쪽 거니니 봄날이 저물고
두어 마을 뽕나무 밭에 연기 피어오르는 것 보네.
園花寂寂一鶯鳴, 野水翻翻雙鷺明.
扶杖溪西春日夕, 數村桑柘看煙生.

하였다. 이 외에도 이학(理學)을 하는 선생의 시(詩) 가운데 독송(讀誦)할 만 한 것이 많으나 아직 상고(詳考)하지 못하였다.[26]

청장관은 성리학(性理學)을 하는 분들의 시(詩)를 소개하면서, 정일두(鄭一蠹: 鄭汝昌)・이율곡(李栗谷: 李珥)・성우계(成牛溪: 成渾)・송우암(宋尤菴: 宋時烈)・김농암(金農巖: 金昌協)・이도암(李陶菴: 李縡)을 언급하고 있다. 이들은 모두 사림(士林)으로 도학(道學)을 하며 사장(詞章)을 배척한 분들이고, 그래서 이들은 성정(性情)을 읊어 시(詩)를 짓는 분들로 이들의 시(詩)는 모두 온유돈후(溫柔敦厚)(또는 우유충후優柔忠厚)를 기반으로 하고 있다.

정일두(鄭一蠹, 1450～1504)는 무오사화(戊午士禍), 갑자사화(甲子士禍) 때 변을 당했으나, 중종(中宗) 때 정몽주(鄭夢周, 1337～1392)・김굉필(金宏弼, 1454～1504)과 함께 동국도학(東國道學)의 종(宗)으로 추앙을 받았으며, 그의 스승 김종직(金宗直, 1431～1492)의 학풍을 이어받아 '실천(實踐)'을 주로 하면서 사장(詞章)에 흐르지 않고 도학(道學)에 전심(專心)[27]하였다.

---

26) <이학제선생시(理學諸先生詩)>, 「청비록(淸脾錄)」 4, 『청장관전서』 제35권.
"偶思諸先生絶句可誦者 鄭一蠹先生 遊頭流山 風蒲獵獵弄輕柔 四月花開麥已秋 看盡頭流千萬疊 孤舟又下大江流 李栗谷先生題金沙寺 松間引步牛風涼 手弄金沙到夕陽 千載阿郎無處覓 蜃樓消盡海天長 成牛溪先生 溪上春日 五十年來臥碧山 是非何事到人間 小堂無限春風地 花笑柳眠閒又閒 宋尤菴先生 道峯書院 蒼崖削立洞門開 澗水潺湲幾曲回 堯舜君民當世志 廟門空有後人來 金農巖先生 江行 蒹葭岸岸露華盈 篷屋秋風一夜生 臥遡淸江三十里 月明柔櫓夢中聲 李陶菴先生 春興 園花寂寂一鶯鳴 野水翻翻雙鷺明 扶杖溪西春日夕 數村桑柘看煙生 此外理學諸先生詩 亦多可誦 偶未之考爾"

27) 최영성(崔英成), <정여창(鄭汝昌)>, 「사림파(士林派) 학자(學者)의 성장(成長)」, 『한국유학사상사 II』(아세아문화사, 1995), 127쪽 참조.

율곡(栗谷, 1536~1584)은 학문적으로 특별히 사승(師承)한 이가 없이 독자적으로 학문을 이룬 분이다. 율곡은 특히 주자를 흠모하였으며, 도학(道學)이 깊은 분으로 이론적으로 체계가 서고 논리가 정연한 분으로서 율곡 역시 정일두와 마찬가지로 도학에 있어서 그 실천을 중요하게 생각하였다. 성우계(成牛溪, 1535~1598)는 율곡과 도학에 관한 묻고 답하는 형식의 편지를 통해 학문의 뜻을 같이한 분이며, 송우암(宋尤菴, 1607~1689), 김농암(金農巖, 1651~1708), 이도암(李陶菴, 1680~1746)은 모두 율곡 문하의 사람들로서 율곡과 그 지향하는 바가 같다.

청장관은 글의 말미에 "이 외에도 이학(理學)을 하는 선생의 시 가운데 독송(讀誦)할 만한 것이 많으나 아직 상고(詳考)하지 못하였다."고 하였지만, 그래도 청장관이 이들의 시(詩)를 우선적으로 선별하여 먼저 읽고 정리한 것은 그 나름대로의 어떤 의미가 있다고 생각한다.

2) 율곡(栗谷)에 대한 존숭(尊崇)

청장관(靑莊館)은 주자(朱子)와 더불어 조선의 율곡(栗谷)을 함께 높이고 있으니, 다음의 직접적인 언급에서 그대로 드러난다.

> 학술이 순수(純粹)한가 순수하지 못한가를 알고자 하면 다만 문로(門路)가 어떠한가를 찾아보아야 하니, 문로(門路)란 가만히 있으면서 알 수 있는 것이 아니다. 회암(晦菴) 주부자(朱夫子)의 『소학(小學)』·『근사록(近思錄)』과 율곡 이선생이 지은 『격몽요결(擊蒙要訣)』·『성학집요(聖學輯要)』는 공부하는 선후가 뚜렷하고 조례(條例)의 크고 작음이 정연하니 이것을 버린다면 문로(門路)의 정대(正大)한 것을 얻기 어려울 것이다. 내가 근대(近代)의 신안(新安) 유자(儒者)인 시홍옥(施虹玉) 씨가 지은 『숙강규약(塾講規約)』을 읽어보니, 주자의 고향에서 태어나고 주자의 학문을 외어 그 말하는 것이 통달하고 순탄하여 알기 쉽고 행하기 쉽다. 『소학(小學)』과 『근사록(近思錄)』을 이어받았으며 『성학집요(聖學

> 輯要)』와 『격몽요결(擊蒙要訣)』에 부합하여 옆문이나 지름길을 가지 않은 것이 분명히 명백하였다. 금년 겨울에 조경암(趙敬菴 곧 趙衍龜)이 학문하는 방법에 대한 그림과 해설을 편집하였다. 내가 이 책을 가지고 그 조리를 풀어 규명하니, 경암(敬菴)이 찬탄하기를 오래다가 나에게 배열하여 그림을 만들 것을 청하였다. 나는 이에 상대(相對)로 맞추고 이어 붙여 9개의 그림을 만들어 경암(敬菴) 책에 실었다.[28]

청장관은 주자와 율곡의 학문이 문로(門路)의 정대(正大)한 것이며, 그 학술(學術)이 순수(純粹)하다고 인식하고 있음을 알 수 있다. 여기서 한 가지 주목할 것은 청장관이 율곡을 높이 치고 있다는 점이다. 앞에서 문로(門路)의 정대(正大)함을 얻을 수 있는 것으로 주자의 『소학(小學)』, 『근사록(近思錄)』과 더불어 조선의 율곡이 지은 『성학집요(聖學輯要)』 와 『격몽요결(擊蒙要訣)』을 들고 있다는 것이다. 성리학(性理學)의 측면에 있어서 율곡을 주자와 같은 반열에 올려놓은 것이다. 나아가 이를 후사서(後四書)라고까지 높이고 있다.

> 『대학(大學)』·『논어(論語)』·『맹자(孟子)』·『중용(中庸)』은 학문을 하는 단계가 어지럽지 않다. 이를 잇는 것으로 『격몽요결(擊蒙要訣)』·『소학(小學)』·『근사록(近思錄)』·『성학집요 (聖學輯要)』가 규모가 정밀(精密)하여 얕은 데로부터 깊은 데로 들어가는 것이다. 나는 일찍이 그것을 이름하여 후사서(後四書)라고 했다. 되풀이하여 익숙해지면 자연 공효(功效)를 볼 것이므로 매양 동료들에게 학규(學規)를 삼도록 권한다.[29]

---

28) <숙강규약도발(塾講規約圖跋)>, 발(跋), 『간본 아정유고』 제3권.
"欲知學術之醇與不醇 只尋門路之如何 門路非徒然而知也 晦菴朱夫子小學書近思錄 栗谷李先生 擊蒙要訣 聖學輯要 工程之先後犂然 條例之大小井然 舍此則難乎得其門路之正大也 余讀近世新安儒者施虹玉氏塾講規約 生乎朱子之鄉 講乎朱子之學 其爲言也 洞達坦易 易知易行 承襲乎小學近思符合乎輯要要訣 其不爲旁門捷路 曉然明白也 今年冬 趙敬菴編次爲學之方圖說 余引此書 紬繹其條理 敬菴贊嘆良久 請余排列爲圖 余於是 對待而承接之 作九圖載於敬菴之書"

29) <교습(教習)> 1, 사소절(士小節) 제3, 사전(士典) 3, 『청장관전서』 제27~29권.

청장관은 율곡의 『성학집요(聖學輯要)』와 『격몽요결(擊蒙要訣)』을 반드시 학습해야 할 것으로 높이 인정하고 있으며, 특히 그 중에서 『성학집요(聖學輯要)』을 중요시 하고 있으니,

> 나는 일찍이 조선에 세 가지 좋은 책이 있다고 생각했는데 말하자면,『성학집요(聖學輯要)』·『반계수록(磻溪隨錄)』·『동의보감(東醫寶鑑)』이니, 하나는 도학(道學), 하나는 경제(經濟), 하나는 사람을 살리는 방술(方術)로 모두 유자(儒者)의 일이다.30)

조선에 있어서 도학(道學)에 관한 저술로는 『성학집요(聖學輯要)』를 으뜸으로 여긴 것이다.

청(靑)의 반정균(潘庭筠)에게 보내는 편지에서는 중국에서 율곡의 『성학집요(聖學輯要)』를 간행해서 반포해줄 것을 권하기까지 했다.

> 우리 동방의 율곡(栗谷) 선생 이문성공이(李文成公珥)는 자품(資品)이 안자(顔子)나 증자(曾子)와 같고 의리(義理)는 정주(程朱)와 같습니다. 가만히 생각건대 선생께서는 이미 담헌(湛軒: 洪大容)에게서 익히 들으셨으리라 봅니다. 이분은 동방의 성인(聖人)으로 그 학문이 중국에 표장(表章)되지 않은 것은 참으로 결전(缺典)이니, 사람으로 하여금 개탄하게 합니다. 일찍이 담헌(湛軒)이 연전(年前)에 선생에게 율곡이 지은 『성학집요(聖學輯要)』를 드렸는데, 선생께서는 어찌 새겨서 널리 반포하여 유학(儒學)을 빛내지 않습니까?31)

"學語孟庸 爲學階梯 井井不紊 繼此者 擊蒙要訣小學書近思錄聖學輯要 規模精密 由淺入深 予嘗名之曰 後四書 循環貫串 自見功效 每勸同人以爲學規"

30) <여이락서서(與李洛瑞書)>, 『간본 아정유고』 제6권, 문(文), 서(書).
"不佞嘗以爲朝鮮有三部好書曰 聖學輯要 曰磻溪隨錄 曰東醫寶鑑 一則道學 一則經濟 一則活人之方 皆儒者事也"

31) <반추(潘秋) 정균(庭筠)> 『아정유고』 11, 서 5, 『청장관전서』 제19권.
"我東栗谷先生李文成公珥 資品顔曾 義理程朱 竊想先生已於湛軒熟聞之 此是東方聖人 而其學不表章於中國 誠爲缺典 令人慨歎 嘗湛軒年前仰餽先生栗谷所著聖學輯要 先生何不開

위의 인용문에서 확인할 수 있듯이, 청장관은 율곡의 의리(義理)를 정주(程朱)에 견주고 있으며, '동방의 성인(聖人)'으로 추앙하고 있다. 이러한 언급을 통해 청장관의 학문적 맥락을 짐작해 볼 수 있겠다.

3) 청장관(靑莊館)과 율곡(栗谷)의 문학관 비교

청장관(靑莊館)의 문학에 관한 논의를 살펴보면 율곡과의 유사성이 긴밀하게 발견된다. 다음의 몇 가지 면에서 그러한 측면을 살펴보고자 한다.

우선, 도학(道學)의 실천(實踐)을 강조하였다.

청장관은 도(道)에 대하여 다음과 같이 언급하고 있다.

> 도(道)란 일상생활의 눈앞에 있어서 지극히 얕고 가깝다. 쇄소(灑掃)・응대(應對)하는 것보다 얕은 것이 없고 애친(愛親)・경장(敬長)하는 것보다 가까운 것이 없는데, 훌륭한 사람이 되려고 하는 자들은 거의 다 이것을 버리고 가서 높고 큰 것을 엿보아, 반드시 먼저 천도(天道)를 말하고 역리(易理)를 논하려 하니, 등급을 뛰어넘고 차례를 따르지 않음이 이와 같다. 인사(人事)를 모르는데 어떻게 천사(天事)를 알겠으며 인리(人理)를 모르는데 어떻게 역리(易理)를 알겠는가?[32]

청장관은 일상생활에서 가장 기본적인 쇄소(灑掃)와 응대(應對), 그리고 친애(親愛)와 경장(敬長)을 실천(實踐)하지 않으면서 말로는 천도(天道)와 역리(易理)를 논하는 사람들의 단계를 밟아 나아가지 못하는 허구(虛構)를 책망하여 인사(人事)와 인리(人理)의 '실천(實踐)'을 강조하고 있다.

彫廣布 以光儒學耶"

32) <세정석담(歲精惜譚)>, 「영처잡고(嬰處雜稿)」 1, 『청장관전서』 제5권.
"道在日用目前 甚淺近 莫淺於灑掃應對 莫近於愛親敬長 欲做好人者 多舍此去 而窺高大 必先欲談天說易 其躐等而不循序 如此 未知人事 安知天事 未知人理 安知易理"

이러한 청장관의 도(道)에 대한 인식은 율곡에 닿아 있다.

> 대개 도(道)는 높고 멀어 행하기 어려운 일이 아니라 다만 일상생활[日用] 속에 있을 뿐이니 일상생활 속에서 마땅히 행해야 할 것으로 도(道)가 아닌 것이 없습니다.33)

이 글은 율곡이 성호원(成浩原)에게 주는 편지글 속에 있는 것으로 율곡은 도(道)란 일상생활 속에서 마땅히 행해야 할 것이라고 말하고 있다. '얕은 곳에서 깊은 곳으로, 가까운 곳에서 먼 곳으로'34) 그 단계를 밟아 나갈 것을 말하는 것이다.

특히 율곡은 진지(眞知)라는 용어를 통해 그 실천(實踐)을 강조하고 있다.

> 사람이 보는 바에는 세 층(層)이 있는데, 성현(聖賢)의 글을 읽어서 그 명목(名目)만 깨닫는 자가 있으니 이것이 한 층(層)이요, 이미 성현(聖賢)의 글을 읽어서 그 명목(名目)을 깨닫고, 또 마음을 가라앉혀 깊이 생각하고 정밀하게 살

---

33) 이이(李珥), <답성호원혼(答成浩原渾)> 갑인(甲寅), 『율곡전서』 권9, 서1.
"大凡道非高遠難行之事 只在日用耳 日用之所當行者 無非道也"

34) 율곡(栗谷)은 이와 관련하여 그의 저서(著書) 속에서 주자(朱子)의 말은 인용하고 있으며, 율곡도 이러한 이야기를 자주 했다.
사람이 학문(學問)하는 까닭은 나의 마음이 성인(聖人)의 마음과 같지 못하기 때문이다. 마음이 성인의 마음과 같지 못하기 때문에 이치(理致)를 밝히는 데 밝지 아니 하고, 준칙(準則)이 되는 바가 없어서 그 좋아하는 것에 따라서 높은 이는 지나치고, 낮은 이는 미치지 못하되 스스로는 지나치고 미치지 못한다는 것을 알지 못한다. 반드시 앞에 나아간 이의 말로써 성인의 뜻을 구하고, 성인의 뜻으로써 천지(天地)의 이치에 달(達)하여야 한다. 구하는 데는 얕은 곳에서 깊은 곳으로 미치고, 이르는 데는 가까운 곳에서 먼 곳에 미쳐 순순(循循)하여 차례(次例)가 있어야 하며 서둘거나 절박(切迫)한 마음으로 구해서는 안 된다.
"人之所以爲學者, 以吾之心未若聖人之心故也, 心未能若聖人之心, 是以, 燭理未明, 無所準則, 隨其所好, 高者過, 卑者不及, 而不自知其爲過且不及也, 必因先達之言, 以求聖人之意, 因聖人之意, 以達天地之理, 求之自淺以及深, 至之自近以及遠, 循循有序, 而不可以欲速迫切之心求也."(<수기(修己)> 제2상, 「성학집요」 2, 『률곡전서』 권26)

> 펴 환히 그 명목(名目)의 이치를 깨달음이 있어서, 환하게 심목(心目)의 안에 있어 그 성현(聖賢)의 말이 과연 나를 속이지 않음을 아는 자가 있으니 이것이 또한 층(層)입니다. 다만 이 한 층(層)은 많은 층수(層數)가 있는데, 그 일단(一端)을 깨달은 자가 있고 그 전체(全體)를 깨달은 자가 있으며 전체(全體) 가운데 그 깨달음에 또한 얕고 깊음이 있으니, 요컨대 입으로 읽고 눈으로 보는 무리가 아니고 마음으로 깨달은 바가 있으므로 함께 한 층(層)으로 돌립니다. 이미 명목(名目)의 이치를 깨닫고 환하게 심목(心目)의 안에 있으며 또한 참으로 실천(實踐)하고 힘써 행하여 그 아는 것을 채우고, 그 지극한 데 미쳐서는 곧 친히 그 경계(境界)를 밟아보고 몸소 그 일을 가까이하여 다만 눈으로 볼 뿐이 아닐 따름입니다. 이와 같이 한 후에야 바야흐로 '진지(眞知)'이라 할 수 있습니다. 가장 아래 한 층(層)은 다른 이의 말을 듣고서 그것을 좇는 자요, 다른 한 층(層)은 바라보는 자요, 위의 한 층(層)은 그 땅을 밟아 직접 보는 자입니다.[35)]

율곡은 성현의 글을 통해 그 명목(名目)을 깨닫고, 그 명목(名目)의 이치를 심목(心目)의 안에서 환하게 밝히며, 그것을 실천(實踐)하고 힘써 행해서 직접 그 경계를 친히 밟아보고 몸소 가까이하는 것, 즉 '사물(事物)의 이치를 궁구하고 실천(實踐)을 통하여 앎을 완성'하는 것을 진지(眞知)라고 하여 그 실천(實踐)까지를 중시했다.

이상으로 율곡과 청장관의 언급을 통해 볼 때 이 두 분이 실제적 체험을 중시한다는 점에서 같음을 알 수 있다.

---

35) 이이, 「답성호원(答成浩原)」 임신(壬申) 6, 『율곡전서』 권10, 서2.
"人之所見有三層 有讀聖賢之書 曉其名目者 是一層也 有旣讀聖賢之書 曉其名目 而又能潛思精察 豁然有悟其名目之理 瞭然在心目之間 知其聖賢之言 果不我欺者 是又一層也 但此一層 煞有層級 有悟其一端者 有悟其全體者 全體之中 其悟亦有淺深 要非口讀目覽之比 而心有所悟 故俱歸一層也 有旣悟名目之理 瞭然在心目之間 而又能眞踐力行 實其所知 及其至也 則親履其境 身親其事 不徒目見而已也 如此然後 方可謂之眞知也 最下一層 聞人言而從之者也 中一層 望見者也 上一層 履其地而 親見者也"

둘째, 천진(天眞)을 추구하였다.

청장관(靑莊館)은 당시의 도학(道學)을 도외시하고 사장(詞章)을 중시하는 당시의 일반적인 문풍(文風)을 비판하고 있다.

> 부화(浮華)한 무리들이 경서(經書)와 기타 학문 등의 말을 보기 싫어하여, 특별히 자미(滋味)를 붙이는 것이 패설(稗說)만 못하다. 비록 (경서를) 읽는 자가 있더라도 힘써 표절(剽竊)하여 사장(詞章)에 부회(傅會)시키니 참되게 읽는 것이 아니며, 혹 경서(經書)를 유의해서 읽는 이가 있으면 도리어 썩은 선비라고 비웃으니, 나는 이에 유감이다.[36)]

글 중에 특히 과거(科擧)의 문장을 비판하고 있다.

> 아, 세상 사람들은 거의 과거(科擧) 외에는 좋은 일이 있음을 알지 못하네. 그런 까닭에 부형(父兄)과 사우(師友)가 이것으로 권면함에 상심하고 실신(失身)하지 않는 자가 거의 없네. 옛것을 배우는 이유는 지식(知識)과 견문(見聞)을 넓히기 위함이요, 글을 읽는 이유는 윤강(倫綱)을 세우기 위함이니, 이것이 어찌 좋은 일이 아니겠는가? 비록 국가의 제도에 따라 과업(科業) 익히는 일을 면하지 못한다 할지라도 모름지기 탁연히 자립(自立)하여 오늘날 세상의 과유(科儒)의 경부(輕浮)하고 진부(陳腐)한 누습(陋習)을 쾌히 벗어난 다음에야 능히 본연(本然)의 천진(天眞)을 보존할 수 있을 것이니, 그렇지 않으면 모두 잡류(雜流)일 것이네. 자네[稼雲]는 마음이 고요하고 몸이 단정(端正)하니, 응당 이 말을 오활하다고 여기지 않으리라 보네.[37)]

---

36) <세정석담(歲精惜譚)>, 「영처잡고(嬰處雜稿)」 1, 『청장관전서』 제5권.
"浮華之流 厭看經書及其它學問等語 別知滋味 不如稗官 雖有讀者 務爲剽竊 傅會詞章 非眞讀也 或有意讀之 卽反嘲曰 腐儒 余於斯有感"

37) <서가운유년(徐稼雲有秊)>, 「아정유고」 11, 서 5, 『청장관전서』 제19권.
"嗟乎 世之人 擧不知科擧外有好事 故父兄師友 以是勸勉 其不至喪心失身者 幾希矣 學古所以長知見 讀書所以扶倫綱 玆豈非好事耶 雖未免從國制習科業 而須卓然自立 快脫今世科

청장관은 과문(科文)의 경부(輕浮)하고 진부(陳腐)한 누습(陋習)을 벗어나야 '본연(本然)의 천진(天眞)'을 얻을 수 있다고 생각한다. 이 '본연(本然)의 천진(天眞)'은 청장관 시론(詩論)의 한 요체(要諦)인 셈이다. 그러면 이 '천진(天眞)'은 무엇인가?

> 대저 영아(嬰兒)가 즐겁게 노는 것은 천(天)이요, 처녀(處女)가 부끄러워하여 감추는 것은 진(眞)이라. 이것이 어찌 억지로 힘써서 그렇게 하는 것이겠는가? ……즐거워하는 것의 지극한 것으론 영아(嬰兒)만한 것이 없으므로 그들이 노는 것은 애연(藹然)한 천(天)이고, 부끄러워하는 것의 지극한 것으론 처녀만한 것이 없으므로 그들이 감추는 것은 순수한 진(眞)이다. 사람으로서 문장을 즐김에 지극히 즐겁게 놀고 지극히 부끄러워 감추는 것으론 또한 나만한 이가 없으니, 그러므로 그 고(稿)를 영(嬰)과 처(妻)라 한 것이다.[38]

청장관이 말하는 천진(天眞)은 곧 '가식(假飾)이 없는 마음'인 것이다.

> 예전에 그대 시(詩)를 외고는
> 천년 만에 한 사람[聖人]이라 생각했고,
> 가끔 꿈속에 만나면
> 마치 세속을 벗어난 듯했네.
> 지금 홀연히 보게 되니
> 손잡고 천진(天眞)을 털어놓네.
> 쇄락(灑落)한 죽림(竹林) 뜻으로

儒輕浮腐陳之陋習 然後 能保本然之天眞 不然 則皆雜流也 稼雲心靜而體端 應不以此言爲迂也"

38) <영처고자서(嬰處稿自序)>, 「영처문고(嬰處文稿)」 1 서(序), 『청장관전서』 제3권.
"夫嬰兒之娛弄 藹然天也 處女之羞藏 純然眞也 玆豈勉强而爲之哉……娛之至者 莫如乎嬰兒 故其弄也 藹然天也 羞之至者 莫如乎處女 故其藏也 純然眞也 人之嗜文章 至娛弄至羞藏者 亦莫如乎余 故其稿曰嬰與妻"

서로 보매 갓과 두건을 아니하네.
그대의 눈 흘겨지지 않고
나의 눈썹 찌푸려지지 않네.
부디 제각기 마음을 힘써
소요(逍遙)하며 가난 잊길[39]
昔我誦君詩, 意謂千載人.
往往夢中覩, 有如超俗塵.
伊今忽見之, 握手露天眞.
灑落竹林趣, 相看不冠巾.
君目不爲白, 我眉不爲嚬.
願言各勗心, 逍遙以忘貧.

청장관에게 있어서 천진(天眞)은 '가식(假飾)없는 마음'으로 구체적으로는 '세속을 벗어난 쇄락(灑落)'한 뜻이기도 하다. 이 천진(天眞)을 보는 입장 역시 율곡과 같다.

……
명덕(明德)은 해와 달처럼 밝으니,
이것은 하늘이 부여한 것인데,
망령된 생각이 본래(本來)의 밝음 침식(侵蝕)하여,
처음엔 미세(微細)터니 나중엔 더욱 거세어지네.
마치 나무들이 도끼와 자귀에 시달리듯,
천진(天眞)이 사욕(私慾)과 거짓에 빠져,
25年 동안,
미몽(迷夢)에 빠져 취(醉)하였으니,

39) <수동방자김석여홍운(酬東方子金錫汝洪運)>, 「영처시고(嬰妻詩稿)」 2, 『청장관전서』 제2권.

어제의 잘못, 미루어 생각할 때,
놀랍고 두렵게 하네.[40)]
……

……
明德皎日月, 斯皇天所畀.
妄念蝕本明, 始微終轉熾.
山木困斧斤, 天眞汨私僞.
二十五年間, 沈迷夢中醉.
追思昨者非, 令人發驚悸.
……

율곡의 시(詩)를 참조할 때 천진(天眞)은 사욕(私慾)과 거짓을 제거한 해와 달처럼 밝은 명덕(明德)을 의미한다고 생각한다. 곧 청장관이 생각하는 천진(天眞)은 이에 닿아있음을 알 수 있다.

그런데 일상생활 속에서 청장관의 천진(天眞)이 궁극적으로 지향하는 것은 바로 박소 (樸素)이다.

> 대저 사물(事物)로서 공교(工巧)로운 데 가까운 것은 거짓됨에 흐르는 것으로 진(眞)에 반대이며, 또 수진(守眞)이라는 이는 이 세상에 살면서 뜻은 일찍이 옛 것을 좋아했는데, 옛 것을 좋아하는 자는 반드시 박소(樸素)한 것을 취할 것이다. 오직 박소(樸素)한 것은 오늘날 좋아하는 것이 아니고 또한 교사(巧詐)와 상반되는 것이다. 옛 것을 좋아하여 박소(樸素)한 것을 취하는 자가 진(眞)을 버리고 어느 것을 지키겠는가? 이것이 내가 그 글을 읽고서 수진(守眞)이라는 이의 수진(守眞)이 됨을 알게 된 까닭이다.[41)]

---

40) 이이, <지야서회(至夜書懷)>, 『율곡전서』 권1 시(詩) 상.
41) <수진헌기(守眞軒記)>, 「기(記)」, 『청장관전서』 제3권.

청장관은 진(眞)은 교(巧)의 반대이며, 박소(樸素)도 교사(巧詐)와 반대라고 하여 진(眞)과 박소(樸素)를 등가(等價)로 보고 있다. 곧 이에서 천진(天眞)을 박소(樸素)로 볼 수 있다. 文(詩)에 있어서 박소(樸素)[天眞]를 얻어야 한다는 청장관의 이러한 논의도 역시 율곡의 시관(詩觀)과 닿아 있다.

율곡은 그의 나이 38세 때(1573년)에 시선집(詩選集)인 『정언묘선(精言妙選)』을 지었는데, 이것은 율곡의 시 이론서(詩理論書)로서 시(詩)의 근원(根源)을 밝히고 그 근원으로부터 생겨난 시(詩)들을 여덟 품격(品格)으로 나누어 놓은 책이다. 율곡은 충담(冲淡)을 시(詩)의 원류(源流)로 보고 있는데, 충담(冲淡)한 시(詩)로부터 담박(淡泊)함을 맛볼 수 있다고 했다. 그런데 담박(淡泊)함이란 "성찰을 통한 '진(眞)'의 획득(獲得)"과 '불변성의 추구(追求)'로 인하여 도달할 수 있는 경지인데, 이때 '진(眞)'은 곧 '순박(醇朴)'함이다.[42] 이 '순박(醇朴)'함은 청장관이 말한 '박소(樸素)'와 동일 개념이다. 시(詩)가 지향해야 할 경지로 율곡과 청장관은 모두 천진(天眞)을 들었는데, 그것이 율곡에게는 '순박(醇朴)'함으로, 청장관에게서는 '박소(樸素)'로 구현되었다.

셋째, 널리 학식(學識)을 익힐 것을 강조했다.

앞에서 언급했듯이 청장관은 박람(博覽)을 평생 실천하였다.

> 우리들이 20년 전에 백가서(百家書)를 박람(博覽)하여 또한 풍부하다 하겠으나, 마침내 궁극적인 뜻은 바로 경사(經史)를 온전히 하는 것이며, 글을 지어 나름의 의견을 세운 것은 경제(經濟)와 실용(實用) 사이에서 벗어나지 않으니, 가만히 스스로를 어중(漁仲)·귀여(貴與)의 반열에 붙이었소. 사장(詞章)을 짓는 데도 별도로 위체(僞體)를 버리고[別裁僞體] 많은 스승을 스승으로 삼기[多師爲

"夫事物之近乎巧者 流以爲詐者 眞之反也 且守眞者 生於斯世 志嘗好古焉 好於古者 必取樸與素 維樸素 非今之所好 而亦巧與詐之相反者也 其好古而取樸素者 捨乎眞而安所守歟 此余所以讀其文而知之乎守眞者之爲守眞也"

42) 필자의 「시조의 창작기법 연구」, 『한국사상과 문화』 제20집(한국사상문화학회, 2003) 참조.

師]를 서로 서약하였소.43)

청장관이 임종(臨終)하는 해에 지나온 과거를 회상하면서 언급한 이 글 속에서 청장관을 비롯하여 뜻을 같이하는 사람들이 평생 박람(博覽)을 몸소 실천했음을 알 수 있는 대목이다. 율곡 역시 평소 박문약례(博文約禮)를 강조했다.

> 박문(博文) 약례(約禮) 두 가지는 성현의 세계에 있어서 수레의 두 바퀴와 같고 새의 두 날개와 같다. 율곡이 매번 이 말을 하면서 가르쳤다. 그러나 내가 보기에 율곡은 박문(博文)의 공은 가장 많으나 약례(約禮)에 있어서는 오히려 이르지 못한 곳이 있다.44)

사계(沙溪) 김장생(金長生)이 평소 제자들과 나눈 말 가운데 율곡의 평소 가르침에 대하여 언급한 부분이다. 이를 통해 율곡이 평소 박문약례(博文約禮)를 강조했음을 알 수 있다. 곧 율곡은 박문약례(博文約禮)를 주장했고, 청장관은 박람(博覽)을 강조했으며, 두 사람은 이를 생활 속에서 실천(實踐)했다.

넷째, 앞의 항목과 관련된 내용으로, 여러 시체(詩體)를 두루 갖출 것을 권하였다.

청장관은 시(詩)를 지음에 있어서도 어느 하나에 치우치지 말고 두루 섭렵하여 역대 시(詩)의 체격(體格)을 두루 갖출 것을 권하고 있으니,

---

43) <박재선제가서(朴在先齊家書)>, 『간본 아정유고』 제7권, 문(文), 서(書).
"吾儕二十年前 汎覽百家 亦云富有 畢竟歸趣 卽全經全史 而著書立言 不出經濟實用間 竊自付於漁中貴與之列 發爲詞章 亦以別裁僞體 多師爲師 相與約誓"

44) 송시열(宋時烈) 찬, 「어록(語錄)」, 『사계유고(沙溪遺稿)』 권45.
"博文約禮二者 於聖賢之門 如車兩輪 如鳥兩翼 栗谷每誦此言以敎之 然余所見 栗谷於博文之功最多 而於約禮 猶有所未至也"

> 어떤 이가 묻기를, "역대의 시(詩) 중에 어느 것이 가장 좋으냐?"고 하자, 대답하기를 "꿀벌이 꿀을 만들 적에는 꽃을 가림이 없다. 꿀벌이 만약 꽃을 가린다면 반드시 꿀을 만들지 못할 것이다. 시(詩)를 짓는 것 또한 이와 같다. 시(詩)를 짓는 사람은 마땅히 여러 사람의 것을 널리 보아야 하니, 분별하여 헤아리는 것이 있다면 내 시(詩)에는 역대의 체격(體格)이 각각 갖추어질 것이다. 지금 사람들이 당(唐)・송(宋)・원(元)・명(明)을 말하며 각각 높이는 것이 있는데, 이는 시(詩)를 말하는 불변의 논[鐵論]이 아니다." 하였다.[45]

여러 시격(詩格)을 박람함으로써 스스로 시(詩)에 대하여 분별하여 가릴 수 있는 안목(眼目)이 생기게 된다고 보고 있다. 이러한 견해를 율곡에게서 볼 수 있다.

율곡은 「정언묘선서」에서 다음과 같이 언급했다.

> 나는 수년 동안 병을 지니고 한가로이 홀로 거처하여 신음하는 틈에 때때로 고시(古詩)를 수탐(搜探)하여 중체(衆體)를 갖추었다.[46]

위의 언급 중에서 율곡이 말한 '중체(重體)'의 '체(體)'는 '품격(品格)'을 의미한다. 『정언묘선』은 율곡이 고시(古詩)를 두루 수탐(搜探)하면서 훌륭하다고 생각하는 여러 품격을 체득하여, 그러한 품격들을 가장 잘 드러낸 시들을 골라 각각의 품격에 분속시켜 놓은 선시집인 것으로, 위의 기록을 살펴볼 때 율곡은 여러 고시를 두루 음미했고 그를 통해 그러한 시들의 품격을 가늠할 수 있는 안목이 생겼음을 알 수 있다. 이상에서와 같이 율곡과 청장관은 모두 다양한 체(體)를 갖출 것을 권하고 실천하였다.

---

45) 이광규(李光葵), <선고부군유사(先考府君遺事)>, 「부록」, 『간본 아정유고』 제8권.
"或問 歷代詩何者最好 曰蜂之釀蜜 不擇花 蜂若擇花 蜜必不成 爲詩亦猶詩也 爲詩者當汎濫於諸家 有所裁度 則吾詩各具歷代體格 今之人曰唐曰宋曰元曰明 各有所尙 非言詩之鐵論也"

46) 이이, <정언묘선서(精言妙選序)>, 『정언묘선』
"余數年抱病 居閒處獨 殿屎之隙 時搜古詩 備得衆體"

다섯째, 도학(道學)을 중시하면서 문장(文章)의 가치를 인정하였다. 청장관은 '문장자오(文章自娛)', '도학자위(道學自衛)'를 주장하였다.

> 선비로서 베옷을 걸치고 가죽띠를 띠며, 변변찮은 식사를 하고 술지게미를 마시며 다북쑥 아래에서 거만하게 거드름을 피우면서 명리(名利)에 급급하지 않기가 어렵고, 옛사람에 뜻을 두고 문장(文章)으로 스스로 즐거워하는 것도 또한 어려우며, 도학중정(道學中正)의 식견을 지니고서 모든 욕심에 내몰리지 않는 것은 더욱 찾아보기 어려우며, 이미 문장에 뜻을 두고 또 도학으로 스스로를 지키는 것은 가장 찾아보기 어려운 것이다.[47]

문장을 하면서 도학으로써 지켜야 한다는 청장관의 주장 또한 율곡의 견해와 유사하다.

> 저 고정(考亭)의 학문은 내려온 연원(淵源)이 있고 도통(道統)을 이었는데 그의 학문은, 이치를 궁구하며 문(文)으로써 넓히고 항상 경(敬)을 몸에 지녀 예(禮)로써 다잡으며 몸소 행하고 마음으로 터득함으로써 속에 쌓인 것이 밖으로 나타남이니, 문장이 뛰어난 것은 실로 수면앙배(睟面盎背)의 나머지인 것입니다. 서산(西山)의 학문은 크고 작은 것을 빼놓지 않고 많이 배워서 많이 알아 당(唐)·우(虞)시대 이후 책속에 담긴 것으로서 경전(經傳)의 정미한 것과 아주 많은 서사(書史)와 제자(諸子)의 문(文)과 백가(百家)의 설(說)에 대해 모조리 그 귀취(歸趣)를 알아서 사정(邪正)을 밝혔으니, 그 도의(道義)에 흠뻑 젖은 것은 실로 마음을 가라 앉혀 자세하게 연구한 데서 얻은 것입니다. 두 선생이 서로 들어간 곳은 비록 다른 듯하지만 모두 도(道)를 밝히는 데 힘썼으니 마침 이치가 된 것

47) <다계시문서(茶溪詩文序)>, 『청장관전서』 제3권, 「영처문고(嬰處文稿)」 1, (序)서.
"士之衣布帶韋 茹糗啜糟 偃蹇於蓬蒿之下 不汲汲於名利者爲難 有志於古人 以文章自娛者 亦爲難 持道學中正之見 不爲衆慾所驅馳者 尤爲難見 既志於文章 又以道學自衛者 此尤最難見者也"

이 어찌 이상할 것 있겠습니까. 그러나 모든 사물의 이치는 반드시 근본이 있고 나서 말단이 있는 것이요, 먼저 바탕이 있고 나서 꾸밈이 있는 것입니다. 고정(考亭)의 학문이 이미 도의(道義)를 근본으로 삼았다면 서산(西山)의 학문인들 어찌 근본이 없었겠습니까. 문장을 앞세우고 도의(道義)를 뒤로 한 것은 선정(先正)의 취한 바가 아닙니다. 그래서 고정(考亭)의 문장을 나는 글을 읽은 소치라 하지 않고 도의(道義)가 밖으로 발한 것이라고 하며, 서산(西山)의 도의(道義)를 나는 문장의 소치라 하지 않고 역행(力行)이 마음속에 뿌리박은 때문이라고 여깁니다. 그렇다면 두 선생의 들어간 곳이 어찌 다르겠습니까.[48]

율곡은 문장의 다양한 섭취를 통하여 (道義)에 들어간 서산(西山)의 경우를 긍정하고 있다. 그러므로 율곡은 문장을 하더라도 도의에 벗어나지 않으면 그러한 태도를 인정하고 있는 것이다. 이러한 점은 청장관의 '문장자오(文章自娛)', '도학자위(道學自衛)'의 주장과 같다고 본다.

이상의 논의로 볼 때 청장관은 사상(思想)과 문학(文學)에 있어서 기본적으로 도학(道學) 특히 주자학(朱子學)에 근본하고 있으며, 특히 우리나라의 율곡을 '동방(東方)의 성인(聖人)'으로 높이 추앙하여 사상(思想)과 문학(文學)의 면에서 청장관은 율곡을 사숙(私淑)한 것으로 보인다.

48) 이이, 「문책(文策)」, 『율곡전서』, 습유, 권6, 잡저3.
"若夫考亭之學 淵源有自 而道統有歸 窮理而博之以文 居敬而約之以禮 躬行心得 積中形外 則其發越乎文章者 乃睟面盎背之緒餘耳 西山之學 多而能識 細大不遺 唐虞以來編簡所存 經傳之精微 書史之浩瀚 諸子之文 百家之說 莫不極其歸趣而覈其邪正 則其浸淫乎道義者 乃沈潛詳玩之所得耳 二先生所入 雖若不同 皆以明道爲務 則終歸於一致 何足怪歟 雖然 凡物之理 必先有本 而後有末 先有質 而後有文矣 考亭之學 旣以道義爲本 則西山之學 豈無其本乎 先文章而後道義 非先正之所取也 是故 考亭之文章 吾不曰讀書之所致 而曰道義之發乎外者也 西山之道義 吾不曰文章之所致 而曰力行之根乎中者也 然則二先生之所入 何嘗不同哉"

4. 공안파(公安派) 이론(理論)의 수용 양상

청장관(靑莊館)은 20대 초반에 이미 공안파(公安派)의 일원(一員)인 원중랑(袁中郎)의 글을 읽었다. 청장관뿐만 아니라 많은 사람들이 그의 글을 보았고 그 체(體)를 본받아 시(詩)를 짓기도 했다. 다음의 글은 이러한 사정(事情)을 잘 보여준다.

봄날에 자흠(子欽: 邊日休)을 만났는데, 자흠(子欽)이 자신의 몇 연구(聯句)를 외웠다.

노란 싹 푸른 꼬투리 아이처럼 움직이고
주름진 물 문채(紋彩) 띤 남기(嵐氣) 명주(明紬)처럼 곱구나.
물 따뜻하니 오리 새끼 물거품에 놀고
절 비어 암여우가 부처 앞에 참례(參禮)하네.
黃芽綠莢如孩動, 縐水紋嵐似縠纖.
水暖鳧雛泡影嬲, 寺空狐女佛光參.

내가 말하기를, "본래 원중랑(袁中郎)이라. 근래에 들으니 치천(稚川)이 중랑집(中郎集)을 본다고 하더라." 하였다. 인하여 자흠(子欽)과 더불어 몇 편을 지었는데 한 격(格)이 진보한 듯하였다.

봄은 전부 드러내길 싫어하여 먼저 버들에 들고
구름은 의지할 데 없음을 슬퍼하여 마침내 삼나무를 넘어가네.
春嫌全露先侵柳, 雲悵無依竟度杉.

하는 것이 있었으니 자흠은 존신(存神)의 변화가 없지 않았다. 자흠이 웃으면서, "중랑서원(中郎書院)을 지어서 나를 배향(配享)하겠는가. 한 중랑(中郎)은 비

> 록 없을 수 없지마는 근래에 백(百) 중랑(中郞)을 여기저기 만든 것은 너무 지나친 것이 아닌가." 하였다.[49]

변자흠의 시(詩)를 보고 금방 그것이 원중랑의 체(體)인 것을 알아챈 청장관을 볼 때, 이미 청장관은 원중랑의 글에 익숙해져 있었다는 사실을 알 수 있으며, 또한 "근래에 백(百) 중랑(中郞)을 만드는 것이 너무 지나치지 않은가"라는 변자흠의 언급에서 당시 지식인들 사이에 원중랑의 글이 많이 읽혔고 그 체를 모방하는 일이 많았음을 짐작할 수 있다.

그러나 원중랑의 글에 대해 비판적인 지식인들도 있었다.

> 문장에는 깨달은 곳이 있은 다음에야 그 입장에 설 수 있는 것이니, 중랑(中郞)을 말세의 괴품(怪品)으로 여겨 업신여기지 말고 마음을 가지런히 하여 고요히 생각을 모은다면, 반드시 환히 영롱한 곳을 얻어 한 번 눈을 움직이면 곧 만물이 모두 나의 문장이 되네. 그대의 재주는 고질(古質)한 까닭에 이로써 구원(救援)하네. 그러나 어찌 한가지로 이러한 것에만 빠져서 방탕에 흘러 돌아오기를 잊겠는가? 매양 이런 무리는 손[賓]의 예(禮)로 대해야지, 나의 집에 깊숙이 들어오게 해서 도리어 주인으로 섬겨서는 안되네. 융통성이 없는 고집은 글을 짓는 데 크게 꺼리는 것이네. 오직 그대는 그것을 살릴 수 있는 방도를 생각하게. 나도 또한 한 살을 더 먹었으나 옛날처럼 어리석으니 어쩌면 좋겠는가?[50]

---

49) 「이목구심서(耳目口心書)」 5, 『청장관전서』 제52권.
"春日逢子欽 子欽誦其數聯曰 黃芽綠莢如孩動 縐水紋嵐似縠纖 水暖鳧雛泡影鬬 寺空狐女佛光參 余曰 故是袁中郎 近聞稚川觀中郎集 仍與子欽作數篇項進一格 有曰 春嫌全露先侵柳 雲悵無依竟度杉 子欽不無存神之化也 子欽笑曰 立中郎書院 以吾爲配享也 一中郎雖不可無 近者散作百中郎 無乃太濫耶."

50) <내제박치천종산(內弟朴稚川宗山)>, 「아정유고」 8, 서2, 『청장관전서』 제16권.
"文章有悟處 然後立脚 勿以中郎爲末季怪品侮之 齊心靜會 必透得玲瓏竇 一轉眼 則萬物皆吾文章也 君才古質 故以此救之 然豈一切沈湎於是物 流宕忘返也乎哉 每當以此輩賓禮待之 不可奧入我室 反以主人事之也 守株膠柱 爲文之大忌 惟君思所以轉活之 余又噉一年 猶舊痴奈何"

청장관이 내제(內弟)인 박종산(朴宗山: 朴稚川)에게 중랑(中郎: 袁宏道)의 글을 읽어보라고 권하는 글인데, 박종산에게 원중랑의 글을 말세의 괴품(怪品)이라고 생각하지 말 것을 권유하고 있다. 이러한 사실로써 볼 때, 당시 원중랑의 글을 무시하는 부류도 있었음을 알 수 있다. 나아가 원중랑류(袁中郎流)의 글을 주인으로 섬기지 말고 손님의 예로 대하라는 청장관의 언급을 염두에 둔다면, 청장관 역시 문장에 대한 원중랑의 생각에 전적으로 마음을 두고 있지는 않다는 것을 알 수 있다.

원중랑의 공안파에 대한 청장관의 생각은 다음의 글에 잘 나타나 있다.

> 혹자가 말하기를,
>
> "또 만일 원류랑(袁柳浪)이 있어 좌편에 서문장(徐文長: 徐渭)을 우편에 강진지(江進之)를 데리고 증퇴여(曾退如) · 도주망(陶周望)의 무리를 몰고 와서 그대에게 묻기를 '문장에 어찌 일정한 법이 있는가? 이치가 어찌 반드시 선민(先民)이 항상 가르친 것이며 말은 어찌 반드시 전현(前賢)이 늘 말한 것이라야만 하는가. 마땅히 얽매현(前賢)시원하게 벗어버리고 곧航)기운차게 나아가면 문호(門戶)는 곧 우뚝 서고 동천(洞天)은 곧 따로 열린다. 혹 옛사람의 자구(字句)를 주워 모아서야 어찌 세상에 이름난 문장이라고 말할 수 있는가?'라고 하면 그대는 어떻게 대답하겠는가."하였다.
>
> 나는 마땅히 대답하기를, "그것은 구속이다. 만일 그대의 재주라면 가능할 것이다. 또 천하의 선비 중에 그대의 재주와 같이 초탈(超脫)에 능한 자를 골라 이 방법으로 전한다면 또한 될 것이나 천하의 재주가 초탈(超脫)에만 그치는 것이 아니고 전아(典雅)한 자도 있고 평이(平易)한 자도 있다. 그런데 한결같이 모두들 신기(新奇)를 특별히 창출하도록 요구한다면, 혹 도리어 그 본연을 잃고 고광(高曠)하고 초절(超絶)한 지역을 좇아 또한 도(道)를 무너뜨리지 않을까 두려울진저! 많은 선비를 진작(振作)시키는 문장이 어찌 한 가지 규율(規律)뿐이리요. 곧 국한(局限)함이 없는 것인가? 인하여 재주의 기이(奇異)하면서 바른 것[奇正]은 절로 볼만한 것이 있으니, 억양(抑揚), 여탈(與奪), 정규(正規), 암풍(暗

> 諷), 순도(順道), 반설(反說) 등 그 변화는 끝이 없다. 다만 그것으로 하여금 그 본연(本然)과 천진(天眞)을 크게 벗기고 깎게 하지 않으면서 그 스며든 찌꺼기와 썩고 더러운 것을 없앨 따름이다. 또 예전 사람의 법도(法度,[軌轍])에 구속되는 것도 옳지 않고 또한 오로지 버리는 것도 옳지 않다. 스스로에게 신묘(神妙)하게 풀어 밝히고[竗解] 환하게 깨닫는[透悟] 법이 있으니 사람마다 각자 잘 그것을 얻는지 여하에 있을 뿐이다. 그대가 매우 성을 내고 꾸짖으며 천하 사람들이 모두 내 명을 따르지 않는 것으로 큰 근심을 삼는다면 곧 나는 그 말류에 문(文)이 도(道)를 해하여, 무고(誣告)의 말과 망령(妄靈)된 말로 미친 듯이 스스로 방자(放恣)하게 되어 용서할 수 없는 죄에 빠지게 될까 두려워하는 것이니 또한 슬프지 않은가? 그러나 천지 사이에는 없는 것이 없으니 그대가 새로운 말[新語]을 잘 만들어내는 것도 또한 없을 수 없다. 내가 다행히 그대의 문집을 읽고서 의탁하여 기이(奇異)한 구경[奇觀]을 하였노라."라고 하였다.[51]

청장관은 위의 글에서 원중랑의 문장론에 대한 장단점을 상세하게 밝히면서 그 것 중에서 버리고 취할 것을 조리 있게 잘 설명하고 있다.

우선 원중랑의 주장은 곧 "문장에는 일정한 법이 없다. 그러므로 선민(先民)과 전현(前賢)의 이치와 말에 얽매이지 말고 그것을 시원하게 벗어버려야 한다. 곧 옛사람의 자구(字句)를 주워 모으는 습관을 버려라."라는 것이다.

---

51) 「이목구심서(耳目口心書)」 1, 『청장관전서』 제48권.
"或曰 又若有袁柳浪左擁徐文長 右携江進之 駈曾退如陶周望輩 來問於子曰 文章安有定法哉 理何必先民所恒訓 語何必前賢所恒道 當快脫粘縛 直叚步武 門戶則特立 而洞天則別開也 或掇拾古人字句 豈曰 文章名世哉 子當何答 我當曰 拘也 若以子之才則可 且擇天下之士如子之才 而善於超脫者 傳之以此方亦可 然天下之才 非超脫而止也 有典雅者 有平易者 壹皆責之 以別創新奇 或恐反喪其本然而日趨于高曠超絶之域 不亦敗道乎 振作多士之文章 豈一律而已哉 無乃局乎 仍才奇正 自有可觀 抑揚與奪 正規暗諷 順導反說 其變化也無涯 但不使之太剗削其渠之本然與天眞 去其滲滓腐穢而已矣 且古人軌轍 不可拘束 亦不可專然抛棄也 自有竗解透悟法 在人人各自善得之如何耳 子紛紛怒罵 以天下人之不一齊從吾命 爲大憂也 則吾懼其末流仍文害道 誣言妄談 猖狂自恣 至陷於不可赦之罪 不亦悲乎 然天地間 無所不有 子之善創新語 亦不可無也 吾幸讀子集 而託以爲奇觀"

이러한 주장에 대한 청장관의 대답은 "그것은 '구속'이다."라는 부정적인 것이다. 그 이유는 다음과 같다. 즉, "천하의 재주로는 초탈한 것, 전아한 것, 평이한 것 등 다양한데, 일률적으로 한결같이 '신기(新奇)'만을 창출하도록 요구하게 되면 도리어 그 본연(本然)을 잃고 고광(高曠)하고 초절(超絶)한 지역을 쫓게 되어 도(道)를 무너뜨리게 될 수 있다."는 것이다. 여기에서 유학의 도(구체적으로 본연과 천진)에 대한 청장관의 의지를 다시 확인할 수 있다.

원중랑의 주장에 대한 청장관의 대응은 "또 예전 사람의 법도(法度; 軌轍)에 구속되는 것도 옳지 않고 또한 오로지 버리는 것도 옳지 않다."는 것이다. 여기서도 우리는 청장관의 '작고짐금(酌古斟今: 酌古量今)'의 태도를 확인할 수 있다. 그러면 청장관이 원중랑에게서 취한 것은 무엇인가? 그것은 곧 '기(奇)'이다. 그는 도학(道學)에 굳건한 뿌리를 두면서 이 '기(奇)'를 취하여 그의 문학에 육화시켰다. 그러므로 청장관에게 있어서의 이 '기(奇)'는 원중랑의 '기(奇)'와 같지 않다. 원중랑은 오직 '신기(新奇)'만을 추종했지만, 청장관은 이 '기(奇)' 중에서 바른 것만을 취하였던 것이며, 그의 '기(奇)'는 그의 여러 문학적 특징 중의 하나로 자리한다는 것이다.

청장관은 '기(奇)'의 바른 것 중 볼만한 것으로 '억양(抑揚), 여탈(與奪), 정규(正規), 암풍(暗諷), 순도(順道), 반설(反說) 등'을 제시하면서 그것[奇正]은 끝없이 변화해 나가는 것이라고 하였다. 그리고 이 '기(奇)'는 도학(道學)의 '본연(本然)과 천진(天眞)'을 크게 해치지 않으면서 다만 거기에 스며든 찌꺼기와 썩고 더러운 것을 없애는 데 사용될 뿐이다. 이 '기(奇)'가 바르지 못하면 '마침내는 문(文)이 도(道)를 해하여, 무고(誣告)의 말과 망령(妄靈)된 말로 미친 듯이 스스로 방자(放恣)하게 되어 용서할 수 없는 죄에 빠지게' 되는 것이다. 이 '기(奇)'의 바른 것을 얻는 방법에 대해서, "스스로에게 신묘(神妙)하게 풀어 밝히고[妙解] 환하게 깨닫는[透悟] 법이 있으니 사람마다 각자 잘 그것을 얻는지 여하에 있을 뿐이다."라고 하면서 스스로 깨닫기를 권하고 있다.

청장관의 '기(奇)'에 대한 이러한 생각은 '기(奇)'와 '평(平)'의 조화로 나타나니, 다음의 글에서 이를 확인할 수 있다.

> 저는 취(趣)를 위주로 해서 신령(神靈)스럽게 하려는 것이고, 진옥(進玉)은 기(氣)를 위주로 해서 이미 변환(變幻)한 것입니다. 저는 평이(平易)함을 오로지 하고 싶지 않으며 기이(奇異)함을 오로지 할 수도 없습니다. 그러므로 4할은 평이(平易)하고 6할은 기이(奇異)하여 때로는 평탄한 길을 다니고 때로는 깊은 산(山)에 들기도 합니다. 그런데 진옥은 발분하여 인색한 싹을 뽑아버리고 고민하면서 티끌먼지의 주머니를 씻어버리며, 형곽산(衡霍山)과 아미산(峨眉山)을 개미집이나 탄환같이 여기어, 격함을 고쳐주면 줄수록 더욱 기이(奇異)함을 찾아 그치질 않아 먼 곳을 가고 깊은 곳에 통하여 이르지 않는 곳이 없으니 그 마음이 또한 슬픕니다.[52)]

청장관은 이진옥(李進玉, 李璡)의 지나친 '신기(新奇)' 추구를 비판하면서 평이(平易)함만을 추구하지도 기이(奇異)함만을 추구하지도 않고 이 평이(平易)함과 기이(奇異)함을 적절히 하여 사용하는 자신의 입장을 밝힌다. 즉 평이(平易)함과 기이(奇異)함의 조화라 볼 수 있다.

5. 맺음말

지금까지 청장관(靑莊館) 문학의 학문적 기반과 그러한 학문적 바탕 위에서 공안파(公安派)의 이론을 수용하여 자기화하는 모습, 그러는 과정에 있어서의 그의 태도 등을 살펴보았다. 청장관은 분명 유학(儒學)의 도(道), 특히 주자학(朱子學)에 기반하면서 율곡(栗谷)을 사숙(私淑)하였고, 그것을 자신의 학문적 토대로 삼았다. 청장관은 '작고짐금(酌古斟今)'의 태도로 학문과 문학

---

52) <윤증약가기(尹曾若可基)>, 「아정유고」 8, 서2, 『청장관전서』 제16권.
"某主趣而欲靈 進玉主氣而已幻 某全平不欲也 全奇不能也 故四分平六分奇 時行坦途 時入深山 進玉憤而拔鄙吝萌 悶而滌塵垢囊以衡霍峨眉 爲蟻封彈丸 愈矯激而愈探奇之不已 懸度鑿通 無所不至 其心亦悲矣"

을 했기에 주자학을 비판적으로 계승했다고 볼 수 있다. 여기서는 그의 학문과 문학관이 주자(朱子)와 율곡(栗谷)에 가 닿았다는 점을 밝히는 데 주안점을 두었다.

청장관은 경사(經史)를 온전히 하는 것을 궁극적인 목표로 삼아 평생 정주(程朱)의 문호(門戶)를 지키고자 노력했으며, 특히 우리나라의 율곡을 '동방(東方)의 성인(聖人)'이라고 높이 평가하였다. 더구나 율곡 문하의 성리학을 하는 사람들을 특별히 언급한 것은 자신의 학문적 계통을 암묵적으로 밝힌 것이라고 생각한다.

청장관은 학문과 문학에 대한 생각에서 율곡과 매우 유사한 점이 많다.

첫째, 도학(道學)의 실천을 강조하였다. 청장관은 인사(人事), 인리(人理)를 천사(天事), 천리(天理)에 우선해야 한다고 하였고, 율곡은 '사물의 이치를 연구하고 실천을 통하여 앎을 완성'하는 것인 진지(眞知)를 주장했다. 두 분이 실제적 체험을 중시한다는 점에서 같다.

둘째, 천진(天眞)을 추구하였다. 청장관은 박소(樸素)를 지향하였고, 율곡은 순박(醇朴)함을 지향하였다. 박소(樸素)와 순박(醇朴)은 같은 개념이다.

셋째, 우선 널리 학식(學識)을 익힐 것을 강조했다. 청장관은 박람(博覽)을 강조했고, 율곡은 박문약례(博文約禮)를 주장했으며, 두 사람은 이를 생활 속에서 실천했다.

넷째, 여러 시체(詩體)를 두루 갖출 것을 권하였다. 청장관은 어느 한 나라의 시체(詩體)에 얽매이지 말고 시대를 초월해서 다양한 체(體)를 갖출 것을 권하였으며, 율곡은 그의 시선집(詩選集) 『정언묘선(精言妙選)』에서 틈틈이 책을 보아 '중체(重體)'를 갖추었다고 하여 여러 시체(詩體)에 두루 관심을 가졌음을 알 수 있다.

다섯째, 도학(道學)을 중시하면서 문장의 가치를 인정하였다. 청장관은 '문장자오(文章自娛)', '도학자위(道學自衛)'를 주장하였으며, 율곡 역시 문장의 섭렵을 통해 도의(道義)에 들어간 서산(西山)의 경우를 인정하고 있다.

청장관은 공안파의 이론에 관심을 가졌으나 그 이론을 전적으로 수용하지 않고 그들의 주요 관심사인 '청신(淸新: 新奇)' 중에서 '기정(奇正)', 즉 편벽되지 않은 바른 '기(奇)'를 수용하였다. 이 '기(奇)'를 통하여 도학(道學)의 '본연(本然)과 천진(天眞)'에 스며든 찌꺼기와 썩고 더러운 것을 없애는 데 사용하였던 것이다.

청장관의 학문과 문학을 대하는 태도, 또 공안파의 이론을 대하는 태도는 곧 '작고짐금(酌古斟今)'의 태도이다. 이 입장에서 논리를 전개한 이 글은 청장관의 방대한 저술과 문학 중 아주 조그만 부분을 다루었지만 그의 방대한 저술을 꿰뚫는 것이라고 생각한다. 이 글에서 다루지는 않았으나, 명대(明代) 전후칠자(前後七子)의 복고주의(復古主義: 擬古主義), 청대(淸代) 왕사정(王士禎)의 신운설(神韻說)을 대하는 청장관의 태도 역시 공안파를 대하는 것과 같다고 본다.

Ⅲ. 문학 연구 방법론

제1장 임하 선생의 시조연구방법론

제2장 율곡 문학 연구 해제

제3장 시조의 창작 기법론

제4장 근대시의 형식

제5장 논산의 전설

제1장 임하 선생의 시조연구방법론

1. 서론

임하(林下) 최진원(崔珍源) 선생은 우리 국문학, 특히 고전문학의 연구에 커다란 족적을 남기셨다. 당시 주제 영역에 큰 관심을 보이던 학계의 성향과는 달리 표상 영역을 중심으로 하여 작품의 미적 특질을 밝히는 데 온 힘을 기울였다. 주제 영역의 중요성을 간과한 것이 아니라 작품에 있어서 주제는 물론 중요하다. 하지만 같은 주제라 하더라도 어떻게 표현하느냐에 따라 작품의 맛은 달라지는 것이다. 이 점을 주목한 것이다.

임하 선생은 도남 조윤제 박사의 학문을 계승하였다. 주로 강호가도(江湖歌道)라 불리우는 자연을 대상으로 한 작품들의 미적 특질을 규명하는 데 많은 관심을 쏟았다.

> 강호가도는 당쟁하의 명철보신과 치사객의 한적에서 형성되었다. 강호가도에 나타난 자연의 양상은 일반미이고, 그것은 조화 · 영원 · 절로절로를 내용으로 한다.[1)]

1) 최진원, 「강호가도연구」, 『국문학과 자연』(성균관대학교출판부, 1977), 7쪽.

라는 강호가도의 양상에 대한 조윤제 박사의 이론을 조선조 시가에 나타난 '자연'을 살펴보고자 하는 당신의 논의의 전제로 삼고 있다. 임하 선생은 우선 학문 영역의 면에서 도남의 학문을 계승했다. 임하 선생은 도남의 '자연미의 발견'(『한국문학사』) '국문학과 자연'(『국문학개론』)에 주목하여 주로 자연이 등장하는 시조 작품의 연구를 통해 작품의 미적 특질을 밝혀냈는데, 특히 도남이 이 저서에서 '우리 민족의 자연관'이면서 '자연을 이해하는 방식'으로 언급한 '영원, 조화, 절로절로'를 시조 작품들을 통해 구체적으로 밝혀냈다. 곧 '영원'을 '자연의 규범성'의 측면에서, '조화'를 중국 회화의 '여백'과 추상화된 미의식을 경신시키는 '절로절로'의 측면에서 해석하고 있다. 이렇듯 임하 선생의 첫 저서인 『국문학과 자연』에 실린 '강호가도연구'는 도남의 '자연미의 발견'과 '국문학과 자연'을 심화・발전시킨 것이며, 당신이 전제로 삼은 내용을 작품을 통해 구체적으로 증명한 것이다.

이 연구는 강호가도를 대상으로 한 임하 선생의 연구방법론을 검토하고 그 가치를 평가하고자 한다.

2. 실증, 그리고 주관성

임하 선생은 학문을 연구함에 있어서 실증을 중요시했다. 다양한 자료의 섭렵을 통해 검토와 검토를 거듭한 후에, 자신의 주장에 대한 확신이 섰을 때 글로 발표하셨다. 그런데 미적 특질을 밝히는 데 있어서 임하 선생은 실증적 방법의 한계를 느꼈다. '언외지취(言外之趣) 미외지미(味外之美)'라는 말에서 느낄 수 있듯이 미적 특질이라고 하는 것은 문자에 그대로 다 드러나는 것이 아니라 문자 밖에 의미를 담고 있기 때문이다.

임하 선생이 문학의 특질을 논하면서 언어성과 미의식을 강조한 것은 이러한 점을 지적한 것이다.

> 이 둘(언어성과 미의식)을 고려치 않은 문학특질은 '문학의 특질'이 아니라, 다른 것의 대변(代辯)에 지나지 않는다. 말하자면 그것은 물 위에 떠도는 기름이다. 기름을 건져내기는 쉬운 일인지 모른다. 그런 것을 건져내기에 얼마나 많은 힘을 소모하였던 것이고, 건져낸 결과는 흔히는 소재(素材)이기 일쑤였다. 언어성(言語性)과 미의식(美意識)을 매개치 않은 소재는 문학으로서는 생경(生硬)이고 추상(抽象)이고 이식(移植)일 따름이다.[2)]

이것은 문자 밖에 놓여 있는 문학의 미적 특질을 잘 밝히기 위해 노력해야 한다는 말이다.

그러므로 문자상에 그대로 다 드러나지 않는 이러한 미적 특질은 초월적이고 형이상학적 사변을 배격하고 자연과학처럼 검증이 가능한 지식만을 인정하는 실증주의(실증적 연구 방법)의 방법으로는 해결할 수 없는 것이다. 이러한 실증적 연구 방법의 한계를 극복할 무엇가가 필요하다고 느꼈다.

임하 선생은 도남의 '국문학의 이념'을 검토[3)]하면서 해결책을 모색하고 있다.

> 이렇듯 「국문학의 이념」은 주관성이 강렬하다. 이 주관성에 실증주의의 공격의 화살은 가게 마련이다. 왜냐하면 그것은 실증주의의 입장에서는 이념적 불가지론이기 때문이다. 도남은 이념적 불가지론과 실증적 합리성과의 대립의 피안에 민족의 「생」의 실증을 예상하고, 불가지와 실증의 통일을 추구해 마지 않았다. 이런 점에서는 도남의 국문학연구를 「딜타이」류라고 말할 수 있을지 모르겠다. …… 도남의 정열이 불가지에 가까운 「국문학의 이념」을 개척자적으로 조명

2) 최진원, 「서문」, 위의 책.

3) 최진원, 「도남의 '국문학의 이념'」, 『도남학보』 제1집(도남학회, 1978).
도남 선생의 문학 연구에 있어서 객관적으로 일관하고 있지 못하고 있는 것을 문제 삼는 당시의 의견에 대해 임하 선생은 도남의 '도남의 국문학의 이념'을 검토하면서 오히려 도남의 주관성(주관적 태도, 주체적 비판)이 실증주의의 한계를 극복할 수 있는 연구방법으로서 긍정하고 있다.

한 것을 인정하지 않을 수 없다.

라고 하여 도남이 국문학의 이념을 연구하면서 취한 '주관성(주관적 태도)'의 일면을 긍정하면서 실증적 연구 방법의 한계를 극복할 대안으로 생각했다. 한편 이런 '주관성'이 주는 폐해에 대한 경계를 잊지 않았다.

> 물론 도남의 「국문학의 이념」 연구가 지니는 주관주의의 관념성·감격성에 대하여 우리는 경계를 게을리 할 수는 없다. 「국문학의 이념」이, 신성하고 불변이라고 한다면, 그리고 때로는 실증보다도 감격(감동)에서 인지된다고 한다면, 그것은 자칫하면 선험적 보좌에 군림하여 유아독존할 수 있고, 개성적 창조의 차원에서 존재론적 보편성의 차원으로 정식화될 가능성이 있기 때문이다.4)

어쨌든 '도남의 「국문학의 이념」은 재평가' 되어야 하며 '이것이 검토될 때 도남의 국문학 연구는 비판적으로 계승될 것'이라고 밝혔다.

임하 선생은 『국문학과 자연』의 서문에서 다음과 같이 언급했다.

> 불가지론과 실증적 합리성과의 대립의 피안에 민족의 '생'의 실체를 예상하고, 불가지와 실증의 통일을 추구해 마지않은 조박사의 학문적 정열을 되새길 필요가 있다.5)

여기서 언급한 '조박사의 학문적 정열'은 곧 '주관성(주관적 태도)'를 의미한다. 임하 선생은 다음과 같이 도남의 글은 인용하고 있다.

> 연구자는 열정적인 주관적 태도를 가지고 연구자 자신이 가장 유쾌히 생각하

---

4) 최진원, 위의 논문, 34쪽.
5) 최진원, 「서문」, 앞의 책.

> 고 가장 감격하는 곳을 추구하여 가는 것도 이념적 연구의 하나의 중요한 방법이라는 것을 또한 잊어서는 안 될 것이다.[6]

그리하여 다음과 같이 임하 선생 자신도 도남의 연구 방법을 따르겠다는 다짐을 하고 있다.

> 이제 조박사의 학문적 정열을 되새기면서, 미의식의 실증을 추구하는 일에 모험을 걸어보고자 한다.[7]

이것은 우리 시가의 미적 이념 및 특질을 밝히는 데 실증을 추구하면서 그 실증의 한계를 극복하기 위해 때로 주관적 태도로써 임하겠다는 다짐이요, 아울러 그것을 학문적 연구 방법의 단계로까지 올려놓겠다는 다짐이며, 새로운 연구방법의 개발에 도전해 보겠다는 의지의 천명이다.

"조박사의 학문적 정열을 되새기면서, 국문학 특질의 실증을 추구하는 일에 감히 모험을 걸어본 것이 여기에 실은 몇 편의 논문이다."(『국문학과 자연』, 「서문」)라고 했듯이 이 책에 실려 있는 「강호가도연구」는 이러한 방법론을 적용한 그 성과물이다.

임하 선생은 시조를 당신의 주요 관심 분야라고 여러 차례 밝힌 바 있다. 필자는 임하 선생의 주요 관심사였던 임하 선생의 시조 연구를 정리하면서 그 새롭게 시도한 연구방법론의 타당성 여부 및 학문적 성과를 살펴보고자 한다.

임하 선생은 「강호가도연구」에서 강호가도 미의식을 위한 도론의 예증으로 면앙정(俛仰亭)의 다음 시조를 들고 있다.[8]

---

6) 최진원, 「도남의 '국문학의 이념'」, 『도남학보』 제1집(도남학회, 1978), 34쪽.
7) 최지원, 「강호가도연구」, 앞의 책, 110쪽.
8) 최진원, 앞의 책, 75쪽.

잘새는 ᄂᆞ라 들고 새ᄃᆞᆯ이 도다온다
외나모 ᄃᆞ리로 홀로 가는 저 禪師야
네 절이 엇매나 ᄒᆞ관ᄃᆡ 遠鐘聲이 들리ᄂᆞ니

뒤이어 이 시조의 특질을 다음과 같이 규정하고 있다.

이 시조는 자연-황혼의 야경-을 읊었다. 그런데 그 자연은 너무나 담박(淡泊)하여, 정작 그것이 어떤 것이냐고 따진다면 분명치 않다.

이 시조의 특질을 '담박'이라고 규정하고 있다. 그리고 그 아래 이 시조에서 담박함이 느껴지는 이유를 논증하고 있는 것이다. 이 시조의 어디에도 '담박'은 겉으로 드러나 있지 않은데, 이 시조에서 어떻게 '담박'함을 느끼는가? 그것은 문학에 대한 오랜 경험에 바탕을 둔 '직관'이다.[9] 임하 선생은 이것을 증명하기 위해 중국 회화의 여백(餘白)의 개념과 문인화(文人畵)의 특징인 '형사억제(形似抑制)'의 개념을 가져다가 설명하고 있다. 그리하여 그 개념을 면앙정의 시조에 적용하여 다음과 같이 마무리한다.

이 시조의 '잘새·새달' 등의 개체들은 개별성으로서는 표현되어 있지 않다. 즉 형사가 전무하다. 그러므로 그 하나하나는 간담(簡淡)하기 짝이 없고, 그리하여 전체는 졸(拙)하기만 하다. 이것은 진정 어떤 전체성(全體性)을 위함인 듯하다. 즉 여러 개체들은 어떤 전체성을 나타내기 위한 단순한 소재(素材)로서 제시되어 있을 따름이다. 그러면 그 전체성은 무엇인가. 그것은 '황혼의 정적'이다. 그러나 그 정적은 표현상에는 전혀 나타나지 않는다. 그것은 여러 개체의 조화 속에 초연(함축)되어 있다. 이것이 이 작품의 여백이다. ……개체의 개별성이 표현되지 않는 점을 '비집착(非執着)'이라 부르고, 그런 개체의 조화에서 함

9) 도남의 '주관성(주관적 태도)'을 '직관(直觀)'으로 볼 수 있겠다.

축되는 바를 '전체성'이라 부르고자 한다. 그렇다면 면앙정의 시조는 '비집착적 개체들의 전체성에의 조화-여백'라고 할 수 있다. 그 여백(담박)이 이 작품의 시성(詩性)이다.10)

여러 개체(소재)의 조화 속에 초연(함축)되어 있는 전체성은 작품 어디에도 표현되어 있지 않다. 그렇지만 실증주의의 방법으로 그 개체들을 분석 · 종합함으로써 전체성을 유추해 낼 수는 있다. 그러나 그 전체성의 미감이 '담박'하다는 것을 증명해내는 것이 불가능하다. 실증적 고증의 바탕 위에 작품의 시성(詩性)을 파악할 수 있는 뭔가가 필요하다. 도남은 그것을 '주관성(주관적 태도)'이라 했고, 임하 선생은 그것을 긍정했으며, 그러한 방법으로 문학의 미적 특질을 이해하고 논증한 것이 위에 제시한 면앙정의 시조이다.

임하 선생은 위의 면앙정의 시조 외에도 몇 편을 더 위와 같은 방식으로 분석하고 있다. 고산(孤山) 윤선도(尹善道)의 <어부사시사(漁父四時詞)> 세 작품

우는 거시 버구기가 프른 거시 버들숩가
　이어라 이어라
어촌 두어 집이 닛 속의 나락드락
　지국총 지국총 어사와
말가흔 기픈 소희 온갖 고기 쒸노느다

년닙희 밥 싸 두고 반찬으란 장만마라
　닫드러라 닫드러라
청약립은 써 잇노라 녹사의 가져 오냐
　지국총 지국총 어사와

10) 최진원, 앞의 책, 79~80쪽.

무심한 백구는 내 좃는가 제 좃는가

압개예 안개 것고 뒫뫼희 히 비췬다
　빅떠라 빅떠라
밤믈은 거의 디고 낟믈이 미러 온다
　지국총 지국총 어사와
강촌 온갓 고지 먼 비치 더옥 됴타

이것을 분석하여 이 작품 속의 소재들은 "'흔적 없이 나타내다.'의 비집착에 시성(詩性)이 있으며, '봄의 화창'의 전체성, '춘경'이 전체성 속에 녹아들어간다"고 함으로써 이 작품들이 비집착적 개체들의 조화 속에 전체성을 함축하고 있으며, 이로부터 시성(詩性)을 파악할 수 있다고 생각하고 있다.[11)]

또한 <고산구곡가(高山九曲歌)>를 분석하여 <고산구곡가>는 담박하며, 조회수조(彫繪繡藻)의 집착이나 이정탕심(移情蕩心)의 격정은 철저하게 배제되어 있다고 하면서 <고산구곡가>를 여백의 표본적 작품이라고 하였다.

어쨌든 '담박'이라고 하는 시성(詩性)을 지닌 일련의 시들을 분석하여 비집착적 개체들이 조화를 이루어 함축하고 있는 작품의 전체성을 바탕으로 나름대로 논증하고 있다. 또한 여기에 임하 선생의 '주관성'이 작용하고 있다. 이러한 방법을 심화 발전시킨 것이 『한국고전시가의 형상성』(성균관대학교출판부, 1988; 증보판 1996) 속에 실려 있는 일련의 글들이다. 즉 '도산십이곡과 경(敬)', '고산구곡가와 담박(淡泊)', '우복문학과 실(實)', '독락팔곡・한거십팔곡과 은구(隱求)', '어부사시사와 가어옹(假漁翁)', '산중신곡과 금쇄동기의 관계', '송강시가와 풍류(風流)', '송강 단가의 풍격(風格)' 등이다.

---

11) 임하 선생은 작품의 시성(詩性)을 표현적인 면과 내용적인 면에서 함께 살피고 있다. 비집착적 개체의 전체성에의 조화는 여백의 '표현'에 대한 고찰이라고 하면서 여백의 '내용'에 대한 고찰로는 '격정정 서정'을 찾을 수 없는 것이라고 하였다(위의 책, 84쪽).

3. 문학의 유기체적 전체성[12)]

임하 선생은 위에서 살펴보았듯이, 실증의 한계를 극복하기 위해 '주관성(주관적 태도)'를 긍정하고 하나의 연구방법으로서 작품의 미적 특질을 밝히는 데 사용했으며, 아울러 문학을 생명체로 인식한 도남의 인식을 변용하여 계승하기도 했다.

> 귀거래로써 현실불만은 일단 해소할 수 있지만, 그러나 그것은 불충분하다. 그래서 자연에서 규범성을 찾는 것인데, 그것이 '자연의 관념표징화'로 굳어버려 '단세포적 증식'만 거듭하면, 여기에 현실관의 경신이 일어나지 않는 한 역사부재의 무위에 빠지게 됨은 피할 수 없는 운명이기도 하다.[13)]

> '자연의 관념표징화'의 주지미에서 벗어나기 위하여 여백의 유미가 요구되었거니와, 그 여백이 유미에 침잠하여 추상의 고차원에 군림하게 되면, 여기 또다시 미의식의 경신이 요구되는 것이 아닐까. 여기에 피부 속에 잠재해온 '절로절로'가 등장할 가능성이 있다.[14)]

임하 선생은 시조의 개별 작품의 미감을 중시하고 있지만, 초기 연구에서는 시조 장르의 전체적인 흐름 속에서 시조의 표상[15)] 방식의 변화에 주목하

---

12) 이 용어는 조동일 교수가 도남의 민족사관을 평가하면서 사용한 용어이다(조동일, 「조윤제의 민족사관과 문학의 유기체적 전체성」, 『도남조윤제박사고희기념논총』, 1975).

13) 최진원, 앞의 책, 102쪽.

14) 최진원, 위의 책, 112쪽.

15) 앞에서 언급한 언어성과 미의식을 『한국고전시가의 형상성』에서는 '표상'이라고 하였다. 임하 선생은 초기 연구에서 작품의 언어성과 미의식에 주목하여 시조 작품들의 미적 특징을 해석해 왔는데, 이 개념을 포함하여 시가를 문(文)과 구별하고 시가의 서정성을 밝히기 위해 표상(表象)이라는 개념 용어를 개발하여 사용하고 있다. 현묵자(玄默子) 홍만종(洪萬宗)이 송강(松江)의 <관동별곡(關東別曲)>을 평한 말인 "關東別曲은 關東山水의 美를 歷擧하여, 그 幽遐詭怪의 景을 說盡하였으니, 狀物의 妙와 造語의 奇는 樂譜의 絶調다.(旬五志)"라는 말에서 '상물(狀物)'을 '형상(形象)'으로, '조어(造語)'를 '표현(表現)'으로

고 있다. 서정의 경화(硬化)와 갱신(更新)이라는 두 축을 설정하고 시조 작품들이 규범성의 표징이 심화되어 시성 없는 해제에 불과한 작품들이 만들어진다거나, 단세포적 증식을 하거나 유미로 흘러 추상화가 심화되어 서정이 경화되면 그럴 때마다 서정의 갱신이 일어나게 된다는 주장을 펴고 있다. 이것은 문학 작품을 하나의 생명체로 본 도남의 문학사관을 시조 장르에 변용하여 적용시킨 것이라 볼 수 있다. 도남은 문학을 하나의 생명체로 보면서 한문학과 국문학의 두 축을 설정하여 한문학의 위세의 변화에 따라 국문학이 태동하여 형성되고 위축되어 잠동하며 소생하여 육성, 발전하는 과정을 문학사에서 기술하고 있듯이, 임하 선생은 서정의 흐름 속에서 그 서정이 경화(硬化)되어 감에 따라 그 극에 미치어 경신(更新)되는 과정을 그의 '강호가도연구'에서 기술하고 있는 것이다.

임하 선생은 초기 연구에서 주로 자연을 대상으로 한 시조 작품들을 지적 측면과 미학적 측면(언어성과 미의식)에서 다루면서, 이러한 큰 틀에서 도남의 연구 방법을 변용하여 사용하였다. 이 점을 좀 더 구체적으로 살펴보겠다.

임하 선생은 대체로 강호가도(江湖歌道)는 서정(抒情)의 순정(醇正)인 온유돈후(溫柔敦厚)를 유지하고 있으나, 일면 서정의 경화(硬化)가 일어나기도 하는 것으로 인식하고 있는데, 서정의 경화(硬化)가 일어나는 원인으로 '자연의 규범성의 천편일률화'와 '강호가도의 단세포적 서정'을 들고 있다. 전자의 예로 수졸(守拙)을 효빈(效嚬)하고 안빈(安貧)을 도회(韜晦)하고 현실을 단절(斷絶)하고 태고의 졸박을 환상(幻想)하는 등 '시성(詩性)없는 산문적 해제'에 불과한 작품들을 들고 있는데, 이를 '생활부재'와 '역사적 시간의 망각'이라고 보고 있다.[16] 후자의 경우는 '자연의 관념표징화'와 '자연의 추상화'로 나누고 있는데, 특히 '자연의 추상화'를 미의식과 완전히 단절된 것으로 보고 있다.[17] 후자의 예로 '이제(夷齊), 도연명(陶淵明)'에 부속된 '송(松)·국(菊)'과

해석하고, 이 둘을 합하여 '표상(表象)'이라고 부른다고 하였다.

16) 최진원, 앞의 책, 72~73쪽.

17) 최진원, 위의 책, 93~94쪽.

박인로(朴仁老)의 <노계가(蘆溪歌)>를 들고 있다. 이 때의 '송(松)·국(菊)'은 '절개(節介)'의 의미로만 쓰이고, <노계가(蘆溪歌)>는 <도산십이곡>의 단세포적 증식이라고 보고 있다.

임하 선생은 '서정의 경화'가 일어나면 곧 '서정의 경신'이 요구된다고 했는데, 서정의 경화를 극복하는 방법으로 여백에 의한 형사억제와 '졸(拙)의 단순성'을 들고 있다.

임하 선생은 규범성은 지적인 것이므로 그 자체로서는 미의식일 수 없으며, 경화된 작품들은 더더욱 미의식일 수 없다고 하면서 규범성이 미감 속에 용해 굴절되면 미의식이 되는 것이라고 하면서, 1차적인 서정의 경신을 형사억제(形似抑制)의 양식화인 여백(餘白)의 측면에서 찾았다. 여백은 '개체조화의 함축성'이며 이때 개체는 '비집착'이고, 비집착은 '리얼리티 표현의 결여-개별성의 결여'이다. 이것은 문인화론에서 말하는 형사억제(감각적 핍진성의 억제)와 같은 것으로 보고 있다.

면앙정 송순의 시조

잘새는 ᄂᆞ라 들고 새 ᄃᆞᆯ이 도다온다
외나모 ᄃᆞ리로 홀로 가는 저 禪師야
네 절이 엇메나 ᄒᆞ관ᄃᆡ 遠鐘聲이 들리ᄂᆞ니

이 작품에 대하여 평하기를, 형사(形似)가 전무하여 그 하나하나는 간담(簡談)하고 전체는 졸(拙)하기만 하고, 이 작품의 전체성은 '황혼의 정적'으로 그 정적(靜寂)은 여러 개체의 조화 속에 초연(함축)되어 있으며 이것이 이 작품의 여백이라고 보고 있다. 또한 강호가도에 '격정적 서정'이 없는 것은 온유돈후(溫柔敦厚)와 이 여백에 말미암은 것이라고 한다.

아울러 임하 선생은 서정을 경신시키는 것으로 '졸(拙)의 단순성'을 들고 있다. 여백에 의해 서정의 경신이 이루어졌지만, 다시 '양식화된 구도', '의구된 자연' 등이 과잉 · 탐닉에 치우쳐 작품이 추상의 고차원에 이르게 되면 이 때 다시 서정의 경신이 일어나게 되는데, 이 때 등장하는 것이 '졸(拙)의 단순성'이라고 보고 있다.

무명씨의 작품

> 삿갓세 도롱이 닙고 細雨中에 호믜 메고
> 山田을 홋믹다가 綠陰에 누어시니
> 牧童이 牛羊을 모라 잠든 날을 씨와다

이 작품을 평하여, 형사(形似)-자연의 관념표징화 · 자연의 추상화-가 철저하게 배제되어 있으며, 이는 과잉과 탐닉으로서의 형사(形似)에 대한 반발로써 '졸(拙)의 단순성'을 구도한 것으로, 이러한 것을 '세련된 단순성'이라고 규정하고 있다.

또한 단순성에는 '세련된 단순성'말고 '소박한 단순성'이 있다. 이는 '결핍에서 오는 소박한 단순성'으로, 황희의 시조

> 大棗볼 붉은 골에 밤은 어이 듯드리며
> 벼 뷘 그루에 게는 어이 나리는고
> 술 닉자 체장사 도라가니 아니 먹고 어이리

와 남구만의 시조

> 東窓이 밝앗느냐 노고지리 우지진다
> 소치는 아희들은 상긔 아니 니럿느냐
> 재넘어 사릐 긴 바틀 언제 갈려 하느니

이 작품을 그렇게 보고 있다. 전자는 가을 농촌의 즐거운 정취(情趣)를 은근히 풍기며 담박한 맛이 있어서, 이에는 양식화된 여백에서 볼 수 있는 '양식화된 구도', '의구된 자연'이 없으며, 그래서 여백의 담박(淡泊)을 '유미적(唯美的) 정취(情趣)'라고 한다면 황희 시조의 담박(淡泊)은 '생활의 실존(實存)'이며, '의구(擬構)된 자연(自然)'에는 '형사억제의 졸(拙)'과 '관념의 박(樸)'이 공존하지만, 황희 시조는 '졸(拙)'뿐이라고 평가한다. 또한 후자는 회화적 양식공간에서 역사적 시간을 망각코자 하는 박(撲)과는 달리, 이 작품은 인간적 계기에서 박(撲)을 정감하여 그 인정미의 '은근'함이 노고지리 소리 속에 녹아 들어간다고 함으로써 '생활의 실존(實存)' 속에 인정미를 느낄 수 있는 박(撲)을 정감적으로 은근하게 드러내는 시조를 높이 평가하고 있는 것이다. 이들 시조 속에 보이는 '은근'이 '절로절로'의 하나의 내용[範疇]라고 한다.

이상에서 보았듯이, 임하 선생은 대체로 강호가도(江湖歌道)는 서정(抒情)의 순정(醇正)인 온유돈후(溫柔敦厚)를 유지하고 있으나, 표현의 관습적 사용으로 그러한 표현이 양식화되거나, 관념표징화, 추상화되어 미의식과의 단절이 생기면 이 때마다 서정의 경신(更新)이 이루어진다고 보고 있으며, 작품 속에 보이는 '형사억제(形似抑制)-여백(餘白)'의 표현이나 '졸(拙)의 소박한 단순성', 그리고 '생활의 실존(實存)'을 이러한 과정의 결과로 보고 있다. 이처럼 시조 작품 속의 서정이 경화되면 경신하게 되고 다시 경화되면 경신하게 된다는 논의는 도남이 문학을 생명체로 보고 문학사를 서술한 방식을 떠오르게 한다.

4. 즉경생정(卽景生情)

앞에서 임하 선생은 '생활의 실존'을 높이 평가한다고 했다. 이는 다른 말로 하면 '즉경생정(卽景生情)'이다.

시조를 논할새, 어떤 이가

池塘에 비뿌리고 楊柳에 내끼인제
사공은 어데가고 빈배만 매었는고
석양에 무심한 갈메기는 오락가락 하더라 (趙 憲)

를 산수시(山水詩)의 압권이라 했다.

여(余) 왈

수(秀)는 수(秀)이로대, 반드시 압권이라고는 할 수 없다. 즉경생정(卽景生情)이 아니기 때문이다. 그런데, 이렇게 절묘하게 조립된 경(景)이 산수(山水)에 존재하는 것일까. 비 뿌리고 내 끼인제, 빈배만 비스듬이, 석양의 갈매기, 모두가 어둡기만하다. 침명(沈冥)의 일색, 가위 화공(化工)이다.

"예술은 자연을 모방한다."고 하는데, 이 시에 있어서는 "자연이 예술을 모방한다."라고 해도 가할 듯하다.[18)]

라고 하여 '즉경생정'을 중시하고 있다.

임하 선생은 「강호가도연구」에서 '의구된 자연'을 일면 긍정하기도 했다. 다음의 세 시조를 제시하고 그에 나타난 미의식적 서정의 문학사적 의의를 규명하고 있다.

삿갓에 도롱이 닙고 細雨中에 호믜 메고
山田을 흣미다가 綠陰에 누어시니
牧童이 牛羊을 모라 잠든 나를 씨와다 (무명씨)

18) 최진원, 『고시조 감상』(월인, 2002; 증보: 2007), 28~29쪽.

池塘에 비 ᄲᅳ리고 楊柳에 ᄂᆡ ᄭᅵ인제
沙工은 어듸 가고 빈 ᄇᆡ만 ᄆᆡ엿ᄂᆞᆫ고
夕陽에 無心ᄒᆞᆫ 갈멱기ᄂᆞᆫ 오락가락 ᄒᆞ더라 (조헌)

믈아래 그림재 디니 ᄃᆞ리위ᄒᆡ 듕이 간다
뎌 듕아 게 잇거라 너 가ᄂᆞᆫ ᄃᆡ 무러보쟈
막대로 흰구름 ᄀᆞᄅᆞ치고 도라 아니 보고 가노메라 (정철)

이 시조에 보이는 자연에 대해 다음과 같이 설명하고 있다.

그것은 객관의 사실이 아니고 그것은 심의(心意)에서 꾸며진 자연, 즉 의구된 자연이다. 단적으로 말해서 심의(拙) 그 자체이다. 표상된 자연은 졸(拙)의 전체를 위한 부분에 지나지 않는다. ……조헌 정철의 심의(心意)는 필묵지외(筆墨之外)에 있다. 이것이 두 시조의 여백성(餘白性)이다. ……무명씨의 '삿갓세……'·조헌·정철의 시조에 표상된 자연은 의구된 자연이다. 그것은 박(撲)=졸(拙)일 따름이다. 그런데 그것은 관념적 서정이 아니라 미의식적 서정이다. 그러면 이 서정에는 어떤 문학사적 의미가 있는 것일까. 첫째는 강호가도의 '단세포적 서정에 대한 반발'이고, 둘째는 '역사적 시간의 망각'이다. 강호가도의 단세포적 서정에는 두 가지 면이 있다. 하나는 관념의 표징으로서의 자연이고, 하나는 추상화된 자연이다. 전자를 '자연의 관념표징화', 후자를 '자연의 추상화'라 부르고자 하거니와, 이 둘은 밀접하게 상보한다.[19]

임하 선생은 비록 '의구된 자연'이지만 '단세포적 서정'에 반발하여 미의식적 서정을 드러내고 있기에 이를 나름대로 평가하고 있는 것이나, '의구된 자연' 속에 나타난 서정을 전적으로 긍정하고 있는 것은 아니다. 조헌의 시조에 대하여 후일 "수(秀)는 수(秀)이로대, 반드시 압권이라고는 할 수 없다. 즉경

19) 최진원, 「강호가도연구」, 앞의 책, 91~93쪽 여기저기.

생정(卽景生情)이 아니기 때문이다."라고 평가한 것이 이를 뒷받침한다.

임하 선생은 고산(孤山)의 다음의 <어부사시사>에 대하여,

> 년닙희 밥 싸두고 반찬으란 쟝만 마라
> 청약립은 써 잇노라 녹사의 가져 오냐
> 무심ᄒᆞᆫ 백구ᄂᆞᆫ 내 좃ᄂᆞᆫ가 제 좃ᄂᆞᆫ가(하 2)

다음과 같이 평하고 있다

> 배 이물(뱃머리)쪽에서 나는 갈매기, 배와 일정한 거리를 두고 난다. 배를, 빨리 몰아도, 천천히 몰아도, 거리는 같다. 배 고물(배 뒤)에서 나는 갈매기도 마찬가지다. 그러니 "백구는 내 좇는가 제 좇는가"이다. 배의 이동과 갈매기의 비상이 눈에 선하다.[20]

'눈에 선하다'의 '실존(實存)'을 더 높이 사고 있다. 이런 차원에서 황희의 시조 '大棗볼 붉은 골에 밤은 어이 듯드리며'와 남구만의 시조 '東窓이 밝앗ᄂᆞ냐 노고지리 우지진다'를 높이 평가하고 있는 것이다.

임하 선생의 『고시조 감상』은 지금까지의 연구방법론에 입각하여 시조 작품들을 감상하고 분석하여 해설한 것이다.

5. 새로운 연구방법론을 위하여

지금까지 살펴본 바와 같이 임하 선생의 시조 연구에 있어서의 주안점은

---

20) 최진원, 『고시조 감상』, 114~115쪽.

세 가지 정도로 요약할 수 있다. 첫째는 '실증'과 '불가지'의 통일을 추구한 것이요, 둘째는 시조의 미학적 특질을 밝히면서, 시조 문학 속에 나타나는 서정의 흐름 속에서 서정의 경화(硬化)와 서정의 갱신(更新)을 '유기체적 전체성'의 입장에서 바라본 것이요, 셋째는 시조 작품에 있어서 심의(心意) 속에 의구(擬構)된 자연보다는 '실존'의 자연 속에서 정감된 서정을 중시한다는 것이다.

임하 선생은 시조 연구에 있어서 실증을 중시하고 있지만, 작품의 미적 특질을 밝히는 데 있어서는 실증의 방법으로는 불가능하므로 여기에 도남이 제기한 '주관성(주관적 태도)'를 가미함으로써 '불가지(不可知)'와 '실증적(實證的) 합리성'과의 대립의 피안에 민족의 '생(生의)'의 실체를 예상하고, '불가지'와 '실증'의 통일을 추구해 마지않은 도남의 학문적 정열을 되새기며, 스스로 시조 작품들을 대상으로 그 방법론을 적용했던 것이다.

임하 선생의 이러한 연구방법론은 시조 문학의 미학적 특질을 밝히는 데 크게 기여했다고 생각한다. 임하 선생의 이러한 노력은 '불가지'와 '실증'의 간격을 많이 좁혔다. 그런데 이 둘 사이의 완전한 '통일'은 불가능한 것인가? 임하 선생의 이러한 노력은 사실 우리 전통의 시학에 기반한 것이다. 우리 선조들도 우리 시가의 미를 논하면서, 예를 들어 시의 미감을 '담박'이라고만 했지 왜 담박한 맛을 느낄 수 있는지 증명하지 않았다. 그래서 서구의 문예이론이 우리나라에 소개되면서 이를 인상비평이라고 몰아 부쳐 그것에 대한 가치를 평가절하했던 것이다. 그러나 우리 선인들은 인상적인 느낌으로 평가를 했던 것이 아니라 나름대로 평가에 대한 기준이 있었던 것인데, 그 기준에 대한 기록을 남기지 않았을 뿐이다. 율곡 선생이 남긴 <정언묘선서>와 <정언묘선총서>의 기록이 그 증거이다. '불가지'와 '실증'의 통일을 이루는 것은 남은 후학들의 과제이다.

지금까지 개략적으로 임하 선생의 시조 연구에 대한 업적을 살펴보았다. 우리나라의 시조 연구에 있어서 임하 선생이 개발한 내용이 많이 있지만, 이 또한 후일을 기약한다.

제2장 율곡 문학 연구 해제

1. 율곡 문학의 연구 개황

율곡학회 주관으로 간행되는 『율곡학연구총서』의 일환으로 「율곡 문학 연구」의 작업이 진행된 것이며, 이 글은 여기에 실린 논문들의 특성을 설명하기 위해 쓰여 진다. 이 작업은 율곡 문학의 연구에 대한 지금까지의 성과를 모아 검토함으로써 이 방면 및 유관 방면에 종사하는 연구자들에게 안내서 역할을 하며, 향후 진척되어야 할 분야의 과제를 정하는 데도 도움을 주기 위한 목적으로 이루어졌다.

여기에 실린 논문들의 선별은 전문학술지에 실린 것들만을 그 대상으로 했음을 밝힌다. 율곡의 문학 및 문학론을 이해하는 데 도움이 되는 새로운 자료를 제시했거나, 새로운 접근 방법을 시도한 논문들, 그리고 새로운 결과를 도출한 논문들을 위주로 선별했다.

지금까지 율곡 문학 및 그 문학론에 대한 연구 성과는 상당히 많이 축적이 되었다. 이 성과들을 유형별로 분류하면 율곡의 문학론(시론)과 작품론으로 대별되나, 이 두 영역은 서로 긴밀히 연관된다. 율곡의 문학론에 대한 규명은 다양한 방법으로 논의가 이루어졌으니, 율곡 문학의 특징을 그의 도학과의 관계에서 규명한 작업, 율곡이 선집한 『정언묘선』의 분석을 통하여 율곡의 시관을 도출한 작업, 율곡의 시관을 논하면서 노장 사상과의 연관성을 밝힌 작업 그리고 율곡의 시문에 보이는 불교적인 특징을 밝히는 작업 등이 그것이다. 또한 이러한 작업은 율곡의 문학작품을 분석하는 데 적용이 되었다. 율곡의 작품론에 대한 논의도 다양한 시각에서 이루어졌으니, 특히 율곡의 국문시가인 <고산구곡가>의 문학적 특징 및 <고산구곡가>가 후대에 끼친 영향 관계를 규명하는 작업이 다층적으로 깊이 있게 논의되었다. 그리고 율곡의 한시문의 특징과 산문 특히 <김시습전>을 이해하기 위한 논의, 그리고 율곡의 문학을 그의 삶과 관련지어 살펴본 논의들이 있었는데, 이들 작품론은 율곡의 문학론에 대한 성과와 상호 관련 속에 진행되었고, 또한 이러한 논의 중 많은 작업들이 당시 도학 등 여러 면에서 쌍벽을 이루었던 퇴계와의 비교 속에 이루어졌다.

2. 율곡의 문학론 및 시론

율곡의 문학론 또는 시론을 그의 도학과 관련지어 밝힌 작업으로 임형택(1975), 조동일(1979), 이종호(2001) 등의 연구가 있다. 율곡의 문학 및 문학론을 다룬 대부분의 연구들은 율곡의 도학적(성리학적) 인식을 기본 전제로 하고 진행되었으나, 이들은 이 둘의 관계에 대하여 집중적으로 논의하였다.

임형택(林熒澤)은 「16세기 사림파의 문학의식: 주로 이이를 통해서 본 성리학의 문학론일단」에서 15세기 말에서 16세기에 이르러 등장한 사림파의 문학의식을 성리학과 관련해서 이해하고 있는데, 근대적 인식 이전의 문학관을 사장 위주의 문학관과 도 위주의 문학관으로 구분하고서 율곡에 대해 후자의 입장에서 '이도위문(以道爲文)'을 지표로 삼아 진정한 문학을 추구한 것으로 평가하고 있다. 진정한 문학이란 오로지 덕행과 학문에 의한 내적인 자기완성에 의해서 저절로 이루어져야 하는 것으로 도학자만이 이룰 수 있는 것이라고 보고 있다. 필자는 율곡을 비롯한 사림파의 문학론에 대해 원래 문예비

평상의 기는 존재론적인(곧 이기론적인) 기와 일치하는 개념이 아니었으나, 성리학의 영향으로 이기론상의 개념이 문학론에 도입되었으며, 나아가 율곡이 심성론을 자신의 문학론에 도입함으로써 문과 도를 합치할 수 있는 근거를 마련한 것으로 보고 있다. 율곡의 문학론에서 언급하는 '정(正)'을 윤리적 '선(善)'과 같다고 하면서 율곡의 「정언묘선서」를 근거로 미적 가치가 윤리적 가치에 종속된 것으로 보고, 이를 이상주의적 미의식으로 인식하면서, 이러한 미의식이 야기할 수 있는 부정적인 면을 아울러 제시하고 있다. 율곡의 문학론을 이해하는 데 많은 도움을 주는 「정언묘선서」와 「정언묘선총서」를 처음 학계에 소개한 이는 이민홍(「고산구곡가고」, 『성대문학』 18집, 1973)이다.

조동일(趙東一)은 「16세기 사림파의 문학사상: 서경덕・이황・이이의 경우를 중심으로」에서 16세기 이기철학의 뚜렷한 봉우리로 서경덕(徐敬德), 이황(李滉), 이이(李珥)를 들면서 이들이 문학의 근본적인 문제를 파헤치는 데 깊이와 체계를 지녔으며, 철학에서 얻은 성과를 문학에 적용하는 철저한 논리를 갖추었다고 하면서, 서경덕을 일원론적 주기론자, 이황을 이원론적 주리론자, 이이를 이원론적 주기론자로 규정하고 있다. 문학은 먼저 위기지학(爲己之學)이어야 하며, 자연을 노래하면서 도를 밝히고 마음을 바로 잡는 시를 소중하게 여기는 점에서 이이는 서경덕 이황과 같으나, 문학의 존재 양상과 문학이 도의를 지향해야 한다는 요구를 함께 중요시한 점이 두 사람과 다른 점이라고 한다. 그러나 필자는 율곡이 이 두 가지를 효과적으로 결합하지 못하여 문제의 소재를 분명히 노출시켰다고 평가한다.

이종호(李鍾虎)는 「유교의 문학관과 미의식-이황의 문장론과 이이의 도문관을 중심으로」에서 조선의 리학자들이 주자성리학의 리기심성론을 사단칠정・인물성동이론과 결합하여 보다 정합성을 갖춘 리기심성론으로 발전시켰다고 보면서, 유교의 문예미학을 온전하게 이해하기 위해서는 성리학과 문예학을 분리하지 않고 함께 다루어야 한다는 일반적인 입장에 서 있다. 주자는 당대 고문가와 송초 고문혁신운동의 주장인 '문이명도', '문이관도'와 '문여도구' 등에서 잘못을 분석・비평하고, 주돈이와 정이의 '문이재도'・'작문해도'

에서 부분적인 수정과 해석을 가하여, '문도합일(文道合一)'론으로 귀결시켰는데, 이것은 한유 이래로 도통(道統)과 문사(文辭)의 관계로 파악된 문도관을 체용(體用)의 관계로 재편한 것으로, 주자가 문과 도를 근본적으로 분열될 수 없는 것으로 이해한 것이다. 이이의 문도관은 이러한 주자의 '도문합일'의 문도관과 같으며, 이이는 지행합일(知行合一)을 전제하면서 성현의 문을 지향하는 것으로, 이를 통해 문풍개혁을 시도하였다고 한다. 필자는 이황과 이이가 주자가 이미 그려놓은 문학지도의 한계선을 넘어서지 않았다고 전제하면서 이황 문장론(고문론)의 핵심을 사달(辭達)이라고 평가하고, 이이의 문도론에 대해서는 정도전 이래 줄곧 강조되어온 문이재도의 평면적 구도를 '명도(明道)'를 관건으로 하여 심성론적 내용으로 재편한 것으로 평가하고 있다.

3. 율곡의 시관 및 미의식

율곡의 「정언묘선서」와 「정언묘선총서」가 소개되고, 율곡의 선시집 『정언묘선』이 일부나마 발굴・소개되면서 율곡의 시관 및 미의식에 관한 구체적인 논의가 전개되었다. 이에 관하여, 앞에서 언급한 이민홍(1973), 임형택(1975)이 선편을 잡았고, 이후 『정언묘선』이 일부 발굴되면서 김풍기(1991), 김병국(1995), 김태환(2001), 정재철(2001)의 연구가 보다 구체적으로 다양하게 수행되었다.

김풍기(金豊起)는 「『정언묘선』에 나타난 율곡의 심미이상」에서 율곡의 『정언묘선』을 분석하여 율곡의 심미이상을 파악하고 그 속에 있는 비평용어, 특히 '충담소산(沖澹蕭散)', '한미청적(閒美淸適)', '청신쇄락(淸新灑落)'의 분석을 통해 그 의미를 밝히고 있다. 필자는 율곡의 심미이상을 인간의 정서를 가장 솔직하게 드러내면서 수기와 치인, 자신과 국가를 외면하지 않는 것으로 파악하고 있다. 또한 고시가 근체시보다 더욱 인간의 올바른 정서를 잘 표출하고 있으며, 고시도 시대가 오랠수록 더욱 절실하게 정서가 표출된다는 존

고비금(尊古卑今)의 관점에서 율곡이 『정언묘선』의 시들을 선별했다고 보고 있다. 그 중 '충담소산'(「원자집」의 선시기준)에 대하여 「원자집」에서 '충담'과 '소산'으로 양분하여 선시한 것으로 보고 그 각각의 특징을 '조화롭고 깨끗한 정신'과 '비극적 상황 속에 놓인 시적 자아의 쓸쓸한 삶의 묘사를 통해 흥기된 새로운 정감'으로 규정하고 있다. 그러면서 율곡의 문학론에 대하여 문이재도의 경직된 분위기가 아니라, 도학의 심미적 표출이라는 큰 줄기 안에 다양한 시적 경향을 가지고 있는 것으로 평가하고 있다. 필자의 이 논의는 자신의 「율곡 이이의 문학론 연구」(고려대 석사학위논문, 1988)라는 논문에 근거하여 전개시킨 것이다.

김병국(金昞國)은 「『정언묘선』의 문헌적 검토와 율곡의 시관」에서 『정언묘선』의 분석을 통하여 『정언묘선』의 이본, 서지, 체재, 선시기준과 분류기준을 밝히고 이를 근거로 율곡의 시관을 규명하고 있다. 필자는 율곡의 『정언묘선』을 우리나라 최초의 본격적인 품격론을 편 책이라고 평가하면서, 율곡이 가장 이상적으로 생각하는 시는 곧 『시경』의 시들이며, 또한 이들과 시세계를 함께하는 고시(특히 오언고시)로서, "사람의 정을 다 드러내고[曲盡人情] 사물의 이치에 두루 통하되[旁通物理] 유순하고 참된[優柔忠厚]" 내용을 문식(文飾 곧 雕繪繡藻와 移情蕩心)을 가하지 않고 표현한 시들이라고 보고 있다. 특히 율곡이 『정언묘선』에 소개된 여덟 품격 중 '충담소산(冲澹蕭散)'을 제일로 생각했으며, 「원자집」의 '오언고시'를 통하여, 이것이 시의 원류가 됨을 구체적으로 보이고자 의도했고, 나아가 율곡은 시에 있어서 천리(哲理)를 담은 것보다, 인간의 바른 성정을 담을 것을 중시했다고 한다. 또한 율곡은 유가사상을 중심으로 하여 그 이외의 사상의 말이라 하더라도 유자(儒者)에게 도움이 되는 것은 거리낌 없이 받아들이는 융통성을 갖고 있었다고 평하였다. 필자의 이 논의는 「<고산구곡가> 연구-정언묘선과 관련하여」(성균관대 박사학위논문, 1990)에 근거하여 전개된 것이다.

김태환(金泰煥)은 「율곡의 미적 인식에 대한 고찰-이정과 흥·흥상의 문제」에서 '이정(移情)'의 문제를 본격적으로 다루었다. 율곡은 그의 「정언묘선서」

에서 '이정탕심(移情蕩心)을 경계하였는데 필자는 이것을 이정'이 '탕심(蕩心)'에 이르는 것에 대한 경계로 파악하여, 이 '이정'이 인간의 정(情)을 진(眞)·선(善)의 차원에서 미(美)의 차원으로 이역하는 작용을 하며, 이 작용은 반드시 일정한 정을 일정한 상(像)에 이입하는 과정을 거쳐야 가능한 것으로 필자는 보고 있다. '이정'은 자아의 정을 외물에 방임하는 물화(物化)와 자아의 인위로써 외물의 자연성을 말살하는 견강(牽强)의 폐단이 있음을 지적하고, 이러한 '이정'을 제약하고 탕심을 방어하는 데에 적용한 미적 규율로 부(賦)·비(比)·흥(興)의 흥을 들고 있다. 흥은 '이정'의 한 형식이면서 '이정(물화)'을 극복한 형식으로서 상수(相須)와 상생(相生)의 필연성에 따른 '정경교융(情景交融)'을 흥의 본질로, 외물과 자아의 균형과 조화를 흥의 원리로 파악하고 있다. 이로 인하여 '이정'이 탕심에 이르지 않게 된다는 것이다.

정재철(鄭載喆)은 「『정언묘선』의 풍격 연구-충담소산·한미청적·청신쇄락을 중심으로」에서 『풍아익(風雅翼, 元 劉履)』을 『정언묘선』의 저본(底本)으로 추정하여, 이 두 책을 분석한 후 『정언묘선』이 시의 구성체계나 수록된 시의 내용에 있어 주희에 의해 구상되고 『풍아익』에 의해 실현된 성리학적 시관보다 구체적으로 체계화된 시선집이라는 결론을 내리고 있다. 필자가 『풍아익』을 『정언묘선』의 저본(底本)으로 추정하는 이유는 한·육조대의 대표적인 시문선집인 『문선』에는 「원자집」에만 실린 한·육조대의 시 57수 중 15수가 제외되어 있으나 『풍아익』에는 그 한·육조대의 시 57수가 모두 실려 있다는 점과 『정언묘선』, 「원자집」에서 18수의 시에 달린 주석이 『풍아익』의 내용과 대동소이한데 다른 선집에서는 이러한 주석을 볼 수 없다는 데 있다

『정언묘선』을 중심으로 한 율곡의 시관에 대한 연구가 진행되면서, 『정언묘선』의 이본들에 대한 문헌적 검토가 함께 이루어졌으며, 『정언묘선』의 번역에 관한 문제도 제기되었다. 전자에 관해서는 김병국(1995), 김남형(1999)의 연구가 있으며, 후자에 관해서는 정운채의 연구(2003)가 있다.

김병국(金昞國)은 앞에서 언급한 「『정언묘선』의 문헌적 검토와 율곡의 시관」에서 서울대 규장각 일사문고본(목판본, 권1, 3, 5), 연세대 도서관본(목판

본, 권1, 3, 5), 연세대 도서관본(필사본, 권1, 2, 3, 4, 5)의 3종에 대한 서지사항을 비롯한 문헌적 검토를 하였는데, 특히 연세대 도서관본(필사본)이 전해져온 내력과 필사연대를 구체적으로 밝혔다. 이 『정언묘선』은 금성 정씨(나주 정씨) 집안이 우거하는 곡성(谷城)에서 대대로 보관하여 오던 것으로, 율헌잠수(栗軒潛叟) 정일우(丁日宇)의 명에 의해 그의 장남인 춘기산인(春沂山人) 순태(舜泰)가 대한 건양 원년(1896년) 10월에 기록한 것이라고 한다.

김남형(金南馨)은 「『정언묘선』의 문헌적 검토」에서 동춘당본(同春堂本, 필사본)과 낙와본(樂窩本, 목판본)을 발굴하여 소개하고 있는데, 특히 동춘당본은 기존의 이본에는 빠져 있던 의자집, 예자집이 보존되어 있어 그 의미가 크다. 필자는 이 동춘당본, 낙와본과 기존의 서울대 규장각 일사문고본(목판본), 연세대 도서관본(목판본, 필사본)과의 대비를 통해 기존의 이본들에 결락(缺落)된 작품들을 적시해 내고 있다. 그리고 필자는 이들 이본들의 문헌적 검토를 통해 다음과 같은 사실을 밝히고 있다. 동춘당본의 필사 대본이 된 목판본은 현존 목판본과 동일하게 편철된 책이었으며, 17세기 중반에도 원, 이, 인자집 외에는 목판본을 구할 수가 없었고, 지자집은 필사본도 볼 수 없었다고 하며, 동춘당본의 대본이 된 목판본은 현존본보다 최소한 3판이 더 남아 있었던 것으로 보는데, 이로 보아 현존 목판본이 모두 간행 당시의 목판 일부가 없어진 뒤 인쇄된 후인쇄본임을 의미한다고 한다. 그리고 현존 목판본은 율곡이 서거한 후 지자집 전권을 위시한 원고의 상당 부분이 일실된 상황에서 비교적 온전하게 보전되어 있던 원, 이, 인자집만 1책으로 공간(公刊)된 것으로 추정되며, 형자집 등 기타 집(集)은 출간되지 못한 것으로 판단하고 있다. 그리고 필자는 율곡이 당시 『정언묘선』을 편찬한 동기에 대하여 시가 심성 도야에 도움이 될 수 있다는 시의 효용에 대한 성리학자로서의 긍정적 인식과 아울러 16세기 전후 각고의 단련과 조탁을 근간으로 하는 강서시풍(江西詩風)이 크게 유행함으로써 야기된 폐단에 대한 심각한 우려 때문이었던 것으로 보고 있다.

동춘당 송준길(宋浚吉)이 율곡의 『정언묘선』을 얻어 즐기면서 신독재(愼獨

齋) 김집(金集)에게 신독재가 『정언묘선』의 완질을 갖고 있는지, 서문이 율곡의 친필이 맞는지를 묻는 서신을 김병국(金昞國)이 소개하고 있다(「한중시론의 미학"-율곡의 '충담소산'과 주자의 '소산충담'의 비교를 중심으로」, 『동아시아의 문화 표상』, 최박광 편, 박이정, 2007). 현전하는 동춘당본의 서(序)가 목판본의 「정언묘선서」를 잘라서 백지에 붙인 것으로 보아 기록으로는 아직 보이지 않지만 신독재가 율곡의 친필 확인을 해준 것으로 보이며, 현전하는 형태의 『정언묘선』을 구하는 데 일조한 것으로 보인다. 그리고 서울대 규장각 일사문고본(목판본, 권1, 3, 5), 연세대 도서관본(목판본, 권1, 3, 5), 연세대 도서관본(필사본, 권1～5) 등 3종의 『정언묘선』을 발굴하여 학계에 공개한 분은 현재 서울대 명예교수로 재직 중인 김병국(金炳國)이다. 이후 현 한국학중앙연구원의 전신인 정신문화연구원본(필사본, 권1～5)이 김태환(金泰煥)에 의해 발굴되었다.

정운채(鄭雲采)는 「『정언묘선』 '고시삼수'의 번역 문제와 역주」에서 『정언묘선』, 「원자집」에 실린 <古詩三首>에 대한 기존의 번역을 비판적으로 검토한 후 나름의 모범적인 번역과 주석을 달아 놓았다. 번역에 있어서 직역과 의역은 늘 대두되는 문제이다. 직역을 하게 되면 원래의 뜻을 충실히 전할 수 있고, 의역을 하게 되면 원어(原語)가 주는 미묘한 느낌을 전할 수 있다는 장점이 있는데, 필자는 전자의 입장에 서 있다. 그러한 입장에서 <고시삼수>의 번역 문제를 검토하면서 잘못된 번역을 다음과 같이 지적하고 있으니, 화자 내지 행위의 주체가 누구인가를 분명히 하지 않고 번역하는 것, 의역을 한다고 원문에 없는 말을 덧붙여 번역하거나 원문에 있는 말을 무시하고 번역하는 것, 한시는 두 구씩 짝을 지어 문장을 종결짓고 넘어간다는 관습을 무시하고 다음 구절로 이어지도록 어미 처리를 한 번역, 짝이 되고 있는 두 구의 관계를 정확하게 설정하지 않고 번역하는 것, 문장 구조 내지 문법적인 짜임새를 무시하고 우리말에서 흔히 사용되는 용례에 의거하여 번역하는 것 등이다.

율곡의 시관을 논하면서 노장 사상과의 연관성을 밝힌 작업으로는 김종진(1988), 손오규(1992), 최동국(2002)의 연구가 있다.

김종진(金鍾振)은 「16세기 사림파의 시론과 미의식-충암 김정의 소산정묘와 율곡의 충담소산을 중심으로-」에서 충암(冲庵) 김정(金淨)의 소산정묘(蕭散靜妙)와 율곡의 충담소산(冲淡蕭散)을 사림파 특유의 미의식으로 보고 있다. 필자는 '소산', '정묘', '충담'의 개념을 밝히면서, '주일무적(主一無適)'의 마음공부인 '경(敬)' 공부와 관련되어 온갖 이치가 갖추어진 감흥의 경지인 '정묘'와 인간 사회의 풍진에서 오염된 본성(곧 태고)을 회복하려는 초극의 의지를 함축한 '충담'이 시의 원류적인 문제를 바탕으로 하고 있으며, 이러한 초심(初心)에로의 회귀를 추구하는 진실한 작시자의 태도가 고요하며 꾸밈이 없는 자연 그대로의 모습을 의미하는 '소산'한 정취로 발전할 때 사림파가 추구했던 최상의 미의식이 되었다고 한다. 그러면서 '소산정묘'는 사물에 내재한 진상(眞像)의 아름다움과 지음(至音)인 '자득지묘(自得之妙)'를 통해 시끄러움도 교식(巧飾)도 배제된 천취(天趣)의 경계 속에서 담박하면서도 정적(靜的)인 마음으로 정미로운 사물의 조화미를 구하는 시의식으로, 충담소산(冲澹蕭散)은 쾌연히 삶의 분식된 껍질을 벗어 던지고 본연에로의 회귀를 통하여 자연과 함께 살아가려는 의연함으로 설명하고 있다. 그런데 이 자연과의 관계에 있어 이 두 미의식은 차이를 지적하고 있는데, 율곡의 충담소산이 자연과의 합일을 지향하는 세계라면 충암의 소산정묘는 자연으로의 지향을 추구하는 선미적(禪美的)인 측면과 이취적(理趣的)인 측면을 아울러 갖고 있다는 것이다. 필자는 이러한 논의를 진행하면서 '정묘'와 '충담'의 개념을 장자와 노자의 사상에 연관지음으로써 이들이 추구하는 미의식을 무위자연과 연결시키고 있으니, 충암의 소산정묘나 율곡의 충담소산의 미의식을 현세와 태고(太古), 세계와 물외(物外)의 대립적 갈등을 자아낸 시의식으로 분석하면서, 유위(有爲)하려는 외적인 상황을 벗어나 무위자연(無爲自然)인 원초적 인간의 본성에로의 복귀를 추구하는 세계임을 긍정할 수밖에 없다고 한 것이 그것이다.

손오규(孫五圭)는 「고산구곡가의 미적 위상」에서 율곡의 <고산구곡가>의 시경(詩境)을 절대고독의 시경이라고 규정하였다. 이것은 율곡의 감성적 인식을 기반으로 한 자기의식의 승화가 추상적 의미존재인 경관(景觀)의 미와 융화되어 개척한 것으로, 이 절대고독의 시경은 최고예술정신의 체현으로서 진정한 자유에의 열망이며, 동시에 자아를 성찰하고 세계를 관조하는, 사색에 의한 자기의식의 승화된 경계라고 하면서, 이 절대고독의 정신세계에서 느끼는 심경이 곧 몰아(沒我)며 무심(無心)의 경지로서 군자(君子)가 자연 속에서 추구하고자 하는 참된 즐거움(眞樂)일 것이라고 한다. 그런데 율곡이 사회적 가치를 거부하며 제한된 정신적 자유와 억압된 심정을 떨쳐버리고 새로운 가치를 발견함으로써 이로부터 한 개인으로서의 본 모습을 회복하게 되고 아울러 자신에 대한 깊은 내적 성찰을 통하여 개척한 절대고독의 정신세계를 실용의 차원을 벗어난 무위(無爲)의 작용에 인한 것으로 봄으로써, 필자는 직접적으로 언급하지는 않았으나. <고산구곡가>의 시세계를 노장적 세계와 관련지우고 있다.

최동국(崔東國)은 「조선조 중엽의 시조와 담의 미-퇴계와 율곡의 평어를 중심으로」에서 '담(淡)'에 대하여 그것이 본질적으로 소박(素朴)·졸(拙)에 머물지 않고 지미(至味)를 내포하는 것으로 보아, 담(淡)의 미(美)가 자연(自然)을 이념으로 하며, 담(淡)이 지미(至味)로서 그 대립되는 심미범주인 농(濃, 화려)을 완벽하게 융회시킨 예술적 성취에서 온 풍격이라고 하면서 퇴계의 고담(枯淡)과 율곡의 충담(沖澹)의 특성을 밝히고 있다. 필자는 담(淡)의 미(美)가 자연(自然)을 이념으로 하고 있으므로, 퇴계의 '고담'과 율곡의 '충담'이 모두 자연을 이념으로 하여 각각의 미를 드러내고 있는 것으로 보아, '고담'은 화미(華美)한 것을 전거(剪去)하고, 평범한 형식 속에 미적 극치를 드러낸 풍격으로, '충담'은 물에 촉발(觸發)된 정(情)을 소박한 언어로 자연스러운 의경을 이룬 데서 오는 미(美)로 파악하고 있다. 그러면서 '고담'은 전고(典故)를 모범으로 삼아 법도에 맞고 노장적 무위(無爲)의 속성을 제한하면서 철저히 유가정신을 지향하는 것으로 보는 반면, '충담'은 그 '충(沖)'이 노장에 미적 연원을 두고 있으므로 규범적인 사회법도와는 상대적으로 일(逸)의 속성을 지니는 것으로 보아, 충담에서 맛볼 수 있는 담박은 졸(拙, 자연)에서 나오는 것으로 탈세속적[노장적]인 경향이 있다고 한다.

4. 율곡 문학의 불교와의 연관성

율곡의 시문에 보이는 불교적인 특징을 밝히는 작업으로는 최승순(1995), 정항교(1997)의 연구가 있다.

최승순(崔承洵)은 「율곡의 불교관에 관한 연구」에서 율곡 사상의 대종은 경세적 측면과 유교사상적 측면이지만 그의 시문과 저작에 불교적 향취를 풍기는 것이 있으므로 그러한 방면의 연구가 필요함을 제기하고 있다. 율곡이 당시에 쉽게 선문(禪門)에 들어갈 수 있었던 것은 연산군의 배불시대가 지나고 중종 · 명종 연간 즉 조선 불교의 중흥기라고 이를 만한 시대적 배경에 기인한다고 보고 있으며, 율곡이 불문(佛門)에 들어간 것은 불교의 교리를 터득하고자 하는 뜻도 있었지만 유교적 종지를 바꾸고자 한 것이 아니라 심성공부(心性工夫)에 본뜻이 있었다고 한다. 불씨의 설이 정치한 데도 있고 조잡한 데도 있으나 인과업보를 앞세워 현실적으로는 우매한 백성을 괴롭히고 있으며, 교리적으로는 정좌(靜坐)를 통하여 달관득도(達觀得道)를 하려고 하고 있으나 이는 학문을 역행(力行)하여 도의 경지에 들어가야 한다는 유학과는 근본적으로 다르고, 불씨의 폐는 외구의 침략과도 같다는 것이 율곡의 불교관이라고 한다. 그러나 율곡이 금강산 하산 후 불교를 이단으로 생각하여 비판하고 있으나 불교의 교리적 논란보다는 불교의 현실적 폐해에 중점을 두고 있으며, 불리(佛理)의 정(精)에 대하여는 비판적이 아니었다고 한다. 그리고 금강산에서 얻은 불교에 대한 지식은 후에 그의 학설에도 영향을 끼쳤다고 하면서 율곡의 시문 중 불교에 관한 관심과 공부가 이루어진 모습을 보이는 작품을 소개하고 있다.

정항교(鄭亢教)는 「율곡의 한시에 나타난 유 · 불관」에서 수기(修己), 치인(治人), 우국연군(憂國戀君)의 측면에서 율곡의 시에 나타난 유교관을 살펴보고, 아울러 산승(山僧)과의 교유, 불자의 찬미, 선정(禪定)의 미의 측면에서 율곡의 시에 나타난 불교관을 살펴보고 있다. 필자는 율곡의 유교관에 대하여 '수기이안백성(修已而安百姓)'이 근본이었으며, 현실 자체의 삶을 보다 충실하게 하기 위한 실천 유교의 현실관으로, 유경(儒經)의 대지(大旨)를 귀감으로 유가(儒家)의 군자도(君子道)를 실천하고자 하는 것으로 파악하고 있으며, 불교에 관한 율곡의 입장에 대해서는 율곡이 조선조 어느 유자보다도 불교를 깊이 이해했고, 관심이 컸으며, 애착 또한 강했다고 한다. 그래서 유·불을 넘나들어다 해서 유교의 종지가 바뀐 것은 아니었으며, 비록 심유적불(心儒迹佛)의 행적이었다고 하나 자리(慈理)에 몰입하여 진여(眞如)의 피안을 거니는 고요를 터득하려고 한 점을 부인할 수는 없다고 하여 율곡이 유가의 교학(教學)이 지향하는 양성(養性)에 더 의미를 두었다고 하면서도 율곡이 선정(禪定)을 통해 불성(佛性)을 깨우쳐 보려한 의도가 있었음을 논하고 있다. 그리하여 유학적 지식에 바탕한 불교적 소양은 그의 학문세계의 폭과 깊이를 그만큼 증진시키는 데 기여했다고 평하고 있다.

5. 〈고산구곡가〉의 문학적 특징

다음은 작품론으로 국문시가인 <고산구곡가>의 문학적 특징을 밝힌 연구를 거론하고자 한다. <고산구곡가>에 대한 논의는 율곡의 문학관(시관)에 기반하여 퇴계의 <도산십이곡>이나 주자의 <무이도가>와의 비교 속에서 그 문학적 특징 및 미적 특질을 규명하는 작업과 <고산구곡가>의 구조 및 의미를 규명하는 작업이 진행되었고, 율곡의 속악인식(俗樂認識)을 통하여 <고산구곡가>를 이해하고자 하는 작업, <고산구곡가>를 생태학적 입장에서 분석한 작업, 그리고 <고산구곡가>가 끼친 후대의 작품들에 관한 논의가 있다. 그리고 작품론에 속하진 않지만 <고산구곡가> 및 율곡이 지었다고 전하는 가사 작품들의 작자에 대한 논의를 함께 소개한다.

1) 〈도산십이곡〉, 〈무이도가〉와의 비교

율곡의 <고산구곡가>의 문학적 특징 및 미적 특질을 퇴계의 <도산십이곡>이나 주자의 <무이도가>와의 비교를 통해 규명하는 작업으로는 황진성(1965), 이민홍(1982), 최진원(1987), 김병국(2003)의 연구가 있다.

황진성(黃鎭性)은 「<고산구곡가> 연구」에서 율곡의 <고산구곡가>를 주자의 <무이구곡가>, 퇴계의 <도산십이곡>과 비교하여, 주자의 <무이구곡가>는 독존(獨尊)에 치우친 '수도가(修道歌)'요, 퇴계 선생의 <도산십이곡>은 주로 지학(志學)을 겸권(兼勸)한 '수학가(修學歌)'요, 이이의 <고산구곡가>는 수도에 있어 학덕을 아울러 권장한 '도학가(道學歌)'라고 평하고 있다. 필자는 <고산구곡가>가 석담(石潭)의 승색(勝色)을 빌어 수도의 길잡이를 삼고, 나아가는 자기의 학(學)을 드세우고 또한 성현에의 길을 앞장선 지도자(指道者)의 성충(誠衷)을 십수에 담은 것으로 보고 <고산구곡가>가 주자의 <무이구곡가>를 개칠한 모방이 아니라 주자에 의양하여 완전히 환골탈태한 작품이라고 평하여 그 발전적 계승관계를 논하고 있으며, <도산십이곡>과의 관계에 관해서는 그 미적 차이를 지적하고 있으니, <도산십이곡>은 '우아청초(優雅淸楚)'하고 <고산구곡가>는 '간직청상(簡直淸爽)'하다고 하면서 <고산구곡가>는 구곡의 풍경을 읊조림에 있어 촉경흥기(觸景興起)한데 비해, <도산십이곡>은 도학문학적인 사상이 작품 내용에 다분히 잠겨 있다고 평하고 있다. 그러면서 한문이 아니면 글로 여기지 않던 당시에 우리말의 생리를 살려 능숙한 어법을 통해서 자유롭게 의표하고 운치를 풍겨 오늘에 끼친 사실에 대해서 높이 평가하고 있다. 아울러 우암의 <고산구곡가> 번안을 비롯하여 그 문하 제현의 화작(和作)과 퇴경(退耕) 권상로(權相老)의 <고산구곡가>역을 소개하고 있으며, 율곡의 '소전'을 두어 율곡의 경력과 소론(所論)과 소저(所著)를 소개하였다. 이 논문은 <고산구곡가>를 본격적으로 다뤄 학술지에 발표한 최초의 글이다.

이민홍(李敏弘)은 「<고산구곡가>와 <무이도가>고(2)」에서 조선사대부들이 주자의 <무이도가>를 이해하는 두 가지 견해를 제시하고 있는데, 하나는 <무이도가>를 조도지사(造道之事), 진도차제(進道次第)를 읊은 도학시(道學詩)로 이해하는 것이요, 다른 하나는 무이의 자연을 읊은 서정시로 이해하는 것이다. 전자는 하서, 포저의 견해이고, 후자는 퇴계, 고봉의 견해이다. 율곡의 <고산구곡가>를 봤을 때 율곡이 <무이도가>를 일차적으로 문학적으로 수용했다고 여겨지지만, 한편으론 도학과의 관계를 완전히 부정한 것 같지는 않다는 견해를 보이며, 율곡이 고산구곡의 자연에서 천리유행(天理流行)과 우주의 묘리를 보고자 했으므로 율곡의 <고산고곡가>에 대해서 미적 쾌감이 거의 배제된 것이 아닌가 하는 추정을 하고 있다.

최진원(崔珍源) 선생은 「고산구곡가고-형사억제의 미」에서 <고산구곡가>의 시적 형상(形象)의 문제를 살펴, <고산구곡가>의 미를 담박(淡泊)이라고 규정하면서 담박이 곧 '충담소산(冲澹蕭散)'이라고 했다. 필자는 담박의 미가 형사억제에 의하여 성립되는 것으로, <고산구곡가>의 형사억제는 묘사표현(감각적 핍진성의 표현)의 억제이고 이정(移情: 감정이입·관념이입)의 억제이기도 하다고 한다. 묘사표현의 억제는 시적 표현의 측면으로서 조회수조(彫繪繡藻)의 억제이며 율곡이 <고산구곡가>를 지을 때 수사를 하지 않았다는 것이며, 이정의 억제는 주제적인 측면으로서 율곡이 <고산구곡가>를 지을 때 경계(境界: 도학의 이)를 배제한 것을 의미한다. 필자는 율곡이 주자의 <무이도가>를 오로지 서정으로 음미하였으며, 그러기에 그의 영향을 받은 <고산구곡가>에도 입도차제의 공리적 냄새는 없고 인물기흥(因物起興)뿐이라고 주장한다. 이 연구는 앞서 <고산구곡가>를 '여백(餘白)'의 측면에서 다루었던 연구(『국문학과 자연』, 성대출판부, 1977; 1981년 증보판)를 발전시킨 것이며, '충담소산(冲澹蕭散)'을 미학적으로 접근한 최초의 본격적 연구이다.

김병국(金昞國)은 「<무이도가>와 <고산구곡가>의 품격 연구」에서 주자의 <무이도가>가 '한미청적(閒美淸適)'의 품격을 지닌 것과는 달리, <고산구곡가>는 '충담소산(冲澹蕭散)'의 품격을 지닌다는 것을 재천명하였다. 율곡이 <고산구곡가>를 지어 주자의 <무이도가>에 견준 일과 율곡이 편찬한 시선집

『정언묘선』에 주자의 <무이도가>가 '한미청적'의 품격이 지닌 시들을 모아 놓은 「형자집(亨字集)」에 들어 있다는 사실에서 <고산구곡가>를 '한미청적'의 품격으로 보려는 견해에 대한 해명성 논문이다. 필자는 '한미청적'의 중요한 미적 특징인 '한흥(閑興)'이 '충담소산(冲澹蕭散)'의 품격을 지닌 시들을 모아놓은 「원자집」의 시에서도 보임을 제시하면서, 이럴 경우 이 두 품격을 구분할 수 있는 특징으로 '인생을 관조하는 진솔한 태도'를 들면서, '한미청적'은 '한흥'을 통하여 '망기(忘機)'하여 무심(無心)에 이르게 되며 이로부터 '심기평화(心氣平和)'를 얻는 것으로, 그리고 '충담소산'은 인생과 자연에 대한 관조를 통하여 보편적 진리를 발견하고 자신의 삶을 그것과 일치시켜 문학적으로 표현하는 것인데 이에는 외로움이 수반되는 것으로 각각 그 품격적 특징을 『정언묘선』에 실린 작품들의 구체적인 분석을 통하여 구분하고 있다. 아울러 <고산구곡가>에서 보이는 인생에 대한 관조적 삶의 태도를 제시하고 있으니, 고산구곡의 아름다움을 일반사람과 함께하고자 하는 율곡의 훈훈한 마음과 율곡이 <고산구곡가>에 하루의 시간과 일 년의 시간을 포개어 놓음으로써 희구하는 영원성(불변성)을 '변화무쌍한 인간의 삶 속에서 변하지 않는 것을 매우 소중히 여기는 마음'과 관련시켜 이러한 마음이 '인생을 관조하는 진솔한 태도'로부터 나오는 것으로 보고 있다. 그러면서 <고산구곡가>의 각 구비의 노래를 개별적으로 볼 때는 일면 '한미청적'한 특징을 보인다고 말할 수 있지만, 연시조로서의 <고산구곡가> 전체로 본다면 담박함을 느낄 수 있는 '충담소산'의 품격이라는 분명한 결론에 이르게 된다고 보고 있다.

2) 〈고산구곡가〉의 구조 분석

<고산구곡가>만을 분석의 대상으로 삼아 그 구조와 의미를 규명한 작업으로 조태흠(1987)의 연구가 있다.

조태흠(趙泰欽)은 「<고산구곡가>의 구조와 의미」에서 <고산구곡가>만을 분석의 대상으로 삼아 그 구조를 파악하고 그 의미를 율곡의 자연관과 관련

시켜 규명하고 있다. 필자는 <고산구곡가>의 각 연의 제1행의 분석과 각 연의 의미 구조를 분석하여 <고산구곡가>가 고산구곡이라는 자연을 통하여 완전히 동화된 경지에 이르는 과정과 그 속에서 느끼는 진락(眞樂)을 매연마다 반복하면서 노래하는 작품이라고 평하고, 이 작품이 순수한 자연을 묘사하는 시이면서도 도학가적 성격을 드러내는 이유를 바로 자연을 통해 도체(道體)를 보려는 율곡의 자연관에서 찾고 있다. 필자는 <고산구곡가> 각 연의 제1행(첫째 마디～넷째 마디) 의 분석을 통해 <고산구곡가>가 공간적 질서와 시간적 질서에 의해 유기적으로 짜여졌음을 밝히고 있는데, 공간적 질서는 매곡이 순차적 질서를 갖고, 동질성을 부여받으며, 상호 독립성을 유지하면서 전체 작품의 질서 안에서는 모두 서곡의 '고산구곡담'에 환유적 구성원리로 통합되는 것으로, 그리고 시간적 질서는 아침부터 저녁을 거쳐 밤에 이르는 하루의 시간적 질서와 봄, 여름, 가을을 거쳐 겨울에 이르는 한해의 질서가 순차적으로 드러나 있는 것으로 밝히고 있다. 또한 필자는 자연을 봄에 있어, 자연을 눈으로만 보는 단계, 자연의 흥취를 아는 단계, 자연 속에서 도체를 보는 단계를 구분한 율곡의 자연관을 <고산구곡가> 각 연의 제1행, 제2행, 제3행에 각각 대응시켜, 제1행은 현상적 자연, 제2행은 경험적 자연, 제3행은 화자의 삶의 태도를 읊고 있는 것으로 파악하여 <고산구곡가>가 순수한 자연을 묘사하는 시이면서도 도학가적 성격을 드러내는 이유를 여기서 찾고 있다.

3) 율곡의 속악인식을 통한 〈고산구곡가〉의 이해

율곡의 속악인식(俗樂認識)을 통하여 <고산구곡가>를 이해하고자 하는 작업으로 이민홍(1990), 길진숙(2000)의 연구가 있다.

이민홍(李敏弘)은 「사림파의 향악에 대한 견해-퇴계 · 율곡의 속악인식을 중심으로」에서 향악에 대한 사림파의 인식 및 퇴계 · 율곡이 지은 <도산십이곡>과 <고산구곡가>의 음악적 의미를 다루었다. 성리학으로 무장된 고도의 지식인들인 사림파가 가요에도 이념을 부여하고자 했는데, 그것은 음악이 정치와 연관된다는 그들의 음악관에 기인하는 것으로 주자학적 이상세계를 건설하기 위해 가요의 개혁은 사림파에게 중요한 과제였다고 필자는 보았다. 필자는 속악을 폄하하는 15세기 지식인의 가요인식은 이조 5백년 동안 계속되었으며, 이들이 속요의 '음왜성(淫哇性)'과 '초쇄(噍殺)'함을 난세지음과 망국지음의 한 특성으로 이해한 것은 악학사상을 기저로 한 것이라고 본다. 이러한 세속지악에 대한 극복의지로 만들어진 것이 <도산십이곡>과 <고산구곡가>로서 이것은 퇴계와 율곡에 의해 창작된 치세지음의 가요라고 보면서, 나아가 이를 세속지악의 격상이요, 진일보하여 치세지음이요 덕음(德音)이요 화악(和樂)이었다고 평가한다.

길진숙(吉鎭淑)은 「율곡의 속악인식과 <고산구곡가>」에서 16세기 사림들이 보여준 시가 개혁의 움직임 속에서 <고산구곡가>를 창작한 율곡의 시가인식에 대해 고찰하고 있다. 유교적 음악관에 입각해서 일반 사대부들의 음악이나 시가의 난잡, 외설을 문제 삼아 악교(樂敎)의 회복을 위한 노력은 김종직, 조광조 등 기묘사림들로부터 시작하여 주세붕, 이황 같은 사림들에게 계승되었는데, 율곡의 <고산구곡가> 창작도 바로 이러한 흐름 속에서 고찰해야 한다는 것이다. 사대부들이 일상 속에서 노래를 주시하게 되자, 노래의 내용을 개선하려는 노력이 시작되었고, 그에 따라 노래 즉 시가는 사대부들이 한시에 부여했던 문학성으로 정돈되어 갔는데, 시가를 유교적 음악관에 입각해서, 성리학적 문학관의 수준으로 올리려는 노력이 율곡이 한 작업이었다는 것이다. 율곡은 성정을 기르고 탕척사예(蕩滌邪穢)·소융사재(消融渣滓)한 경지를 열어 도덕에 화순하게 만드는 노래의 감응력을 중시한 주자의 악론(樂論, 음악관)을 그대로 준수하여 노래의 방향을 고민했는데, 속악의 음미(淫靡)함을 개선하여 선비가 스스로 부르고 화답하며 성정을 함양하여 선단(善端)의 기질에 입도할 노래로서 국문시가의 전범을 제시하는 작품이 바로 <고산구곡가>로, 이 노래에는 수기적(修己的) 실천의지가 자리하고 있다고 필자는 말한다. 그리고 율곡은 천지만물의 움직임에 조응해서 얻는 서정자아의 열락의 심도를 묘사하는 일에 주력하였으므로 자연에서 발견한 도체(道體)를 노골적으로 서술하기보다 서정자아가 묘사하는 고도의 심미적 풍광 속에 도학적 심미의 세계를 응축해 내었다고 하면서 율곡의 시가에 대하여 16세기 사대부 시가의 일반성을 보여주는 대표 단수가 아니라, 바람직한 시가론을 선도했던 사림파에게는 전형적이고 전범적이지만, 시가사 일반에서 본다면 특별하고 독특한 위상을 갖는 것일 수 있다고 평한다. 이 논의는 필자의 "조선전기 예악론의 추이와 국문시가론 정립 양상"(이화여대 박사학위논문, 2000)에 근거하여 전개된 것이다.

4) 〈고산구곡가〉의 생태학적 이해

<고산구곡가>를 생태학적 입장에서 다룬 논의로 김상진(2004)의 연구가 있다.

김상진은 율곡이 지니고 있는 성리학적 사유체계와 생태학이 생명체와 함께 주변 환경과의 연관성에 주목한다는 공통점을 지니는 것에 근거하여 <고산구곡가>를 대상으로 거기에 나타난 생태인식을 고찰하였다. 필자는 <고산구곡가>에 보이는 복거(卜居)와 정사(精舍)가 자연을 삶의 터전으로 인식하는 생태인식의 한 면이고, 또한 '사시(四時)를 노래하는 것은 하늘의 운수와 인간의 심성을 담고자 하는 의지이며, <고산구곡가>는 이러한 우주 대자연의 법칙인 순환의 원리가 작품으로 형상화 된 것으로 '사시(四時)의 순환'은 이통기국(理通氣局)의 사상적 표현이면서 공생성, 연계성, 순환성 등을 기본원리로 하는 생태주의의 정신과 유사하다고 보고 있다. 그리고 율곡이 인간과 자연과의 조화를 추구하는데, 이러한 철학적 사유가 문학적으로 표현된 것을 <고산구곡가>로 보아 <고산구곡가>에는 이들의 조화를 통해 훼손됨이 없는 생태의 모습을 드러낸다고 한다. 그리하여 <고산구곡가>의 더불어 함께 하는 자연의 공간은 생물공동체와 이를 존속하는 환경과의 균형과 조화를 꾀한다는 것이다.

5) 〈고산구곡가〉의 후대에 끼친 영향

<고산구곡가>가 끼친 후대의 작품들에 관한 논의로는 이기현(1994)과 김선기(1996)의 연구가 있다. 이들은 <고산구곡가>의 영향을 받아 창작된 작품들의 구체적인 창작 배경을 밝히고 있다.

이기현(李起炫)은 「<고산구곡가>의 한역악부에 대한 일 고찰」에서 <고산구곡가>의 한역악부인 우암(尤庵) 송시열(宋時烈)의 <고산구곡가번문>, 우암과 제유(諸儒) 연작시인 <고산구곡시>, 삼수헌(三秀軒) 이하조(李賀朝)의 <우고산경행지사가(寓高山景行之思歌)>, 옥소(玉所) 권섭(權燮)의 <번율옹고산구곡가(翻栗翁高山九曲歌)>, 19세기 초 제작된 <고산구곡시화병(高山九曲詩畵屛)의 제화시인 <고산구곡시화병가(高山九曲詩畵屛歌)>, 퇴경(退耕) 권상로(權相老)의 한역시를 분석하여 그 특질을 밝혀, 우암의 <고산구곡가번문>과 퇴경 권상로의 한역시를 제외하고는 모두 도통의식(道統意識)을 계승하고자 하는 의식을 담고 있다고 보았다. 율곡은 도통(道統)이 삼황오제(三皇五帝)를 거쳐 공자에 와서 집대성되었다가 맹자에 이르러 끊어졌는데, 주자(周子)에 이르러 다시 이어지고 주자(朱子)에 와서 크게 드러났으나, 주자 이후에는 도통의 정맥(正脈)을 이은 사람이 없다고 보고 있는데, 우암은 율곡이 주자(朱子) 이후 도통의 정맥을 이었다고 보고 있으니, 그의 <고산구곡가번문>과 제유와 함께 지은 <고산구곡시>는 주자・율곡으로 이어지는 도맥(道脈)을 계승코자 하는 의지인 것이며, 이러한 우암의 도학적 사유는 당대 및 후대에 지대한 영향을 주게 되어, 이들 후대의 <고산구곡가> 한역시들은 우암, 율곡 나아가 주자에 대한 존숭이나 추모의 정을 표출함으로써 주자・율곡・우암으로 이어지는 도통을 분명히 하려고 했던 것이라고 필자는 그 의미를 부여하고 있다.

김선기(金善祺)는 「우암 송시열이 고산구곡가에 보인 향의」에서 우암이 <고산구곡시>를 창작하고 <고산구곡도>를 제작한 이유에 대하여 그것은 한국의 주자학의 적통이 바로 율곡에게 이어지며, 고산을 주자학의 본산으로 생각하여 성학(聖學)의 계승처로 인식한 우암의 신념에 의한 것이라고 보고 있다. 당시 우암에게 있어 춘추대의(春秋大義)의 지상 과제는 북벌(北伐)이었는데, 그것은 청나라가 우리에게 있어서 사정(私情)으로는 원수요, 공의(公義)로는 양이(攘夷)의 대상이었기 때문인 것으로 보고 있다. 그래서 우암이 <고산구곡가>를 <무이도가> 한시체로 번역할 인물들을 선정하는 데서도 그러한 정신이 투영되어 있는데, 김수항, 김수증, 김창흡 및 그림을 그린 김수흥, 그리고 김창협의 처남인 이희조가 모두 척화파(斥和派)로 유명한 청음(淸陰) 김상헌(金尙憲)의 후손들이고, 송규렴, 송주석 등이 우암의 송씨 문중 인물이며, 더구나 김수항은 우암과 함께 북벌계획을 함께 했던 분이라는 점에서 <고산구곡시> 제작에 참여한 사람들이 배청사상(排淸思想)으로 무장된 인물들이라고 보고 있다. 이러한 이유에서 필자는 우암이 주자·율곡의 학통을 확립하고, 북벌의 대의를 천명·계승하기 위한 신념에서 주자와 율곡이 함께 숨 쉬고 있던 고산(高山)을 떠올리고 동지들과 더불어 주자와 율곡의 무이(武夷)와 고산(高山)을 하나로 엮는 상징적 의미로써 <고산구곡시> 공동 제작을 주관했던 것이라고 평하고 있다.

6) 〈고산구곡가〉의 작자 진위

<고산구곡가> 작자 진위 문제와 기존에 율곡의 작이라고 학계에 소개된 가사 작품의 작가 진위 문제에 대하여 강전섭(1988, 1982)의 연구가 있다. 이 논문들은 연구자에게 치밀한 고증의 필요성에 대하여 일종의 경각심을 주고 있다.

강전섭(姜銓燮)은 「고산구곡가의 작자 고증」에서 <고산구곡가>를 간이당(簡易堂) 최립(崔岦)의 율곡에 대한 추모술회(追慕述懷)의 작품으로 본 자신의 견해(「고산구곡가의 원전 모색」, 『석하 권영철박사화갑기념 국어국문학논총』, 형설출판사, 1988)를 철회하고 다시 <고산구곡가>가 율곡의 작임을 밝히고 있다. 필자는 <고산구곡가>를 율곡작으로 보는 이유로 다음을 들고 있다.

첫째, 우암 송시열의 <고산구곡가번문>, 우암 등 주변인물이 지은 <고산구곡시> 등으로 볼 때, <고산구곡가>는 율곡-사계-신독재-우암으로 이어지는 율곡의 학통에 의하여 전승되고 전수되었을 가능성을 미루어 볼 수 있다는 것, 둘째, <고산구곡가>에 사용된 어휘를 『율곡전서』에 수록된 율곡의 한시작품 또는 한문기록들에 구사된 어휘와 비교한 결과, '구곡담, 주모복거(서곡), 평무, 원산, 녹준(1곡), 벽파, 승지(2곡), 취병, 산조, 반송, 수풍(3곡), 송애, 임천(4곡), 은병, 수변정사(5곡), 황혼(6곡), 추색, 한암(7곡), 옥진, 고조(8곡), 세모, 기암, 유인(9곡) 등의 <고산구곡가>에 나오는 시어들이 『율곡전서』의 한시문 가운데에 자연스럽게 많이 구사되어 활용되고 있다는 것이 그것이다.

강전섭(姜銓燮)은 「전율곡선생작 가사에 대한 관견」에서 율곡 선생의 작이라고 학계에 소개된, 가사 작품 <자경별곡(自警別曲)>, <낙빈가(樂貧歌)>, <낙지가(樂志歌)>에 대한 작가의 진위 문제를 제기하고 있다. 필자는 <자경별곡>의 작자를 월계(月溪) 문석용(文錫容)이라고 주장하는데, 그것은 정재혁(鄭在爀)의 『교경재사고(矯警齋私稿)』에 수록된 <자경별곡서>와 <남평문씨대동보(南平文氏大同譜)>, 그리고 작품 중에 구사된 어휘와 문체 작품 내용에 근거하여 율곡 선생의 작이 아니고 월계 문석용의 작이 옳다고 주장한다. 그리고 <낙빈가>에 대해서도 『아악정음(雅樂正音)』(편자 미상)에 <낙빈가>의 이본인 <강촌별곡>이 서화담(徐花潭)의 작으로 채록된 것을 근거로 <낙빈가>와 서화담의 한시 내용을 비교 검토하고 서화담의 생활 모습 등에 비춰 이 작품이 서화담의 작일 가능성을 논하고 있다. 또한 <낙지가>가 율곡의 작이 아닌 몇 가지 이유를 들고 있으니, 첫째, 『율곡집』과 『율곡전서』 등 율곡 관계 문헌에 율곡이 가사를 지었다고 하는 단서가 전혀 보이지 않는다는 점, 둘째, <낙지가>에 율곡의 생활 모습과 전혀 관련이 없는 사실이 보인다는 점, 셋째, 자문자답의 형식으로 지어진 작품 중에 보이는 '청허자(淸虛子)'라는 별칭을 율곡이 사용한 적이 없는 점 등이다. 그러므로 필자는 이 작품의 작자를 '청허자'이거나 그와 관련된 사람의 작일 것이라 한다.

6. 율곡의 한시문의 특징

율곡의 한시문 등 작품을 분석하여 그 특징을 살핀 논의로 최승순(1994), 정항교(1998), 김혜숙(2001), 홍학희(2001) 그리고 최준하(1998), 김풍기(2003)의 연구가 있다. 이들은 구체적으로 율곡의 한시나 산문을 분석하여 그 문학적 특징을 파악하기도 하고, 율곡의 한시를 그의 구도적이며 실천적인 삶 속에서 이해하며 또한 율곡의 작품 창작 태도를 다루고 있다.

최승순(崔承洵)은 「율곡의 문학관」에서 율곡의 문학관을 관도론(貫道論)으로 보고 이러한 그의 문학론과 율곡의 한시문과의 관계를 규명하고 있다. 필자는 율곡이 '존성(存省)'을 위해 문학을 창작한 것으로 보고 있으며, 율곡의 문(文)의 개념을 문학을 포함한 포괄적인 것으로 이해하여 이러한 그의 문학관을 '도(道)가 문장에 관류하는' 관도론으로 파악하고 있다. 율곡의 모든 시문이 이 관도론에 철(徹)하고 있지 않은 듯한 것도 있지만, 성정의 귀정(歸正)을 중시하여 비록 시문의 주제나 소재가 관도(貫道)의 직서적인 것이 아니라 할지라도 그 작품 속에 성정의 순정성(醇正性)이 관류하고 있고 귀정(歸正)의 품격이 있으면 그 시문은 관도(貫道)되어진 시문으로 보는 것이 율곡의 문학이론으로 시문을 보는 바른 태도라고 밝히고 있다. 이 논의는 필자의 「율곡의 한시문 연구」(『논문집』 14, 강원대학교, 1980)를 기반으로 하여 전개시킨 것이다.

정항교(鄭亢教)는 「율곡선생의 시문학」에서 율곡의 문학관을 송대 성리학의 '도문일치(道文一致)'의 영향을 받은 것으로 보아, 율곡의 문학은 공리주의 문학관인 '문이재도'에 두고 '사무사(思無邪)'의 도덕적 이상이나 심덕지리(心德之理)를 시심(詩心)의 본거로 삼았다고 한다. 이러한 입장에서 필자는 율곡의 시문학을 시체별, 내용별로 분류하였고, 내용별 분류에서 율곡의 시를 서정시(교유시, 송별시, 추도시), 서사시(영물시, 서경시, 기행시)로 나누어 그 시적 특성을 설명하고 있으니, 서정시의 분석을 통하여 율곡이 정이 풍부한 '정인(情人)'임을 드러냈으며, 서사시의 분석을 통해 율곡이 사실묘사(핍진)에 뛰어나 맛을 더하고 있다고 평가한다.

김혜숙(金惠淑)은 「율곡 이이의 삶과 시」에서 율곡의 실천적 삶의 시적 형상화의 문제를 다루고 있다. 필자는 율곡의 학문을 대학지도(大學之道)의 실현으로서 자기수양을 통한 인(仁)의 완성으로 보고 있으며, 그 구체적인 실천의 모습을 그의 행적과 시문(행자, 연보, 시와 문)을 통하여 살펴보고 있다. 그럼으로써 성리학적 진유(眞儒)의 삶이 결코 '공리공론'의 이론탐구를 위한 삶이 아니라 너무나도 엄연한 자세로 자성(自省)을 통하여 자신의 삶에 인(仁)과 의(義)를 실현하려는 강건한 노력이었다고 평하고 있다. 율곡이 물(物)의 질서체계와 이치에 부합되는 마음가짐을 도(道)로 보았으며, 부단히 자신을 돌아보아 성(性)을 기르는 것이 도를 실천하여 진락지(眞樂地)에 이르는 방법임을 설파했다고 한다. 율곡의 자성수련법(自省修鍊法)을 중용의 '성의(誠意: 담연한 마음)'와 '정심(正心: 主敬 곧 지키기)'으로 보고, 엄정한 객관보고적 진술을 취하고 있어 담박미를 보이는 율곡의 자연음영의 시들은 이와 같은 주경적(主敬的) 자연조관, 즉 격물(格物)의 흥을 시화(詩化)한 것으로 보고 있다. 그리고 필자는 전일하게 집중된 마음의 상태를 말하는 이 경(敬)이 사람을 대하여 이루어지면 공(恭)이라고 하면서 이 공경이 부모를 향하면 효(孝)요 자식을 향하면 자(慈)이며 임금을 향하면 충(忠)이라고 하면서, 그 실천된 모습과 그런 모습이 반영되어 읊조려진 시적 음영의 구체적 양상을 살피고 있다.

홍학희(洪學姬)는 「율곡 이이 시의 기실성에 대하여」에서 율곡의 시가 어떠한 경우에라도 '진실성'을 견지하고 있음을 시적 제재의 측면과 시적 표현의 측면에서 밝히고 있다. 시적 제재의 측면에서 책이나 그림 속의, 혹은 시화(詩化)된 중국의 기경(奇景)을 직접 시로 읊거나, 자신의 눈앞에 펼쳐진 조선의 경물을 중국 시에 표출된 정서라는 필터로 한 겹 걸러서 바라보는 당시의 일반적인 경향과는 달리 율곡은 단지 그가 살고 있는 실재하는 조선의 산천과 경물에 입각하여 일상의 세계를 시로 썼다고 한다. 그리고 시적 표현의 측면에서 율곡이 조선의 고유명사를 쓴 것과 전고(典故)를 거의 쓰지 않은 사실을 들고 있다. 당시의 산에서 인명이나 지명 등 조선의 고유 명사를 우아하지 못하다 하여 중국의 그것으로 바꾸어 부르는 경향과 달리 율곡이 자신의 작품 속에서 산과 강, 마을의 이름 등 지명 및 누정, 절의 이름, 호나 벼슬 이름 등 조선의 고유 명사를 자주 구사하여 사실을 충실히 기술함으로써 필자는 그의 시가 시어를 단련한 느낌이 전혀 들지 않고 담담할 뿐이라고 한다. 이러한 면은 당시 조선의 고유 명사를 수용하여 시를 지음으로써 흥취를 유발하거나, 생경하고 기이한 느낌을 주어 참신한 의경을 창출하여 독자들에게 신선한 충격을 주는 해동강서시파와도 다른 점이라고 한다. 그리고 율곡이 전고를 거의 활용하지 않은 것은 그가 시의 상호 교유 작용을 중시했기 때문으로 본다. 이러한 율곡의 작시 태도를 중국 한시에서나 보고 들었던 상상의 세계라든지 신선과 같은 비현실적 세계, 성리학적 순수 관념의 세계, 혹은 자기가 직접 체험한 일이라 할지라도 감정의 고양된 한 순간만을 시화하던 태도와는 분명 대조되는 것이라 하여 필자는 율곡을 낭만과 관념이 지배하던 조선의 문단에 현실을 되돌렸다고 평가하고 있다. 아울러 그의 작시태도가 그의 경험론적 심성론과 주기론적 세계관에 근거하고 있음을 언급하고 있다. 이 논의는 필자의 「율곡 이이의 시문학 연구」(이화여대 박사학위논문, 2000)에 근거하여 전개된 것이다.

최준하(崔俊夏)는 「<김시습전>의 분석을 통해 살펴본 율곡문학과 율곡사상의 현대적 의의」에서 율곡의 <김시습전>과 창주(滄洲) 윤춘년(尹春年)의 <매월당선생전>과의 비교 분석을 통해 율곡 작품의 문학성을 규명하고 아울러 현대인들에게 끼친 교육적 영향을 밝히고 있다. 필자는 율곡이 <김시습전>에 보인 표현의 방법과 서술태도의 특징을 밝히고 있는데, 율곡이 열거법과 대조법, 대화법을 많이 사용함으로써 현실성을 추구하고 사실적인 표현을 하고자 했다는 사실과 율곡이 최대한 중요한 일화를 수록함으로써 김시습의 절의와 도학자로서의 면모를 강렬하게 부각시키고 있다는 사실을 언급하고 있다. 그리고 '전(傳)'이 후세의 감계(鑑戒)가 될 수 있는 인물을 통해 교화의 한 수단으로 쓰여 지는데, 율곡이 추구한 인간에 대한 지극한 신뢰와 애정은 오늘날의 인간가치의 실현, 또는 인간의식의 구현을 위한 노력이었다고 평가하고 있다.

김풍기(金豊起)는 「율곡문학론에 있어서의 평정과 긴장」에서 율곡이 자신의 문학론의 입장에서 <김시습전>을 기술한 방식을 살핌으로써 율곡 문학론의 경계를 밝히고 있다. 필자는 기질의 변화를 통해서 성인이라는 목표에 도달하고자 뜻을 세우는 입지(立志)를 율곡 철학의 핵심이며 율곡 문학론의 출발점으로 보고 있다. 문(文)에서 도(道)로 들어가는 방향의 문학론을 긍정함으로써 '나부(懦夫)가 입지(立志)할 수 있게 도와주는 작품'이 가치를 지니게 되는데, 율곡이 이러한 입장에서 김시습의 시문을 평가하여 그를 '백대(百代)의 스승'이라고 평하였다고 한다. 또한 상시분속(傷時憤俗)으로 점철된 김시습의 생애는 내적으로 부단히 심성 수양을 하고 외적으로 꾸준히 자신의 뜻을 실천하는 사대부의 정상적인 출처(出處)에서 벗어나 있으므로 율곡은 김시습의 비분강개와 방랑을 김시습의 특이점으로 계속 묘사했다고 함으로써 그러한 인간 유형을 국가 체재 내부로 끌어들여 오고자 고심했다고 보고 있다. 갈등과 번민, 시대를 아파하고 인간 세상에 분노하던 김시습의 정서적 상태는 방내(方內)의 질서를 흔드는 것이었는데, 율곡 문학의 목표는 이러한 갈등(또는 긴장)에서 벗어나 평정(平定)의 세계를 획득하는 것으로, 이 때 우선적으로 하는 것이 입지(立志)라고 한다. 그러므로 필자는 입지론에서 출발한 율곡의 문학관이 창작 주체의 견결한 마음가짐 혹은 서정적 자아의 드높은 도덕적 경지를 담보하게 되며, 이렇게 앎과 행검(行檢)의 절묘한 조화로 만들어지는 심적 상태인 평정(平定)이 문학작품으로 표출되어야 가장 이상적인 작품이 나올 수 있는 것으로 율곡이 인식했다고 평하고 있다. 결국 인간으로서의 생활과 도인(道人)으로서의 생활 사이에서의 미묘한 긴장과 평정을 율곡의 <김시습전>이 담고 있다고 보고 있는 듯하다.

율곡학회 주관으로 이루어진 이 선별 작업은 앞으로 율곡 문학을 연구하는데 많은 도움을 주리라 생각한다. 그렇지만 이 작업이 전문학술지 게재 논문만을 대상으로 함으로써 학위의 논문이나 저서에 들어 있는 좋은 견해가 다

소개되지 못한 점과 그리고 전문학술지 게재 논문 중에서도 여러 사정으로 실리지 못한 경우가 있는데 이러한 점은 아쉬운 일이다.

제3장 시조의 창작 기법론

1. 머리말

이 항목에서는 시조를 창작하는 방법을 살펴보고자 한다. 이를 밝히는 데 있어 율곡의 『정언묘선』에서 제시한 품격에 대한 언급 및 작품에 근거하여 논의를 전개해 나간다. 율곡은 『정언묘선』에서 시에 대한 자신의 기준을 제시하면서 작품의 창작, 감상, 효용에 대하여 언급하였는데, 이 연구에서는 작품의 창작에 초점을 두면서 논지를 전개해 나가고자 한다.

율곡은 『정언묘선』에서 한시를 대상으로 하여 선별하였지만 작품의 품격은 그 형식이 한시이든 국문시가이든 두루 적용되는 것[1]이므로, 율곡이 『정언묘선』에서 제시한 기준을 근거로 국문시가의 미-특히 담박-을 드러내는 작품을 선별하여 그 시조들의 창작 방법에 대하여 밝히고자 한다. 즉 현재 전하는 사대부 시조들을 대상으로 그 주제를 전개해 나가는 유형을 밝히고, 주제를 표현하는 방법을 살핀다.

---

1) 한시나 시조처럼 양식이 서로 다른 작품의 품격(品格)을 서로 비교하는 것의 타당성에 대해서는 졸저, 「시조품격론」, 『고전시가의 미학 탐구』(월인, 2000) 참조.

2. 시와 자연

율곡은 여덟 가지로 시를 분류하면서 이들 시들이 갖추어야 될 공통적인 면을 <정언묘선서>에서 밝혔으니, 곧 사람의 정을 다 드러내고[曲盡人情] 사물의 이치에 두루 통하되[旁通物理], 유순하고 참되다[優柔忠厚]는 것이다.[2] 이곳은 공자의 '사무사(思無邪)'를 율곡이 나름대로 풀이한 것으로 보인다.

아울러 율곡은 <정언묘선서>에서 시를 짓고 감상함에 있어 금기해야 할 것도 제시하고 있으니, 곧 지나치게 아름답게 꾸미는 일[雕繪繡藻]과 정을 옮겨 마음을 방탕하게 하는 일[移情蕩心]을 억제하는 것이다.[3]

<원가행(怨歌行)>[4]

새로 제나라 비단을 끊으니,
깨끗하기가 눈서리 같네.
마름질하여 함환선을 만드니,
둥글기가 명월 같네.
나고 돌며 그대 소매 안에 넣었다가,
흔들면 미풍이 일어나네.
늘 두려워 하는 것은 가을이 되어,

---

2) 이이, 「정언묘선서」, 『율곡전서』 권13, 서.
"詩本性情 非矯僞而成 聲音高下 出於自然 三百篇 曲盡人情 旁通物理 優柔忠厚 要歸於正 此詩之本源也"

3) 이이, 「정언묘선서」, 같은 책.
"詩雖非學者能事 亦所以吟詠性情 宣暢淸和 以滌胸中之滓穢 則亦存省之一助 豈爲雕繪繡藻移情蕩心而設哉"

4) 반첩여(班婕妤), 『정언묘선』, 「원자집」, '오언고시'.
『정언묘선』 목판본을 보면, 시에 관주(貫珠)·비점(批點)이 되어 있다. 율곡이 『정언묘선』에서 '권점을 더하여[加以圈點]'라고 했듯이, 이것은 율곡 자신의 것이라고 생각되며, 본 작품을 분석하는데 많은 도움이 되므로 작품 속에 표시하여 설명하고자 한다.

서늘한 바람이 더위를 앗아가면
상자 속에 버려져
은정이 도중에 끊어지는 것이라네.
新裂齊紈素, 鮮潔如霜雪.
裁爲合歡扇, 團團似明月.
出入君懷袖, 動搖微風發.
常恐秋節至, 凉飆奪炎熱.
棄捐篋笥中, 恩情中道絶.

반첩여는 자신의 용모가 아름다워 현재 님의 사랑을 받고 있지만, 나이가 들어 아름다움이 사라지면 사랑하는 님으로부터 버림받을 것을 걱정하는 마음을 드러내고 있는데, 자신을 부체에 비유하여 가을이 되어 서늘한 바람이 불면 여름의 더위가 물러나가므로 님에게 부체가 필요 없게 되듯이 자신이 나이 들어 아름다움이 없어지면 님의 사랑도 식어질 것임을 걱정하고 있다. 계절의 변화와 관련지어 자신의 불안한 마음을 절실하게 나타내고 있으며, 나아가 그런 상황하에서도 이치에 순응하며 님에 대해 원망하는 모습을 보이지 않고 있다. 이러한 모습 속에서는 곧 사람의 정을 다 드러내고[曲盡人情] 사물의 이치에 두루 통하되[旁通物理], 유순하고 참됨[優柔忠厚]을 볼 수 있다. 이러한 특성은『정언묘선』전편에서 확인할 수 있다.

율곡은 시에 대한 이러한 대원칙 아래 그 표현 주제와 방법에 따라 시들을 분류했다.

충담소산(冲澹蕭散): <원자집(元字集)>
한미청적(閒美淸適): <형자집(亨字集)>
청신쇄락(淸新灑落): <이자집(利字集)>
용의정심(用意精深): <정자집(貞字集)>
정심의원(情深意遠): <인자집(仁字集)>

격사청건(格詞淸健): <의자집(義字集)>
정공묘려(精工妙麗): <예자집(禮字集)>
○○미려(○○美麗): <지자집(智字集)>

이 중에서 '충담소산'의 미적특질인 '담박'을 중심으로 시조를 선별하여 그들 품격을 드러내는 창작 방식을 밝히려고 한다.

율곡이 선집한 『정언묘선』을 두루 살펴보면 자연을 가까이하면서 자연 속의 현상 또는 내면적 특징을 통해 작가의 마음을 절실하게 드러내고 있다는 사실을 발견할 수 있다. 곧 자연을 매개하여-그 매개하는 방식은 각기 다르지만-작가의 심정을 나타내고 있는 것이다.

<장가행(長歌行)>[5)]

푸릇푸릇한 동산의 규풀
아침 이슬은 해 돋자 마르고
봄볕이 덕행을 베풀어
만물은 빛을 내네.
늘 두려워하는 것은 가을이 이르러
누렇게 무성한 꽃잎이 시드는 것이라네.
온 내는 동쪽으로 흘러 바다에 이르니
어느 때에 다시 서쪽으로 돌아오리요.
젊어서 노력하지 않으면
나이 들어 헛되이 마음 상하고 슬퍼하리.
靑靑園中葵, 朝露待日晞.
陽春布德澤, 萬物生光輝.

5) 무명씨, 『정언묘선』, 「원자집」, '오언고시'.

常恐秋節至, 焜黃華葉衰.
百川東到海, 何時復西歸.
小壯不努力, 老大徒傷悲.

이 시는 늙어서 후회하지 말고 젊어서 노력하라고 말하고 있는데, 아침 이슬과 햇살, 만물과 따뜻한 봄기운을 통해 인생의 짧음을 나타내고 있으며, 한 번 동쪽으로 흘러 바다에 이른 물은 서쪽으로 되돌아 흐를 수 없음을 강조함으로써 뜻을 절실하게 전하고 있다.

이처럼 『정언묘선』의 시들은 자연을 매개하여 마음을 절실히 드러내고 있으며, 그것은 격한 감정이 아닌 유순함을 기반으로 하고 있다.

3. 담박

1) 성찰(省察)을 통한 '참됨[眞]'의 획득

율곡이 「원자집」을 통해 의도하고 있는 바를 그 <서(敍)>를 통해 알 수 있다.

> 이 집(集)은 충담소산(冲澹蕭散)의 것을 뽑았다. 회식(繪飾)을 일삼지 않아 자연스런 가운데 깊이 묘취(妙趣)가 있다. 고조(古調) 고의(古意)를 아는 이가 적다. 당송(唐宋) 이하의 시는 품격이 혹 고시(古詩)에 미치지 못하나, 그 중 근체(近體)는 조탁(雕琢)의 교(巧)가 없으면서도 저절로 성률(聲律)에 맞으므로 아울러 뽑았다. 이 집(集)을 읽으면 그 담박(淡泊)함을 맛볼 수 있고, 그 희음(希音)됨을 즐길 수 있으니, 삼백편(三百篇)의 유의(遺意)는 이에서 벗어나지 않을 것이다.[6)]

6) 이이(李珥), 「정언묘선총서」, 『율곡전서』(성균관대 대동문화연구원, 1958), 습유, 권4, 잡저1. "此集所選主於冲澹蕭散 不事繪飾 自然之中 深有妙趣 古調古意知者鮮矣 唐宋以下諸作品

「원자집」 '충담소산(冲澹蕭散)'의 품격이 추구하는 것은 다음의 작품에서 보듯이

<시흥(時興)>[7]

……………

형상의 변화는 때를 따라 이루어지니

정신의 느낌은 사물로 인하여 일어나네.

담박할진저! 지인의 마음이여

편안히 고요함 속에 있네.

形變隨時化, 神感因物作.

澹乎至人心, 恬然存玄漠.

바로 '담(澹)' 곧 '담박(淡泊)'인 것이다. 이것은 편안하고 고요한 마음의 상태에서 가능한 것이다.

그러면 이 '담박'은 어디에서 얻을 수 있는가? 그것은

<음주(飮酒) 1)>[8]

초막을 지어 마을에 있으니,

거마의 시끄러운 소리 들리지 않네.

묻노니 그대여 어찌 그럴 수 있나

마음이 고원하고 땅이 치우쳐 있어서라네.

格或不逮古 間有近體 而皆無雕琢之巧 自中聲律 故竝選焉 讀此集 則味其淡泊 樂其希音 而三百之遺意 端不外此矣"

7) 노심(盧諶), 『정언묘선』, 「원자집」, '오언고시'.

8) 도잠(陶潛), 『정언묘선』, 「원자집」, '오언고시'.

동쪽 울타리 아래에서 국화를 따는데
유연히 남산이 보이네.
산 기운은 저녁 빛에 좋고
새 함께 날아 돌아온다.
이 중에 참뜻 있으니
말하려는 데 곧 말을 잊었네.
結廬在人境, 而無車馬喧.
問君何能爾, 心遠地自偏.
採菊東籬下, 悠然見南山.
山氣日夕佳, 飛鳥相與還.
此中有眞意, 欲辨已忘言.

위의 시에서 보듯이 바로 '진의(眞意)'의 '진(眞)'이다. 곧 거짓 없는 참됨 속에서 담박함을 구할 수 있다. 여기서 참되다는 것은 무엇인가?

<귀원전거(歸園田去)>[9]

어려서 속운에는 맞지 않고
성품이 본래 언덕과 산을 좋아했네.
잘못 티끌 그물 속에 떨어져
한 번에 삼십 년이 가버렸네.
새장의 새는 옛 수풀을 그리워하고,
연못의 고기는 옛 못을 생각하네.
남쪽 들녘을 개간하여
본성을 지켜 전원으로 돌아가네.

---

9) 도잠, 『정언묘선』, 「원자집」, '오언고시'.

....

少無適俗韻, 性本愛丘山.

誤落塵網中, 一去三十年.

羈鳥戀舊林, 池魚思故淵.

開荒南野際, 守拙歸園田.

도잠의 위 시에서 볼 수 있듯이, 그것은 바로 '수졸(守拙)' 곧 살면서 사람으로서의 본성을 지키는 것이다.

그러면 그 사람의 본성의 정체는 무엇인가?

<음주(飮酒) 6>[10]

복희씨와 신농씨 시절은 나와는 멀어서

온 세상 참으로 돌아감이 적네.

서둘러 노나라 늙은이

임시로 그 순박함을 사용했네.

....

羲農去我久, 擧世少復眞.

汲汲魯中叟, 彌縫使其淳.

도잠이 공자를 일러, 순박함을 사용하여 참됨으로 돌아가고자 했다고 노래했듯이, 바로 '순박함'이 사람의 본성인 것이다. 육기의 다음의 시에서도 확인할 수 있다.

10) 도잠, 『정언묘선』, 「원자집」, '오언고시'.

<초은(招隱)>[11]

....

지극한 즐거움은 빌릴 수 있는 것이 아닌데,
어찌 순박함을 경시하는가?
부귀는 진실로 도모하기 어려우니,
수레를 풀어놓고 하고자 하는 것을 좇으리.
至樂非有假, 安事澆醇樸.
富貴苟難圖, 稅駕從所欲.

이 순박함은

<유거(幽居)>[12]

....

때로 도인과 만나고,
혹은 樵者를 따라 다닌다.
스스로 蹇劣에 편안해 하거늘,
누가 세상의 榮華를 경시한다고 말하는가?
時與道人偶, 或隨樵者行.
自當安蹇劣, 誰謂薄世榮.

위응물의 시에서 보듯이, 세상의 영화를 경시하여 그 반발로써 순박함을 표방하는 것이 아니라, 본래 본성이 자연[순박함]을 좋아하는 것이다.

그래서 이 순박함을 지킬 때 참됨을 얻을 수 있는 것이요 이에서 지극한

---

11) 육기(陸機), 『정언묘선』, 「원자집」, '오언고시'.
12) 위응물(韋應物), 『정언묘선』, 「원자집」, '오언고시'.

즐거움[至樂]을 얻을 수 있는 것이니, 이 지극한 즐거움은 곧

<곽주부에게 화답하다(和郭主簿)>13)

……………

경영함이 이미 진실로 극진함이 있으니,
지나치게 넘침은 바라는 바가 아니네.
차조를 찧어 좋은 술 담아,
술이 익으면 내 스스로 따르네.
어린아이는 내 옆에서 놀며,
말 배우느라 옹알거리네.
이런 일 진실로 다시 즐기니,
잠시 벼슬살이[華簪]를 잊었네.
멀리 흰 구름 바라보며,
옛날을 생각함이 애오라지 어찌 그리 깊은가?
營己良有極, 過足非所欽.
春秫作美酒, 酒熟吾自斟.
弱子戲我側, 學語未成音.
此事眞復樂, 聊用忘華簪.
遙遙望白雲, 懷古一何深.

위의 도잠의 시에서 보듯이, 참된 즐거움[眞樂]인 것이다.
또한 '참됨'을 얻으면

13) 도잠, 『정언묘선』, 「원자집」, '오언고시'.

<시작진군참군 경곡아작(始作鎭軍參軍 經曲阿作)>[14)]

....

참된 생각 처음부터 가슴에 있었는데,
누가 형적에 구애된다고 하는가?
애오라지 변화에 의지하여,
마침내 반고의 여막으로 돌아가네.
眞想初在襟, 誰謂形迹拘.
聊且憑化遷, 終返班生廬.

곧 '형적(形迹)'에 구애되지 않는 것이니, 이것은

<석벽정사에서 호중으로 돌아오며 짓다(石壁精舍 還湖中作)>[15)]

....

생각이 담박하니 사물이 절로 가볍고
뜻이 흡족하면서 이치에 어긋남이 없네.
말하노니, 섭생객이여
시험 삼아 이 도를 따라보오.
慮澹物自輕, 意愜理無違.
寄言攝生客, 試用此道推.

외물에 얽매이지 않게 되어, 자신의 뜻에 흡족하게 해도 이치에 어긋나지 않게 되는 것이다. 이것이 또한 '담박'이다.

---

14) 도잠, 『정언묘선』, 「원자집」, '오언고시'.
15) 사령운(謝靈運), 『정언묘선』, 「원자집」, '오언고시'.

2) 불변성의 추구

우연히 한번 참됨(담박함)을 얻었다고 해서 그 시인을 '충담소산' 하다고 하지 않는다. 그것은 순박함을 그의 생활 속에서 지속적으로 지킬 때 이르는 말이다.

<시흥(時興)>[16)]

……………

형상의 변화는 때를 따라 이루어지니
정신의 느낌은 사물로 인하여 일어나네.
담박할진저! 지인의 마음이여
편안히 고요함 속에 있네.
形變隨時化, 神感因物作.
澹乎至人心, 恬然存玄漠.

위의 노심의 시에서 보듯이, 이 세상의 일(형상)은 늘 수시로 변화한다. 좋은 때를 당하여 순박함을 지키며 즐거운 생활을 보낼 수 있지만, 좋지 않을 때를 당해서는 순박함을 지키다 버림을 받을 수 있고, 그렇게 되면 깊은 탄식을 하게 되는 것이다.

<의고(擬古) 기1>[17)]

……………

근심과 기쁨 속에 얼굴과 터럭이 변하고,

16) 노심(盧諶), 『정언묘선』, 「원자집」, '오언고시'.
17) 위응물, 『정언묘선』, 「원자집」, '오언고시'.

추위와 더위 속에 사람의 일이 바뀌거늘
이 마음을 그대가 어찌 알리요
빙옥처럼 다만 곧고 흰 것을.
....
憂歡容髮變, 寒暑人事易.
中心君詎知, 氷玉徒貞白.

세월이 흘러 사람의 일이 바뀌더라도, 얼음과 옥 같이 곧고 흰 마음을 지킨다는 것은 사람을 근심과 걱정에 빠지게 한다. 더군다나 이러한 마음이 받아들여지지 않는 상황 속에서는 더욱 심해지는 것이다.

<의고(擬古) 기3>18)

봄이 되니 임목이 변하여,
동방은 저녁에 맑은 기운 머금네.
홀로 삶을 누가 헤아려 주리요.
즐거이 새가 나를 마주하여 지저귈 뿐.
님[낭인]은 오래도록 연과 조 땅에 있으니,
새사람이 평생(의 마음)을 옮겨 놓은 겐지.
이별할 때의 한 쌍의 원앙이 수놓인 비단 이불에
이 천년의 한스런 마음을 머물게 했네.
푸른 풀은 옛 자취에 돋아나고,
녹금은 아름다운 소리를 다했네.
넋이라도 꿈속에서 님을 만나고자 하였거늘,
뒤척이며 잠 못 이루네.

18) 위응물, 『정언묘선』, 「원자집」, '오언 고시'.

옷을 잡고 처소를 헤매이다,
들어 바라보니, 빈 앞뜰에
외로운 그림자 그 가운데 절로 측은하여,
나도 모르게 두 줄기 눈물이 떨어지네.
春至林木變, 洞房夕含淸.
單居誰能裁, 好鳥對我鳴.
良人久燕趙, 新愛移平生.
別時雙鴛綺, 留此千恨情.
碧草生舊迹, 綠琴歇芳聲.
思將魂夢歡, 反側寐不成.
攬衣迷所次, 起望空前庭.
孤影中自惻, 不知雙淚零.

위응물은 이 시 속에서 멀리 떨어져 있는 님에 대한 그리움이 새록새록 일어나는 여인의 마음을 봄이 되어 초목이 변화하는 그 양상과 결부시켜서 잘 드러내고 있다. 연과 조 땅으로 간 님과 오래 떨어져 있어 님에게 새 사람이 생긴 것은 아닌가 하는 마음도 들지만, 님에 대한 변함없는 마음을 지니고 있다. 꿈에서라도 볼까 하고 잠을 청하는데서 그리움의 간절함을 느낄 수 있고, 잠 못 이루며 홀로 있는 자신의 그림자에 저도 모르게 눈물을 흘리는 모습에서 그 외로움의 깊이를 짐작할 수 있다. 오랜 세월 변치 않는 참된 마음(순박함)에서 담박함을 맛볼 수 있다.

4. 시 창작 방법: 설의(設意)와 철사(綴辭)

시 창작에 있어서 이규보는 다음과 같은 언급을 했다.

> 대저 시는 의(意)를 주로 하니 설의(設意)가 가장 어려우며 철사(綴辭)는 그 다음이다. 의(意) 또한 기(氣)를 주로 하니 기(氣)의 우열로 말미암아 곧 (意의) 깊고 얕음이 있을 따름이다.[19]

즉 이규보에 따른다면, 시를 짓는 방식은 드러내고자 하는 주제를 정하고, 그 주제에 따라 시의 뼈대를 잡고[설의, 구성] 그 후 그에 따라 시어를 다듬어 이미지를 창출해내는 것이라 할 수 있다.

이러한 기본적인 원칙은 우리 시조에서도 적용될 수 있다.

1) 주제를 문면에 드러내는 방법

이러한 방법에는 주제를 초장에 드러내고 중·종장에서 구체화시키는 경우와 초장과 중장에서 주제와 관련된 사실들을 제시하면서 종장에서 주제를 드러내는 경우가 있다.

전자의 경우를 보면,

> 江湖에 봄이 드니 이 몸이 일이 하다
> 나ᄂᆞᆫ 그믈 깁고 아ᄒᆡᄂᆞᆫ 밧츨 가니
> 뒷 뫼헤 엄 긴 藥을 언제 ᄏᆡ랴 ᄒᆞᄂᆞ니.[20]

초장에서 강호에 봄이 와서 해야 할 일이 많음을 언급하면서, 중장과 종장에서는 그 구체적인 일들, 즉 그물 깁고, 밭을 갈고, 약 캐고 하는 일들을 서술하고 있다.

그 다음에 후자의 경우를 보면,

---

19) 이규보(李奎報), 『백운소설(白雲小說)』
"夫詩以意爲主 設意最難 綴辭次之 意亦以氣爲主 有氣之優劣 乃有深淺耳"

20) 황희(黃喜), <사시가(四時歌) · 봄>, <악학습영(樂學拾零) 71>

가마귀 눈비 마자 희ᄂᆞᆫ 듯 검노ᄆᆡ라
夜光 明月이 밤인들 어두우랴
님 向ᄒᆞᆫ 一片丹心이야 變ᄒᆞᆯ 줄이 이시랴.[21)]

박팽년의 시조를 보게 되면, 종장에서 님에 대한 변함없는 충성스런 마음(一片丹心)이 변하지 않을 것임을 드러내고 있다. 그러면서 초장과 중장에서는 자연물 중에서 자신의 변함없는 마음과 동류인 변함없는 사실들을 선별하여 구체적으로 서술하고 있으니, 까마귀는 눈비 맞아도 희어지지 않고 검으며, 밤의 밝은 달도 밝게 빛난다고 하여 주변의 상황이 어떻게 변하더라도 그 본래의 모습이 변함이 없음을 드러내고 있다.

다음의 시조를 보자.

나의 님 向ᄒᆞᆫ 뜻지 죽은 후면 엇더ᄒᆞᆯ지
桑田이 變ᄒᆞ야 碧海난 되련이와
님 向ᄒᆞᆫ 一片丹心이야 가실 쥴이 잇스랴.[22)]

성삼문의 시조는 초장에서 자신의 님에 대한 뜻을 의문형으로 제시한 뒤, 종장에서는 님에 대한 일편단심이 없어지지 않을 것이라고 하여 주제를 문면에 드러내고 있는데, 중장에서는 변화하는 곧 상정이 시간이 지나면 벽해가 된다는 자연현상을 제시함으로써 자신의 일편단심의 마음을 두드러지게 표현하고 있는 것이다.

또한 퇴계는

古人도 날 몯 보고 나도 古人 몯 뵈
古人을 못 봐도 녀던 길 알ᄑᆡ 잇ᄂᆡ

---

21) 박팽년(朴彭年), <악학습영 64>
22) 성삼문(成三問), <악학습영 588>

녀던 길 알픠 잇거던 아니 녀고 엇뎔고.[23]

고인의 가던 길을 좇아가야 한다는 주제를 나타내면서 중장과 종장의 처음에 초장과 중장의 마지막 구를 갖다 시작함으로써 초장·중장·종장이 자연스럽게 이어지도록 하고 있는데, 이는 자신이 고인의 길을 이어가겠다는 주제를 형식적으로 드러내어 표현하고 있는 것이니, 이에서 주제와 형식의 일치를 볼 수 있다.

2) 주제를 행간에 숨기는 방법

앞에서 살펴보았듯이, 주제를 겉으로 명확하게 드러내는 경우와는 달리 주제를 문단 속에 구체적으로 드러내지 않고 행간에 둠으로써 독자의 상상을 유발시키는 경우가 있다.

大棗 볼 불근 골에 밤은 어이 ᄠᅳᆺ드르며
벼 뷘 그르헤 게ᄂᆞᆫ 어이 ᄂᆞ리ᄂᆞᆫ고
술 닉쟈 체쟝ᄉᆞ 도라 가니 아니 먹고 어이리.[24]

황희는 초장과 중장에서 강호의 풍성한 가을 풍경, 즉 밤은 익어 저절로 떨어지고 날씨가 차거워져 게는 벼를 벤 그루에 내려드는 상황을 서술하면서 이 때에 술은 익고 때마침 체장사가 지나가는 상황을 제시함으로써 가을이 든 강호에서의 마음의 넉넉함과 푸근함을 드러내고 있는 것이다. 특히 종장의 시작인 '술 닉쟈'에 그 마음이 가득 담겨 있다.

다음 위백규의 시조에서도 이러한 면을 볼 수 있다.

---

23) 이황(李滉), <도산십이곡 9>『퇴도매화시첩(退陶梅花詩帖)』
24) 황희, <사시가(四時歌)·가을> <악학습영 71>

도롱이예 홈의 걸고 ᄲᅳᆯ 곱은 검은 쇼 몰고
고동플 뜻 머기며 깃믈 ᄀᆞᆺ ᄂᆞ려갈 제
어ᄃᆡ셔 픔진 볏님 홈씌 가쟈 ᄒᆞᄂᆞᆫ고.[25]

도롱이 입고 호미 메고 검은 소 몰며 밭으로 일 나가는 상황을 초장과 중장에서 서술하면서 종장에서 짐진 벗이 함께 가자고 부르는 모습을 형상함으로써 비록 종장 첫째 구의 '어ᄃᆡ셔'가 상투적인 것이기는 하나 소박한 농촌생활을 진솔하게 그리고 있다. 이와 같이 황희와 위백규의 시조는 초·중·종장 중 어느 한 곳에 주제를 명확하게 드러내지 않고 행간에 숨겨둠으로써 각 장의 이미지를 종합해서 드러내는 바를 통해 알 수 있도록 해 놓았다.

5. 맺음말

지금까지 율곡이 선집한 『정언묘선』, 「원자집」의 작품 분석을 통하여 '충담소산'의 품격이 추구하는 특징-'성찰(省察)을 통한 '진(眞)'의 획득'과 '불변성의 추구'를 살펴, 이를 근거로 담박함을 드러내는 우리 시조를 선별한 후 이 시조들의 창작 방법의 일면을 밝혔다.

충담소산의 품격은 담박을 추구하는데, 이 담박은 '진(眞)', 곧 거짓 없는 참됨 속에서 얻을 수 있는 것이며, 이 '진(眞)'은 '수졸(守拙)' 곧 살면서 사람으로서의 본성을 지키는 것이다. 그리고 이 본성이란 바로 '순박함'이다. 이 순박함을 지킬 때 참됨을 얻을 수 있는 것이요 이에서 지극한 즐거움[至樂 곧 眞樂]을 얻을 수 있는 것이다.

또한 진락(眞樂)을 얻게 되면 형적(形迹)에 구애받지 않게 되니, 이는 외물에 얽매이지 않아 자신의 뜻에 흡족하게 해도 이치에 어긋나지 않게 되는 것

25) 위백규(魏伯珪), 『삼족당가첩(三足堂歌帖)』

이다. 이것이 또한 '담박'이다.

그러나 어느 한 순간 우연히 참됨(담박함)을 얻었다고 해서 그 시인을 '충담소산' 하다고 하지 않는다. 그것은 순박함을 그의 생활 속에서 지킬 때 이르는 말이다. 이 세상의 일(형상)은 늘 수시로 변화한다. 좋은 때를 당해서는 순박함을 지키다 버림을 받을 수 있고 그렇게 되면 깊은 탄식을 하게 되는 것이다. 아무튼 오랜 세월 변치 않는 마음, 이에서 충담소산의 품격이 추구하는 담박함을 맛볼 수 있다.

제4장 근대시의 형식

1. 시의 형식과 율(律)

이 항목은 중세의 정형시와 현대의 자유시의 어름에 있는 근대시의 한 형식을 탐구해 보고자 한다.

시의 형식에는 외적 형식(형태)과 내적 형식(구성)이 있다. 고전시가는 이 두 가지를 모두 중시하고 현대시는 대부분 내적 형식을 위주로 한다. 고전시가와 현대시 이 두 부류는 모두 일정한 율(律)을 지니고 있다. 고전시가와 현대시의 어름에 있는 소위 근대시의 형식과 율을 밝힘으로써 이 시기 시인들의 투철한 시인 정신을 드러내고자 한다.

우리가 문학성을 논의함에 있어서 작가가 처한 당대 사회 현실을 고려해야 하고, 형식과 내용의 짜임을 통해 드러나는 미적 특질을 살펴야 한다. 그러나 전체적인 조망을 하기 위한 전 단계로 여기서는 시가의 형식을 중심으로 하여 논의를 전개해 나가고자 한다. 구체적으로는 시의 형식이 시인의 감성 내용을 얼마만큼 적절하게 드러내고 있는지에 관심을 갖는다. 그래서 이 자리에서는 굳이 근대의 개념을 밝히려 하지 않으며, 근대의 시점을 논의의 대상으로 삼지도 않는다. 주로 소월을 비롯한 몇 시인의 몇 작품이 그 논의의 주 대상이 된다.

2. 근대기 자유시의 두 지향

일반적으로 고전시가를 정형시라고 한다. 일정한 양식적 틀이 있기 때문이다. 이 틀은 율(律)로 결정되며, 이 율(律)은 나름의 일정한 형식을 갖는다.

> 落日은 西山에 져서 동해로 다시 나고
> ᄀᆞ을에 이운 풀은 봄이면 플으건을
> 엇덧타 最貴한 人生은 歸不歸를 ᄒᆞ는이 (이정보)

이 작품은 4음보를 그 율(律)로 하고 있으며, 그 율이 3회 반복되는 것이 보다 큰 율(律)이다. 곧 4음보 3행의 형식을 가진 시조이다. 이 작품만이 이러한 형식을 갖는 것이 아니라, 시조라고 하는 모든 작품은 이러한 외형적 형식을 갖는다. 이러한 외적 형식의 속에서 작품 내적으로 독자적인 시상의 전개를 통해 내적 형식을 이루게 되는데, 이것은 작품의 주제와 긴밀한 관계를 갖는다.

이 시조는 초·중장과 종장의 이항 대립 구조로 이루어져 있다. 초장은 '하루'를 주기로 '지고, 나는' 운행을 계속하는 태양을 형상하고 있으며. 중장은 초장과 문장 구문상으로 동일한데, '일 년'을 주기로 하여 지고 피는 자연의 이치를 반복하는 풀을 형상하고 있다. 즉 생명성에 있어서, 초·중장은 회귀성을 가진 자연물을 형상하고 있는 것이다. 그런데 종장은 가장 귀한 존재로 인식되고 있는 인생의 불회귀성을 형상함으로써 이 시조 전체적으로는 이러한 유한한 인생에 대한 애상을 형상화하고 있다. 이러한 이항 대립구조가 만들어내는 평행선은 생명성에 있어서 이 두 부류(태양·풀－인생)가 영원히 합치될 수 없다는 주제를 드러내고 있으니, 이것이 이 시조가 갖는 내적 형식이다.[1] 작품의 내적 형식은 개별 작품 속에서 작자가 나름대로 독창적으로 만들어 낼 수가 있는 것이다.

조선 후기에 일어난 동학과 중국을 통해 들어온 천주교, 그리고 다양한 경로로 이 땅에 들어온 서구 문명 등은 이 땅의 오랜 이념이었던 성리학에 새로운 충격을 준 세계관들을 지니고 있었다. 이들은 문학에 있어서도 변화를 주었으니, 특히 20세기 초에 들어온 서구의 문예사조는 기존의 문학에 큰 영향을 주었다.

정형시인 고전시가는 한편으로 새로운 시대의 시형식인 자유시[2]의 형성에 일정한 영향을 준다.

이 당시 자유시로의 지향은 두 가지 방향에서 진행되었다고 본다. 자유시라는 말은 정형시에 대립하여 생겨난 것으로 이러한 의미에서 볼 때 자유시는 정형시의 형식으로부터 자유로워진 시라고 볼 수 있다. 그러나 자유시는 정형시의 형식을 파괴하면서 생겨난 것이긴 하지만, 그렇다고 하여 무형식의 시를 의미하는 것은 아니다. 각개의 작품들이 각각 자유로이 나름의 시형식을 만들어가는 시라는 보다 발전적인 의미를 외면해서는 안 된다.

우리가 자유시의 율격을 자유율(自由律)이라고 한다면, 이 자유율은 기존의 정형률에서 벗어나는 자유스러움을 의미하면서, 동시에 작품마다 자유로이 나름의 율격을 창조해 나가는 것을 의미한다. 우리의 근대기 자유시는 다만 정형률에서 벗어나 말 그대로 자유롭게 지어지는 방향과 이와는 달리 나름의 새로운 율격을 자유로이 창조해 나가는 방향, 이 두 가지 방향으로 진행되었음을 확인할 수 있다. 이 논문에서는 후자의 측면에서 논의를 진행해 나가고자 한다.

---

1) 외적구조와 내적구조에 대한 자세한 설명은 졸고, 「시조 품격론 서설」(『반교어문연구』 제4집, 1992) 참고.

2) 근대시 또는 근대 자유시 형성과정에 대한 연구사는 정우택의 「한국 근대 자유시 형성과정과 그 성격」(성균관대 박사학위논문, 1998), 3~9쪽 참조.

3. 새로운 율격의 창조를 위한 탐색

새로운 율격을 창조해나간 작가들로 최남선, 이광수, 주요한, 김억, 김소월 등을 들 수 있다. 이들은 자수율을 기본으로 하면서 조사(措辭)를 통한 이미지의 구축을 통해 나름의 시세계를 형상화해 나갔다.

최남선과 이광수는 새로운 시의 율격을 염두에 두면서 유독 자수에 매달린 경향을 보이고 있다. 여러 논자들이 언급했듯이, 최남선의 <해에게서 소년에게>(『少年』, 1908.11.1)를 보면 각 연에 있어서 각 행의 자수를 맞추고 있음을 볼 수 있다. 이러한 상황은 이광수도 마찬가지이다. <님나신 날>(『靑春』 4호, 1915.1)을 보게 되면 육당의 <해에게서 소년에게>의 형식과 같다.

최남선과 이광수에 의해 시도된 신체시는 비록 그 시적 형식이 내면화되지는 못했지만, 그리고 실패한 시형식이라는 비판이 전혀 잘못이라고 할 수는 없지만 이들의 이러한 노력이 후일 진정한 자유시 형성에 이어졌다는 점에 있어서 나름의 시사적 의의를 갖는다고 할 수 있다. 창가와 신체시 이후 근대시의 경향에 대해 김용직은 다음과 같이 언급하고 있다.

> 김억과 주요한에 의해 담당된 초기 한국의 민요조 서정시에는 분명히 긍정적으로 평가될 수 있는 史的 의의가 내포되어 있다. 흔히 우리는 唱歌·新體詩 다음을 이은 한국 근대시의 국면을, 계몽주의 목적의식에서 탈피하고자 한 순수시의 자리라고 일컫는다. 아울러 이 무렵의 우리 시는 창가·신체시의 엇비슷한 정형성에서도 벗어나야 했다. 한 마디로 한국 근대시의 본격화로 제기된 두 개의 현안은 시 자체의 독자적, 미적 확보와 형태 해석에 있어서 정형성·자수율의 지양·극복이었다. 그런데, 초창기에 있어서 한국 근대시는 이와 같은 현안의 문제에 어느 정도 기능적으로 대처를 했다. 상징주의 시와 시론의 수입·수용을 축으로 한 시의 예술성 추구가 전자의 테두리에 속하는 일면이었다. 그리고, 후자의 단면으로 생각되는 것이 「泰西文藝新報」, 「創造」, 「廢墟」 등을 통해서 줄기차게 전개된 詩作의 산문화 경향이었다.[3)]

김용직은 근대시의 경향 중에 하나가 정형성·자수율을 극복하기 위한 산문화의 경향이라고 말하고 있지만 나름의 자수율을 유지하면서 나름의 새로운 율(律)의 창조를 통해 시의 형식과 내용을 유기적 통일체로 엮어 독특한 시세계를 구축하고자 하는 노력이 지속되고 있었던 것이다. 이러한 노력을 한 대표적인 이가 바로 안서(岸曙) 김억(金億)이다.[4)]

안서는,

> 詩想만이 詩歌가 아니외다. 그것은 빗갈만이 쏫이 아닌 것이나 마찬가지외다. 쏫에는 色彩 이외에 잡을수도업고 볼수도업는 아름다운 芳香이 잇는 것을 니즐수가업습니다. 그와마찬가지로 詩歌에는 쓰밧게 쓰이잇고 말밧게말이 잇습니다. 그것은音律과內容과의 渾然히調化된곳에서 늣길수잇는 暗示그것이외다.[5)]

라고 하고, 또

> 實際로 어떠한約束으로써 言語를 制裁統一하야 調和시켜노흐면그곳에는 무어라말할수업는言語그자신의本質美가 찬란한光彩를놋습니다. 이것은말할것도업시가튼言語에서 內容으로는意味를 그러고形式으로는音調美를찾자는데 지내지아니하는것이외다. 그러나便宜上이러케內容이니形式이니하야서 갈나서말할수는잇습니다만은 選擇된말에는결코意味와音調를두가지로난호아노흘수가업습니다. 그것은어대까지든지 서로써날수업는둘이면서하나이요 하나이면서둘이외다.[6)]

3) 김용직, 「<먼 후일>, 그 구조의 특성과 사적 의의」, 『김소월연구』(수정쇄, 새문사, 1986) Ⅰ-27쪽.

4) 안서 김억의 시론의 가치를 재발견하여 논의한 것으로 남정희 선생의 「김억의 시형론」(『반교어문연구』 제9집, 반교어문학회, 1998)이 있다.

5) 김안서, 「격조시형론소고(1)」, ≪동아일보≫ 1930. 1. 16~26, 28~30, 『안서 김억 전집』(박경수 편, 한국문화사, 1987), 5권.

6) 김안서, 「격조시형론소고(2)」, ≪동아일보≫ 1930. 1. 16~26, 28~30, 같은 책, 같은 권.

라고 하여 시가에 있어서 형식(음률)과 내용(內容)의 조화를 추구했다.[7]

율(律)에 있어서 자수를 기본으로 한 시 창작은 육당과 춘원에 이어 주요한(朱耀翰)에게도 보인다.

<샘물이 혼자서>

샘물이 혼자서
춤추며 간다
산골작이 돌틈으로

샘물이 혼자서
우스며 간다
험한 산길 숫사이로

하늘은 말근데
즐거운 그 노래
산과 들과 울니운다.
(『학우(學友)』, 1919.1)

주요한의 이 시 역시 각 연에 있어서 행의 자수율을 일정하게 하고자 하는 의도가 분명히 드러나 있다.

<봄은 간다>

밤이도다

7) 그리하여 안서는 '어떠한 調의 形式이 우리의現下의思想과感情을 담아줄수가있는가하는 問題'(「격조시형론소고」(1))에 대하여 고민을 했으며, 궁극적으로 '격조시형(格調詩形)'을 만들어내기에 이르렀다.

봄이다

밤만도 애달픈데
봄만도 싱각인대

날은 빠르다
봄은 간다

깁은 싱각은 아득이는데
저-바람에 식가 슯히 운다

검은 닉 써돈다
죵소릭 빗긴다

말도 업는 밤의 셜음
소릭 업는 봄의 가슴

꼿은 썰어진다
님은 탄식혼다
(『태서문예신보』, 1918.11.30)

이 시에서 김억은 각 연의 길이를 달리하면서도 각 연에서 행의 길이를 맞추고자 하는 의식적인 시도를 하고 있다.

그러나 주요한과 김억의 시는 최남선이나 이광수의 신체시가 보여주는 형식적 특성과는 다른 모습을 보여 주고 있으니, 시행이나 연을 구성함에 있어서 보다 세심한 시적 형상화의 면을 띄고 있다고 할 수 있다.

이들의 전통을 이어서 나름의 독특한 시세계를 구축한 시인이 바로 김소월이다.

4. 소월의 시 형식

소월의 작품은 오랜 세월 동안 많은 독자를 확보해 오고 있다. 그 만큼 많은 우리나라 사람들의 정서에 공감을 주는 시세계를 구축했다고 보여 진다. 소월은 정서의 내용만큼이나 그에 걸맞은 시의 형식을 창조하는 데 세심한 노력을 기울인 시인이다.[8)]

여기에서는 소월의 세 편의 시를 대상으로 소월이 어떻게 새로운 율(律)의 시형식을 창조하였는지 그 구체적인 사실을 밝히고자 한다.[9)]

우선 <먼 後日>, <진달래꽃>, <山有花> 세 편의 시를 고찰의 대상으로 삼는다. 그 이유는 이들 세 작품들은 모두 3음보 2행을 기본적인 형식으로 하고 있지만 각각 한 연이 2행, 3행, 4행으로 나뉘어져 있는데, 이러한 행의 배열은 시인의 철저한 시의식에 의한 것이라고 보여지기 때문이다.

이 작품들은 다음과 같다.

<먼 後日>

먼훗날 당신이 차즈시면
그때에 내말이 『니젓노라』

---

8) 김소월 시의 연구사적 검토는 심선옥, 「김소월 시의 근대적 성격 연구」(성균관대 박사학위논문, 2000.6) 참조.

9) 권선아 선생은 「김소월시연구」(성균관대 석사학위논문, 1992)에서 소월의 시를 대상으로 소월이 일정한 율격에 의지하면서도 의도적 띄어쓰기와 행구분을 통해 나름의 리듬을 생성하고 있는데, 그 리듬이 시의 내용과 긴밀한 연관을 갖고 있다는 사실을 치밀하게 규명하고 있다. 아울러 소월시에 있어서 행단위와 연단위의 구문병치와 양행걸침이 갖는 의미를 밝히고 있는데, 주목할 만한 성과를 얻었다고 생각한다.
이 연구에서도 소월이 시도한 이러한 방법들-특히 의도적인 행구분으로 만들어진 리듬이 각각의 시에 있어서 의미와 어떻게 맺어지고 있는지(곧 시적 형식이 시적 내용을 어떻게 내면화하고 있는지) 하는 점을 밝히고 있는 것이나 도달한 결론은 서로 다른 것이다. 서로 한 영역을 밝혔다고 생각한다.

당신이 속으로 나무리면
『무척그리다가 니젓노라』

그래도 당신이 나무리면
『밋기지안아서 니젓노라』

오늘도 어제도 아니닛고
먼훗날 그때에 『니젓노라』
(『개벽(開闢)』 8월호, 1922)[10)]

<진달내쏫>

나보기가 역겨워
가실때에는
말업시 고히 보내드리우리다

寧邊에 藥山
진달내쏫
아름따다 가실길에 뿌리우리다

가시는거름거름
노힌그쏫츨
삽분히즈려밟고 가시옵소서

10) 이 작품은 1920년 7월에 나온 『학생계』 창간호에 처음 발표되었다가 1922년 8월에 나온 『개벽』 26호에 수정, 게재되었다. 김소월 자신의 최종적인 수정본이라는 점에서 이 작품을 대상으로 검토한다. 이하 같음.

나보기가 역겨워
가실때에는
죽어도아니 눈물흘니우리다
(『진달래꼿』, 매문사간, 대정 14년(1925))[11)]

<山有花>

山에는 꼿픠네
꼿치픠네
갈 봄 녀름업시
꼿치픠네

山에
山에
픠는꼿츤
저만치 혼자서 픠여잇네
山에서우는 적은새요
꼿치죠와
山에서
사노라네

山에는 꼿지네
꼿치지네
갈 봄 녀름업시
꼿치 지네

---

11) 이 작품은 1922년 7월에 나온『개벽』2주년 기념 임시호에 처음 발표되었으며, 현재의 모습으로 개고되어 다시 실린 곳은 1925년 매문사에서 나온 자신의 시집『진달내꼿』이다.

(『진달래꽃』, 매문사, 1925)

앞에서 언급하였듯이 <먼 後日>, <진달래꽃>, <山有花> 이 세 작품은 한 연이 2행, 3행, 4행으로 나뉘어져 있지만, 다음에서 확인되는 바와 같이 이들 모두 3음보 2행을 기본적인 형식으로 하고 있다. <먼 後日>은 '잊었노라'에서, <진달래꽃>은 '보내드리우리다 · 뿌리우리다 · 흘리우리다'의 '우리다'와 '가시옵소서'의 '~ㅂ소서'에서, <山有花>는 '픠네 · 잇네 · 라네 · 지네'의 '~네'에서 그 '율(律)'의 기본을 확인할 수 있다.

<먼 後日>

먼훗날 당신이 차즈시면
그때에 내말이 『니젓노라』

당신이 속으로 나무리면
『뭇쳑그리다가 니젓노라』

그래도 당신이 나무리면
『밋기지안아서 니젓노라』

오늘도 어제도 아니닛고
먼훗날 그때에 『니젓노라』
(6 · 4조)

<진달래꽃>

나보기가 역겨워 가실때에는

말업시 고히 보내드리우리다

寧邊에 藥山 진달내꼿
아름 싸다 가실길에 뿌리우리다

가시는거름거름 노힌그꼿츨
삽분히즈려밟고 가시옵소서

나보기가 역겨워 가실째에는
죽어도아니 눈물흘니우리다
(7・5조를 주조/5・4조, 8・5조)

<山有花>

山에는 꼿픠네 꼿치픠네
갈 봄 녀름업시 꼿치픠네

山에山에 픠는꼿츤
저만치 혼자서 픠여잇네

山에서우는 적은새요
꼿치 죠와 山에서 사노라네

山에는 꼿지네 꼿치지네
갈 봄 녀름업시 꼿치 지네
(6・4조를 주조/4・4조, 5・4조, 7・4조)

위에서 보는 바와 같이 3음보 2행의 시를 각각 행 구분을 달리 해서 표현하고 있으니, <먼 後日>은 3음보 2행으로 그대로 드러냈고, <진달래꽃>은 3행으로, <山有花>는 4행으로 행 구분을 하여 표현하였다. 이와 같이 기본적으로 같은 시 형식을 각각 달리 표현한 데에는 작가의 명확한 의도가 있다고 보아야 한다. 곧 그것은 그 시 속에 표현된 시인의 정감과 긴밀한 관계를 갖는다.[12)]

<山有花>, <먼 後日>, <진달래꽃>의 순으로 살펴보겠다.

<山有花>는 '산에 핀 꽃'이란 의미의 4연으로 된 시이다. 그리고 이 시에서는 제목에서도 드러나듯이, 산과 꽃이 이미지와 의미 형성의 중심을 이루고 있다. 매 연의 처음에 '山'이라는 말이 반복적으로 드러나고 있다. 이 시는 제목에서도 그렇지만 시 속에 '山'이라는 말과 '꼿'이라는 말이 유독 많이 나타나고 있다. 시인은 이 말을 강조하고 있는 것이다.

이 시 속에서는 여러 가지 대립적인 요소들이 나타나 있다. 우선 꽃이 '피'고 '지'는 현상이 대립되어 있고, 꽃이 피고 지는 '갈 봄 여름'과 그런 현상이

12) 안서는 자유시에 있어서 행 바꿈을 통해 감흥의 효과를 높일 수 있다는 생각을 하고 있었다. 아래는 그 내용이다.

> 한데 나는 이機會에 七五調의詩形이 破格으로 얼마나使用되어 적지아니한效果를 나타내엇는가하는것을 보여드리겟습니다.
>
> 平壤에大洞江은
> 우리나라에
> 곱기로 읏듬가는가람이지요
>
> 三千里가다가다 한가운대는
> 웃득한 三角山이
> 솟기도 햇소
>
> 와가튼 것은 말할것업시七五調를여러가지形式으로利用하야輕快하게印象的感興을준것이외다. 이것을만일 그대로純全한七五調形에밧구어놋는다하면 반듯이 그러한感興은 적어질것이외다(김안서, 「격조시형론소고」(5), ≪동아일보≫, 1930.1. 16～26, 28～30 앞의 책, 같은 곳).

없는 '겨울'이 대립되어 있으며, 또한 '갈 봄 여름 없이 피고 지는 많은 꽃들'과 '저만치 혼자서 피어 있는 꽃'이 대립되어 있다. 그리고 이러한 대립을 포용해주는 것이 바로 산이다. 이들은 모두 산속에 있는 것이므로.

일반적으로 이 시는 계절의 순환을 나타내고 있다고 인식되고 있으나, '갈 봄 녀름업시 쏫치 픠네'와 '갈 봄 녀름업시 쏫이지네'에서 알 수 있듯이 이 시에서는 꽃이 계절에 상관없이 피고 지는 현상을 나타내고 있는 것이다. 피었다가는 지는 수많은 꽃들 중에 시인은 '저만치 혼자서 피어 있는 꽃'에 유독 관심을 두고 있는 것이다. 그것은 "山에서우는 적은새요 / 쏫이 죠와 山에서 사노라네"로 나타난다.

그리고 소월이 '저만치 혼자서 피어 있는 꽃'에 유독 관심을 두는 이유는 그의 시론을 편 「시혼(詩魂)」에서 확인할 수 있다.

> 적어도 平凡한가운데서는物의正體를보지못하며, 習慣的行爲에서는眞理를보다더發見할수없는것이가장어질다고하는우리사람의일입니다.13)

이는 일상적으로 피었다가 지는 꽃들보다는 '저만치 혼자서 피어 있는 꽃'에서 꽃에 대한 바른 모습과 진리를 발견할 수 있다고 보기 때문이다. 그러면 '저만치 혼자서 피어 있는 꽃'에서 시인이 성찰한 것은 무엇인가? 그것은 '고독'이며, 거기에서 오는 '슬픔'이다.

> 都會의밝음과짓거림이그의文明으로써 光輝와勢力을다투며자랑할때에도, 저, 깁고어둠은山과숩의그늘진곳에서는외롭은버러지한마리가, 그무슨슬음에겨웟는지, 수임업시울지고잇습니다, 여러분. 그버러지한마리가오히려더만히우리사람의情操답지안으며 난들에말라벌바람에여위는갈때하나가오히려 아직도더갓갑은, 우리사람의無常과變轉을설워하여주는살틀한노래의동무가안이며, 저넓

13) 김소월, 「시혼(詩魂)」, 『개벽(開闢)』 59호, 1925.5.

> 고아득한난바다의쒸노는믈쎨들이오히려더조흔, 우리사람의자유를사랑한다는 啓示가안입닛가.[14]

위의 글에서 알 수 있듯이 소월은 '도회의 밝음과 짓거림'보다는 '깊고 어두운 산과 숲의 그늘진 곳'에 있는 '버러지 한 마리'와 '난들에 말라 벌바람에 여위는 갈대 하나', '아득한 난바다의 뛰노는 물결들'에 더 관심의 시선을 보내고 있다. 그것들에서 '우리 사람의 정조'를 발견할 수 있고, '우리 사람의 無常과 變轉을 설워함'을 느낄 수 있으며, '우리 사람의 자유를 사랑한다는 계시'를 받을 수 있기 때문이다.

그러므로 '저만치 혼자서 피어 있는 꽃'은 인간 존재에 대한 소월 나름의 성찰의 결과이며, 이에서 이와 같은 감정을 느끼는 것이다. 그러면 소월이 이러한 '정조・서러움・자유'에 깊이 애착을 갖는 이유는 무엇인가.

> 우리는寂寞한가운데서더욱사뭇처오는歡喜를經驗하는것이며, 孤獨의안에서더욱보드랍은同情을알수잇는것이며, 다시한번, 슬픔가운데서야보다더거륵한善行을늣길수도잇는것이며, 어둡음의거울에빗치어와서야비로소우리에게보이며, 살음을좀더멀니한, 죽음에갓갑은산마루에섯서야비로소사름의아름답은 쌜내한옷이生命의봄두던에나붓기는것을볼수도잇습니다. 그럿습니다. 곳이것입니다. 우리는우리의몸이나맘으로는 日常에보지도못하며늣기지도못하든 것을, 또는그들로는볼수도업스며늣길수도업는밝음을지어바린어둡음의골방에서며, 사름에서는좀더도라안즌죽음의새벽빗츨밧는바라지우헤서야, 비로소보기도하며늣기기도한다는말입니다.[15]

소월은 적막 속에서 환희를 경험하고, 고독 안에서 보드라운 동정을 인지하며, 슬픔 속에서 거룩한 선행을, 죽음에 가까운 곳에서 삶의 아름다움을 느

14) 김소월, 「시혼」, 앞의 책.
15) 김소월, 「시혼」, 앞의 책.

낄 수 있겠기 때문이다. 이러한 점에서 “김소월의 시세계가 구현하고 있는 비극미는 일반적으로 말해지는 비관주의나 체념과는 구별된다. 님과의 이별에서 오는 상실의식 내지 결핍의식은 현실의 폐쇄된 구조와 한계를 넘어서고자 하는 동경과 갈망을 생성하기 때문이다. 김소월의 시에서 이러한 동경과 갈망은 님의 부재와 님의 상실로서의 현실의 한계를 넘어 님과의 합일을 실현하는 ‘위대한 사랑’을 지향하고 있다.”[16]는 정우택의 지적은 적절한 것이다.

<산유화>에 있어서 꽃과 새, 고독과 슬픔, 그로부터 소월이 추구하는 환희와 부드러운 동정을 포용하고 있는 것이 바로 <산유화>에 나오는 ‘산’이며, 그러한 점에서 이 산은 이 시에 있어서 의미 형성의 중요한 기반이 된다. 그래서 <산유화> 이 시는 형태적으로도 산의 모양을 하고 있는 것이다.

山에는 ᄭᅩᆺ픠네
ᄭᅩᆺ치픠네
갈 봄 녀름업시
ᄭᅩᆺ치픠네

山에
山에
픠는 ᄭᅩᆺ츤
저만치 혼자서 픠여잇네

山에서우는 적은새요
ᄭᅩᆺ치죠와
山에서
사노라네

山에는 ᄭᅩᆺ지네
ᄭᅩᆺ치지네
갈 봄 녀름업시
ᄭᅩᆺ치 지네

16) 정우택, 「한국 근대 자유시 형성과정과 그 성격」, 성균관대 박사학위논문, 1998, 200쪽.

<산유화>가 3음보 2행의 기본 율조 속에 6 · 4조를 주조로 하고 있으나 2연과 3연에서 4 · 4조, 6 · 4조, 5 · 4조, 7 · 4조 등 다양한 음수율이 구사된 것은 이러한 시형태를 이루기 위한 소월의 의도된 배열이 아니었나 생각해 본다.[17)]

이러한 시각적 시형식의 추구는 뒤에 등장한 신동엽(申東曄)의 시에서도 나타난다. 그의 시 <껍데기는 가라>가 그렇다.

<껍데기는 가라>

껍데기는 가라.
四月도 알맹이만 남고
껍데기는 가라.

껍데기는 가라.
東學年 곰나루의, 그 아우성만 살고
껍데기는 가라.

그리하여, 다시
껍데기는 가라.
이 곳에선, 두 가슴과 그 곳까지 내논
아사달 아사녀가
中立의 초례청 앞에 서서

17) 한 10여 년 전이라 기억된다. 비교문학회의 한 발표회에서 어느 외국인 학자는 소월의 <산유화>를 <산유화가>와 비교하여 발표하면서 소월의 <산유화>의 시 형태가 '山'의 모양을 하고 있다는 주장을 하였다. 당시 그 모임에 참석했던 분들은 여기에 큰 공감을 하지 않았으나, 필자는 많은 자극을 받았었다. 최근 이 논문을 쓰면서 이 글을 찾으려고 당시 논문집을 찾아보았으나 찾을 수가 없었다. 혹시 그 분이 당시 발표했던 내용을 논문으로 발표하지 않았는지 모르겠다. 지금으로서는 그 분의 이름조차 기억할 수 없다.

부끄럼 빛내며 맞절할지니

껍데기는 가라.
漢拏에서 白頭까지
향기로운 흙가슴만 남고
그, 모오든 쇠붙이는 가라.
(1967.1)

이 시는 조선 후기 반봉건 반일제를 외치며 우리 것을 옹호하여 일어난 동학의 그 민중들의 순수한 마음을 읊고 있다. 즉 참여시인으로 활동하던 그는 그 당시 민중을 억압하는 모든 제약을 껍데기로 민중들의 순수한 마음을 알맹이로 인식하여 민중들의 그 순수한 마음을 기리고 있다. 시인은 이 시 속에서 드러내고 있는 이러한 감정을 시 형식을 통해서도 드러내고 있으니, 다음과 같다.

<껍데기는 가라>

| 껍데기는 가라. |
四月도 알맹이만 남고 → 알맹이
| 껍데기는 가라. |

| 껍데기는 가라. |
東學年 곰나루의, 그 아우성만 살고 → 알맹이
| 껍데기는 가라. |

그리하여, 다시
| 껍데기는 가라. |

이 곳에선, 두 가슴과 그 곳까지 내논 ⎫
아사달 아사녀가 ⎬ 알맹이
中立의 초례청 앞에 서서 ⎪
부끄럼 빛내며 맞절할지니 ⎭

껍데기는 가라.

漢拏에서 白頭까지 ⎫ 알맹이
향기로운 흙가슴만 남고 ⎭

그, 모오든 쇠붙이는 가라.

위에서 보는 바와 같이 1연에서 1・3행의 '껍데기는 가라'라는 말이 가운데 2행인 '四月의 알맹이'를 싸고 있으며, 2연에서도 1・3행의 '껍데기는 가라'라는 말이 가운데 2행인 '東學年 곰나루의, 그 아우성'을 싸고 있다. 즉 1연과 2연에서는 시각적으로 '껍데기는 가라'의 구가 껍데기를 이루고 있고 '四月의 알맹이'와 '東學年 곰나루의, 그 아우성'의 구가 알맹이를 이루고 있는 것이다. 껍데기와 알맹이를 시의 형식을 통해서 표현하고 있음을 확인할 수 있다.

이러한 현상은 3연과 4연에서도 마찬가지이다. 비록 그 형태를 달리 하고 있지만 그 의도는 변함이 없다. 3연의 둘째 행과 4연의 첫째 행에 '껍데기는 가라'라는 말이 있다. 그러나 3연의 마지막 구에 이 말이 없다. 그러나 없는 것이 아니다. 그것은 4연의 마지막 행 '그, 모오든 쇠붙이는 가라'에 함축되어 있는 것이다. 여기에서는 '껍데기'가 '쇠붙이'로 대치되어 구체화되어 있다. 그리하여 '두 가슴과 그 곳까지 내놓고 혼례를 올리는 아사달 아사녀'와 '漢拏에서 白頭까지 향기로운 흙가슴'의 알맹이를 싸고 있는 것이다.

다음으로 <먼 後日>을 살펴보겠다. 이 시는 3음보 2행의 형식을 갖고 있다. 이 시에서 시인은 '니젓노라', '무척 그리다가 니젓노라', '밋기지 안아서 니젓노라'라고 말하고 있으나 그것은 '먼훗날'의 일이다. 즉 지금은 님과의 헤어짐이 '밋기지 안'으며, '무척 그리'워 하는 상황인 것이다. '오늘도 어제도 아니닛고' 있는 것이다. 뜻밖에 헤어진 님에 대한 진한 그리움을 여실히 드러내고 있다. 즉 이 시는 반어적 표현으로 이루어져 있다. 먼훗날 님이 나를 찾으면 잊었다고 말하겠다는 표현에는 서정자아의 주관이 강하게 작용하고 있다. 현재의 서정자아의 심정과는 달리 님은 먼훗날에도 나를 찾지 않을 수 있겠기 때문이다. <먼 後日>은 1연부터 3연까지 남의 행위와 나의 말이 병치되어 진행된다. 그러다가 4연에서는 님의 행위가 없어지고 나의 말만 남게 된다. 즉 마지막에 님의 존재가 없어진 것이다. 반어로 이루어진 이 시는 님의 부재가 상당 기간 또는 영원히 해소되지 않을 것이라는 느낌을 받게 한다. 그러기에 님에 대한 그리움은 더 강해지고, 그로 인한 슬픔은 더 깊어지는 것이다. 그리고 그러한 주제는 이 시가 갖고 있는 결코 서로 만나지 않는 2행의 형식 곧 '평행선'의 형식으로 나타나 있다. 이 시에 있어서는 이렇게 볼 수 있다.

<진달래꽃>은 3음보 2행의 형식을 3행으로 분단해 놓았다. 한 연의 행 길이를 보면, 3행이 제일 길고 그 다음은 1행과 2행 순이다. 형태적으로 1행이 2행보다 긴 불안정한 호흡은 3행의 긴 호흡으로 인하여 안정을 찾아간다. <진달래꽃>의 이러한 형식은 작품의 불안정과 안정의 혼합적 정조(情調)를 반영하는 것이다. 흔히 <진달래꽃>의 정조를 '애이불비(哀而不悲)'라고 한다. '비(悲)'는 아무 거침없이 드러나는 슬픔이고 '애(哀)'는 마음속에서 한 번 걸러서 나오는 슬픔, 전통적인 의미로는 지나치지도 모자라지도 않은 적절한 슬픔을 의미한다. 그러므로 <진달래꽃>의 이러한 3행 형식은 <진달래꽃>에 드러난 서정자아의 정조(情調)와 관련된다.

<진달래꽃>은 1연, 2연, 4연의 '가실'에서 알 수 있듯이 님과의 이별이 과거나 현재 상황이 아니라, 미래의 상황이다(그 시간적 거리는 분명하지 안치만). 사랑하는 님이 떠나 갈 때, "말업시 고히 보내드리우리다(1연)" "아름ᄯᅡ다 가실길에 ᄲᅮ리우리다(2연)" "삽분히즈려밟고 가시옵소서(3연)" "죽어도아니 눈물흘니우리다(4연)"에서 보이듯이, 시적 화자는 님을 말없이 고히 보내드린다고 한다. 눈물조차 흘리지 않는다고 한다.

그런데 과연 그럴까. 이 시적 화자의 이러한 태도에는 한 가지 전제 조건이 있다. 그것은 바로 1연의 제1행과 제2행이다. 바로 "나보기가 역겨워 / 가실때에는"이라는 말이다. 이 말이 성립될 때에만 뒤따라 나오는 시적 화자의 말이 효력이 있는 것이다. "나보기가 역겨워 / 가실때에는"이라는 표현은 1연과 4연에 걸쳐 두 번 나온다. 흔히 양괄식 또는 쌍괄식 구성이라고 한다. 그러나 같은 표현이라고 해서 그 표현이 담고 있는 의미가 같은 것은 결코 아니다. 4연의 표현에는 보다 간절함이, 두려움이 진하게 배어 있다. 첫 번째 시적 화자 자신이 한 전제의 말을 혹시 님이 주의해서 듣지 못하지는 않았는가 하는 염려로 인하여 마지막에 다시 그 말은 반복하고 있는 것이다. 그저 단순한 반복이 아닌 것이다. 여기에 '아니'는 시안(詩眼)이다. 이 말로 인하여 이 시는 생명력이 넘쳐나고 있는 것이다. 시 속의 모든 시어는 다 제 자리가 있다는 말은 바로 이와 같은 말을 두고 하는 것이다.

또한 이상의 세 편이 나아간 방식과는 다른 방향에서 소월은 새로운 율(律)을 창조해 냈는데, 그의 <가는 길>에서 이것을 확인할 수 있다.

<가는길>

그립다
말을 할까
하니 그리워

그냥 갈까
그래도
다시 더한番……

저산에도 가마귀, 들에 가마귀,
서산에는 해진다고

지저귑니다.

압강물, 뒷강물,
흐르는 물은
어서 짜라오라고 짜라가쟈고
흘너도 년다라 흐릅듸다려.
(『진달내쏫』, 매문사, 1925)

이 시는 1연과 2연은 3음보 1행으로, 3연은 3음보 2행으로, 4연은 3음보 3행으로 점차적으로 행이 증가하는 구성을 이루고 있다.

이 시의 1연과 2연에 대해서는 송명희 교수의 탁월한 해석이 있다.

> 이 작품의 기본적 율격도 역시 7・5조의 3음보 율격인데, 그 연 처리가 특히 주목된다. 제1연과 2연에서의 3개의 행으로 해체, 분단된 3음보는 그리운 사람에 대하여 말하고 싶은 심정과 그냥 갈까 망설이는 주저의 심리를 보다 실감 있게 나타내며, 운율상으로도 완만성을 보여 3음보를 한 행으로 처리하였을 경우보다 주저와 망설임을 나타내는 데는 훨씬 효과적이다. 그리고, 그 주저를 통하여 화자는 자신의 그리움을 보다 강렬하게 배가시킨다.[18]

즉 김소월은 1연에서 '그립다 말을 할까 하니 그리워'라는 의미적으로 이어진 행을 '그립다 / 말을 할까 / 하니 그리워'라는 방식으로 분단하여 행바꿈을 함으로써 '끊어질 듯 이어지는 호흡'을 만들어 내고 있다. 이는 2연도 마찬가지이다. 이러한 호흡의 율(律)은 님에게 사랑을 고백할까 말까라고 망설이는 시인의 내적 심리상태를 드러내고 있는 것이다. 3연의 산과 들의 까마귀의 지저귐과 4연의 강물이 연달아 흐르는 모습은 시간의 빠른 흐름을 나타내

18) 송명희, 「소월시의 운율과 의미」, 『김소월연구』(수정쇄, 새문사, 1986), Ⅰ-63쪽.

고 있어 의미적으로 시인의 망설임으로 인한 불안한 심리상태를 증폭시키고 있는데, 3연과 4연에서의 점층적인 행의 증가는 이러한 시인의 증폭된 불안심리를 형식으로 보여주는 것이다.

고전의 품격용어에 '청신(淸新)'이라는 말이 있다. 이것은 보통 사물에 대한 객관적 인식을 바탕으로 새로운 형상 방법을 통해 지어진 시를 두고 이른 말이다.[19] 소월의 <산유화>, <먼 後日>과 <진달래꽃> 그리고 <가는 길>은 고전적 품격용어를 빌어 평한다면, '청신(淸新)'이라고 하겠다.

5. 맺음말

이상에서 김소월의 몇 편의 시를 위주로 하여 시의 내용이 어떻게 시의 형식에 반영되고 있는지, 또는 시의 형식이 시의 주제를 어떻게 내면화하고 있는지를 살펴보았다.

이와 같이 근대기의 몇 시인들은 시를 창작함에 있어서 자기 나름대로의 새로운 시의 율(律)을 찾으려고 노력하였고, 아울러 시의 형식을 탐구하려는 정신이 매우 치열했음을 확인할 수 있다. 오늘날의 시인들은 근대기 시인들의 새로운 '시의 율(律)'을 창조하고자 하는 지향보다는 율(律)로부터 자유로워지고자 하는 지향을 계승한 듯하다. 새로운 '시의 율'을 창조하고자 하는 모습이 현대 시인들에게서는 쉽게 눈에 띄지 않는다고 한다면 너무 섣부른 판단인가?

---

19) 김병국, 「품격 청신쇄락의 미적 특질」, 『도남학보』 제18집(도남학회, 2000.12) 참조.

제5장 논산의 전설

1. 전설 개관

전설은 신화, 민담과 함께 설화의 한 종류이며 구비 전승되는 구비문학에 속한다.

전설은 그것을 이야기하는 사람들의 삶을 반영하고 있으나, 역사 그 자체는 아니다. 전설은 그 지역의 인물, 사건, 자연물, 인공물 등과 관련하여 지역민들이 생활 속에서 형성이 되며, 그런 후 여러 대에 걸쳐 지역민들의 공감을 얻어 지속적으로 전승되고 그러면서 시대에 따라 그 시대의 가치관 또는 전승자의 가치관에 따라 재해석이 된다.

그러므로 대부분의 전설은 전승자들이 그들의 시각을 통해 재해석한 역사를 구술한 변형된 역사적 사실이므로 그것을 구체적인 역사와 동일한 것으로 인식하기보다는 그 지역민들이 역사의 흐름 속에서 어떻게 정서적으로 대응해 왔는가를 이해하는 데 초점을 맞추어야 한다. 즉 전설은 그 이야기를 하거나 듣는 사람들의 삶의 정서적 투영물인 것이다.

전설에 있어서 가장 중요시되는 것은 증거물이다. 전설의 증거물은 허구적인 듯한 이야기의 진실성을 보장해주는 요소로 이야기를 하거나 듣는 사람들에게 이야기가 사실임을 강하게 나타내주는 것이다. 즉 전설에 있어서 증거

물은 허구와 진실을 이어주는 고리 역할을 하는 것이다.

논산지역에는 계룡산, 대둔산 등 명산(名山)과 금강 같은 대천(大川)이 있으며, 백제와 후백제의 유적이 많을 뿐만 아니라 또한 이 지역은 고려의 왕건과 조선이 이성계와도 역사적으로 깊은 관계가 있는 지역이다. 그리고 이 지역은 논산평야, 강경포구를 비롯한 미내다리 등 인공물들이 많이 있다.

이러한 역사적 지리적 환경 속에서 지역민들이 생활하는 가운데 관련된 많은 이야기들이 만들어지고 전승되어왔던 것이다. 그러므로 이들 전설들은 이 지역민들의 의식과 생활방식, 신앙태도, 가치관 등이 담겨 있는 이 지역의 문화유산이다.

2. 자료 개관

논산의 전설을 수집한 본격적 자료로는 대략 다음과 같은 자료들이 있다.

- ○『논산군지』, 논산군지편찬위원회, 1976.12.
- ○『논산의 산하』, 논산군, 1981.12.
- ○『놀뫼의 전설』, 논산문화원, 1988.8.20.
- ○『논산지역의 지명유래』, 논산문화원, 1994.12.
- ○『논산군지』, 논산군지편찬위원회, 1994.
- ○『연산』(1991), 『상월』(1992), 『양촌』(1992), 『가야곡』(1992), 『은진』(1993), 『연무』(1993), 『부적』(1994), 『벌곡』(1994), 『논산』(1995), 『채운』(1996)
논산군(시)
- ○학술조사보고서, 『글뫼』 제2호~5·6통합호, 건양대학교 국어국문학과, 1993~1999.
-연산면 / 상월면 / 은진면 / 벌곡면 / 양촌면 / 강경읍 지역
-노성면 지역의 미발표 자료

위의 자료들의 특징을 간략히 서술하면 다음과 같다.

○『논산군지』, 논산군지편찬위원회, 1976.12.

이 자료는 전설을 '자연(自然)전설 / 고적(古蹟)전설 / 명물(名物)전설'로 크게 나눈 후 각각에 해당하는 이야기들을 분속시켰다. 이 자료집은 논산지역의 전설을 각 분류별로 간단한 설명과 함께 직접 채록한 대표적인 이야기를 소개하고 있으며, 그 세부 내용은 다음과 같다.

-자연전설: 명산(名山)전설, 명당(名堂)전설, 암석(岩石)전설, 하천(河川)전설, 지소(池沼)전설, 용(龍)전설, 이무기전설, 호랑(虎狼)전설, 산삼(山蔘)전설, 지명(地名)전설, 고목(古木)전설 등

-고적전설: 궁허(宮墟)전설, 관아(官衙)전설, 성곽(城郭)전설, 사찰(寺刹)전설, 불상(佛像)전설, 전장(戰場)전설, 총묘(冢墓)전설, 서원・향교(書院・鄕校)전설 등

-명물전설: 교량(橋梁)전설, 장승전설, 공예물(工藝物)전설, 산제당(山祭堂전)설, 정루(亭樓)전설 등

○『논산의 산하』, 논산군, 1981.12.

이 자료집은 전설에 대한 분류 작업 없이 각 읍면리별로 이야기가 전해오는 대상들을 중심으로 나열하였다.

○『놀뫼의 전설』, 논산문화원, 1988.8.20.

이 자료집은 이야기를 전하는 대상에 따라 자료를 11가지로 분류하여 각각의 이야기를 분속시켰으며, 각 읍면에 전해오는 이야기를 광범위하게 소개하고 있다. 이 연구를 진행함에 있어 인용한 자료는 대부분 이 자료집에 의하였으며, 필요한 경우 다른 자료집을 참조하였음을 밝힌다. 자료 인용 시 다른 자료집의 자료를 인용할 경우 그 끝에 인용한 자료집을 따로 밝혔다. 이 자료집은 논산지역의 전설을 다음과 같이 분류하고 있다.

사찰과 불상전설 / 궁성전설 / 인물전설 / 명산 · 재(고개)의 전설 / 총묘전설 / 강 · 못 우물전설 / 명물전설 / 교량전설 / 암석전설 / 지명전설 / 고목전설 / 그리고 자료집의 끝에 부록으로 '논산군 읍면 지명유래'를 소개하고 있다.

○『논산지역의 지명유래』, 논산문화원, 1994.12.
각 마을별로 마을에 대해 간단한 설명을 한 후, 자연부락 및 지명유래에 대한 설명과 각 마을에 전해오는 이야기들을 소략하게 소개하고 있다.

○『논산군지』, 논산군지편찬위원회, 1994.
앞서 1976년에 나온 『논산군지』의 분류체계를 대체적으로 따르고 있는데, 대분류에 있어서 '자연전설 / 고적전설 / 명물전설' 외에 '인물전설'이란 항목을 추가했다. 이 자료집에서는 1976년에 발행된 『논산군지』에 소개되지 않은 이야기를 주로 담고 있으나, 대부분 『놀뫼의 전설』(논산문화원, 1988)에 소개된 내용을 거의 그대로 수록하였다.

○『연산』(1991), 『상월』(1992), 『양촌』(1992), 『가야곡』(1992), 『은진』(1993), 『연무』(1993), 『부적』(1994), 『벌곡』(1994), 『논산』(1995), 『채운』(1996), 논산군(시)
이 자료집은 논산군(시)에서 각 읍면별로 전해오는 이야기를 수집해 놓은 것이다.

○학술조사보고서, 『글뫼』 제2호~5 · 6통합호, 건양대학교 국어국문학과, 1993~1999.
이 보고서는 논산 지역에서 건양대학교 국문학과 교수 및 학생이 참여하여 수행된 최초의 전문적 · 본격적인 전설 · 민속 · 방언 채록지로서 논산지역에서는 '연산면 / 상월면 / 은진면 / 벌곡면 / 양촌면 / 강경읍 / 노성면(미발표)'의 자료를 채록 보고하고 있다. 이 보고서는 조사한 마을의 개관, 제보자 및 제보한 자료, 제보자의 인적사항, 자료의 구술상황 등이 상세하게 기록되어 있으며, 이야기도 구어체로 그대로 채록한 것이 특징이다. 그러므로 이 연구를 진행함에 있어서 읽는 이의 편의를 위해 가급적 이 자료는 참조만 하였음을 밝힌다.

3. 기술 방법 및 논산 전설의 분류

이 글은 논산 지역에 전하는 전설의 소개뿐만 아니라 이들 자료를 분석하여 그 의미를 파악해냄으로써 논산지역에서 대대로 살아왔던 지역민들의 삶의 의식을 살펴보는 것을 주된 목표로 한다. 그러므로 논산 지역의 전설을 분류함에 있어서 논산지역의 전설을 대상으로 이전에 시도한 여러 분류 방법을 따를 경우 하나의 어려운 문제에 당면하게 되는, 그것은 하나의 이야기가 여러 항목에 나뉘어져서 그 이야기에 대한 종합적이 이해가 곤란하게 된다는 것이다.

예를 들면, 논산 지역에 아기장수에 대한 이야기가 많이 전하는데, 이 이야기는 <아기장군묘>(성동면)라는 총묘전설, <아기장군과 적토마>(은진면)라는 인물전설, <적토마가 치고 나간 앙마산>(가야곡면)이라는 명산전설 <마낭바위>(논산읍)라는 암석전설, <말머리>(광석면)라는 지명전설 등 다양한 방식으로 전한다. 그러므로 이 이야기의 정확한 이해를 위해서는 '아기장군'이라는 인물을 중심으로 하여 관련된 자료를 종합적으로 접근해 가야 할 필요가 있다.

또한 부귀와 관련된 이야기가 논산 지역에서도 많이 전하는데, 비록 부유하지만 마음을 곱게 쓰지 않으면 망하고, 마음을 곱게 쓰면 하늘이 도와 부귀하게 되거나 그 부귀를 유지한다는 권선징악적 내용을 담고 있다. 이 이야기도 논산 지역에서는 <수름바위>(논산읍)라는 암석전설, <금박재>(성동면)라는 재(고개)전설, <물의 흐름을 옮긴 수락>(양촌면)이라는 지명전설 등 다양한 양상으로 전하고 있다. 이 이야기도 '부귀하게 되고 못 되는 사연'이라는 측면에서 관련된 자료를 종합적으로 이해해야 할 필요가 있는 것이다.

그러므로 여기서는 기존의 분류방법을 따르지 않고 소재 및 주제를 중심으로 논산지역에 전하는 관련된 전설을 종합적으로 다룸으로써 그 특징과 의미를 파악해내고자 한다. 논산지역에 전하는 전설을 다음과 같이 분류한다.

○장수 전설
-아기장수 전설
-오누이 힘겨루기 전설
-의적 전설

○부귀 전설
-욕심 많은 부자가 망하는 이야기
-마음씨 착한 사람 복 받는 이야기
-이웃에게 베푸는 부자가 잘되는 이야기

○풍수 전설
-집안이 잘 되기 위해 명당을 찾는 이야기
-마을의 지형에 따라 풍수적으로 균형을 맞추는 이야기

○원혼 전설
-구렁이가 된 원혼 이야기
-바위가 된 원혼 이야기
-원혼의 한을 풀어주는 이야기

○사랑 전설
-신분을 초월한 사랑 이야기

-이루어질 수 없는 사랑 이야기
-온갖 고난을 견디고 사랑을 이루는 이야기

○인륜 전설
-효·불효 이야기
-열녀 이야기

○산 이동 전설
-떠내려온 산 이야기
-솟아오른 산 이야기

○수호 전설
-호국 이야기
-마을의 질병을 퇴치시킨 이야기

4. 논산지역 전설의 특징

논산 지역은 과거 백제 지역으로 백제군이 나당연합군을 맞아 최후의 결전을 벌인 지역이고, 고려 태조 왕건이 후백제를 무너뜨린 곳이며, 조선의 태조 이성계가 도읍을 옮기려던 곳으로 역사적으로 의미가 아주 깊은 지역이다. 그래서 그런지 계백장군, 왕건, 이성계를 비롯한 장군 또는 장수에 대한 전설이 많이 전하고 있다. 특히 아기장수 전설은 전국적으로 분포되어 있는 전설인데, 논산지역에서도 다양한 형태로 전하고 있다. 또한 전국적인 분포를 보이고 있는 오누이 힘겨루기 전설도 전하고 있다. 아울러 양민의 피를 빨거나 권력을 남용해 재산을 모은 사람의 것을 뺏어다가 가난한 양민에게 돌려주는 의적에 대한 전설도 전하는데, 특히 달이와 와촌에 대한 이야기가 대표적이다. 이 이야기는 내용이 비슷한 것으로 보아 같은 이야기가 달리 전하는 것이 아닌가 한다.

올바른 양심으로 부자가 되는 이야기나 부자가 욕심을 부려 망하는 이야기도 많이 전하고 있는데, 예나 지금이나 지나치게 욕심을 부려 다른 사람을 박하게 대하거나 다른 이를 괴롭히게 되면 도리어 원망을 받아 이것이 곧 천벌로 이어진다는 생각으로 지나친 욕심을 부리지 말라는 교훈적 내용을 전하고 있다.

이런 부귀에 대한 욕심은 조상의 은덕에 기대고자 명당을 찾아 조상의 묘를 쓰는 풍습으로 나타나기도 한다. 이러한 풍수와 관련된 전설도 많이 전하는데 좋은 자리에 조상의 묘를 써서 부귀하게 되거나 잘못 써서 망하는 이야기, 그리고 지리적으로 땅이 배의 형상이라 배의 돛대에 해당하는 나무를 심어야 된다는 등의 이야기가 전한다.

원한을 갖고 죽은 사람의 혼령이 저승에 가지 못하면 어떻게 될까? 논산 지역의 사람들은 그들의 원혼이 구렁이가 된다고 믿고 있다. 또한 몹쓸 죄를 짓고 죽은 이도 구렁이가 된다는 이야기가 함께 전하고 있다. 한편 원혼이 자신의 원을 풀어달라고 인간에게 모습을 드러내는데, 이 때 담력이 약한 사람은 죽고 담력 있는 사람이 이들의 말을 듣고 원한을 풀어줌으로써 사태를 해결한다는 이야기도 전한다.

어느 지역에서나 남녀간의 사랑에 대한 이야기는 큰 관심의 대상이 되는 것 같다. 논산 지역에서도 이러한 이야기가 다양하게 전하고 있으니, 신분의 차이로 또는 집안의 차이로 인하여 사랑을 이루지 못하고 비극적으로 끝맺는 이야기가 있으며, 드물게 그런 신분적 차이를 의지를 갖고 어렵게 이겨내어 자신의 사랑을 이루는 이야기도 전하고 있다.

논산 지역은 또한 사계 김장생이 조선 예학을 일으킨 곳이기도 하다. 그래서 김장생을 비롯하여 김집, 송시열, 송준길, 김항 등 유학자들에 대한 이야기도 많이 전하고 있다. 이들의 연장선상에서 효행전설과 열녀전설도 많이 전한다.

효행전설로는 효성이 지극하면 호랑이가 보호해주고, 구하기 힘든 물고기를 구하게 되거나 겨울에 죽순을 구하게 되기도 하며, 산신령이 일러준 약수로 부모님의 눈을 뜨게 하기도 한다는 이야기와 거꾸로 부모에게 효를 하지 않고 부모의 말을 어기면 하늘이 천벌을 내린다는 이야기가 전한다. 효에 대한 문제는 어느 시대를 막론하고 중요시한 덕목 중 하나로 이는 효를 장려하는 차원에서 이러한 이야기가 오래도록 전하는 것으로 보인다.

열녀의 이야기도 효행전설과 궤를 같이 한다. 백제시대 도미부인 이야기를 비롯하여 신혼 초에 남편이 죽자 재혼을 거부하고 태기 있는 몸을 이끌고 시부모댁을 찾아가는데 호랑이가 길을 인도해 주었다는 허씨부인 이야기가 전하는데 특히 허씨부인 이야기는 이 지역에서 아주 유명하다.

논산지역에 산이 이동하는 이야기는 많지 않지만 이와 관련하여 몇 가지 이야기가 전한다. 홍수로 옥천 땅(산)이 떠내려 왔다는 이야기, 배가 넘어다니던 큰 물길에 산이 솟아 물길이 바뀌면서 고개가 되었다는 이야기 등이 있다.

아울러 우리나라가 외침 또한 많았고 불교가 깊이 뿌리박고 있기에 호국불에 대한 이야기도 전하니, 관촉사 석조미륵석불이나 개태사 삼존석불이 북쪽 오랑캐와 왜적을 물리친 이야기가 전하고 있다. 그리고 부처가 마을 주민들의 병을 낫게 했다는 등의 이야기도 전하는데 이러한 이야기는 부처의 호국적 성격 및 주술적 성격을 드러내어 민심을 부처에게로 돌리는 계기가 되기도 한다.

지금부터 앞에서 분류한 순서에 따라 논산 지역 전설의 특징을 서술하겠다.

1) 장수전설

논산지역에는 옛날 백제지역이라서 그런지 장수와 관련된 전설이 많이 전하는데, 아기장수전설, 오누이 힘겨루기 전설, 의적전설과 그 외 장군이라든가 힘센 장사에 대한 전설 등이 있다.

(1) 아기장수 전설

아기장수전설은 평민의 집안에 장수가 나면 나라에 역적이 된다고 하여 삼족을 멸하므로, 그 화가 미치기 전에 부모가 스스로 자신의 어린 아기를 죽이는 비정이 담긴 전설이다.

이 이야기는 전국적인 분포를 보이고 있는데, 논산지역에는 이 전설이 두 가지 유형으로 전하고 있다. 하나는 농부 부부가 산신령에게 빌어 아기를 낳았는데, 몰래 살펴보니 아이가 콩과 팥으로 수천 명의 군사를 만들어 군사훈련을 시키므로 부모는 이 아이로 인해 화가 집안에 미칠까봐 다듬이돌로 어린 아기의 배를 눌러 죽였다는 것이고, 다른 하나는 한 부부가 집 옆 큰 나무에 빌어 옥동자를 낳았는데, 몰래 방안을 들여다보니, 이 아이가 높은 선반위에 올라가 놀고 자라면서는 어른이 오르기 힘든 곳을 오르기 좋아하므로, 이 부부는 역시 화가 집안에 미칠까봐 어린 아이를 다듬이돌로 눌러 죽였다는 것이다. 전자의 이야기는 논산시 성동면 우곤리의 전설이고, 후자의 이야기는 가야곡면 두월리의 전설이다. 후자의 주인공이 단순히 힘이 센 어린이인 반면, 전자의 주인공은 군사훈련을 시키는 무장의 모습을 지녔다는 점이 크게 다르다. 우선 성동면 우곤리의 <아기장군묘>에 얽힌 전설을 보면 다음과 같다.

성동면 우곤리에 아기장군묘라고 부르는 무덤이 있다. 이 무덤은 아기장군이 묻혔다고 해서 아기장군묘라고 부르고 있는데 그냥 장군묘라고도 한다.

백제 말엽이었다. 지금의 우곤리 마을에는 착한 농부가 살고 있었다. 그는 일찍 결혼을 하여 산비탈에 아담한 집을 짓고 단란하게 살아갔다. 아침이면 들로 나가 들을 개간하여 논을 만들었고 아내는 야산에 올라 밭을 일구었다. 하루도 쉴 사이 없이 논과 밭을 만들고 가꾸다보니 그의 집은 차츰 부자가 되어가고 있었다. 겨울철에도 그들은 놀지를 않고 그는 나무를 짊어지고 읍내 장터로 나갔고 아내는 집에서 짚신을 만들었다. 그가 장터로 나갈 때면 언제나 지게발에는 짚신이 주렁주렁 매달려 있었다. 장터에서 나무도 팔고 짚신도 팔아 돈을 모으는 재미로 그들 부부는 더욱더 열심히 일했다.

그러나 그들은 아직도 슬하에 자식이 하나 없는 것을 무척이나 아쉬워했다.

"우리에게도 아기가 하나만 있으면 부러워할 게 없을 텐데."

하면서 부부는 한숨을 내쉬고 하였다. 그래서 부인은 매일 정안수를 떠다 놓고 산신령님께 빌었다.

"신령님, 신령님 비나이다. 비나이다. 우리에게 아들 하나만 점지해 주십시오."

하며 부인은 정성을 다하여 빌었고 남편도 따라서 빌었다. 그들 내외가 신령님께 정성을 다하여 빌기 시작한 지 1년이 되던 날 그의 아내는 태기가 있기 시작하였다.

부부의 기쁨은 이루 말할 수 없었다. 그 후 열 달 뒤에 귀여운 아들을 낳게 되었다. 거기다가 아기가 어찌나 잘 생겼던지 그들 부부는 말로 형언할 수 없을 만큼 기뻤다.

그런데 아기는 이상하게도 태어나면서부터 울기만 하여 달래기가 힘들었다. 그들은 온갖 짓을 다하여 아기를 달래려고 하였지만 그러면 그럴수록 아기가 더 크게 울어댔다. 그래도 아기는 울면서도 무럭무럭 잘 자랐다. 한번 울기 시작하면 끝이 없었다. 그러다가도 부모들이 모두 밖에 나오면 울음이 딱 그치곤 하였다. 방안에 혼자 있을 아들을 생각해서 방안에 들어가면 멎었던 울음이 다시

"와-와"

하고 터지는 것이었다.

그래서 아기가 울기 시작하면 아예, 그들은 밖으로 나와 버렸다. 참으로 이상한 일이었다. 보통 아기들 같으면 울다가도 부모가 들어가면 울음을 그치는 것인데 이 아기는 부모가 없어야 울음을 그치니 정말 알 수 없는 일이었다.

그들이 이런 일을 되풀이 하던 중 이상한 생각이 들기 시작했다.

"산신령님이 내려주신 아이라 혹시 우리가 방을 비워주면 산신령님이 나타나서 아이를 돌봐주는 것이 아닐까?"

하는 생각을 하게 되었다. 그렇지 않고서야 방안에서 혼자 있으면서 울지 않을 리가 없을 것만 같았다.

어느 날이었다. 그들 부부는 밖으로 나가는 체하고 울안에 숨어서 있다가 울음이 그치자 발소리를 죽여가며 살금살금 방 가까이 가서 방 문틈으로 안을 들여다보았다.

"아니 이게 뭐야?"

하마터면 소리를 지를 뻔하였다. 그들이 들여다본 방안은 방안이 아니라 수천 명의 군사들이 무술을 연마하는 훈련장이었다. 아기는 시렁에 있는 콩과 팥으로 수천 명의 군사를 만들어 방안에 세워놓고 아기는 장수가 되어 붉은 갑옷을 입고 백마를 탄 채 군사들에게 호령을 하고 있었다.

아기 장군의 명령에 따라 군사들은 절도 있게 움직이고 있었다. 아기는 정말 늠름한 장수가 되어 군사들에게 전술은 가르치는 것이었다. 그들은 한참동안 방안의 광경을 바라보다가 뒤로 물러서서 헛기침을 크게 하고 문을 열어 제치자 아기만 혼자 엉엉 울고 있고 조금 전까지만 해도 그렇게 요란하던 군사들은 온데간데가 없었다.

그러니까 아기는 부모들이 나가기를 기다렸다가 매일같이 이처럼 군사들을 훈련시켰던 것이다.

"아무래도 저놈이 보통 놈은 아닌 것 같아."

"그럼, 커서 훌륭한 장수가 되려나 보지요?"

그들은 아기가 대견스럽기도 했지만 한편으로는 불길한 예감이 스쳤다.

"아무래도 저놈을 그냥 두었다가는 우리 집에 화가 미치지나 않을까?"

하는 생각으로 고민하게 되었다. 그러다가 그들은 그 아기를 죽여 없애기로 했다.

굳은 결심을 한 그들은 방문을 열고 들어가 엉엉 울어대고 있는 아기의 배에다 다듬이돌을 올려놓고 양쪽에서 힘껏 눌렀다. 아기는 눈물을 흘리면서 무엇인지 하소연이라도 하려는 듯하다가 죽어갔다. 그들 내외는 그렇게 귀한 아들인지라 안타깝기 한이 없었다.

그날 저녁 그들은 아들을 산에 묻고 돌아오는데 어디서인가 말 우는 소리가 들려 뒤돌아보았더니 백마 한필이 나타나서 그 아기의 무덤을 빙빙 돌면서 울어대기 시작했다.

그들은 무서운 생각이 들어 바삐 집으로 돌아왔다. 그날 저녁 아기무덤에서는 백마 한필이 밤이 새도록 무덤을 빙빙 돌면서 애절하게 울어대다가 이튿날 새벽이 되어 날이 밝자 어디론가 사라져 갔다고 한다.

당대 사람들은 만일 이 아기장군이 살아 있었다면 백제의 훌륭한 장수가 되어 신라에게 허망하게 망하지는 않았을 것이라고 하며 몹시 아쉬워했다고 한다.

그 아기가 묻혔다고 전해오는 무덤을 사람들은 지금도 아기장군 무덤이라고 부르고 있다.

아기장수전설의 또다른 유형인 가야곡면 두월리의 <적토마가 차고 나간 양마산> 전설은 다음과 같다.

가야곡면 두월리에 양마산이라고 하는 산이 있다.

옛날 은진고을(현 은진면사무소 자리)에 초가집을 짓고 단란하게 살아가는 한 부부가 있었다. 집 옆에는 수백 년 묵은 큰 나무가 서 있어 그 부부는 그 나무를 수호신으로 여겨 정성을 들여 위하였다.

비록 가난하게는 살고 있었지만 부부간의 사이가 좋아 마을 사람들은 부러워하기도 했다. 그러나 그들 부부에게는 자식이 없는 것이 한이었다. 서로 말은 하지는 않지만 속으로는 자식이 하나 있었으면 하고 바라고 있었다. 세월은 흘러 나이는 점점 먹어가는데 태기의 기미는 보이지 않자 이제는 초조해지기까지 했다. 그래서 부부는 그날부터 집 옆에 있는 나무에게 빌기 시작했다.

"목신님, 목신님 제발 저희들에게 아들 하나만 점지해 주십시오."

하고 정성을 다하여 지성을 들였다.

그러던 어느 날이었다. 저녁상을 물린 후 부인이 남편을 부르더니

"여보, 아무래도 몸이 좀 이상한 것 같아요. 혹시 태기가 있는 것이 아닐까요?"

하는 것이었다. 지성이면 감천이라 하더니 부인에게는 태기가 있었던 것이다.

부인의 배는 점점 불러오기 시작하더니 드디어 옥동자를 분만했다. 이들 부부의 기쁨은 말할 수 없었다. 아기는 날 때부터 다른 아기들보다 더 컸고 눈망울이 또렷하여 보통 아기가 아니라고 여겼다.

"이 아기는 커서 훌륭한 장군이 될 거야."

하며 부부는 아기 곁을 떠날 줄을 몰랐고 웃음꽃이 그치질 안았다.

그런데 아기가 자라면서 행동이 보통 아기들과 다르다는 것을 느끼기 시작했다. 부부가 아기를 방안에 두고 밖에 나가 한참동안 일을 하고 돌아와도 한번도 울거나 보채지를 않는 것이었다.

"혹시 벙어리가 아닐까?"

하며 걱정이 되기도 했다.

어느 날이었다. 그날도 들에 나가 일을 하고 돌아온 부부는 살그머니 아기가 있는 방문 틈으로 방안을 들여다보고 깜짝 놀랐다. 자고 있으려니 하고 쳐다보았는데 아기는 선반 위에 올라가 놀고 있었다. 점점 자라면서 아기는 어른도 오르기 힘든 높은 곳을 올라가기를 좋아했다. 그래서 사람들은

"저 애는 보통애가 아니야. 장군감이야 장군감."

하며 부러워하기도 했고 한편으로는 걱정이 되기도 했다. 아기가 자랄수록 부부의 걱정은 더해만 갔다.

"여보, 저 애를 그대로 두면 안될 것 갔소. 저 아들 때문에 우리 집안에 화가 미칠 것 같으니 어찌하면 좋겠소."

이렇게 의논한 부부는 아들을 죽여 없애기로 했다. 그래서 그들 부부는 아들을 다듬이 돌로 눌러 죽이고 말았다.

그때 집 옆에 있는 큰 나무 속에서 적토마 한필이 나와 하늘을 향해 울부짖더니 힘껏 뛰어 지금의 용산리 섯밭대 능선을 한번 딛고 양마산을 걷어차고 어

디론지 사라졌다고 한다. 그래서 지금도 섯발대 능선과 양마산은 말이 걷어차고 나가 산봉우리가 없어졌다하며 이때부터 산이름을 양마산이라고 부르게 되었다 한다.

그 후 사람들은 이 적토마는 그 아기가 자라서 타고 적을 무찌를 말이었다 하며 아쉬워했다 한다.

성동면 우곤리의 <아기장군묘> 전설은 시대적 설정을 백제로 해놓음으로써 아기장군이 콩과 팥으로 군사를 만들어 군사훈련을 시키는 장면을 자연스럽게 이어지도록 하고 있다. 아기장군이 살았었더라면 백제의 훌륭한 장수가 되어 신라에게 허망하게 망하지는 않았을 것이라고 아쉬워하는 이야기는 논산지역이 옛 백제지역이므로 백제의 멸망을 안타깝게 여기는 이 지역민들의 정서가 담겨져 오래도록 전승되었다고 볼 수 있다.

그런데 성동면 우곤리의 <아기장군묘> 전설은 아기장수전설의 일반적 유형과 조금 다른 면모를 지니고 있다. 일반적으로 아기장수전설은 두 가지 유형이 있다. 첫 번째 유형은 어느 부부가 늦게 아들을 보고, 그 태어난 아기는 신이한 능력을 보여 부모에게 죽임을 당하게 되는데, 아기는 죽으면서 어머니에게 자기를 어느 곳 바위 밑에 묻을 때 곡식(콩, 팥, 서숙, 삼대, 나락 등)을 함께 묻고 절대로 다른 사람(관원 등 살해자)에게 그 장소를 말하지 말라고 부탁한다. 그러나 협박에 못 이겨 어머니는 그 장소를 일러주게 되고, 관원 등이 그 바위 등을 들추자 곡식들이 장수나 병기가 되어 막 일어나려는 순간이라, 모두 관원 등에게 죽임을 당하는 비극적 이야기 구조를 지니고 있다.

두 번째 유형은 아기장수의 겨드랑이에 날개가 있어 아기장수가 방안을 날아다니다가 몰래 들여다본 부모에 의해 살해당하는 이야기 구조이다. 이 이야기 또는 아기장수의 신이함을 증명해주는 용마가 출현하는 것도 아기장수전설의 큰 특징이다.

성동면 우곤리의 <아기장군묘> 전설은 첫 번째 유형의 이야기 범주에 드는데, 아기장수가 부모에게 죽임당하기 전에 이미 방안에서 콩과 팥으로 군사들을 만들어 훈련을 시켰으며 오히려 이것이 아기장수의 죽음의 빌미가 되고 있는 것이 다르다.

가야곡면 두월리에 전하는 <적토마가 차고 나간 앙마산> 전설은 두 번째 유형과 유사하나 날개에 대한 언급이 전혀 없는 것이 특징이다. 가야곡면 두월리의 전설은 부부가 수호신으로 여기는 집 옆에 있는 수백년 묵은 큰 나무에 빌어 아기장수를 낳고 있는 점이 특이하다.

논산지역에서 날개에 관한 모티프는 아기장수전설의 변형된 이야기 속에 전하고 있으니, 양촌면 반곡리에 전하는 <서림리의 말무덤> 전설이 그것이다.

양촌면 반곡리 1구를 서림리라고 했는데 지금은 흔적도 찾아볼 수 없지만 이곳 서림리에는 말무덤이 있었다고 전해 온다.

이조 중엽 때이다. 이곳 서림리에는 권판서라는 사람이 살고 있었다. 그는 웬지 지나가는 행인들의 모습을 보기를 꺼려했다. 그래서 그는 집주위에 지나가는 사람을 보지 않으려고 나무를 빽빽하게 심었다.

그의 집에는 힘이 장사이면서 일 잘하는 비복 한사람이 있었다. 꾀를 부릴지도 모르고 주인이 시키는 일이라면 그저 묵묵히 해치웠다. 그 비복은 주인의 말이라면 무조건 순종했고 모든 일들을 자기가 알아서 척척 해나갔다. 그리고 한 사람이 며칠씩 할 일도 혼자서 몇 시간만에 다 해내는 것이었다. 그래서 사람들은 권판서네 집의 업이라고 부러워들 했다.

그러던 어느 날이었다. 권판서가 하루는 급한 일이 있어 비복을 불러들였다.

"너는 지금 한양을 다녀와야 하겠다. 먼 길이니 조심해서 다녀오도록 하여라."

하고 심부름 시킬 일을 상세히 말해주었다. 그리고 비복은 한양으로 떠났다.

얼마의 시간이 지났을 때이다. 갑자기 권판서의 뒤에서

"영감마님. 심부름을 마치고 돌아 왔습니다."

하는 것이다. 권판서는 깜짝 놀라

"아니, 어찌하여 한양은 가지 않고 다시 돌아왔다는 것이냐?"

하며 호통을 쳤다. 그러자 심복은

"한양을 다녀 왔습니다."

하였다. 도저히 믿어지지가 않았다. 며칠이 걸려야 갔다 올 수 있는 거리인데 비복은 단 몇 시간만에 한양의 심부름을 마치고 돌아 왔으니……, 권판서는 한참 동안 어안이 벙벙하여 먼 하늘만 바라보고 있었다. 괴이하게 여긴 권판서는 이를 알아보니 그 비복의 겨드랑 밑에 조그만 날개가 있는 것을 발견하고 깜짝 놀랐다. 그리고 그는 비복에게 독한 술을 먹여 정신을 차리지 못하게 하고 잠이 들게 했다. 그 사이에 권판서는 비복의 겨드랑 사이에 있는 날개를 잘라 버렸다. 그런데 그 날개를 잘라 버리자마자 그 비복은 죽고 말았다. 이에 놀란 권판서는 그 비복을 장사 지내 주었다.

그러던 3일 후이다. 하늘에서 천마(天馬) 한필이 내려와 그 비복의 묘 앞에 무릎을 꿇고 있더니 그 자리에서 즉사하고 말았다. 그래서 권판서는 이 천마를 묻어 주고 장사를 지내 주었는데 이 천마가 묻힌 무덤이라 하여 말무덤이라고 전하여 오고 있다.

이 이야기 속에서는 권판서네 비복이 주인공이고 그 비복은 신이한 힘을 갖고 있는데, 그의 겨드랑이에 있는 날개 때문이다. 결국 이 비복은 날개로 인해 죽음을 맞이하게 되고, 그가 죽자 하늘에서 천마가 나타나 그의 묘 앞에서 울다 죽는다는 이야기는 아기장수전설의 변형된 모습을 하고 있는 것이다. 변형이 아주 심한 경우도 전하고 있는데, 논산읍 등화리의 <마낭바위> 전설이 그렇다.

논산읍 등화리에는 옛날 봉화를 올렸던 봉화산이 있고 이 산을 넘어 남쪽으로 약 300여m쯤 가면 '마낭바위'가 있다.

옛날 백제시대에 한 장수가 있었다. 북쪽으로는 고구려가 동쪽으로는 신라가 호시탐탐 백제를 넘어다보고 있을 때라 그 장수는 하루도 쉴새없이 말을 타고 군진을 뛰어 다녀야만 했다. 그는 마음이 곧고 청렴하여 왕의 총애를 받았고 백성들로부터는 영웅의 칭호를 받았다.

그러나 조정에서 임금님을 가까이 모시고 있는 신하들과 장수들은 그에게만 명예와 영화가 돌아가는 것이 항시 불만이었고 못마땅하게 생각하고 있었다. 그래서 그들은 언젠가는 그가 크게 패하기를 바랬고 심지어는 죽어 없어지기를 바랬다.

그러던 어느 날 그에게는 불행이 닥쳐왔다. 전승장군이었던 그에게 치명적인 액운이 닥쳐온 것이다. 그날따라 토성을 지키던 백제의 장병들이 적에게 불의의 습격을 받고 성을 빼앗기게 된 것이다. 그의 휘하에 있던 군사들이 산성을 직접 빼앗긴 것은 아니었으나 조정에서는 이 기회라고 생각하고 그 장수를 중상모략하기 시작했다. 신하들이 어찌나 강하게 고하는지 임금님도 아쉽지만 어쩔 수 없이 그 장수를 파직하게 되었다.

그래서 할 수 없이 그는 장수직에서 물러나 고향으로 돌아오게 되었다. 그가 장수직에서 물러난 후부터 나라꼴은 말이 아니었다. 적들의 침입은 날이 갈수록 더해만 갔고 조정의 장수들은 군사를 이끌고 그가 싸우던 곳에서 적과 싸웠으나 싸울 때마다 패해서 돌아오곤 하였다. 임금님은 근심 끝에 장수들을 모아놓고 이렇게 말을 했다.

"그래 한 장수가 막아내던 싸움을 열 사람의 장수들이 막아내지 못하다니, 참으로 한심스럽도다. 이럴 때 그 장수가 있었으면 나라를 구할 수 있을 텐데, 그 장수가 무척 필요하구나!"

임금님이 이런 시름에 잠겨 나라를 걱정하고 있을 때 그 장수는 이 나라의 운명을 점치면서도 파직당한 처지라 어쩔 수 없이 집안에만 머물러 있을 수밖에 없었다. 간신배들이 우글거리는 조정이 걱정이 되었고 나라의 앞일을 생각하니 앞이 캄캄할 뿐이었다.

어느 날이었다. 그 장수는 나라의 위태로움을 알면서도 나가 싸우지 못하는 자신의 안타까움을 이기지 못해 산으로 올라갔다. 산은 푸르고 맑은 하늘에는 뭉게구름이 흘러가고 있었다. 그는 긴 한숨과 함께 잠시 바위 위에 앉아 있다가 그곳에서 잠이 들었다. 이때였다. 그의 꿈에 한 노인이 나타나서 노기 띤 얼굴로 그에게 이렇게 말하는 것이었다.

"대체 너는 뭘 하는 장수냐? 머지 않아 국난이 닥쳐올 텐데 너는 왜 보고만 있느냐? 꼭 나라의 부름을 받은 장수만이 이 나라를 위해서 싸워야 한단 말이냐? 내 너를 위하여 적토마 한 필을 주노니 빨리 일어나 나라를 건지도록 하라."

그는 깜짝 놀라 꿈에서 깨어나 이상한 일이라고 생각했다. 그리고 나라가 장차 위태로울 것만 같은 예감이 그의 머리를 스쳤다. 그래서 그는 노인이 준다는 적토마를 찾기 위하여 길을 나섰다.

그는 어디 있는지 모르는 적토마를 찾기 위하여 산을 헤매이고 있는데 어디선가 말울음소리가 들려 곧장 그곳으로 뛰어가 보았다. 과연 거기엔 한 필의 준마가 큰 바위 위에서 엎드려 울부짖고 있었다. 그 장수는 이 말이야 말로 노인이 준다고 한 그 적토마가 틀림없을 것이라고 생각했다. 그 장수가 말 근처로 가서 말고삐를 잡아당기자 말은 하늘을 향해 목놓아 울부짖더니 벌떡 일어섰다.

그 장수는 말을 타고 쏜살같이 동네로 달려갔다.

"백성들아, 나라가 위급하다. 나라가 위급하다. 이 나라를 구하고자 하는 백성들은 나를 따르라." 하고 말을 달리며 호령을 하니 여기저기에서 의병들이 함성을 지르며 몰려들었다.

그래서 그 장수는 의병들과 함께 곧장 싸움터로 나가 닥치는 대로 적을 무찔렀다. 그러나 그는 적장의 목을 베어 적을 물리친 다음 그만 자기도 전사하고 말았다. 그가 죽자 웬일인지 적토마도 그 자리에 쓰러져 죽었다.

그 장수가 죽자 임금님은 적토마가 나타났던 자리에 그의 성스러운 죽음과 말의 죽음을 기리 빛내기 위해서 제사지낼 것을 명령하고 적토마가 나타났던 바위에 말 불알자욱과 말굽자욱이 있어 그 바위를 말불알바위라고 부르게 하였고 그 후에 마낭바위라 부르게 되었다 한다.

이 바위 아래에서 일년에 한번씩 꼭 제향을 올렸다 하여 이 바위 밑에는 나라를 위해 그 많은 시기와 미움 속에서도 오로지 충성된 마음으로 끝까지 싸우다가 죽은 백제의 이름없는 용맹스런 장수의 무덤이 있다고 전한다.

<마낭바위> 전설은 장수와 신선이 계시해준 적토마가 등장하고 장수가 용맹하게 나라를 위해 싸워 승리를 거두나 결국 죽고, 장수가 죽자 적토마도 따라 죽는다는 모티프로 인해 겨우 아기장수전설의 흔적을 남기고 있을 뿐이다.

어찌됐든 아기장수전설은 아기장수가 결국 죽는 비극적 이야기구조를 갖고 있는데, 이는 평민(또는 천민)의 집안에 장수가 태어나면 역적이 되므로 삼족이 죽임을 당한다는 당시 사회적 관습의 결과이다. 집안의 존속을 위해 자식조차도 죽여야 하는 일반 서민들의 비정한 삶의 한 모습을 아기장수전설은 담고 있는 것이다.

(2) 오누이 힘겨루기 전설

오누이 힘겨루기 전설도 전국적인 분포를 갖고 있는 전설 중 하나이다. 아기장수 전설이 친부모가 자신이 낳은 아기를 죽이는 비정을 담고 있듯이, 이 전설도 오누이가 목숨을 담보로 내기를 하게 되고, 친어머니는 이들의 내기를 묵인할 뿐만 아니라 아들을 구하기 위해 딸의 일을 방해하는 등 부모 자식 간의 비정을 보여주고 있다.

논산지역에서는 양촌면 산직리에 <산성쌓기 내기>라는 이름으로 이 전설이 전한다.

> 양촌면 산직리의 동쪽 구릉 위에 석축산성이 있는데 이 산성이 산직리 산성이다.
>
> 옛날 양촌면 산직리에 토막집을 짓고 슬하에 남매를 두고 사는 아낙네가 있었다. 그 남매는 남달리 힘이 장사였고 지략이 뛰어났으며 매일 심신을 수련하면서 축지법을 익히고 있었다. 아들은 마음이 강직하고 모든 사물을 바르게 관찰하고 정확하게 판단하는 위인으로 의협심이 강하였고 딸은 매사에 치밀하고 활동적이었지만 무엇이든 남에게 지기 싫어하고 시기심이 있는 것이 큰 흠이었다.
>
> 두 남매는 모든 일에 자신을 가지고 일을 하면서 어머님을 봉양하기에 정성

을 다했다. 그러던 어느 날 남매는 그 동안 자기들이 익힌 힘과 지혜를 겨루어 내기를 하기로 했다. 그들은 이번 내기에서 지는 쪽을 죽이기로 약속했다.

그리하여 아들은 나막신을 신고 한양길을 떠났고 딸은 산에 올라가 돌로 성벽을 쌓기 시작했다. 아들은 뒤돌아볼 사이도 없이 길을 재촉했고, 딸은 있는 힘을 다하여 돌을 주워다 성벽을 쌓았다. 두 남매의 죽음을 기약한 내기에 은근히 걱정하는 어머니는 가슴이 아팠다. 어머니는 딸이 성을 쌓는 곳으로 가보았다. 딸은 어찌도 장사였던지 큰 돌로 성을 쌓는데 꼭 딸이 이길 것만 같았다. 어머니는 딸의 모습이 믿음직스럽기는 했지만 아들이 죽을 것만 같아 걱정이 되어 가슴이 꽉 막히는 것만 같았다. 딸보다는 의협심이 강한 아들을 살리고 싶었다.

아들이야말로 나라를 위하고 겨레를 사랑하는 일꾼이 될 인물임을 생각하고 "아들을 살려야지"하는 마음을 다져 먹었다.

산성을 바라보니 산성은 이제 거의 다 쌓아져가고 있었다. 어머니는 딸의 성쌓기를 조금 늦추기 위하여 팥죽을 쑤어 딸에게 가지고 가서 딸의 힘과 재주를 칭찬하고 잠시 쉬면서 팥죽을 먹고 성을 쌓아도 늦지 않을 것이라고 말했다.

딸은 어머니의 말을 듣고 잠시 쉬면서 팥죽을 먹고 성을 쌓는데 먼 곳에서 동생이 돌아오는 나막신 소리가 들려왔다. 그 소리를 들은 딸은 엉엉 울면서 열심히 성을 쌓았지만 이미 때는 늦었다. 어머니의 말을 듣지 않고 성을 쌓았으면 이겼을 것이라고 생각하며 땀을 뻘뻘 흘리면서 돌을 쌓는데 동생이 "이겼다."고 소리치는 소리가 들려왔다. 딸은 통곡을 하며 그 자리에 덥석 주저앉다가 치마에 가득 담겨있던 돌이 굴러 흩어져 내려갔다. 그는 쓰라린 패배를 자인하고 어머니를 원망하면서 약속대로 그 자리에서 자결했다.

지금도 이 산성을 보면 아래로 돌이 흩어져 있는데 그것은 딸이 덥석 주저앉을 때 앞치마에 담았던 돌이 흩어져 내려온 것이라 하며 이산성이 완성되지 못한 모습으로 지금까지 있다고 전한다.

힘이 장사인 두 남매가 목숨을 담보로 재주를 겨루는 이유는 무엇인가? 이 두 남매의 어머니가 이 내기를 묵인하는 이유는 무엇이며, 딸 대신 아들을 살리고자 한 이유는 또 무엇인가? 아기장수 전설에서 친부모가 자신들의 아기를 죽이는 이유는 그래도 쉽게 납득이 간다. 그렇게 함으로써 자신의 집안을 보존할 수 있기 때문이다. 그러나 <오누이 힘겨루기> 전설의 그것은 이야기 속에 나오듯이 딸이 지기 싫어하고 시기심이 많다는 것만으로는 그 충분한 이유가 되지 못한다.

이러한 이유에 대한 명쾌한 답을 구하기가 쉽지 않다. 이 전설에는 몇 가지 적층이 있지 않을까 하는 짐작이다. 우선 한 가지 짐작은 최고는 하나뿐이라는 오래 전 어느 시대의 인식의 소산이 아닐까 하는 것이다. 그리고 그 대가가 자신의 목숨이니, 그 재주 겨루기를 행하는 목적이나 상황은 단순한 것이 아님을 알 수 있다. 그 다음 어머니가 아들을 살리기 위해 딸의 일을 방해하는 행위는 후대의 어느 시점에 재해석된 결과가 첨부된 것이라는 생각이 든다.

(3) 의적 전설

논산지역에는 <아기장수>전설과 <오누이 힘겨루기> 전설 외에 힘센 장수에 대한 이야기가 많이 전하니, 그 중 하나가 의적에 대한 전설이다. 권세와 부로 일반 백성들을 착취하는 일부 계층과 사회제도에 대한 불만의 표출이 의적전설이며, 이는 일반 백성들의 위안이 되기도 했다.

논산지역에는 달이와 외촌라는 의적에 대한 전설이 전한다. 달이산성은 의적 달이가 지키던 산성이라 하여 붙여진 이름이고, 이 산성은 벌곡면 수락리와 양촌면 오산리 경계에 있어 두 면에서 달이에 대한 이야기가 전하는데 그 내용은 거의 똑같다.

벌곡면 수락리에 전하는 달이에 대한 전설은 다음과 같다.

벌곡면 수락리와 양촌면 오산리 경계 성재에 있는 산성을 달이산성이라 부른다.

산높이는 649m가 되는데 중천에 우뚝 솟아 사방이 절벽으로 천연적으로 고리와 같은 성이 되어 있다는 산성이다.

고려 초엽, 나라의 기틀을 잡기 위하여 조정도 어수선할 때 나라안 여기저기에서는 도적들이 우글거리며 남의 물건을 약탈하는 것이 보통이었다. 그래서 조정에서는 이러한 도적을 소탕하기 위하여 군사들을 풀었지만 성과를 거두지 못해 세월이 지날수록 도적들은 더 극성을 부렸고 심지어는 도적떼들이 서로 싸워 약탈하는 등 참극이 여기저기서 벌어지는 등 나라꼴은 말이 아니었다.

그 무렵 지금의 양촌면 오산리에는 달이라고 하는 의적이 은거하고 있었다. 그는 기골이 장대하고 보기에는 억센 장수처럼 생겼지만 마음씨는 착했다. 그는 부하들을 모아 놓고

"우리는 도적질을 하되 절대로 가난한 사람의 물건을 훔쳐서는 안 될 것이며 백성의 피를 빨아 치부한 사람의 재산이나 권력을 남용해서 모은 사람의 재산은 무조건 빼앗아오라."

고 하였다. 그래서 백성들로부터는 호감을 받게 되었지만 억지로 재산을 모은 사람들은 공포의 대상이 되기도 했다. 세상이 어수선한 때인지라 이 소문을 들은 백성들은 의적인 달이 수하로 모여드는 사람들이 날이 갈수록 많아지기 시작했다.

그러나 그에게 재산을 빼앗낀 사람들은 조정에까지 올라가 달이란 도적 때문에 살 수 없다고 상소를 올리기도 했다. 그래서 조정에서는 삼만이 넘는 군사를 풀어 달이 휘하의 의적을 소탕하기 위하여 산성을 포위하기 시작했다.

이때 의적 달이는 부하들과 곰곰이 의논한 끝에 조정의 군사와는 싸울 수 없다 하며 투항하기로 하고 준비를 서둘렀다. 그러나 그들에게는 태도를 바꾸지 않을 수 없는 일이 벌어지고 있었다. 조정의 군사들 앞에는 백성들을 괴롭히던 약탈패들이 떼를 지어 오고 있었다. 그들을 바라보던 달이는 두 눈에 불을 키고 부하들에게 호령을 하는 것이었다.

"모두들 들어라. 저 약탈패들을 똑똑히 보아라. 어째서 군사들은 저놈들의 말만 믿고 우리에게 죄만 묻는 것이냐? 자! 우리는 죽는 한이 있어도 저 약탈자들

에게 머리를 수그릴 수는 없다. 모두 싸워 선량한 백성편이 되자."

그가 이렇게 외치자 의적들은 환호성을 울리며 싸움을 하기 시작했다. 숫자적으로 우세한 조정군사들은 물밀듯이 쳐들어와 의적들은 어려움에 처했지만 그때마다 하늘에서 비가 내리기도 하고 한낮에 벼락이 떨어져 승리하기도 했다. 그러나 이렇게 싸우기를 3년 그들은 있는 힘을 다했다. 3년 동안 싸움에 지친 의적들은 포위망을 뚫고 북쪽으로 이동하기 시작했다. 달이도 칼을 내팽개치고 의적들에게 말하기를

"자! 우리는 이젠 고향에 가서 농사나 짓자."

하고 뿔뿔이 헤어져갔다. 그 후로부터 사람들은 달이가 그곳에 진을 쳤다 해서 달이산성이라 부르게 되었고 지금도 가끔 밤이 되면 산에서 크게 호령하는 소리가 들린다 하는데 이는 달이가 천당에서 내려와 의적을 부르는 소리라고 한다.

양촌면 오산리에는 의적 달이 전설 외에 의적 와촌에 대한 이야기도 전하는데 달이의 이야기와 거의 비슷한 점으로 보아 달이라는 이름이 어떤 계기로 와촌으로 변화된 것으로 보인다. 그런데 의적 와촌의 이야기에는 달이의 이야기와 약간 달리 전하는 부분이 있다. 달이의 이야기에는 의적 달이가 조정의 군사들과 싸우다 지쳐 포위망을 뚫고 북쪽으로 이동하여 농사를 짓자고 하며 뿔뿔이 헤어졌다고 전하는데, 이 부분이 의적 와촌 이야기에는 다음과 같이 전한다.

이렇게 되니 불안에 떨고 있던 사람들은 조정에 도적떼들 때문에 도저히 살 수 없다 하며 상소를 올리기 시작하였다. 나라에서는 군대가 내려와 도적소탕작전을 벌이게 되었다. 참으로 무서운 싸움은 계속되었다. 와촌 도목이 이끄는 도적들이 세력은 대단하여 한치라도 물러서지 않고 싸웠다.

이렇게 싸우기를 3년, 결국은 정부군들이 패하여 물러가게 되었고 그 후에 나라도 평온을 되찾았다. 이때 와촌 두목은 도적들 앞에 나서서

"이제 나라도 평온해졌으니 우리도 해산하여 고향을 찾아가 농사나 짓고 조용하게 살아보자."
고 하였다. 그 후 도적들은 자진 해산하여 각자 고향을 찾아가 농사를 짓고 살았다 하는데 와촌이란 도적 두목은 여기에 눌러앉아 농사를 짓고 살았다 하여 마을 이름을 와촌이라고 부르게 되었다고 한다.(『논산의 산하』, 1981, 논산군)

즉 달이는 겨우 조정의 군사들의 포위망을 뚫고 나가 의적들과 뿔뿔이 헤어진 반면, 의적 와촌은 정부군과 싸워 이들을 물리치고 마을의 평화를 찾게 된 것이다. 그 후에 의적들이 해산하여 고향으로 돌아가 농사를 짓고 살게 된다는 이야기 전개를 갖고 있다. 의적 와촌의 이야기는 실제 역사적 사실은 아닐 것이다. 실제는 달이처럼 조정의 군사들을 피해 흩어졌거나 아니면 조정의 군사들에게 패해 죽음을 당했을 것이다. 그러나 의적 와촌처럼 이야기가 전하는 것이 전혀 허구는 아니다. 이것은 의적들이 이겨 자신들의 삶이 보다 편안해졌으면 하는 당시 일반 백성들의 소망이 이 사건을 이런 방식으로 형상화하도록 만들었을 것이라고 본다. 이런 측면에 전설의 묘미가 있는 것이다.

2) 부귀 전설

부귀에 대한 욕망은 예나 지금이나 다르지 않은 것 같다. 재물을 많이 쌓고 높은 지위에 오르고 싶은 것은 누구나의 마음일 것이다. 그러나 그러한 마음이 지나치면 다른 사람들의 미움을 받게 되고, 결국 사람들의 미워하는 마음이 그 부자가 욕심으로 인하여 결국 망하게 된다는 이야기를 남기게 된 것으로 보이며, 이것은 두고두고 사람들을 경계하는 이야기로 오래도록 전하게 되었으리라 본다.

논산지역에는 장수에 대한 전설과 더불어 욕심 부린 부자가 망하는 이야기가 많이 전한다. 노성면 노티리에 전하는 <거북산> 전설이 대표적이라 할 수 있다.

노성면 노티리에 거북산이 있다. 부자집 산소 앞에 두 마리의 거북이가 있었다 해서 거북산이라 부르게 되었다고 한다.

옛날 이 마을 에 한 농부가 살고 있었다. 그는 부자가 되기를 항상 원하여 어떻게 하면 부자가 될 수 있을까 하는 생각뿐이었다.

그러던 어느 날이었다. 이 마을에 한 스님이 찾아왔다. 그 농부는 스님에게 "스님, 저는 부자가 되는 것이 꿈이옵니다. 어떻게 하면 부자가 될 수 있으려는지 가르쳐 주십시오."

하며 애원하였다. 그랬더니 그 스님은 한참동안 눈을 감고 염주를 만지며 생각하더니 "거북산 골짜기에 절을 짓고 부처님을 모시지요."하고는 스님은 어디로인지 가버렸다.

농부는 스님이 지정해준 곳에 절을 짓고 부처님을 정성껏 모시기 시작하였다. 그리고 그 절간의 주지스님이 정해준 명당자리에 조상의 산소를 쓰면서부터 그 농부는 부자가 되어갔다. 어찌된 일인지 그 농부의 농사는 해마다 풍년이 들어 해가 지날수록 그의 재산은 늘어만 갔다. 이젠 하인을 두고 부릴 만큼 큰 부자가 되었다.

그런데 사람이란 가산이 풍부해지거나 벼슬이 높아지면 겸손해져야 하는데 그 농부는 부자가 되면서부터 거만을 떨고 가난한 사람과는 상대도 하지 않았다. 그래서 마을 사람들은 수군거리기 시작하였다.

그러던 어느 날이었다. 하루는 노승 하나가 그 집 대문 앞에서 목탁을 치고 염불을 외우면서 시주할 것을 청했다. 그러자 마침 한가하게 마루에 앉아있던 그 농부가 신발을 신고 대문 앞으로 나오더니

"시주가 무슨 시주야, 여기가 어디라고 썩 꺼져버려, 너 같은 중에게 시주할 게 어디 있어."

하며 스님에게 욕설을 퍼붓고 험담을 늘어놓으며 골려주었다. 노승은 너무나 어이가 없었던지 아무 말 없이 그저 두 눈을 지그시 감고 그 욕설을 다 들으며

참고 있었다. 그 농부는 노승에게 더욱 심한 창피를 주었다. 어둠이 깔릴 무렵에야 스님은 공손히 합장하고 그 집을 떠나갔다.

그 후 몇 해가 지난 어느 해였다. 아랫마을에 노승 한사람이 왔는데 점을 잘 친다고 야단들이었다. 어찌나 점을 잘 치는지 마치 족집게 같다 하며 아랫마을 윗마을 사람들이 점을 치고 와서 자랑하였다.

이 말을 들은 부자 농부는 마침 더 부자가 될 수 없을까 하고 이리저리 궁리하고 있던 때라 잘됐다고 생각하고 소문난 노승을 찾아갔다.

"스님 제가 더 부자가 될 수는 없을까요? 방법이 있으면 가르쳐 주십시오."

하며 노승에게 바짝 다가서며 물었다 노승은 그가 말하는 소리를 아무말없이 한참동안 듣고 나더니 이렇게 말하는 것이었다.

"더 부자가 되시려면 절골에 있는 묘를 파내야 하겠습니다. 지금까지의 기운으로 보아서 이제는 그 묘소는 필요없게 되었습니다. 그뿐만 아니라 거기다가 그 묘소를 그냥 놓아둔다면 아마 주인의 생명까지도 위험할 것입니다. "

라고 하는 것이었다. 이 말을 들은 그는 가슴이 아찔했다. 자기 목숨까지 위험하다는 데는 더 생각할 여유도 가질 수 없었다. 그는 노승의 말이 떨어지기가 무섭게 바삐 나가는 것이었다. 그가 신발을 끌면서 나가는 뒷모습을 보고 노승은 빙그레 웃었다.

그 농부는 집으로 돌아오자마자 일꾼들을 데리고 산소로 갔다. 그렇게 자기 집을 지켜준 산소였지만 지금까지의 보살핌도 아랑곳없었다.

그는 손수 뗏장을 걷어내고 산소를 파기 시작했다. 산소를 한참 파다보니 묘 속에서 이상한 소리가 들려 왔다. 일꾼들이 멈칫거리며 파던 일을 중지하자 그는 뭘 하는 것이냐 하며 호통을 쳤다. 잘못하다가는 자기가 죽는다는 말에 그의 마음은 너무 급해 있었다. 일꾼들은 다시 묘를 파기 시작했다. 그러자 묘 속에서 학 두 마리가 반짝거리는 구슬을 감싸 안고 몸을 일으켰다. 일꾼들은 깜짝 놀라면서

"아니 이럴 수가 있나? 묘 속에서 학이 나오다니!"

하고는 묘 파던 일을 중지하고 이것은 보통일이 아니라면서 모두들 뒤로 물

러서며 도망가려 했다.

그때였다. 학 두 마리는 구슬을 안고 하늘높이 날아오르더니 울음소리도 구슬프게 남기고 남쪽으로 날아가 지금의 노성면 병사리 뒷산에 앉는 것이었다.

이 광경을 본 사람들은 흉조를 예감할 수 있었다. 이러한 일이 있은 후부터는 이상하게도 부잣집 재산은 점점 줄어만 갔고 집안에는 우환이 그칠 새가 없었다. 그 집 주인이 정성껏 모시던 절간에도 빈대가 우글거려 중들은 떠나버리고 결국은 절간마저 헐어지고 말았다.

한편 쌍학이 날아가서 앉은 병사리 뒷산에는 그 후 파평 윤씨네가 묘를 썼는데 윤씨가문에는 부자가 생기고 벼슬에 오르고 학자도 계속 나오는 등 자손과 집안이 융성하여 잘 살게 되었다고 한다.

스님의 덕분에 부유하게 되었으면서도 그 은혜를 망각하고 끊임없이 부귀를 쫓다가 결국에는 망했다는 이야기는 사실 매우 널리 전하는 이야기이다. 이와 유사한 이야기가 연산면 신암리에도 <장자가 살던 장자터>라는 이름으로 전한다. 욕심을 지나치게 부리는 부자를 혼내주는 사람으로 논산지역에서는 위의 이야기에서처럼 도승이 많이 등장한다. 그러나 스님들의 세계에서도 그럼 욕심을 내다 망하는 이야기가 전해오니 두마면 용동리에 전하는 <용화사 쌀바위> 전설이 그렇다.

고려 때의 이야기이다. 천하의 명승지를 찾아 절을 세워야겠다는 도승들이 전국을 유람하며 산천을 찾아다니고 있었다.

중국 산동에 가서 오랫동안 불문에 들어가 도를 닦던 도승 한사람이 고국에 돌아와 절을 세우기 위하여 압록강을 건너 삼천리를 찾아다니고 있었다.

그는 삼천리 방방곡곡을 돌아다녀 보았지만 마음에 드는 장소를 찾지 못하고 마침내 신도안에 오게 되었다. 신도안에 들어선 그는 산세를 살펴보고

"내가 머무를 곳을 여기에서 찾아야겠구나."

하고 숲을 헤치고 비탈길을 오르기 시작했다. 가시덩굴을 헤쳐가며 한참 가

다보니 이상한 새소리가 들려와 발걸음을 멈추고 앞을 바라보았다. 거기에는 그가 중국에 있을 때 자기 방 근처를 맴돌며 울부짖던 꾀새가 꼬리를 흔들며 지져가면서 마치 자기보고 가까이 오라고 하는 듯했다.

"오냐, 네가 나를 따라 여기까지 왔구나. 너도 먼 길 오느라고 고생이 많았겠다."

그가 가까이 가서 꽤새를 바라보자 새는 도망가지도 않고 그의 어깨에 날아와서 앉으며 즐거워하는 것이었다.

그래서 도승은 아마도 새가 여기에 자리를 잡으라고 가르쳐주는 계시라고 생각하고 여기에다가 절을 짓기로 정하고 여장을 풀었다 그는 그날 저녁 새가 지저귀던 바위 아래에서 노숙을 했다.

그리고 새벽 일찍 일어나서 바위를 바라보니 거기에는 조그마한 구멍이 하나 있었다. 그 구멍 아래로 쌀이 한 사발 정도 소복하게 쌓여 있었다.

도승은 쌀이 없어서 끼니걱정을 하고 있던 차 쌀을 보니 눈이 번했다. 그 쌀로 아침을 해먹고 점심 때쯤 해서 바위구멍 있는 곳으로 와보니 여전히 쌀이 그만큼 놓여 있어서 밥을 해먹었다.

쌀은 항시 때가 되면 그만큼 쌓여 있었다. 그래서 그는 먹을 것을 걱정하지 않고 일을 할 수가 있었다.

그가 마을로 내려갔다가 절을 짓기 위해서 목수를 데려오면 어떻게 알았는지 그 바위구멍에서는 그 인원의 밥을 지어먹을 수 있는 쌀이 나오곤 했다. 그리고 그 도승이 절을 지을 때 꽤새는 바위근처에서 살았다.

도승이 여기에 절을 짓자 전국 각지에서 스님들이 많이 모여 들었다. 절이 완성되고 목탁소리가 산 아래로 널리 울려 퍼졌을 때는 스님들이 백여 명이었으며 웅장한 절로 등장하였던 것이다. 절이 번창해지고 많은 신도들이 모여들었을 때 도승은 시름시름 병마에 시달리게 되었다. 그러나 그는 불공을 드리는 일만큼은 잊지를 않았다. 도승이 병마에 시달리자 스님 가운에 이상한 생각을 갖는 스님도 생기기 시작했다.

"이 용화사는 도승만 죽으면 보잘 것 없는 절이 될 것이다. 그렇게 되면 쌀바위에서 나오는 쌀로 큰 부자가 될 거야."

하며 자기만의 욕심을 부리기 시작하였다. 그 쌀을 팔아 돈으로 만들어 다른 곳에 가서 부자로 살아갈 것을 계획하고 있었던 것이다. 욕심이 많은 그 스님은 눈이 펑펑 내리던 날 쌀바위 근처에 거서 부지깽이로 쌀이 나오는 구멍을 쑤시면 쌀이 산더미처럼 나올 것이라고 생각하고 많은 가마니를 미리 준비해 가지고 새벽 일찍 쌀바위로 가서 이미 쏟아져 나온 용화사 스님들의 식사용 쌀을 가마니에 담고 부지깽이로 쌀바위 구멍을 쑤시기 시작하였다.

그러나 아무리 쌀바위 구멍을 쑤셔도 쌀은 나오지 않았다. 동이 트자 성급해진 그 스님은 더욱 바위구멍을 힘껏 쑤시기 시작했다. 바위구멍을 한참 쑤실 때 꽤새는 안절부절 못하고 울고 있었다. 이때 절에서 임종을 앞둔 도승은 갑자기 눈을 크게 뜨고는 유언이라도 남기듯이

"후일에 7타불 8보살이다."

하고는 영영 눈을 감았다.

도승이 죽자 절에서는 목탁소리가 요란하게 들려왔다. 쌀바위 구멍을 쑤시던 스님은 목탁소리를 듣자 멈칫 서서 하늘을 바라보았다. 이미 날은 밝았고 하늘에선 꽤새 한마리가 바위 아래로 급강하 하더니 비위에 부딪쳐서 죽는 것이었다. 그리고 쌀바위 구멍에서는 쌀은 안 나오고 피가 흘러 나왔다. 목탁소리와 흐르는 피에 놀란 스님은 쌀가마를 버려둔 채 도망가기 시작하였으며 피는 용화사쪽으로 흘러갔다.

거룩한 마음으로 선을 베풀기 위해 수도를 하고 절을 세웠으나 한사람의 나쁜 마음 때문에 그동안 공들여 쌓았던 탑이 무너지고, 그 후엔 빈대가 우글거려 결국은 도승이 말한 대로 7타불 8보살이란 말대로 폐사가 되었다 한다.

탐심의 응보가 이렇게 무서운 것인 줄 몰랐다. 욕심만 부리지 않았던들 식량 걱정도 하지 않았을 터인데 잠시의 욕심으로 인하여 이러한 엄청난 결과에까지 이르게 된 것이다.

용화사의 바위에서 나오는 쌀이라든지 중국으로부터 따라온 꽤새는 도승

의 신성함을 나타내 주는 징표들이다. 더군다나 이 바위에서는 그 곳에서 일하는 사람들의 수만큼 알아서 쌀이 쏟아져 나왔다니, 신이한 일이 아닐 수 없다. 그런데 욕심 많은 한 스님이 이를 어기고 한꺼번에 많은 쌀을 얻으려고 쌀바위 구멍을 부지깽이로 쑤시자 쌀바위 구멍에서 쌀이 나오지 않게 되었으니 이는 하늘의 벌이면서 동시에 필요한 만큼만 취하라는 자연의 섭리를 말해주는 것이기도 하다. 그리고 그 고통은 모든 사람이 함께 당하게 되므로 자기 자신뿐만 아니라 서로서로에게 깨우쳐야 한다는 속뜻도 담고 있다. 두마면 용동리의 <용화사 쌀바위> 전설은 전국적인 분포를 갖고 있는 전설로서 황금알을 한꺼번에 많이 구하기 위해 황금알을 낳는 거위의 배를 가름으로써 결국 더 이상 황금알을 얻지 못하게 된 『이솝우화』의 <황금알을 낳는 거위> 이야기와 그 이야기 구성 및 드러내는 교훈적인 뜻이 같다.

위의 이야기처럼 지나치게 욕심을 부리면 망하지만 거꾸로 착한 마음씨를 갖고 열심히 사는 사람은 하늘이 도와 부자가 되기도 한다. 성동면 정지리에 <금씨가 열린 금박재>라는 전설이 있는데 그런 내용을 전하고 있다.

> 논산에서 부여 쪽으로 가다 보면 성동면사무소 들어가는 지방도로가 있다. 면사무소 쪽으로 약 2km쯤 가면 금박재라고 부르는 조그만 고개가 있다.
>
> 어느 해의 일이다. 흉년이 들어 먹고 살기에 어려움을 겪어야 했다. 또 거기에다가 왜적들이 침입하여 약탈까지 겹치게 되니 모든 사람들이 살아갈 수가 없었다.
>
> 그런 때에 이 고개 아래에 작은 마을이 있었는데 주위의 농토도 적은데다 토질도 나빠 이 마을 사람들은 항상 가난에 쪼들리며 살아가고 있었다. 그래서 남들은 이 마을을 "부황난 고라실"이라 불렀다. 그러나 비록 가난하게는 살아가지만 주민들의 마음씨만은 순진하고 아름다워 한번 다투는 일이 없이 오순도순 살아가고 있었다.
>
> 이 고개 바로 밑에는 할아버지와 할머니가 오두막집을 짓고 살고 있었다. 이들은 어렵게는 살지만 항상 남을 돕고 일하는 것을 생활의 보람으로 여기며 살

았다.

그러던 어느 날이었다. 이 두 부부는 들에서 일을 하고 막 고개를 넘어오려고 하는데 누가 심지도 않았고 보지도 못했던 박이 탐스럽게 넝쿨을 뻗고 자라고 있었다. 매일 하루에도 몇 번씩 오가는 고개였지만 한번도 본적이 없어 더욱 이상스럽게 생각했다. 그래서 노부부는 그 박이 보통박이 아니라고 생각하고 정성스럽게 가꾸기 시작하였다. 얼마 후 커다란 박이 주렁주렁 열리기 시작하더니 잘 익어갔다.

그 중 잘 익은 박을 하나 따다가 켜보니 이게 어찌된 일인가? 박씨가 박혀 있어야 할 곳마다 금씨가 박혀 있었다. 두 부부는 이는 하늘이 우리에게 주신 것이라 하며 하늘에 감사드리고 그 금씨를 부락민들에게 나누어 주어 그 부락은 부유해져만 갔다.

이 소문을 들은 왜적들이 부락에 찾아와 노부부에게 금씨의 출처를 대라고 괴롭히고 고문을 했다. 끝내 박씨의 비밀을 말하지 않자 그 노인들을 잡아 가두었다. 그러나 동네의 욕심 많은 사람이 왜적들에게 말을 하고 말았다. 그러자 왜적들은 그 고개에 열려있는 박들을 따갔다. 심지어 익지도 않은 박들까지 전부 따다가 타기 시작하였다. 그때였다. 맑게 개였던 하늘에는 갑자기 먹구름이 몰려들기 시작하더니 억수같이 비를 뿌리며 천둥 번개까지 내려치기 시작했다. 삽시간에 왜적들을 자취도 없이 삼켜버리고 말았다. 그 후 박이 열려 있던 그 자리에는 예전엔 볼 수 없었던 바위가 하나 나타났다.

그 후부터 사람들은 이 바위를 금박 바위라고 불렀고 이 고개를 금박재라고 부르게 되었다고 한다. 혹자는 그 부부가 기원하던 중 금닭이 나타나서 매일 금달걀을 낳아 주었는데 왜적들이 그 노인을 괴롭힐 때 괴성병력이 왜적들을 몰살시키고 대신 바위로 변하게 했다는 이야기도 전한다.

마음씨 순하고 아름다운 할아버지 할머니의 눈에 띤 박넝쿨, 이것을 잘 키워서 켜자 그 안에 금씨가 박혀 있었다는 이 이야기는 우리의 유명한 고전소설인 <흥부전>을 연상시킨다. 박이라고 하는 것이 익으면 누렇게 금빛을 띠어 금에 이끌리기도 했겠지만, 박 안에 박씨가 많음으로 해서 예로부터 풍요의 의미를 지니게 되었던 것 같다. 그래서 우리 민족에게 잘 익은 누런 박은 재물을 갖다 주는 행운을 의미하게 되었으리라 본다.

금박재에 얽힌 또 다른 이야기-금닭이 나타나서 매일 금달걀을 낳아 주었다는-는 비록 그 결말은 같지 않지만 앞에서 든 <황금알을 낳는 거위>와 같은 계열이라 할 수 있다.

<금씨가 열린 금박재>와 같이 마음씨 착한 사람이 복을 받는 이야기가 노성면 노티리에도 전하는데, <엽전과 금뒤주가 있었던 뒤주골> 전설이 그것이다.

욕심많은 사람이 망하는 이야기와 착하고 마음씨 고운 사람이 복을 받는 이야기는 지금에서 살펴본 것처럼 따로따로 전하기도 하지만, 하나의 이야기 속에 함께 전하기도 한다. 연산면 정동리에 전하는 <말고개 여우고개> 전설이 그렇다.

> 연산면 청동리에 말고개와 여우고개가 있다.
>
> 아주 오랜 옛날이다. 이 마을에는 마음씨 착하고 아주 부지런한 머슴인 박서방이란 사람이 살고 있었다.
>
> 어느 날이었다. 하루는 박서방이 몸이 불편하여 도저히 일을 할 수가 없어 사랑방에 눕게 되었다. 주인에게는 너무나 죄송한 일이었지만 몸을 움직일 수조차 없으니 어쩔 수가 없었다. 그런데 주인은 호통을 치며
>
> "박서방, 비가 올 것 같으니 어서 산에 가서 나무를 해 와야 땔 것 아닌가?"
>
> 하는 것이었다. 그러나 마음씨 착한 박서방은 아직도 몸이 불편하였지만 주인의 지시에 따라 지게를 지고 산으로 나무를 하러 가긴 했으나 몸이 말을 듣지를 않았다.
>
> 하늘은 점점 음산해지기 시작하여 금방이라도 비가 쏟아질 것만 같았다. 박서방은 얼른 나무를 하여 비가 오기 전에 내려가야겠다고 생각하고 나무를 하다가 그만 정신을 잃고 말았다.

얼마나 정신을 잃고 있었던지 그가 정신을 차렸을 때는 이미 저녁 때가 다 된 무렵이었다. 박서방은 매우 난감했다.

"이를 어찌하면 좋단 말이냐? 틀림없이 주인은 어디서 놀다온 것으로 알고 호통을 칠 텐데."

박서방은 어찌 할 바를 몰라 당황하고 있는데 바로 발밑에서 말 우는 소리가 들려왔다. 그는

"이런 산중에 말이 있다니!"

하며 두려움에 얼른 산을 내려왔다. 주인인 김생원은 빈 지게를 지고 온 그를 내쫓았다. 갈 데가 없어진 박서방은 하는 수 없이 다시 산으로 올라갔다. 그런데 이게 어찌된 일인가? 그때까지도 말울음 소리는 여전히 들려오고 있었다.

박서방은 궁금히 여겨 말울음소리가 나는 쪽으로 가보았다. 깜짝 놀랐다. 눈이 부셔서 똑바로 바라볼 수조차 없었다. 거기에는 금안장을 한 말 20필이 하늘로 올라가고 있는 것이었다. 박서방이 놀라며 쳐다보고 있노라니 말은 조그마한 씨앗 주머니를 떨어뜨리고는 하늘로 사라져 버렸다.

박서방은 말이 떨어 뜨리고 간 씨앗 주머니를 주워 정성들여 땅을 파고 심었다. 싹이 트고 곡식이 매우 잘 영글어 결국 박서방은 부자가 되었다.

이 소식을 들은 김생원은 욕심이 생겼다. 김생원은 박서방이 씨앗주머니를 주웠다는 산으로 올라갔다. 그런데 이번에는 여우 20마리가 나타나더니 그를 물고는 어디로인지 사라져 버렸다. 이런 일이 있은 후부터 말이 나온 고개를 "말고개"라 하고 여우가 나온 고개를 "여우고개"라고 부르게 되었다.

<말고개 여우고개> 전설은 우리나라에 널리 알려진 <혹부리 영감>과 매우 유사하다. 산에 나무를 하러갔다는 공간적 배경이 같고, 착한 박서방과 혹부리 영감이 복을 받아 부자가 되고 마음씨 고약한 김생원과 다른 혹부리 영감이 벌을 받는 그 이야기 구성이 같은 것이다. 다만 마음씨 착한 박서방과 혹부리영감이 복을 받는 형태와 마음씨 고약한 김생원과 다른 혹부리영감이 벌을 받는 방식이 다를 뿐이다. 박서방은 하늘을 오르는 말이 떨구어준 씨앗을

잘 키워 부자가 됐고, 마음씨 착한 혹부리 영감은 도깨비들로부터 보물을 받아 잘 살게 되었으며, 김생원은 여우에게 물려가 종적을 감추었고, 마음씨 고약한 혹부리영감은 혹을 하나 더 달고 산에서 내려오게 되었다. <말고개 여우고개> 전설은 <혹부리영감> 전설과 비교해 볼 때 단순한 교훈의 차원을 넘어 강한 권선징악의 내용을 담고 있다. 그런 면에서 연산면 정동리에 전하는 <말고개 여우고개> 전설은 보다 근원적인 전설로서의 면모를 지니고 있다고 볼 수 있다.

이와는 달리, 본인들의 선악에 의한 것이 아니라 부자집의 아녀자들로 인해 그 집안이 망하는 이야기도 전한다. 광석면 율리에 <횟방골의 마당배미> 전설이 전한다.

> 광석면 율리 2리 횟방골에 마당배미라고 하는 1,000여평의 논이 있다.
>
> 옛날 이 마을에는 덕을 베풀며 사는 황부자가 있었다. 길가는 손님이라도 이 집을 찾는 사람에게는 따뜻이 맞이하여 융숭하게 대접하였다. 그러다보니 손님이 그치질 않아 부녀자들은 물에서 손을 뗄 여가도 없어 손이 짓무를 정도였다.
>
> 그러던 어느 날이었다. 스님이 염불을 하면서 시주를 청하였다. 황부자의 부인은 스님에게 시주를 하고 사정 얘기를 들려주고 제발 구정물에서 손을 뗄 수 있는 방법을 가르쳐 달라고 애원했다. 스님은 한참동안 합장을 하고 있더니
>
> "방아고지앞(율리1구) 날등 조금 굽은 곳에서 보면 삽다리 앞 수침이 보입니다. 수침이 보이지 않도록 날등 구분 곳을 막고, 부엌을 세매로 내려쳐 보시오."
>
> 하고는 어디로인지 가버렸다. 부인은 스님이 가르쳐준 대로 하였다. 그 후부터 이상하게도 손님이 끊어져 부녀자들의 손은 나았지만 황부자집은 점점 망하게 되었다. 그 후 황부자자가 살던 마당은 논으로 되었는데 이 논을 지금도 마당논 또는 마당배미라고 부른다.
>
> (『논산지역의 지명유래』, 논산문화원, 1994)

오가는 손님이 많으면 그 시중을 드는 그 집의 아녀자들이 힘이 드는 것은

당연한 일이다. 그러나 그 힘을 덜려다가 아주 망해버렸다는 황부자 이야기는 또 다른 의미를 전달해주고 있다. 본인이 비록 덕을 베풀고 살더라도 집안 사람들도 마음을 함께 해야 한다는 것이고, 물론 재물이 많은 사람한테 사람이 몰리기도 하지만 거꾸로 사람이 몰려야 재물을 얻을 수 있다는 교훈을 이 이야기는 전하고 있는 것이다.

3) 풍수 전설

풍수(風水) 전설은 풍수적 내용을 담은 전설이다. 풍수란 음양오행에 바탕하여 바람과 물의 순환이치와 땅의 지질형태적 특징과의 관계 속에서 자연의 생명력에 사람이 감응을 받으면, 즉 좋은 곳에 조상의 묘를 쓴다거나 집을 짓고 살면 당사자나 후손이 그 힘을 받아 부귀영화를 누리게 된다는 것으로, 좋은 곳에 묘를 써서 부귀영화를 누리거나 잘못해서 망한다는 이야기를 담고 있는 것이 풍수 전설이다.

노성면 노티리의 <거북산> 전설, 연산면 신암리의 <장자가 살던 장자티> 전설, 광석면 율리의 <횟방골의 마당배미> 전설, 상월면 산성리에는 <신도안으로 넘어간다는 배넘어고개> 전설 등이 모두 풍수적 내용과 결합된 전설이다.

풍수적 내용을 충실하게 전하는 것으로 연무읍 소룡리에 <명당자리 등토산>이라는 전설이 전하는데 그 내용은 다음과 같다.

> 산에 묘를 잘 쓰면 가문이 번성한다는 고사는 옛날부터 전하여 오고 있다. 그래서 묘자리를 잡아주는 지관도 있고 부귀영화를 누리고자 하는 사람들은 이산저산을 헤매며 좋은 묘자리를 찾으려 하고 있고, 또 명당자리를 놓고 집안끼리 줄다리기를 하는 것을 볼 수가 있다. 심지어는 이름난 명당자리에는 남몰래 한밤중에 시신을 꺼내고 그 밑에 조상의 묘를 쓴다는 애기도 심심찮게 전해 온다.
>
> 연무읍에는 등토산이란 산이 있고 이 산에 묘를 잘 써서 조선팔도에 그 집안

에서만 여덟 사람의 감사벼슬을 한 명문이 나왔다 한다. 그런데 이와 같이 집안에서 벼슬하는 사람이 많이 나오다보니 혹시 역적질 하는 사람이 나올까봐 선조의 묘를 옮겼다는 얘기가 전해온다. 그러니까 선조의 묘를 잘 써서 벼슬하는 자손이 많아지자 이것이 화근이 될까봐 선조의 묘를 파헤치는 수난사도 있었다는 얘기이다.

이조 때의 이야기다. 경상도에 사는 유생 한사람이 있었다. 그는 자손이 번창해서 높은 벼슬을 하여 가문을 빛나게 하는 것이 소원이었다. 그의 집안은 널리 알려진 집안이기는 했지만 어쩐지 크게 출세하는 자손이 하나도 나타나지 않았다. 그래서 자기 자손만큼은 크게 출세시켜보려고 했다. 전국 방방곡곡을 다니며 명당자리를 찾기 위하여 헤매었다.

그러다가 이곳 연무읍에 있는 등토산이 명당자리라 생각하고 자기 선조의 묘를 파서 유골을 등에 업고 찾아와 등토산 꼭대기에 이장을 하고 그도 이곳에 눌러 살게 되었다.

그 후 그는 이곳에서 아내를 맞이하여 자식을 낳기 시작하였다. 사십 고비에 아들 팔 형제를 낳고, 그가 팔십이 되었을 때에는 자식 손자들만 무려 사십여명이 되었다.

그는 자식들에게 항상 말하기를

"출세를 하려면 남다른 강인한 의지가 필요한 것이다."

라고 하였다. 어쨌든 선조의 묘를 잘 써서인지 첫째 아들은 과거에 급제하였고 둘째 아들은 진사에 합격하여 순탄하게 벼슬길에 오르게 되었고 셋째, 넷째 이어서 손자들까지 관운이 좋은 탓인지 순탄하게 출세를 하였다.

한양으로 벼슬길에 오른 아들들은

"아버님 한양으로 이사를 하시지요, 저희들이 한양에 있다 보니 부모님께 불효를 저지르게 되옵니다."

하며 한양으로 이사하기를 바랐다.

팔십 고비를 넘어선 그로서도 자식들과 손자들까지 뿔뿔이 헤어져 따로 살아간다는 것이 한편 섭섭하기도 하여 한양으로 자식들을 따라 갈까 하는 생각도

해보았다. 사람이란 늙으면 누구에게나 의지하고 싶은 생각이 드는 것은 당연한 일이었다.

어느 날이었다. 이런 생각 저런 생각을 하며 골몰하다가 잠이 들었는데 꿈속에서 한 노인이 나타나서

"너의 가정이 이렇게 번창한 것은 모두가 선조의 덕이니라. 지금까지는 그대의 아버지 덕분에 자손이 융성하고 있으나 그 맥도 한이 있느니라. 너에게 베푼 선조의 도움도 조선팔도의 감사 여덟 명으로 끝이 날 것이니라."

하고는 사라졌다. 깜짝 놀라 잠을 깨고 난 그는

"꿈도 참으로 이상하고나, 여덟 명의 감사가 나면 끝이라."

하며 불현듯 생각나는 것이 감사 벼슬이었다. 그는 손가락으로 꼽으면서 감사를 하고 있는 자손들을 헤어 보았다.

"아뿔사"

하고 그는 한숨을 쉬는 것이었다.

"아니, 그러고 보니 우리집 아이들이 조선팔도 감사자리를 다하고 있군."

이렇게 생각하고 그는 깜짝 놀라 벌떡 자리에서 일어나서 옷을 갈아입고 삽자루를 든 채 등토산으로 오르는 것이었다. 그는 산에 오르자 조상의 묘를 파기 시작하였다. 경상도 고향땅에서 이장을 하기 위해 묘를 팔 때도 이렇게 칠흙같이 어두운 밤이었다. 그는 땀을 뻘뻘 흘리며 묘를 파서 선조의 유골을 정성들여 싸서 등에 업고 산 아래로 내려오다가 등토산 중간쯤에 다시 묻었다.

묘를 다 쓰고 집에 돌아오니 새벽녘이었다. 그는 집에 돌아와서 잠시 눈을 붙였는데, 그때 또 꿈속에 다시 그 노인이 빙그레 웃으며 나타났다.

"참으로 잘한 일이다. 한 집안에서 팔도 감사가 나왔으니 더 이상 영예스러운 일이 또 어디 있겠느냐? 그 등토산 꼭대기 묘자리는 여덟이 출세하면 다음에는 꼭 역적이 하나씩 나오는 그런 자리일세, 그러나 이젠 이장을 했으니 걱정할 것 없네."

그는 꿈에서 깨어났다. 참으로 이상한 꿈이었다. 그 후 그는 한양으로 이사를 하지 않고 90이 넘도록 이곳에서 살다가 세상을 하직했다 한다.

그래서 지금도 연무읍 양지리와 소룡리를 가로지르는 등토산은 명당자리로 유명하지만 그 등토산의 등성이는 역적이 난다하여 역적날이라고도 부르고 있다.

명당자리인 연무읍 등토산에 조상의 묘를 써서 자손이 조선 팔도의 감사를 하게 되었고, 꿈 속 노인의 말을 듣고 조상의 묘를 등토산 중턱으로 옮겨 묻어 역적이 나는 것을 피했다는 이 이야기는 전형적인 풍수 전설이라 할 수 있다. 양촌면 채광리에도 이러한 류의 이야기가 전하는데, <명당자리 새터>라는 전설로 중국의 지관(地官)이 자신의 조상의 묘를 쓸 명당지리를 찾기 위해 이 땅에 와서 헤매다가 발견한 자리가 바로 이 새터인데, 그 지관의 말을 멀리서 들은 한 농부가 먼저 묘를 쓰는 바람에 이 중국의 지관이 묘를 쓰지 못했고 그 농부는 잠깐 사이에 번창해 갔다는 이야기이다.

이와는 달리 풍수적으로 잘못해서 망했다는 이야기도 있는데, 광석면 청동리의 <웃말샘과 노송> 전설이다.

광석면 천동2리 대중부락은 풍수지리학적으로 배의 형국이라 한다. 그래서 어느 곳을 파도 물이 나온다고 하며 물이 좋아서 마을을 샘골이라고도 부른다.

옛날 조씨 중의 한사람이 현 대중 부락의 가장 위에 집을 짓고 우물을 파보았지만 물이 나오질 않았다. 그러던 어느 날 노승 한 분이 찾아와 물이 없어 걱정하고 있다는 말을 듣고 우물자리를 잡아준 후 소나무 한 그루를 그 옆에 심는 것이었다. 마을 사람들이 궁금하여 물어보니

"이 마을은 배의 형국으로 이곳은 배의 돛대 자리입니다. 그래서 배의 돛대격인 소나무를 심은 것입니다."

하고는 어디론지 떠나갔다. 그 후 이 소나무는 잘 자라 아름드리 소나무가 되어 우물과 함께 운치를 자랑하였는데 그 후 조씨 문중의 후손 한사람이 이 소나무를 벤 후부터 조씨네는 점점 쇠퇴하기 시작했다고 한다.

옛날 청동리 대중 부락에 물이 나오질 않았는데, 노승이 우물 자리를 잡아주고 옆에 소나무를 심으니 우물에 물이 잘 나오게 되었다. 그 이유는 이 마을이 배의 형국이라 돗대격인 소나무를 돗대자리에 심었기 때문이라고 한다. 그러나 조씨 문중의 후손 한 사람이 소나무를 베자 조씨네가 쇠퇴했다는 것인데, 이 이야기는 마을사이면서 문중 흥망사이고 아울러 풍수전설인 것이다.

연산면 연산리에 전하는 <송불암> 전설은 열녀 허씨부인 이야기에 풍수적 내용이 결합한 것으로 보이는데, '금기적 내용의 제시(도승은 자신이 황룡재를 넘어가거든 묘자리의 땅을 팔 것을 요구) - 금기파괴(인부들이 장례를 서둘러 중의 말을 어기고 땅을 팜) - 금기발설자(도승)의 사망(땅속에서 죽먹만한 왕벌이 튀어나와 그 중을 쏘아 죽임)이라는 내용이 덧붙여져 있다. 제시된 금기가 지켜지지 않아 그에 대한 처벌을 받는다는 것은 이러한 류의 설화에 있어서 보편적인 것이다.

풍수전설의 다른 한 유형으로 혈을 끊는다는 이야기가 있다. 이것은 중국이나 일본 사람들이 우리나라에서 훌륭한 사람이 나는 것을 막기 위해 산천의 혈을 끊는다는 것이 대부분이다. 논산읍 관촉리에 <소의 혈인 쇳골재>라는 이야기가 그러한 예이다.

> 논산읍 관촉리 반야산 기슭에 '쇳골재'라는 재가 있다.
>
> 풍수설에서는 위대한 인물은 산세를 업고 태어난다고 한다. 그래서 이러한 풍수설에 대한 전설도 심상치 않게 전하는 것을 볼 수 있다.
>
> 임진왜란 때 이 땅을 쳐들어온 왜적들의 잔인성은 이루 말할 수가 없었다. 백성들이 살고 있는 집은 불태워 없애버리고 심지어는 어린 아이들까지도 그들의 칼끝에 죽어가야만 했다. 그리고 겁탈과 약탈은 그치지 않아 여기저기에서는 부녀자들이 치욕을 참지 못하고 스스로 목숨을 끊는 아녀자만도 부지기수였다.
>
> 동방의 예의지국이라는 허울 좋은 기력은 왜놈들의 총칼 앞에 무참히 짓밟히고 말았다. 이와 같이 왜놈들의 약탈과 살상이 심해지자 민심은 더욱 악화되었고 백성들은 이곳저곳으로 살 길을 찾아 피난을 떠나야만 했다.

나라에서는 하는 수 없이 명나라에 원군을 요청하였다. 명나라 이여송이는 군사를 이끌고 우리나라에 들어와 도와주는 척하면서 기묘하게 우리나라를 침범하고 있었다. 그는 앞으로 나라에 큰 인물이 태어날 산의 혈을 찾아 전국을 다니며 끊고 있었다.

참으로 놀라운 일이었고 약소민족은 항상 설움 속에서 살아야만 했다. 우리를 도우러 온 장수가 이 나라에 장차 큰 인물이 나면 안 된다고 마구 산의 혈을 끊고 있으니 뜻있는 사람들은 나라의 앞일을 걱정하지 않을 수 없었다.

이여송이 이처럼 산맥을 끊기 위해 전국을 다니다가 지금의 반야산에 들어서자 이곳은 산세가 좋다는 것을 먼저 느꼈다. 그래서 그는 명나라에서 데리고 온 풍수꾼들을 시켜 이 근처 산을 살피도록 하였다. 그리하여 풍수꾼들은 반야산의 근처를 답사한 후 이여송에게 이렇게 말하였다.

"장군 반야산은 참으로 명산이오며 기백이 숨은 산이외다. 마치 산세는 소의 모양을 닮았으며, 그래서 이 산의 혈에서 장차 소와 같이 힘센 장군이 나오게 될 가능성이 풍부한 산세를 가지고 있습니다."

이 말을 들은 이여송이는 한참동안 무엇인가 생각하더니 머리를 몇 번 끄덕거리며 이렇게 지시하는 것이었다.

"그리하면 혈을 끊어 버려야지. 아주 혈을 끊어버리려면 소의 모양이라니 목 부분에 해당하는 곳을 끊어버려라."

이여송은 재주가 많은 우리 민족의 기백을 잘 아는지라 이렇게 지시하고 자리를 떴다.

이여송이는 우리 민족을 두려워했기 때문에 아주 맥을 끊어 버리자는 속셈이었던 것이다.

참으로 우리 민족에게는 한이 맺힐 일이었지만 힘이 없는 우리로서는 눈뜨고 쳐다보고만 있어야 했다. 이때 이여송이가 말한 소의 목부분은 지금의 쇳골재를 지적한 것이었다.

이 이야기는 약소민족으로서 겪는 이야기 중 하나이다. 채운면 우기리의

<알을 품고 있는 암탉의 형세인 닭머리재> 전설도 이러한 류의 이야기이며, 실제로 일본이 우리나라의 명산에 쇠막대기둥으로 혈을 지른 것이 가끔 발견되곤 한다. 그러므로 국력을 키워야 한다는 절실한 마음을 함께 담고 있으며 이러한 감정은 우리가 살고 있는 오늘날 더욱 절실하게 느끼게 되는 것이다.

풍수는 자연을 이해하는 동양의 오래된 방식 중의 하나이다. 자연의 거대한 힘을 깨달은 우리 선조들은 보이지 않는 자연의 힘을 이해하고 그 힘의 흐름에 편승함으로써 부귀영화를 얻을 수 있다고 믿었다. 이의 연장선상에서 자연의 기운을 타고 훌륭한 인물이 태어난다고도 믿었다. 그러므로 중국과 일본이 우리나라를 침략해서는 이 땅에 훌륭한 인물이 태어나지 못하게 하기 위해 자연의 기운의 흐름을 끊기 위해 혈을 지르기도 한 것이다. 이것은 현대의 과학적이고 실증적 사고 방식으로는 이해할 수 없는 것이지만, 우리의 삶은 초월적이고 초경험적인 부분도 함께 있는 것이므로 과학적, 실증적이지 않다 하여 무조건 무시하는 것은 옳지 않다. 풍수는 안녕과 부귀영화에 대한 우리의 강한 염원과 결부되어 관련된 많은 전설을 만들어 내게 된 것이다.

4) 원혼 전설

이 세상에서의 삶을 제대로 마치지 못하고 억울하게 죽거나 사회적 관습의 벽을 뛰어넘지 못하고 자의, 타의로 죽은 사람들은 그 원망 때문에 저승으로 가지 못하고 이승에 남게 된다고 한다. 그 원혼들은 다른 형태로 이승에 남게 되거나 그 원혼을 풀기 위해 사람들 앞에 나타나기도 한다. 그래서 그 원망이 풀려야 이승의 사람들 앞에 나타나지 않게 된다는 것이다.

논산 지역에서는 한을 품고 죽은 사람들이 구렁이로 변한다는 전설과 맺힌 한이 돌로 나타난다는 전설이 전한다. 우선 전자의 이야기를 살펴보면, 성동면 원북리에 <한이 서린 사만 구렁이>라는 전설이 있는데, 우리 민족의 아픔을 담고 있는 이야기이다.

성동면 원북리 3구 부여군과의 경계 마을에 사만구렁이라는 굴이 있다.

옛날 북쪽의 오랑캐들이 우리나라를 쳐들어 왔을 때이다. 원래가 야만적인 오랑캐들은 우리나라를 쳐들어와서 덮어놓고 물건을 약탈하고 사람들을 죽이는 것을 일삼고 있었다.

남의 나라에 쳐들어와 마음대로 횡포를 부리고 있는 것을 바라보고만 있어야 하는 우리나라 백성들은 힘이 없는 것을 안타깝게 생각하며 발만을 동동 구르고만 있어야 했다.

오랑캐들의 잔인함은 날이 갈수록 더해만 갔다. 집집마다 찾아다니며 진귀하다는 것은 모조리 약탈해갔고 심지어는 부녀자들이 눈에 띄기만 하면 겁탈을 하는 것이었다. 참으로 눈뜨고 볼 수 없는 참극들이 여기저기에서 일어나고 있었다. 나라 안은 온통 어수선하여 원성이 하늘을 찌를 듯 하였다.

오랑캐의 두목쯤 되는 놈은 부녀자를 열이고 스물이고 마음대로 거느리고 다녔고 군졸들은 마을에 들어서자마자 부녀자를 빼놓고는 모두 죽여버리고 방화까지 저질러 온통 마을을 쑥대밭으로 만들어 버리고 말았다. 그래서 우리나라 백성들은 오랑캐들의 눈을 피하여 부락을 버리고 깊은 산중으로 피신을 하여야만 했다. 북쪽에서부터 밀어닥치기 시작한 오랑캐들은 드디어 충청도 땅을 짓밟기 시작하였다. 공포에 떨던 백성들은 울며불며 산속으로 도망쳐야만 했다.

여기 원북 부락에서도 그들을 피하기 위해 마을 사람들은 모두가 피난길에 나서 이곳의 굴속으로 피신하게 되었다. 마을사람들이 피신한 후 그 이튿날 조랑말을 탄 오랑캐의 무리들이 마을로 들어오기 시작했다. 그리고는 집집마다 다니며 휩쓸기 시작하였다. 마치 동물처럼 괴성을 지르면서 마을을 누비고 있는 오랑캐들은 마을에 먹을 것 하나 없고 부녀자 하나도 없는 것을 알고 더욱 분개하여 집에 불을 지르는가 하면 닥치는 대로 무엇이든지 부수기 시작하였다.

이곳 마을 사람들은

"아무리 악독한 놈들이라 할지라도 먹을 것이 하나도 없고 약탈할 것이 없으면 바로 물러가겠지."

라고 생각하고서 모든 물건은 땅속에 묻고 사람들은 피신했던 것이다.

그러나 뜻밖에도 그들은 물러가지 않고 마을에 주둔하는 것이었다. 그리고는 여기 저기 산을 뒤지며 사람들을 찾기 시작하였다. 마을사람들은 굴속에서 꼼짝도 하지 못하고 언제 오랑캐들이 들어닥칠 지 몰라 초조와 공포 속에서 떨고만 있어야 했다.

더구나 먹을 것조차 충분히 준비하지 않고 있어 날이 지날수록 더욱 마음이 조여지기만 했다. 이제는 꼼짝없이 오랑캐들에게 잡혀 죽거나 아니면 굶어 죽는 수밖에 없는 절망뿐이었다. 마을 사람들은 이제는 허탈 속에서 모든 것을 체념한 듯하였다.

그런 날이 며칠이 흘러갔다. 그러나 그들은 성안 이리떼들처럼 더욱 산과 들을 뒤지기 시작하는 것이었다. 그러던 어느 날이었다. 오랑캐들은 그들이 숨어 있는 굴 가까이까지 찾아 올라오고 있었다. 이때 마을의 아낙네 한 사람이 이곳에 쳐들어오지 않나 해서 굴 밖을 내다보았다. 그때 오랑캐 하나가 주위를 살펴보다가 아낙네가 보이자 그 오랑캐는 동료들에게

"저기 굴속에 사람이 숨어 있다."

라고 손가락으로 굴을 가리키며 소리치는 것이었다. 마침내 피비린내 나는 참극은 벌어졌다.

오랑캐들은 굶주린 이리떼들처럼 굴 속으로 들어가기가 무섭게 부녀자들만 남겨놓고 사람들을 마구 죽이기 시작하였다. 오랑캐들은 사람들을 죽이자 이번에는 부녀자들을 희롱하며 끌고 나와 굴을 무너뜨리는 것이었다. 그래서 굴 속에 피난왔던 마을 사람들은 부녀자들만 제외하고는 한 사람도 살아남지 못하고 모두 굴 속에서 죽고 말았다.

그 후 굴 속에서 죽은 사람들은 한이 맺혀 모두 구렁이로 변했다고 하는데 그 수가 4만에 이르렀다 한다. 이들 구렁이들은 밖으로 나와서 뿔뿔이 흩어져 갔다고 한다. 그 후부터 이 굴이 있었던 곳을 구렁이라 부르게 되었고 지금도 이곳에는 많은 구렁이가 서식하고 있다 한다. 오죽 한이 맺혔으면 구렁이로 변했을까? 이 전설은 약소민족으로서 나라의 힘이 없이 오랑캐들로부터 짓밟혀 설움을 겪어야 했던 우리 조상들의 한이 서려 있는 전설이기도 하다.

이 전설은 북쪽 오랑캐에게 억울하게 죽임을 당한 이 곳 주민들의 원한을 전하고 있는데, 이 때 죽은 사람들은 모두 한이 맺혀 구렁이로 변했다는 이야기이다. 이는 '굴(굴헝)'이라는 말이 구렁이라는 말로 변했다고 짐작이 되는데, 어쨌든 이 지역의 사람들은 죽은 원혼이 구렁이로 변한다는 믿음을 갖고 있다.

한편 사랑에 얽힌 이야기 속에도 이루지 못한 한 때문에 구렁이로 변했다는 전설이 전하고 있으니, 양촌면 반암리의 제비울에 전하는 느티나무에 얽힌 이야기가 그렇다.

양촌면 반암리 제비울에는 삼백여년 묵은 느티나무가 있다.

이 느티나무가 서 있는 자리에 옛날에는 우물이 하나 있었다고 한다. 이 우물은 물이 맑고 깨끗하여 들여다보면 보는 이의 모습이 거울처럼 환히 비쳤다. 그러나 신비하게도 죄를 지은 사람의 모습만은 비치지 않는다 하여 죄지은 사람들은 들여다보기를 꺼려했으며 마을 사람들은 죄를 짓지 않으려고 노력했다고 한다.

이와 같이 이 우물은 사람들을 어질고 착하게 만들어 준다 하여 인수(仁水)라고도 불렀다 한다. 또 이 우물은 물이 많이 솟아나 동네 아낙네들의 물동이가 끊이지 않았고 무더운 여름밤에는 동네 처녀들이 나와서 머리를 감고 목욕도 하였다.

이 마을에는 지체 높은 양반집이 하나 있었다. 그리고 그 양반집에는 과거공부를 하는 잘 생긴 도령이 있었다.

어느 해의 일이다. 심한 가뭄이 들어 논바닥은 거북등처럼 갈라지고 먹을 물마저 말라버렸다. 그러나 이 인수 우물만은 마르지 않아 이웃마을에서까지 이 물을 긷기 위해 물동이를 이고 줄을 섰다.

그 속에는 이 마을 건너편에 사는 아름답고 착한 농부의 딸도 끼어 있었다. 자기 마을 우물이 말라버리자 하는 수 없이 인수 우물물을 길어다가 먹을 수밖에 없어 매일 물동이를 이고 물을 길어갔다.

그러던 어느 날이었다. 과거공부를 하는 양반댁 도령이 길에서 물동이를 이고 오는 농부의 딸과 마주쳤다. 눈이 부시도록 아름답다고 느낀 양반댁 도령은 가슴을 설레이며 그 처녀 생각으로 밤잠을 이루지 못하였다. 한눈에 반해 버린 것이다. 그때부터 도령은 과거 공부도 소홀히 하면서 길목을 지켰다가 그 처녀를 만나곤 하였다. 볼수록 아름답고 예쁜 농부의 딸을 짝사랑했던 도령은 어느 날 그 처녀에게

"낭자? 나는 낭자를 사랑하고 있소. 우리 결혼합시다."

하며 사랑을 고백하게 되었다. 그러자 처녀는

"도련님, 아니 되옵니다. 그럴 수는 없습니다. 미천한 계집이 어찌……"

하고 말끝을 흐리며 완강히 거절하였다. 그러나 너무나도 진지하고 사랑이 굳어진 도령의 태도에 처녀는 어쩔 수 없이 자주 만나게 되었고 그들의 사랑은 날이 갈수록 익어가 서로 결혼할 것을 약속하였다.

이러한 사실을 뒤늦게 눈치 챈 양반어른은

"상것과의 혼례는 도저히 할 수 없다."

하며 불호령이 내렸고 도령의 출입도 막고 다른 규수와의 혼담을 서두르기 시작하였다. 그 혼담은 빨리도 이루어져서 어느 양반집 규수와 혼인이 이루어져 혼인 날짜까지 잡게 되었다. 도령은 혼인날이 가까이 다가올수록 더욱 초조해지기 시작했고 그 처녀 생각으로 밤잠을 이룰 수가 없었다.

한편 농부의 딸은 매일 밤 두 사람만이 만나던 장소로 나갔지만 도령의 그림자도 보이질 않았다. 드디어 도령의 혼례식은 닥쳐왔다. 뒤늦게 이 소식을 들은 처녀는 정말 하늘이 무너지는 암담함과 가슴이 찢기우는 아픔을 느끼며 발을 동동 굴렀다. 그러나 누구에게도 하소연도 하지 못한 채 혼자서 그 슬픔을 견디어야 했다. 자기와 혼인할 것을 굳게 약속하고도 말 한마디 없이 헌신짝 버리듯한 도령이 밉기도 했고 분하기도 했다.

"세상에 이럴 수도 있단 말인가?"

하고 한탄하며 정신 나간 사람처럼 쓰러질 듯한 걸음으로 발을 옮겨 우물가에 이르렀다. 도령에게 속은 일이 원통하여 견딜 수가 없었다. 그래서 그 농부

의 딸은 머리를 풀고 우물에 빠져 죽고야 말았다.

이튿날 새벽 물을 길러온 동네의 아낙에 의해 발견된 시체는 한이 서린 사랑의 비밀과 함께 묻혀졌다. 마을 사람들은 그 착한 처녀가 왜 물에 빠져 죽었는지 그 이유를 몰라 수군대기만 하였다. 그러나 그 사연을 아는 사람은 도령댁 식구들뿐이었다. 그 처녀가 물에 빠져 죽었다는 소리를 들은 양반어른은

"아니! 저런 못된 것이 있나. 하필이면 경사스런 아들의 혼렛날 죽다니. 상것이 방정맞게……"

하며 화를 내면서 모든 일을 죽은 처녀에게 덮어씌우고 인부들을 시켜 그 좋은 우물을 메워버렸다.

그런데 메워진 우물자리에서는 한 그루의 느티나무가 무럭무럭 자라났고 도령과 농부의 딸 사이의 비밀도 입에서 입으로 새어나갔다. 그 후 혼례를 치룬 도령은 한양으로 올라가 과거를 보았지만 낙방하여 큰 벼슬도 못하고 고향으로 다시 돌아오게 되었다.

그가 내려오던 날 느티나무 아래에는 많은 사람들이 모여 웅성거리고 있었다. 나뭇가지에 큰 구렁이가 나타나 머리에 빨간 띠를 두르고 머리를 든 채 꿈틀거리며 사람들을 쳐다보고 있었다. 사람들은 그 구렁이가 죽은 농부의 딸의 혼일 것이라고 말하며 죽여서는 안 된다고 하였다. 죽은 듯이 움직이지도 않던 구렁이는 양반도령을 보자 몸통을 움직이며 혀를 날름거렸다. 지난 일들이 새삼스럽게 생각되어 도령은 쫓기듯이 한양으로 다시 올라갔고 그 후에도 구렁이는 날이 궂을 때마다 나타났다 한다.

그래서 지금도 비가 오는 날에는 구렁이가 나타난다고 하여 사람들은 지금도 나무 밑에 가기를 꺼려한다고 한다.

지체 높은 양반집 도령과 농부의 딸과의 사랑은 당시로서는 격에 맞지 않는 일이었다. 양반집에서 허락할 리가 없는 것이다. 양반집 도령이 어느 양반집 규수와 혼인하는 날 결국 이 농부의 딸은 마을 우물에 몸을 던져 죽고 만다. 그러자 그 양반집에서는 그 우물을 메워버렸다. 마치 자신의 아들과 농부

의 딸과의 사이에 있었던 일이 묻히기를 바라듯이. 그런데 이 우물은 맑고 깨끗할 뿐만 아니라 죄를 지은 사람은 모습을 비추지 않는 신이한 우물이었다. 즉 죄 지은 자를 밝혀냄으로써 사람들로 하여금 죄를 짓지 않도록 하게 했다는 것이다. 그런 우물이었기에 메워졌어도 부자의 죄를 밝히려는 듯, 우물은 그 자리에 느티나무를 자라게 했고, 느티나무가 자라면서 두 사람 사이의 일이 주위 사람들에게 알려지게 된다. 그리고 머리에 빨간 띠를 두른 큰 구렁이가 그 나뭇가지에 나타난 것이다. 마을 사람들은 이 구렁이를 죽은 농부의 딸이라고 인식하고 있다. 그 도령은 과거를 보았으나 급제하지 못했다고 하니, 죄를 지은 자는 벌은 받는 것이고, 억울하게 죽은 원혼은 구렁이로 변한다는 믿음을 이 지역 사람들은 갖고 있는 것이다.

연산면 사포리에 있는 <귀신둠벙> 전설도 이와 유사한 내용을 갖고 있다. 권력과 재산인 있는 집안의 무남독녀 외딸이 그 집의 종과 사랑에 빠지자 그 둘을 연못에 빠뜨려 죽였다. 그런 후 마을에 경사스러운 일이 있을 때마다 노란빛의 구렁이가 나타나서 슬피 울었는데, 마을 사람들은 억울하게 죽은 두 혼령이 이루지 못한 사랑을 한스러워 해서 이승을 떠도는 것으로 인식하고 있다. 아마 구렁이의 울음 소리가 슬피 들려서 이런 심상을 만들어냈는지도 모르겠다.

이와는 달리 신의를 저버린 사람이 구렁이가 된다는 이야기도 전하고 있다. 채운면 삼거리에 있는 미내다리에 다음과 같은 전설이 전한다.

> 강경읍에서 채운면 야화리 사포방면으로 약 1km쯤 올라가다 보면 제방 밑에 3개의 아치형 돌다리가 있다. 이 다리가 이조시대에는 서울서 호남길로 들어서는 다리로서 이름이 높았던 '미내다리'이다.
>
> 지금은 고속도로와 가로놓인 철로로 쓸모없이 되어버린 돌다리이지만 춘향이와 이도령이 건넜다는 허허벌판 속에 3개의 아름다운 아치형으로 아름다운 전설어린 돌다리이기도 하며 비문에 보면 이 다리는 영조 7년(서기 1731년) 신해 4월에 건립된 것으로 되어 있다. 그 당시에는 이 다리가 있는 곳이 큰 내로

서 바닷물과 서로 통하여 배로 왕래했다고 한다.

옛날 이 다리가 없을 때에는 강을 건너려면 배를 타야만 했다. 그래서 마을 사람들은 불편을 덜기 위하여 다리를 놓기로 하였다. 마침 이 마을에 사는 두 청년이 다리공사를 맡기로 하고 자금을 마련하기 위하여 집집마다 돈을 거두었다.

그리하여 다리를 놓고 보니 돈이 남았다. 두 청년은 남은 돈을 어찌해야 좋을지 고민을 하게 되었다. 돈을 마을 사람들에게 나누어 준다는 것은 액수가 너무나 적었다. 그렇다고 공금을 둘이서 나누어 갖는다는 것도 양심이 허락지를 않았다. 두 청년은 고민하던 끝에 이 다음에 다리가 부서지면 그 돈으로 보수를 하기로 결정하고 아무도 모르게 밤에 다리 근처에 돈을 묻게 되었다.

그 뒤 몇 해가 지나도 다리는 부서지지 않으므로 마을 사람들은 이 두 청년을 훌륭한 기술자들이라고 칭찬까지 하게 되었다. 그러던 어느 날 다리를 놓았던 청년 한 사람이 갑자기 병을 앓게 되었다. 깊은 병이라 좋다는 약을 다 써도 낫지를 않았다. 병이 위독하다는 소식을 들은 한 청년이 문병을 왔다.

"여보게. 얼마나 고생이 많은가? 그래 무슨 병이래? 의원은 만나봤나?"

하면서 위로했다. 이 청년은 돌아오면서

"그렇지 병을 낫게 하려면 좋은 약도 써야 하고, 명의도 불러야 하는데 그 친구야말로 무슨 돈이 있어서 좋은 약과 명의를 부른단 말인가? 우선 친구를 살려 놓고 봐야지."

하며 병문안 온 친구는 옛날 다리 밑에 묻어 두었던 그 돈을 생각하게 되었다. 우리가 피땀 흘려 다리를 무보수로 놓았고 또 우리만이 아는 돈인데……, 그리고 다리는 아직도 튼튼하여 걱정이 없으니 우선 친구의 병을 고치는 데 그 돈을 쓰고 싶었다. 문병 갔던 친구는 다리 밑에 와서 땅을 파보니 아무리 파보아도 돈은 나오지 않았다.

"오라, 나 몰래 돈을 꺼내 갔구나."

그는 이렇게 생각했다. 그리고

"그 돈이라도 써서 병이 빨리 나았으면 좋겠다. 잘됐다. 나는 모른 체하고 있어야지."

라고 생각하며 친구의 병이 완쾌되기를 빌었다.

그러나 웬일인지 병이든 청년은 날이 갈수록 병이 더욱 악화되더니 하루 저녁에는 큰 구렁이로 변해 버렸다. 그 집 식구들은 울고불고 야단법석을 떨었지만 소용이 없었고 마침내 그 구렁이는 스스로 집을 나와 미내다리 밑으로 기어들어갔다.

그리고 이따끔 다리 근처에 나와서 혀를 날름거렸다. 그렇지만 마을 사람들은 누구하나 그 구렁이를 동정하는 사람이 없었다. 오히려 사람들은

흥, 꼴좋다. 친구 몰래 돈을 훔쳐? 죽지 않고 구렁이가 된 것만도 다행이지."

하고 침을 뱉으며 구렁이를 욕했다.

비가 오는 날에는 그 구렁이는 다리 밑에서 엉엉 울기도 했다. 사람들은 다리가 좋지 않으니 없앴으면 좋겠다고 했다. 그 뒤 다리는 점점 메워져 갔다. 이 다리를 건너는 사람들도 뜸해지기 시작했고 쓸모가 없게 되었다.

그리하여 구렁이가 된 그 청년은 도둑질한 죄값으로 벌을 받고 있다가 하늘에서 그 구렁이를 나쁜 용(龍)으로 만들어 하늘로 오르게 하다가 다시 땅에 떨어지게 하여 죽게 했다고 한다.

이리하여 이 마을 이름도 '용당골'이라 했는데 이 말은 나쁜 용이 꼬불꼬불 떨어져 죽었다는 뜻이다. 그런 이후부터 마을 사람들은 이 다리를 즐겨 찾았고, 그곳에 마(魔)가 들었다고 해서 소원 성취가 안 되면 찾아와 소원을 빌기도 했다.

마을 사람들의 불편을 덜기 위해 돈을 거두어 돌다리를 놓게 된 두 청년에 관한 이야기이다. 남은 돈을 나중을 위해 다리 밑에 숨겨둔 두 청년, 그 한 청년이 욕심을 부려 몰래 그 돈을 빼내간다. 그러자 갑자기 이 청년은 병을 앓게 되고 친구의 병을 낫게 하고자 숨겨둔 돈을 가지러 간 마음씨 착한 청년에 의해 이 돈을 그 친구가 가져간 것을 알게 된다. 이 청년은 천벌을 받은 것이다. 어느 날 신의를 저버린 이 청년이 구렁이로 변했다고 이 지역민들은 믿고

있다. 아마도 이것은 구렁이가 징그럽기 때문에 죄를 지으면 구렁이가 된다는 생각을 하게 된 것으로 보인다.

그리고 이루지 못한 사랑의 한으로 인해 바위로 변해 나타났다는 이야기가 전하는데, 벌곡면 덕곡리에 전하는 <사랑의 화신 상사바위> 전설이 그렇다.

> 벌곡면 덕곡리에는 '상사바위'라는 바위가 있어 지나는 사람들의 발길을 잠시나마 멈추게 하고 있다. 이 마을에는 두 개의 산이 마주 서 있는데, 그 산꼭대기에는 비슷한 바위가 하나씩 서서 마주보며 서로 그리워하는 사람같이 서 있다 하여 사람들을 그 바위를 상사바위라고 부르고 있는데 여기에는 그럴 만한 애절한 사연이 숨어 있었다.
>
> 이씨 조선 중엽 때의 일이다. 지금의 벌곡면 덕곡리 마을에는 마음씨 좋은 한 농부가 살고 있었다. 그는 아내와 딸 세 식구가 조용한 산골에서 그렇게 구차하지 않게 오순도순 살아가고 있었다. 농부라고는 하지만 주로 산에 가서 약초를 캐기도 하고 산에 덫을 놓아 동물을 잡아 팔아 생활을 하였다.
>
> 어느 날이었다. 그는 망태기를 들로 산으로 약초를 캐기 위하여 집을 나섰다. 한참 동안 약초를 찾아 헤매다가 그는 깜짝 놀랐다. 어떤 청년이 숲속에 쓰러져 있는 것을 발견하였다. 그는 급히 뛰어가 자세히 살펴보니 아직 목숨은 끊어지지 않았다. 농부는 그 청년을 업고 집으로 돌아왔다. 그리고 농부 내외와 딸의 정성어린 간호로 그 청년은 가까스로 정신이 들었다. 그렇지만 그는 다리가 몹시 불편한 듯 기동을 못했다. 농부는 그 청년이 이 고을 원님의 아들이라는 것을 비로소 알게 되었다.
>
> "도대체 어찌된 일이요?"
>
> 하고 농부는 그 청년이 어찌하여 깊은 산중에 쓰러져 있었는지 궁금하여 물었다.
>
> "네, 저를 살려 주셔서 감사합니다. 실은 혼자서 이곳에 사냥 나왔다가 노루를 발견하고 뒤쫓다가 그만 실족하여 말에서 떨어져 정신을 잃고 말았습니다."
>
> 라고 말했다.

그러나 그 청년은 몸을 기동할 수 없어 그 집에서 며칠 더 묵으면서 치료를 받아야 했다. 농부 내외가 일하러 나가게 되면 딸이 정성들여 간호를 해 주었다. 이런 인연으로 하여 두 남녀는 서로 가까워졌고 자신도 모르는 사이에 서로 사랑을 하게 되었다 그들은 잠시라도 옆에 없으면 마음 한 구석이 텅 비는 듯한 정을 느끼며 부모들도 모르게 사랑을 속삭이었다.

청년이 이 농가에 온 지도 그럭저럭 한달 보름이 넘었고 그 사이 다친 몸도 완쾌되었으니 집으로 돌아가야만 했다. 서로 결혼할 것을 굳게 약속한 후 곧 돌아오겠다는 말을 남기고 청년은 떠났다. 청년을 떠나 보낸 그녀는 마음을 잡을 수가 없었으나 어쩔 수 없는 일이었다. 그럴 때마다 그녀는 뒷산 바위에 홀로 올라가 청년과 사랑을 속삭이던 일들을 생각하면서 기다렸다. 바위에 앉아 청년이 간 쪽을 바라보았으나 나타나지 않는 청년의 모습은 그녀를 더욱 안타깝게만 해 주었다.

한편 집으로 돌아간 청년은 원님 내외에게 사냥을 나갔다가 당한 일들을 자상하게 말씀드렸다. 그리고 그 집 딸과 결혼을 하겠으니 허락해 달라고 간청했다 그 말을 듣고 청년의 부모들은 펄펄뛰며

"다시는 그런 말을 입 밖에조차 내지 말아라, 원님 아들 신분으로 어찌 근본도 없는 그런 천한 여자와 결혼을 한단 말이냐? 어림도 없다."

하며 노발대발하는 것이었다.

그런 후, 청년의 부모들은 한양에 있는 양가집 규수와 결혼을 서두르기 시작했다. 청년은 농가의 처자 생각에 밤잠을 이룰 수가 없었지만 부모의 말을 거역할 수는 없는 일이라 안타깝기만 했다.

한편 수일만에 찾아오겠다던 그 청년은 찾아오지 않자 농부의 딸은 가슴을 조이며 뒷산 산봉우리에 올라가 청년이 오기만을 기다렸다. 그러나 오리라던 청년은 보이지 않아 그 처녀는 더욱 애타기만 했다. 그 청년은 마침내 부모가 정해준 규수와 결혼하게 되었다.

결혼식 날만을 기다려오던 원님 집에서는 이제 내일로 박두한 결혼식을 위해 새벽 일찍 한양으로 떠날 차비를 하고 있었다. 그날 밤 농부의 딸은 꿈을 꾸었

다. 사모관대를 쓴 도령이 가마를 타고 산 밑을 지나가는 꿈이었다. 그녀는 이상한 꿈이라고 생각했다.

"혹시 그 청년이 나와 결혼하기 위하여 오려나?"

하며 들뜬 마음으로 기다려졌다. 그 이튿날 날이 밝자 그녀는 뒷산에 있는 바위에 올라가서 원님의 아들이 돌아가던 길목을 지켜보고 있었다. 그런데 이것이 어찌된 일인가? 원님의 아들이 사모관대를 쓴 채 말을 타고 이쪽으로 오는 것이었다.

그뿐 아니라 그 뒤에는 화려하게 옷을 입은 사람들이 길게 줄을 지어 따라오고 있었다. 그녀는 너무나 황홀하여 어찌할 줄을 몰랐다. 그녀는 자기도 모르게 바위에서 벌떡 일어나 반가운 나머지

"도련님-!"

하고 불러 보았다. 그러자 갑자기 회오리바람이 강하게 불어오더니 하늘이 온통 뿌옇게 되었다. 그러나 원님의 아들은 이쪽을 바라보지도 않고 다른 규수와 결혼을 하러 가는 길이었다. 그녀는 또다시 소리를 높여 외쳤다.

"도련님-"

이번에는 천둥이 울리고 행렬이 가는 쪽에 갑자기 먹구름이 내려앉기 시작하더니 온 천지가 진동하는 벼락과 함께 불빛이 번쩍했다. 그녀는 또다시

"도련님-"

하고 소리쳤다. 그리고 그녀는 처절한 비명과 함께 바위에서 떨어져 죽었고 원님의 아들은 맞은편 산마루를 지나가다가 비바람에 말려 산 아래로 굴어 떨어져 죽고 말았다.

이런 일이 있은 뒤로 이곳에는 이제까지 보지 못했던 두개의 바위가 생겼는데 원님의 아들이 떨어졌던 자리의 바위는 머리를 약간 돌리고 있다. 사람들은 이 바위를 보며 살아서 맺지 못한 한이 맺어져 바위로 나타난 것이라 하여 '상사바위'라고 불러 왔다 한다.

원님 아들과 농부의 딸과의 신분을 초월한 사랑, 그러나 이들의 사랑은 이

루어질 수 없었고, 처녀는 부모의 강권으로 다른 집 규수와 결혼하러 가는 원님 아들을 부르며 뒷산 바위 위에서 떨어져 죽게 되고, 원님 아들은 비바람에 말려 맞은 편 산마루에서 산 아래로 굴러 떨어져 죽게 되는 비극적 사랑 이야기이다. 이들이 죽은 자리에 이들의 맺지 못한 한이 맺어져 바위로 나타났다는 상사바위 전설은 멀리 떠나 돌아오지 않는 남편을 기다리다 결국 돌이 되어버렸다는 망부석 전설의 돌 모티브가 사랑하는 사람을 기다리다 결국 이루지 못한 이들의 사랑이야기에 차용된 것으로 보인다.

원혼 중에는 스스로 자신의 억울함을 풀려고 적극적으로 행동하는 사례도 있다. 노성면 송당리에 <윤대감과 99간 집> 전설이 다음과 같이 전한다.

> 옛날 고려 때의 일이다. 지금의 노성면 송당리 노성국민학교가 자리하고 있는 곳에 윤대감이라고 하는 큰 부자가 99간이나 되는 큰 집을 짓고 살고 있었다. 그는 재력도 풍부하고 세도도 당당하여 팔도강산에서 그를 모르는 사람이 없을 정도로 거부로 살아가고 있었다.
>
> 그러나 세월이 흐를수록 그를 시기 질투하는 사람이 늘어나 드디어 조정에서는 백성이 대궐 같은 집을 짓고 산다고 윤대감을 모함하여 결국 집은 압류되어 쫓겨났고 조정에서 관리인이 내려와 관리하게 되었다.
>
> 그런데 이상하게도 윤대감집을 관리하기 위해 내려온 관리인이 윤대감 집에 도착한 날 밤에 목숨을 잃고 말았다. 그 후 다시 관리인이 내려왔지만 그도 오는 첫날 밤에 목숨을 잃고 시체로 변하는 것이었다. 한두 번이 아니라 계속해서 오는 관헌들은 도착한 첫날 밤에 죽어 갔다.
>
> 그래서 조정에서는 여러 가지 의견을 모색해 보았지만 결국은 이 집을 윤대감에게 돌려주기고 하였다. 그리하여 윤대감은 다시 집에 들어와 살게 되었다. 윤대감이 집으로 돌아오던 그날 밤 막 잠자리에 들었을 때였다. 이때 갑자기 밖에서 관 하나가 방문 쪽으로 선 채로 다가오는 것이었다. 그는 깜짝 놀라 잠자리에서 벌떡 일어났다. 본래 윤대감은 기골이 장대하고 담력이 강한 사람이었으나 너무나 뜻밖의 엄청난 일이라 몹시 무섭고 떨렸다. 그렇지만 그는 겉으로 태

연한 척하면서 관을 뚫어지라고 쳐다보고 있으니 관 속에서

"소인에게 소청이 있으니 저의 소원을 대감님께서 해결해 주십시오."

하면서 애원하는 것이었다. 그래서 윤대감은

"그래 소청이 무엇이냐? 어서 말하거라."

하고 물었다. 그러자 관 속에서는

"이집 상량이 내 가슴을 누르고 있어 견딜 수가 없으니 이집 상량을 옮겨 주십시오."

하는 것이었다 그래서 윤대감은 위엄 있는 목소리로

"그래 어서 물러가라 내가 네 소원을 풀어 주리라."

하고 말하자 다시금 관은 밖으로 나가 어디론지 사라지는 것이었다.

이런 일이 있은 다음날 윤대감은 일꾼을 불러 지붕을 뚫고 상량을 해체해 보니 과연 상량 밑에는 시체가 든 관 하나가 들어 있었다. 그래서 윤대감은 그 집을 헐어 버렸다고 하며 그 후 99간 집은 완전히 없어지게 되었다고 전하는데 조정에서 보낸 관리들은 모두 담력이 약하여 기절해 죽은 것이라 전한다.

모함으로 99간 집을 빼앗긴 윤대감 집에 이 집을 관리하는 관헌이 오는데 오는 그날 밤으로 그 관헌들은 죽어나오게 된다. 그런 연유로 다시 집에 돌아온 윤대감이 밤에 잠을 자는데 그 집 상량에 눌려 괴로움을 당하는 혼백이 이를 치워달라고 관채로 밤에 나타난다. 윤대감이 그 혼백의 소원대로 지붕을 뚫고 상량을 치워보니 시체가 든 관이 있어서 윤대감이 그 집을 헐어버려 그 집은 완전히 없어졌다는 이야기이다. 이 이야기에는 서술상의 모순이 발견된다. 윤대감이 99간 집을 빼앗기기 전에도 그 집에 살았었는데, 그 전에는 나타나지 않던 귀신이 갑자기 나타난다는 것이 서술상 어긋난다. 이 전설은 어느 고을에서 억울하게 죽은 후 자신의 원한을 풀기 위해 새로 부임하는 사또의 방에 나타나는 <아랑의 전설>과 같은 계열의 이야기이다. 이 때 담력이 약한 사또들이 부임하는 날 밤마다 죽어나오자 어느 담력이 큰 사람이 자원하여 자다가 원혼이 된 아랑의 원한을 듣고 그 원한을 풀어주자 다시는 나타나

지 않았다는 것이다. 이런 이야기가 당시 재력과 세도 있던 윤대감집의 99간 집과 맞물려 새로 만들어지면서 논리적 모순을 띠게 된 것으로 보인다.

이런 종류의 이야기로 좀더 완성도 있는 이야기가 부적면 마구평이에 있는 오목내 다리에 얽혀 전한다.

부적면 구룡리에 옛날에 '오목내다리'라고 부르는 다리가 있었다. 고려 때의 일이다. 당시 남쪽에서 송도로 가려면 이 다리를 통하게 되어 많은 사람들이 왕래를 했다. 이 다리 근처에는 주막이 있었는데 주모가 과년한 딸 하나를 데리고 살아가고 있었다. 그녀는 남편 없이 홀몸으로 살면서 딸 하나만을 위해서 뭇 사내들에게 술 한잔을 팔아야 하는 참으로 딱한 생활을 하고 있었다.

주모의 딸은 몸매가 뛰어나게 아름다웠고 미모가 천하일색이었다. 그러나 모친이 술을 팔아가며 살고 있어 좋은 양가댁의 혼처는 들어오지 않고 주막을 찾는 사내들만이 그녀의 딸에게 눈독을 들이고 있었다.

과년한 딸을 두고 있는 주모는 걱정이 되었다. 어지간한 혼처만 들어와도 시집을 보내려 했지만 마음에 드는 혼처가 나타나지 않아 더욱 안타깝기만 했다. 더구나 주막집이라 찾아오는 손님마다 떠돌이들이거나 노름꾼 바람둥이들이라 딸을 볼 때마다 희롱하여 차마 옆에 놓고 볼 수가 없었다.

"내가 왜 술장사를 했을까? 이 장사가 아니면 먹고 살 수가 없었나?"

하며 후회도 해보았지만 이미 어쩔 수 없는 일이었다.

그러던 어느 날 밤이었다. 손님의 발길이 끊어지자 주모는 딸과 나란히 앉아 푸념을 늘어놓기 시작했다.

"사람이란 팔자소관이겠지만 누가 술장사를 하고 싶어서 하겠느냐? 너는 절대로 나 같은 신세가 되어서는 안 되느니라. 너는 시집가서 잘 살아야 한다."

딸에게 이렇게 말하는 주모의 눈언저리에는 어느새 눈망울이 맺어 있었다.

그러나 딸은 한숨만 쉴 뿐 묵묵히 앉아 있다가 아무 말 없이 방안으로 들어가는 것이었다. 주모는 홀로 앉아 중천에 떠 있는 달을 바라보며

"달님! 아비 없이 자란 저의 불쌍한 딸에게 좋은 혼처를 보내 주십시오."

하며 두 손을 합장하고 소원을 빌었다. 한참 후 주모도 잠자리에 들었다. 하루 동안 피곤했던 몸인지라 잠자리에 들자마자 곤한 잠에 빠져 버렸다.

그 이튿날 이른 새벽 갑작스럽게 밖에서 떠들썩한 사람소리에 잠을 깼다. 그런데 자기 옆에서 자던 딸이 어디 나갔는지 보이지 않았다. 그녀는 일어나 밖으로 나갔다. 많은 사람들이 자기 집으로 몰려오고 있었다.

“주모. 이 어찌하면 좋단 말이요? 당신의 딸이 다리에서 강물에 몸을 던져 빠져 죽었단 말이요.”

하며 사람들은 슬퍼했다. 주모는 한참동안 아무 말 없더니

“내 사랑하는 딸이 물속에 빠져 죽다니! 이럴 수가 있나?”

하면서 밖으로 뛰쳐나갔다. 다리로 달려온 주모는 물 속에서 건져낸 딸의 시체를 끌어안고 통곡을 하며 슬퍼했지만 모든 것은 끝난 후였다.

그 후 주모는 애지중지하며 키워오던 딸을 잃은 채 슬픔 속에서 혼자서 살아가게 되었다. 그런데 그 딸이 죽은 후부터는 다리 부근에서는 무서운 일이 일어나기 시작했다.

밤마다 어둠이 깊어진 후에는 남자가 다리를 건너려면 머리를 풀고 소복을 한 아름다운 여인이 나타나 남자들을 현혹시키는 것이었다. 이 원귀는 남자들을 현혹하여 강물 속에 빠뜨리기도 하고 다리 난간에서 다리 밑으로 떨어지게 하여 물 속에 빠뜨리곤 했다. 그래서 사람들은 이 다리를 건널 때마다 공포를 느끼게 되었고 남자들은 아예 밤에는 건너지를 않았다.

그러던 어느 날이었다. 이 마을에 장군 한 사람이 밤에 찾아왔다. 장군은 급한 일로 이 다리를 지나야만 했다. 마을 사라들이 이 다리에서 일어나는 일들을 말하면서 내일 새벽에 가라고 했지만 이 장군은 못 들은 체하고 말을 타고 다리를 건너고 있었다. 그때 어디서인지 갑자기 여인의 비명소리가 들려 왔다. 장군은 무섭고 떨렸지만 위엄 있는 목소리로

“그대는 누구인가?”

하고 묻자 귀신은

“나는 본래 주막에 살던 처녀인데 남자들에게 원한을 풀기 위해 나타났다.”

라고 하면서 무섭게 장군에게 덤벼들었다. 장군은 칼을 빼어 귀신과 싸움을 벌였다. 워낙 담력이 있는 장군이라 귀신과 싸우다 보니 새벽닭이 울었다. 그때서야 귀신은 힘없는 목소리로

"할 수 없군요. 장군한테는 제가 졌습니다. 그러나 남자들에게 더 복수를 해야지."

하고 사라지려고 할 때 장군은

"잠깐"

하고 귀신을 불러 세우고 말하기를

"어떻게 하면 이런 못된 짓을 하지 않겠는가?"

라고 물었다. 그러자 귀신은

"나를 위해 제당을 지어주고 남자들이 제사를 지내주면 나타나지 않겠소이다." 하고 사라지는 것이었다. 그래서 장군은 마을 사람들의 힘을 빌어 제당을 짓고 제사를 지내 주었는데 그 후부터는 귀신은 나타나지 않았다 한다.

그 후 원귀를 위해 제사를 지내주던 사당은 경지정리로 현재는 아호교 옆으로 옮겨 현존하고 있다 한다.

오목내 다리 근처 주막에 주모의 딸로 미모가 뛰어난 처녀가 있었는데, 마땅한 혼처가 나서지 않는 가운데 떠돌이, 노름꾼, 바람둥이들의 희롱을 당하자 이 처녀는 어느 날 강물에 몸을 던져 죽는다. 그 후로 원혼이 되어 밤에 이 다리를 지나는 남자들을 물에 빠뜨려 죽게 하였다. 어느 날 담력 있는 장군이 밤에 이 다리를 지나다 이 원혼을 만나 사당을 짓고 남자들이 제사를 지내주면 다시는 나타나지 않겠다는 그 원혼의 말을 듣고 그 소원을 들어주자 다시는 나타나지 않았다는 이야기이다.

대체적으로 원혼들은 자신의 소원을 이루게 되면 이 세상에 다시는 나타나지 않으며, 이러한 면에서 <윤대감과 99간 집> 전설과 <오목내 다리> 전설도 마찬가지이다. 그런데 <오목내 다리> 전설에 나오는 원혼의 이야기는 조금 다른 면을 지니고 있다. 일반적으로 우리나라에 보이는 귀신은 <윤대감과 99

간 집>에 나타나는 원혼처럼 직접적으로 사람을 해치지 않으나, <오목내 다리>에 나타나는 원혼은 밤에 이 다리를 지나가는 남자들을 직접적으로 해치고 있다는 점이다. 이처럼 원혼 중에는 밤을 이용해 직접 나타나 사람에게 해코지를 하거나 하소연하여 자신의 억울함을 푸는 경우가 있다.

원혼 전설은 사람이 원한을 갖게 죽게 되면 저승으로 가지 못하고 이승과 저승 사이를 떠돌게 되며 그 원한을 풀어야 저승으로 갈 수 있다는 의식의 기반 위에서 형성된 것으로 초자연적 세계에 대한 당시 사람들의 인식을 보여주고 있는 것이다.

5) 사랑 전설

사랑 전설은 앞에서 살펴본 원혼 전설과 겹쳐지는 부분도 있다. 사랑이라는 것은 이루어지지 않은 사랑이 더욱 애절한 것이고, 또 그러한 것이 사람의 마음에 오래 남게 되는 것이다. 그러므로 남녀간의 이루지 못한 사랑이야기가 주된 주제가 된다. 남녀간에 사랑을 이루지 못하는 이유로는 집안의 차이이거나 신분의 차이로 인하여 부모의 반대가 심하기 때문이다. 집안의 차이로 사랑을 이루지 못하는 경우로 두마면 석계리의 <사랑의 무정바위> 전설이 있다.

> 두마면 석계리에 무정바위라고 하는 바위가 있다.
>
> 고려 때의 이야기이다. 지금의 신도안은 숲으로 우거져 있었으며 산짐승들이 무섭게 서식하고 있었다. 그래서 사람들은 이 골짜기로 들어오기를 꺼려해 오다가 고려 중엽 때에 이르러서야 사람들이 숲을 헤치고 하나 둘 들어와 자리를 정하기 시작했다.
>
> 산세가 아름답고 계곡을 굽이쳐 흐르는 맑은 물은 그야말로 절경이어서 이곳에 사는 사름들은 늙는 줄 모르고 즐겁게 보내고 있었다. 그럭저럭 집이 들어서서 들판에는 논도 생기고 밭도 생기게 되었다.

이른 봄 어느 날 이곳에 살고 있는 김진사댁 봉학도령과 하인 일남이가 사냥을 나와 비탈길을 걸어가고 있었다. 그들은 혹시나 맹수라도 덤벼들지 않을까 해서 조심하여 가다가 비명소리를 듣고 깜짝 놀라 멈칫 섰다.

"사람 살려! 아이구, 사람살려! 아이구, 아이구!"

여자의 비명소리였다. 봉학도령과 일남이는 화살을 장진하고 숲을 헤치며 비명소리가 들리는 곳으로 달려갔다. 봉학도령은 바위 위에 올라서서 그 아래를 바라보았다. 거기에는 호랑이가 찢어진 여자의 치맛자락을 입에 물고 이리저리 몸을 흔들고 있었으며 옷이 찢겨 거의 알몸이 된 처녀가 바둥거리며 이리 저리 몸을 피하고 있었다.

봉학도령은 호랑이가 무섭게 처녀에게 덤벼들므로 화살을 쏘지 못하고 칼을 뽑아들고 호랑이 앞으로 뛰어 내렸다. 뒤를 따라 일남이도 뛰어 내렸다. 혈투가 벌어졌다. 봉학도령은 덤벼드는 호랑이를 날쌔게 피하여 뒤로 돌아서 목덜미를 잡고 힘을 주었다. 그러나 호랑이는 끄떡도 하지 않고 봉학도령을 안은 채 주위를 뱅뱅 돌았다. 시간이 흐를수록 기진맥진하여 호랑이 등에 매달려 있는 봉학도령은 떨어질 것만 같았다. 그때 일남이가 고함을 지르며 호랑이 꼬리를 잡고 늘어졌다. 호랑이도 기운이 달리는 듯 숨을 몰아쉬더니 크게 한번 으르렁대며 몸을 흔들자 봉학도령은 땅에 떨어졌고 꼬리를 잡고 늘어진 일남이는 호랑이가 크게 뛰는 바람에 공중에 솟았다가 낭떠러지로 떨어져서 호랑이와 함께 즉사했다. 봉학도령은 기운을 차리고 자리에서 일어나며

"일남아 일남아……"

하고 불렀으나 아무 대답이 없었다.

일남이가 죽은 후 봉학도령은 땅을 치며 통곡했으며 처녀는 그제서야 정신을 차린 듯 봉학도령 가까이 와서

"도련님 이 은혜를 어찌 갚으면 되오리까? 저를 시중하는 시월이도 호랑이에게 물려 죽었습니다."

하고 더욱 슬피 우는 것이었다. 그리고는 호랑이에게 물려 옷이 갈기갈기 찢어진 것을 안 초롱아씨는 늦게서야 부끄러워하였지만 봉학도령은 그런 것은 아

랑곳 하지 않았다. 그들은 생사의 기로에서 만났지만 서로 살아남아서 아무런 약속도 없이 헤어졌다.

그 후 어느 날이었다. 봉학도령이 다시 사냥에 나왔다가 예전에 만났던 자리에서 초롱아씨를 만나게 되었다. 그날 초롱아씨는 사냥을 하러 나온 것 같았다. 다시 이곳에서 만나게 된 그들은 그 후에도 매일 만나게 되었고 사냥도 같이 다녔다.

그들은 같이 사냥을 다니는 사이에 서로 정이 들게 되었고 사랑을 속삭이게 되었다. 그들의 사랑은 무르익어 갔고 서로가 헤어질 수 없는 사이가 되었다. 그러나 초롱아씨의 부모들은 완강히 반대하여 끝내 금족령까지 내려졌다. 초롱아씨의 아버지는

"지금 우리가 시골에 내려와 살고는 있지만 우리 집안이 그런 집과는 사돈관계를 맺을 수는 없다."

아버지의 감시로 봉학도령을 만나지 못하는 초롱아씨는 안절부절하며 매일 울음으로 세월을 보내야만 했다. 그러다가 어느 날 아버지가 먼 곳의 초상집에 간 사이 초롱아씨는 봉학도령을 만나기 위해서 나갔다. 봉학도령는 매일 여기에 나와서 기다렸다. 초롱아씨는 산에 오르며 봉학도령을 불렀다. 봉학도령은 초롱아씨의 목소리를 듣고 바위 위로 올라서려고 하는데 바위 쪽에서 호랑이가 으르렁거리며 나타났다. 봉학도령은 날쌔게 호랑이를 피하여 굴속으로 들어가 입구를 막았다.

초롱아씨는 봉학도령과 만날 장소에 와서 더욱 큰소리로 봉학도령을 불렀다. 봉학도령은 초롱아씨가 부르는 소리를 들었으나 굴 앞에서 호랑이가 으르렁거리므로 나갈 수가 없었다. 잠시 후 호랑이의 으르렁 소리가 뜸해져 굴을 막았던 돌을 밀어내고 나가려는데 초롱아씨의 비명소리가 들려왔다. 그제서야 호랑이가 초롱아씨를 해쳤구나 생각하고 달려가 보았다.

호랑이는 언덕 위에서 으르렁거리고 있었고 언덕 아래에 초롱아씨가 떨어져 있었다. 봉학도령이 가보니 초롱아씨는 이미 숨진 뒤였다. 봉학도령은 눈을 부릅뜨고 언덕 위로 올라가 으르렁거리는 호랑이에게 칼을 빼어들고 싸우기 시작

했다. 싸움은 한참동안 계속되었다. 봉학도령은 피투성이가 된 채 호랑이와 치열하게 싸움을 했다. 호랑이의 목에서도 칼을 맞아 피가 흘러 내렸다.

봉학도령은 비틀거리면서 호랑이의 목을 노리다가 쏜살같이 달려가 호랑이의 목에 칼을 꽂고 호랑이를 떠밀며 낭떨어지로 떨어졌다. 떨어지면서 소리치는 봉학도령의 고함 소리는 하늘에 진동했다. 호랑이는 죽었으나 봉학도력은 숨을 가쁘게 몰아쉬고 있었다.

상처를 입은 봉학도령은 기면서 초롱낭자를 불렀다. 그는 한참을 기어서 초롱낭자 가까이 와서 초롱낭자의 손을 붙잡고 그만 숨을 거두었다. 이래서 젊은 봉학도령과 초롱아씨의 사랑도 끝이 났다.

지금도 두마면 신도안에 가면 무정바위가 있다. 옛날 맺지 못한 슬픈 사랑이 깃든 바위라 해서 지금 사람들은 이 바위 근처에서 속삭이는 것도 꺼려한다고 한다.

초롱아씨와 호랑이로부터 아씨의 목숨을 구해준 봉학도령과의 사랑은 집안을 내세우는 초롱아씨 아버지의 반대에 부딪치게 되며, 아버지의 출타를 틈타 봉학도령을 만나러 산으로 간 초롱아씨는 다시 호랑이에게 쫓겨 언덕 아래로 떨어져 죽고 호랑이와 싸우던 봉학도령도 결국 호랑이와 함께 낭떨어지로 떨어지게 된다. 그리고 치명적인 상처를 입은 봉학도령이 초롱낭자에게 기어가서 낭자의 손을 잡고 숨을 거둔다는 이 이야기는 매우 드라마틱하다.

신분의 차이로 인해 이루지 못한 사랑 이야기는 앞에 든 <사랑의 화신 상사바위>외에 논산읍 관촉리에 <정한이 얽힌 치마바위>라고 전하는 전설이 있다.

논산읍 관촉리 반야산에는 치마바위라고 부르는 바위가 있다. 이곳 반야산의 양지바른 기슭에 큰 집 두 채가 있었는데 하나는 김대감 집이고 다른 하나는 이대감 집이었다. 두 대감집의 사이는 먼 친척보다 더 가까운 사이였고 두 대감들은 항상 대좌하여 장기두기를 즐겨했다.

그러던 중 하루는 만물이 약동하는 춘삼월에 이 두 대감들은 따뜻한 양지바른 곳에 자리를 펴고 장기를 두고 있었다. 그러나 두 사람의 실력이 워낙 비슷하여 좀처럼 승부가 나지 않았다. 그러다가 오랜 시간이 지난 후에야 김대감이 패하여 승부는 결정되었다.

그리하여 술상을 차리고 주흥에 빠져 시도 짓고 시조를 부르기도 했다. 그런데 공교롭게도 두 대감의 부인들이 동시에 잉태하였다는 것을 알고 축하주를 나누면서 둘 중에 아들 딸을 낳으면 서로 결혼시키기로 언약을 하였다.

두 대감은 당신의 신분으로 보나 서로의 정의로 보나 무리 없는 언약이었다. 그 후 김대감 집에서는 아들을 낳았고 이대감 집에서는 딸을 낳아 김국과 이옥녀라 불렀다.

옥녀는 세월이 갈수록 성숙할 대로 성숙하여 미모도 뛰어난 처녀가 되었다. 그 주위에서는 가인으로서 널리 알려지게 되었다. 그런데 이 대감집에는 용모가 수려하고 검을 잘 쓰는 돌쇠란 종이 있어 옥녀를 사모하고 있었다. 그러나 감히 종의 신분으로 대감의 딸을 넘겨다 본다는 것은 있을 수 없는지라 혼자서 애만 태우고 있었다. 한편 옥녀도 한집에 살고 있는 돌쇠의 남성다운 매력을 볼 때마다 마음이 가곤 하여 마음이 설레이곤 했다. 끝내는 둘의 밀회가 시작되었고 시간이 지날수록 사랑은 무르익어갔다. 그들은 이제 더 이상 떨어질 수가 없는 사이가 되었다.

그러던 어느 날 양가에서는 언약대로 김국과 옥녀를 결혼시킬 준비를 서두르고 있었다. 드디어 옥녀와 김국과의 결혼날짜가 가까워 오고 있었다. 옥녀는 몇날 며칠을 밤잠을 이루지 못하고 뜬눈으로 날을 밝혀야 했다. 부모님들이 워낙이 지엄한지라 돌쇠와의 관계를 말할 수도 없는 처지였다. 말을 해보았자 들어줄 부모님들이 아니었다. 옥녀는 날이 갈수록 가슴이 조여오는 것만 같았다.

“돌쇠가 양반집 도령이라면 얼마나 좋을까?”

하며 원망도 해보았지만 더욱 애만 탈뿐이었다.

한편 돌쇠는 자기가 사랑하는 옥녀의 결혼 준비를 하고 있어야 했다. 참으로 기구한 운명이었다. 사랑하는 사람끼리도 혼인할 수 없는 사회가 싫어졌다. 가슴을 치고 발을 동동 구르며 한탄을 해보아도 한 맺힌 가슴은 풀어질 수가 없었다.

"옥녀와 같이 도망쳐 버릴까?"

라고 생각도 해보았다. 그것도 그리 쉬운 일은 아니었다. 참으로 안타깝기만 할뿐이었다.

결혼 날짜가 하루하루 다가오자 돌쇠는 무서운 생각을 하고 있었다. 돌쇠는 옥녀를 김국에게 빼앗기기보다는 김국을 죽이고 차라리 자신도 죽는 편이 낫다고 생각한 것이다.

드디어 김국과 옥녀의 결혼식이 거행되었다. 화창한 날씨와 축하객들의 부러움 속에 호화스럽게 진행되는 결혼식이었지만 옥녀의 마음은 어둡기만 했고 죽어버리고만 싶은 마음뿐이었다. 한편 돌쇠는 자기가 사랑하는 옥녀의 결혼식에서 시중을 들어야하는 마음은 찢어지는 아픔과 하늘이 무너져 내려앉은 듯이 앞이 캄캄하기만 하였다. 참으로 세상이 원망스럽기도 했고 낳아주신 부모님들을 원망해 보기도 했다. 그러나 옥녀와 돌쇠의 이 한 맺힌 마음을 그 누가 알 것인가? 결혼식은 양가의 축복 속에 치루어졌다.

밤이 깊어지면서 어수선하였던 혼가의 분위기도 고요해지고 신방에서 흐느적거리며 타고 있던 촛불마저 꺼지자 지금까지 밖에서 신방의 동정만을 살피고 있던 돌쇠는 불길같이 치밀어오르는 격정을 걷잡지 못해 어찌할 바를 몰라했다.

돌쇠는 미친 듯이 신방으로 뛰어 들어갔다. 결혼 초야의 황홀감에 빠져있던 김국은 너무나 갑작스런 일에 당황했지만 이미 돌쇠의 손에는 시퍼런 칼이 쥐어져 있었다. 돌쇠는 칼로 김국을 찔러 죽이고 뛰쳐나와 자신도 산기슭에 있는 바위에서 자살을 하고 말았다. 참으로 애절한 일이 아닐 수 없었다. 양가에서는 잠시 동안에 아수라장이 되고 말았다.

"이 어찌된 일이냐?"

하며 뛰쳐나온 대감들은 너무나 어처구니없는 일들이 눈앞에 펼쳐져 있는 것을 보고 멍하니 먼 하늘만 바라볼 뿐이었다. 온 집안은 통곡소리에 가득차 있었고 옥녀의 마음은 갈기갈기 찢어지는 것만 같았다.

그 후 옥녀도 돌쇠가 죽은 바위에서 치마를 뒤집어쓰고 자살을 했다. 그래서 사람들은 이 바위를 '치마바위'라고 부르게 되었는데 지금도 봄이 되면 치마바위의 주위에는 진달래꽃이 만발하고 그 옛날의 돌쇠와 옥녀의 애절한 혼을 달래주듯이 이름모를 갖가지 새들이 처량하게 울고 있다.

양반집 딸인 옥녀와 그 집 종인 돌쇠의 신분을 뛰어넘는 사랑이야기인데, 그 사랑을 이룰 수 없어 옥녀와 신랑인 김국의 결혼 첫날 밤에 신랑을 죽이고 스스로 목숨을 끊은 돌쇠와 돌쇠가 죽은 바위에서 치마를 뒤집어쓰고 따라 죽은 옥녀의 슬픈 사랑이야기이다.

앞에 든 봉학도령과 초롱아씨의 사랑을 전하는 <사랑의 무정바위> 전설이 혼인을 반대하는 부모님 몰래 사랑하는 사람을 만나러갔다가 봉변을 당해 죽음을 맞이한 이야기라면 뒤의 <정한이 얽힌 치마바위> 전설은 신분적 제약에 순응하지 않고 스스로 죽음을 선택함으로써 사회제도의 모순을 드러나게 했다는 점이 다르다. 신분적 사회적 제약을 뛰어넘어 남녀가 사랑하는 이야기로 우리는 고전소설의 하나인 <춘향전>을 떠올리게 된다. 주로 고전소설이 해피엔딩으로 이야기를 끝맺는다면 전설의 주인공들은 주로 비극적으로 끝을 맺는다는 점이 남다른 점이라 하겠다. 남녀 간의 사랑이 신분과 사회적 제도를 뛰어넘어 서로 하나가 되게 하는 커다란 힘이라고 하는 것을 다시 한번 느낄 수 있게 해주는 이야기이다.

논산지역에는 드물게 역경을 헤치고 끝내 사랑을 이루는 감동적인 이야기가 전하니, 상월면 지경리의 <한에 울고 한을 달래는 지경터> 전설이 바로 그것이다.

상월면 지경리에 지경(地境)터라는 곳이 있다. 본래 이곳은 노성군과 공주군의 경계지점에 있으므로 '지경터' 또는 '지경처'라 부르게 되었다 한다.

옛날에는 죄인을 삼태기 가마에 태워서 다른 고을로 추방하는 풍습이 있었다. 물론 큰 죄인이야 즉석에서 죽이거나 감옥에 보내는 수도 있지만 다른 고을로 내쫓는 풍습이란 좀 가벼운 죄인에게 내린 형벌이라 할 수 있겠다. 지금의 상월면 지경리에 가보면 뒷산에 삼태기 가마에 실려 보내던 자리가 있는데 여기를 지경터라고 한다.

이조 중종 때의 일이다. 노성 땅에 오씨라고 하는 머슴이 살고 있었다. 그는 어찌나 부지런하고 일을 잘 하였던지 노성 고을뿐만 아니라 이웃마을에 까지 널리 알려져 있었다. 그는 일년 열두 달 백중장날 이외에는 쉬는 날 없이 열심히 일을 하였다.

새벽 일찍 일어나 소에게 여물을 주기 시작하여 밤늦도록 새끼를 꼴 때까지 한시도 일을 게을리하지 않았다. 그래서 동네사람들은 그를 맷돌과 같은 머슴이라 하였고 그 집의 업이라고까지 하며 칭찬이 대단하였다. 그러나 이렇게 일 잘하고 열심히 살아가는 사람이었지만 28세가 되도록 장가를 가지 못하고 있었다.

이때 한 동네에는 비록 가난은 하였지만 김진사라고 하는 사람이 살고 있었다. 그에게는 과년한 딸이 하나 있었는데 여기저기에서 혼담이 많이 들어왔다. 그런데 어찌된 일인지 혼담이 들어 올 때마다 깨지고 성사가 안 되어 마을사람들을 이상하게 생각하고 있었다.

더욱 이상한 것은 비록 가난은 하였지만 선비집안의 김진사댁 딸은 오씨의 머슴이 지게를 지고 산에 오르기라고 하면 곧장 바구니를 들고 뒤를 쫓아 산으로 올라가고 하는 것이었다.

이렇게 하여 이들은 산에서 서로 눈이 마주치면 웃음으로 인사를 나누고 하였다. 만날 때마다 이들의 가슴속에는 뜨거운 젊음의 사랑의 싹이 터가고 있었다. 서로 말들은 없었지만 하루라도 못 만나면 무엇인가 허전함을 느끼게 되었고 기다려지게 되었다.

그러던 어느 날이었다 김진사의 딸이 산에서 산나물을 뜯다가 뱀에 물리게 되었다. 그래서 오씨 머슴은 얼른 달려가 그녀를 부축하려 했지만 상처가 너무나 심하여 도저히 걸어서 내려올 수가 없었다.

오씨 머슴은 하는 수 없이 그녀를 지게에 짊어지고 산에서 내려왔다. 마을사람들은 수군대기 시작했다. 이상하게만 생각해 왔던 마을사람들이었기에 더욱 소문은 꼬리를 물고 번져나갔다. 오씨 머슴이 그녀를 저렇게 만들었다 하며 온통 마을이 들끓기 시작했다.

이리하여 오씨 머슴은 관가에 끌려가게 되었다. 끝내는 상놈이 양반집 딸을 넘보았다 하여 곤장을 무수히 맞고 다른 곳으로 추방령까지 내려졌다. 오씨 머슴은 그렇지 않다고 사실대로 말하며 변명하려 하였지만 누구 하나 그의 말을 들어주려고 하지 않았다.

억울한 누명을 쓰고 오씨 머슴은 지경터를 거쳐서 금강변으로 떠나가게 되었다. 오씨 머슴이 떠난 후 김진사댁 딸은

"소녀의 목숨을 살린 것은 그 오씨라는 머슴이옵니다. 그를 보내서는 아니되옵니다."

하며 간절히 애원하고 사실대로 이야기하였지만 부모님들은 들은 체도 하지 않으면서 오히려 노발대발 하시는 것이었다. 그래서 그녀는 자기를 살려준 오씨 머슴을 생각하며 죽어도 시집을 가지 않기고 결심하고 농사일만을 열심히 배우는 것이었다.

그 후 혼담이 들어올 때마다 부모님들의 성화는 대단하였지만 그녀는 죽으면 죽었지 시집을 가지 않겠다고 완강히 거절하여 이제는 부모조차도 아예 혼인을 서두르지도 않고 포기 상태에 있었다. 그녀는 농사일을 하면서도 오씨의 머슴을 생각하면서 자기의 잘못으로 이 마을에서 추방당하게 되었다 하여 항상 죄스럽게 여겼다.

그러다가 그녀는 상월땅 지경터 근처로 이사하여 살고 있었다. 그러면서 농사일을 열심히 하며 이곳을 떠나갔을 오씨 머슴을 생각하면서 혼자서 살아가고 있었다. 여자의 몸으로 혼자 살아가는 것조차 힘든 일인데 더구나 양반집 진사의 딸이 농사를 지어가며 혼자 살아가고 있다 하며 마을사람들은 수군수군거렸다. 그러나 그녀는 조금도 그런 일에 대해서는 관심도 없는지 말대꾸 한번 없이 묵묵히 일을 하는 것이었다.

그녀는 지경터를 넘어가는 사람들을 볼 때마다 불쌍히 여겼다. 그래서 그녀는 지경터를 넘어가는 사람들에게 흰죽을 쑤워 먹이었다. 그리고는 포졸들이 멀

리 있으면 그 죄인에게 "혹시 노성땅에 살던 오씨라는 머슴을 만나거든 김진사 딸이 지경터에서 살면서 기다리고 있다고 전해주십시오."

라고 부탁을 하는 것이었다.

이런 부탁을 하기 시작한 지도 수년이 지났다. 그 동안 이곳을 지나는 수천 명에게 흰죽을 쑤워 먹였고 부탁을 했지만 오씨의 소식은 없었다. 이제는 김진사 딸의 얼굴에도 주름이 가느다랗게 생기기 시작하였다.

그 동안 그녀는 아무리 바쁜 일이 있어도 죄인이 삼태기 가마에 타게 되면 흰죽을 떠다 먹였다. 그리고는 오씨라는 머슴 부탁을 했다. 그러기를 또 수년의 세월이 흘러갔다. 세월이 지날수록 그녀는 더욱 초조해져 갔다. 그리고 별의별 생각이 다 들었다.

"혹시 오씨라는 머슴이 죽은 것이나 아닐까? 그렇지 않고서야 이제까지 소식이 없을라고. 아니야, 그럴 리가 없어."

하며 생각하다 보면 또 하루의 해는 지고 있었다.

그러던 어느 날이었다 하루는 김진사의 딸이 호롱불을 켜놓고 콩을 까고 있는데 밖에서 인기척이 났다. 그녀는 지나가는 행인이 흔히 밤이 늦으면 찾아오는 수가 있고 해서 대수롭지 않게 방문을 열면서

"누구세요?"

하고 물었다. 마당에는 한 사나이가 장승처럼 서서 아무 대답을 하지 않았다. 누구인지 어두워서 잘 알아 볼 수가 없었다. 그녀는 또다시

"누구시지요?"

하고 조금 큰 소리로 물었다. 그때였다.

"당신이 김진사댁 따님이세요?"

하는 소리가 들려왔다. 그 순간 그녀는 벌떡 일어서며

"오씨세요? 오씨지요? 오씨?"

하고 불러 보았다. 그러자 그는

"네……"

하였다. 그녀는 밖으로 뛰어나가서 그를 붙잡고 마구 우는 것이었다.

> 그 후 김진사 딸이 살던 집에는 밤에도 그 이튿날도 그 다음날도 불이 켜지지 않았다. 그래서 마을사람들은
>
> "틀림없이 오씨라는 그 머슴이 업어간 게 틀림 없다구."
>
> 하며 수군덕거렸다.
>
> 그리고 김진사댁 딸이 살던 집에는 얼마 안가서 또 어느 과수댁이 찾아와 죄인들에게 흰죽을 끓여주며 자기가 기다리는 사람을 말하며 살고 있었다.
>
> 백년이 지나고 또 백년이 지나도 이곳 지경터에는 항시 누구를 기다리는 아낙들이 끊일 사이 없이 사는 것이었다. 그래서 사람들은 못 찾는 사람이 있으면 지경터에 가면 만날 수 있다고 하였으며 그 풍문은 전국에 퍼지게 되었다고 한다. 지경터는 그래서 한에 울고 한을 달래는 터전이라고 한다.

일 잘하고 열심히 사는 오씨 머슴과 이를 좋아하는 양반집 딸과의 사랑이야기이다. 오씨 머슴은 산에서 나물을 뜯다 뱀에게 물린 양반집 딸을 지게에 지고 내려왔다가 오히려 마을 사람들의 오해로 다른 고장으로 쫓겨나는 일을 겪는데, 이는 고전소설에서 본다면 일종의 결혼에 있어서 흔히 나타나는 혼사장애의 하나로 볼 수 있는 부분이다. 이러한 장애를 오랜 인고의 기다림으로 해결하게 된다. 이러한 상황 속에서 양반집 딸은 결혼을 하지 않고 지경터에 살며 오씨 머슴을 기다리며, 이 곳을 넘어가는 죄인들에게 흰죽을 쒀 먹이면서 자신이 이 곳에서 오씨를 기다린다는 말을 전해달라고 부탁을 하는데, 얼굴에 주름이 생길 정도로 오랜 세월을 기다린 양반집 딸 앞에 어느 날 오씨 머슴이 찾아와 결국 사랑을 이루게 된다. 이 전설은 진정한 사랑이 어떤 것인가를 보여주고 있는 것이다. 오랜 인고의 세월 끝에 결국 성취하게 되는 사랑, 결코 흔하지 않은 이야기이기에 사람들에게 감동을 주었을 것이고, 오래도록 전승돼 내려오게 되었을 것으로 생각한다. 이 전설은 대부분의 전설이 비극적 결말로 끝을 맺는 것에 비해 해피엔딩의 구조를 지니고 있다는 점에서, 그리고 나름대로 갈등구조를 지니고 있다는 점에서 고전소설의 그것과 매우 흡사함을 느낄 수 있다.

6) 인륜 전설

논산지역에는 효자이야기와 열녀이야기가 많이 전한다. 아마도 김장생, 김집, 송시열, 송준길 등 뛰어난 유학자들이 생활하던 고장이라 더욱 그런 듯하다.

특히 논산지역에서는 가야곡면의 강응정의 효성에 대한 이야기가 다양하게 많이 전한다.

이조 중엽 가야곡면 산노리에 지체 높은 첨지중추부사인 의(毅)의 둘째 아들 강응정이란 사람이 살고 있었다. 일찍 아버지가 돌아가시고 형마저 죽자 홀어머니를 모시고 극진히 봉양하였다. 어머니가 병석에 눕자 나무를 해다 팔아가며 어려운 살림인데도 지성으로 병간호를 하였다.

어느 해 겨울 어머니의 병은 더욱 위독하여 식음을 전폐하고 있었다. 그러던 어느 날 어머니는 갑자기 응정을 부르더니

"애야 응정아 죽순이 먹고 싶구나."

하시는 것이었다. 철도 아니데 죽순이 있을 리 없었다. 응정은 어떻게 하면 죽순을 구할 수 있을까 하며 밤잠을 설치며 생각해 보았지만 묘안이 있을 리 없었다. 그런데 이게 어찌된 일인가? 그 이튿날 시루를 열고 보니 죽순이 시루에 가득차 있는 것이 아닌가. 그래서 응정은 죽순을 가진 양념하여 어머니에게 봉양하였다.

또 어느 겨울이었다. 어머니는 응정이에게

"애야, 을문이 고기가 먹고 싶구나."

하셨다. 생전 들어보지도 못한 고기를 이 엄동설한에 어디서 구한단 말인가. 그러나 그는 어머니의 병을 낫게 하고자 하는 일념에서 마당에 소반을 갖다 놓고 그 위에 청수를 떠다 놓고서는 정성을 다하여 빌었다.

"하나님, 저의 어머니께서는 생전 듣지도 보지도 못한 을문이 고기를 잡수시고 싶답니다. 저에게 을문이 고기를 내려 주십시오."

하면서 얼마 동안을 빌고 있으려니까 갑자기 검은 구름이 일더니 소나기와 함께 물고기 한 마리가 떨어져 내렸다.

응정은 기쁨을 감추지 못하고 인천리 냇가에 나가 고기의 배를 가르고 내장과 함께 알을 냇가에 버렸다.

그 후 그 알이 부화되어 지금도 을문이 고기는 인천리 냇가에서부터 논산저수지 사이 5.6km 안에서만 볼 수 있다 하며 그 지역을 벗어나지 않아서 사람들은 그 고기를 '강효자 고기'라고도 부르고 있다.

어머니의 병이 나은 후에도 응정의 효성은 지극하였다.

어느 날 하루는 장에 나가 고기를 사가지고 오다가 지겟고리에 달아놓고 뽕나무밭에서 변을 보고 있는데 느닷없이 까마귀가 날아와 고기를 채가는 것이었다. 상심하여 집에 돌아와 보니 어머님이 그 고기를 끓여 잡수고 있었다고 한다.

이 소문이 조정은 물론 중국에까지 알려지게 되었다. 그래서 중국 황제가 응정을 보고자 하였다.

응정은 중국 황제를 알현하게 되었다. 그런데 황제는 응정의 수저질하는 것을 보더니 갑자기

"여봐라, 저놈을 당장 작두로 목을 베어라."

하는 것이었다. 너무나 뜻밖의 일에 주위에 있던 사람들은 놀라지 않는 사람이 없었다. 응정은 노모를 생각하고 울으니 황제가 그 연유를 물어

"너는 효자라고 하면서 어찌하여 왼손으로 수저질을 하느냐? 자식이 왼손으로 수저질하는 것을 보고 부모가 그냥 있을 리가 없는데 너는 부모 말을 거역하고도 어찌하여 효자라 하겠느냐?"

하고 호통을 치는 것이었다.

응정은 눈물을 거두고,

"만일 부모님께서 그 같은 말을 한번이라도 하였다면 절대로 그렇게 하지는 않았을 것입니다."

하고 말하니 황제는 더욱 노하면서

"그래도 저놈이 이제는 거짓말을 서슴지 않고 하는구나."

하며 노발대발하자 응정은

"내말이 진실이라면 나의 손이 대궐의 주춧돌 안으로 들어갈 것이고 그렇지 않고 거짓말이라면 손이 들어가지 않을 터이니 시험하게 해주시오."

라고 태연하게 말하는 것이었다.

황제가 승낙하자 응정은 대궐 마당에 청수를 떠다놓고 꿇어 앉아서

"저의 진실이 밝혀질 수 있도록 도와주십시오."

하며 간절히 빌은 뒤 손을 주춧돌 안으로 밀어 넣으니 거짓말처럼 안으로 손이 쑥 들어가는 것이었다.

황제는 감탄하면서,

"참으로 응정은 하늘이 낸 효자로다."

라고 치하하고 크게 상을 주었다고 한다.

서기 1470년(성종 1년)에 그의 효행이 지극하다 하여 벼슬을 주었으나 어머니의 봉양을 이유로 사양하였다. 그 후 모친상을 당하여 시묘하였는데 그때 호랑이가 지켜 주었다 한다.

서기 1483년(성종 14년)에 생원시험에 합격하여 성균관 유생으로 김용석, 신종호, 박연등과 함께 향악을 만들고 소학을 강론하였다. 뒤에 성종이 친필로 쓴 현판을 하사하시어 정려를 세우고 가야곡의 효암서원에 배향하였는데 임진왜란으로 불에 타 없어진 것을 우암 송시열이 상소하여 복원하였다 한다.

강응정의 효심에 하늘이 감동하여 한겨울에 죽순을 내려주기도 하고 듣도 보도 못한 을문이 고기를 내려주었으며 중국 황실의 주춧돌 안으로 손이 들어가게도 해주었다는 이야기는 부모에 대한 효가 천륜임을 강조하는 이야기이다.

강응정의 시묘살이에 대한 전설도 전한다. 부모의 시묘살이를 하는 강응정의 효심에 하늘이 감동하여 강응정이 시묘살이를 하는 동안 호랑이를 보내어 강응정을 지켜주었다는 이야기이다. 아울러 은진현에 사는 가난한 농부의 아들이 불효가 심하자 은진현의 현감은 그 아들을 강응정의 집에 보내어 그 집

사람들의 효심에 이 농부의 아들이 감화를 받게도 하였다. 그 정도로 당시 강응정이란 사람의 효심이 대단하였음을 알 수 있겠다.

그 외에도 가야곡면 종연리에 다음과 같은 <눈을 뜨게 한 냉약천>이란 효전설도 전한다.

> 가야곡면 종연리 봉황산 산골짜기에 찬 약수터가 있는데 이곳을 냉약천이라 부르고 있고 많은 사람들이 찾아와 약수물을 마시기도 하고 특히 단오 때나 추석 또는 6월 유두 등 명절에는 인산(人山)을 이루고 있었다 한다.
>
> 옛날 봉황산 기슭에 효자가 살고 있었다. 그는 앞을 못 보는 부친을 모시고 가난하게는 살았지만 효성이 지극하여 주위 사람들의 부러움 속에 살고 있었다.
>
> 그는 매일 밤 정화수 떠다놓고 10여년 동안 하루도 빠지지 않고 정성을 들여 아버지가 눈을 떠서 세상을 볼 수 있게 해달라고 빌었다. 그는 항상 아버지가 앞 못 보는 것이 한이 되었다. 아버지의 눈만 뜰 수 있다면 부러울 것이 없을 것만 같았다. 그래서 그는 산신령에게
>
> "산신령님. 저의 아버지 눈을 뜨게 해 주십시오. 저의 아버지 눈만 뜰 수 있다면 이 한 몸 바칠 수도 있나이다. 비나이다. 산신령님."
>
> 하며 간절하게 빌었다.
>
> 그러던 어느 날이었다. 그날도 정성을 다하여 아버지의 눈을 뜨게 해달라는 기도를 드리고 막 잠이 들었는데 꿈 속에 백발의 산신령이 나타나서
>
> "너의 효성이 지극하여 하늘이 감동하였느니라. 너는 내일 날이 밝은 후 산중턱 소나무 숲을 헤치고 올라가면 조그마한 바위 하나가 있느니라. 그 바위 밑에서 소[牛]가 침을 흘리듯 물이 흐르고 있을 것이다. 그 물로 너의 아버지 눈을 닦으면 눈이 뜰 것이니라."
>
> 하고는 어디로인지 백발의 산신령은 사라지는 것이었다. 깜짝 놀라 잠이 깬 그 효자는 뜬눈으로 날이 밝기를 기다렸다.
>
> 그 이튿날 날이 밝자 아버지를 모시고 산신령이 가르쳐준 바위를 찾아 나섰다. 소나무 숲을 헤치고 산중턱쯤 올라가보니 바위가 보였다. 거기에는 바위틈

에서 물이 조금씩 흘러내리고 있었다. 그는 기뻐하면서

"저 물이로구나. 저 물로 아버님의 눈을 씻기면 눈을 뜰 수 있다는 물이……"

그리고는 아버지를 모시고 가서 눈을 닦으니 이상하게도 눈앞이 보이는 것 같았다. 그래서 10여 일간을 이 물로 눈을 닦고 나니 눈을 뜨게 되었다고 한다.

그래서 사람들은 이 물이야말로 약물이라 하려 냉약천이라 부르게 되었고 영험이 있는 물이라 하여 영천(靈泉)이라고 부르기도 한다고 한다.

앞을 못 보는 아버지의 눈을 뜨게 하기 위해 10여년을 하루도 빠짐없이 정화수를 떠 놓고 정성을 드린 봉황산 효자의 효심에 감동한 산신령이 신이한 냉약천을 일러주어 아버지의 눈을 뜨게 하였다는 전설이다.

연산면 송정리에 <호랑이가 지켜주는 범골>이라는 전설이 있는데, 이 이야기 역시 효성이 깊으면 하늘이 돕는다는 내용이다.

연산면 송정리 서쪽에 범골이라 하는 마을이 있다.

옛날 이 마을 근처 산에는 푸른 소나무로 뒤덮여 있었고 짐승들이 많이 살았다. 그런데 그곳에는 한 쌍의 호랑이가 있었다. 제물을 바치지 않으면 말썽을 부렸다. 그래서 마을 사람들은 호랑이가 나타나 해칠까 싶어 항상 불안에 떨어야 했고 제물로는 예쁜 처녀를 바쳐야 했다.

어느 해의 일이다. 그 마을에는 효성이 지극한 농부의 딸이 있었다. 그는 성장하면서 미모도 아름다웠지만 마음씨도 곱고 효성이 지극하여 주위의 사람들은 그 처녀를 자기의 며느리로 삼기를 원하였다. 그런데 그 처녀가 제물로 호랑이에게 바쳐지게 되었다. 마을 사람들은 눈물을 흘리며 호랑이를 원망하면서 그 처녀를 아까워했고 불쌍히 여겼다.

날짜는 닥쳐왔다. 처녀는 목욕재계하고

"아버님. 어머님 만수무강 하옵소서. 불효여식은 이제 가옵니다."

하며 큰 절을 올리고 부모님과 하직하며 집을 나섰다. 그 처녀는 제단으로 가면서

"이 한 몸 호랑이 밥이 되어 마을을 지킬 수 있다면 무엇이 두려우랴."

라고 생각하면서 눈물을 흘리며 제단에 앉았다.

날이 어둑어둑 해질 무렵이다. 호랑이 두 마리가 으르렁대며 어슬렁어슬렁 처녀가 앉아 있는 제단 가까이로 오고 있었다. 그 처녀는 무서움도 두려움도 없이 그대로 앉아만 있었다. 모든 것을 체념한 상태로 호랑이가 물어가기를 기다렸다. 그러나 어찌된 일인지 호랑이는 처녀의 주위를 빙빙 돌더니 처녀의 옆에 앉아 해치지를 않았다.

처녀는 이상하다 생각하면서 호랑이를 살펴보니 호랑이는 엎드려 한발로 눈물을 닦고 있었다. 처녀는 아예 눈을 감고

"호랑이님. 어서 날 잡아먹고 우리 마을에 해를 끼치지 마십시오."

하며 그대로 앉아있었다. 그랬더니 이번에는 호랑이가 더 크게 으르렁대며 소리 높여 울더니 벌떡 일어나 또다시 처녀의 주위를 두어 바퀴 빙빙 돌더니 숲속으로 사라지는 것이었다. 그리고는 영 호랑이는 나타나지 않았다.

한편 마을 사람들은 두려움 속에 호랑이 밥이 될 처녀를 안타깝게 생각하며 제단 쪽을 바라보고 있었다. 그런데 이게 어찌된 일인가? 처녀는 죽지 않고 산에서 내려오는 것이 아닌가. 처녀는 마을 사람들에게 사실대로 얘기해 주었다. 그랬더니 사람들은 지극한 효성을 가진 처녀는 호랑이도 해치지 못한다고 하며 기뻐하였고 그 후부터는 이 마을은 호랑이의 피해를 입지 않았다고 한다. 그래서 이 마을은 호랑이가 지켜준다 하여 '범골'이라 불렀다고 한다.

마을 사람들의 안녕을 위해서 한 쌍의 호랑이에게 제물로 바쳐지는 처녀에 대한 전설이다. 이러한 류의 이야기에서 주로 제물이 바쳐지는 대상은 보편적으로 뱀이지만 연산면 송정리에서는 호랑이로 나타난다. 그런데 이 처녀는 미모도 있고 효성이 깊기에 마을사람들은 모두 이 처녀를 아까워하고 불쌍히 여겼고 이 호랑이도 처녀를 잡아먹지 않고 살려 보낸다. 효성이 깊은 사람은 포악한 짐승도 잡아먹지 않는다는 이 전설상의 호랑이는 강응정의 시묘살이를 지켜준 호랑이와 같은 것이라고 볼 수 있다.

이 <호랑이가 지켜주는 범골> 전설에는 사람을 제물로 바치는 이야기가 나온다. 사람을 제물로 바치는 것[人身供犧]은 우리의 고전소설인 『심청전』에서 중국으로 가는 뱃길을 열기 위해 심청이가 서해바다의 신에게 바쳐지는 이야기가 나오지만, 보다 근원적으로는 신화시대의 유풍으로 짐작한다. 외국 신화의 사례에서 보면 사람을 신의 제물로 바치는 경우가 종종 보이나, 우리나라의 신화에는 직접적으로 보이지 않고 다만 『삼국유사』, 「수로부인」조에서 그 흔적을 볼 수 있다. 사람이 오를 수 없는 곳에 핀 철쭉을 어느 소를 끌고 가는 노인이 꺾어 수로부인에게 바친 이야기나 동해용에게 붙들려간 수로부인 이야기는 제의적인 측면에서 신(神)에게 수로부인이 바쳐졌다고 보고 있다. 특히 "수로는 자태와 용모가 뛰어나서 매번 깊은 산이나 큰 못을 지날 때면 누차 신물(神物)에게 잡혔다."는 기록이 이러한 입장에서의 해석을 뒷받침해주고 있다.

아무튼 위에 들은 이야기들은 효심이 지극한 사람에게 하늘이 기적(奇績)-겨울에 죽순을 내려주고, 을문이고기를 내려주며, 아버지의 눈을 뜨게 해주고, 호랑이에게 제물로 바쳐진 처녀를 살려주는 등-을 보임으로써 효라고 하는 것이 천륜이라는 것을 강조하고 있다. 이러한 이야기에서 뿐만 아니라 조선에서는 끊임없이 삼강오륜에 대한 예화(例話)를 수집하여 그림을 곁들여 서적을 출판해냈는데, 이는 천륜을 거스르는 행위가 사회적으로 적지 않게 저질러졌기 때문이다.

부모의 말을 듣지 않을 경우 하늘이 천벌을 내린다는 상월면 대명리의 <불효로 천벌 받은 행상바위> 전설도 위와 같은 맥락의 이야기로 볼 수 있다.

> 상월면 대명리 사잣골이란 마을의 산능선에 상여를 따라가는 듯한 모습으로 서있는 바위를 볼 수 있는데 이 바위를 행상바위라 한다.
>
> 고려 말엽 조정은 참으로 어수선하였다. 중신들 사이에는 서로 암투가 그칠 사이 없이 계속되었다. 나라가 이 꼴이 되자 백성들의 불평은 날로 늘어만 갔다. 이 틈에 고려의 장수였던 이성계는 고려를 멸망시키고 조선을 건설하였다.

고려의 임금에게 충성을 받쳐왔던 중신이나 선비들은 조정을 떠나기 시작하였다.

이 무렵 송경(宋京)땅에는 훌륭한 가문의 한 선비가 벼슬을 하고 있었다. 이성계가 이씨조선을 건국하자 그 선비도 불사이군(不事二君)의 지조를 지키기 위해 벼슬을 버리고 홀연히 송경을 떠나 팔도강산을 유람하다가 지금의 상월땅 사잣골에 은거하게 되었고 여기서 촌 아낙을 맞이하여 농사를 지어가며 생활을 하고 있었다.

그는 열심히 농사일을 하였고 그 부인과의 사이에 아들 셋을 두게 되었다. 아이들은 무럭무럭 잘 자라 부모님의 농사일도 거들면서 글을 열심히 읽었다. 아이들은 총명하여 하나를 들으면 열을 아는 것이었다. 마을 사람들은 신동이 태어났다고들 하면서 농사짓기에 너무나 아깝다고 하였다. 선비는 이런 소리를 들을 때마다 흐뭇해하면서도 내색하지 않고 농사일에 전념하게 하면서 자식들과 같이 계룡산의 산수를 두루 살피면서 고려의 패망원인과 고려의 신하임을 일깨워 주었다. 비록 자신은 나라가 멸망한 것을 보고도 힘이 되지 못했음을 늘 탄식하면서 자식들만은 고려의 신하로 키우고 싶었다. 그러나 조선은 날이 갈수록 반석 위에 놓이게 되었으니 어찌해야 좋을지 앞날이 캄캄했다.

자식들이 뛰어난 재주를 가지고 있음은 흐뭇한 일이나 조선의 신하로 만들 수는 없었다.

그렇다고 이렇게 산속에 묻혀서 농부로 만들 수도 없는 일이고, 선비는 어찌할 바를 몰랐다.

그러던 어느 날 선비의 집에 계룡산에 산다는 스님 한 분이 찾아왔다. 스님은 선비의 아들들이 뛰어난 재주를 가지고 있음을 알고 있는 듯 선비에게

"선비님. 내가 자제분들을 가르쳐 보겠습니다. 자제분들을 훌륭하게 키워서 선비님이 못 다한 한을 푸셔야 합니다."

이렇게 말하는 스님의 말에 선비는 아무 대답도 하지 않고 묵묵히 앉아 있다가 겨우 입을 열었다.

"스님. 저는 한이 없소이다. 그러나 자식들을 관헌으로 만들지는 않겠습니

다.”

선비의 말이 떨어지자 스님은 기다렸다는 듯이

“뛰어난 재주를 가지고 있는 자제분들을 여기에 있게 해서는 아니 되옵니다. 제가 책임지고 맡아 잘 가르치겠습니다. 허락해 주십시오.”

하였다. 선비는 스님이 자기의 마음을 꿰뚫어 보는 것 같아 마지못해 허락을 하는 것이었다.

선비의 세 아들은 스님을 따라 계룡산의 절간으로 들어가 스님을 스승으로 모시고 열심히 공부를 하였다. 그리고 계룡산 계곡에서 흘러내리는 물소리, 청아한 새소리와 은옥 같은 맑은 햇살을 받으면서 심신을 단련하였다. 그들의 학문은 이제 누구도 따를 사람이 없을 정도가 되었다.

그들은 평소 아버지께서 말씀하시던

“너희들은 고려의 신하다. 고려에 충성해야 하느니라.”

하시던 말씀을 되새겨 보았다. 그러나

“고려는 망했고, 이제 조선이라는 나라는 반석 위에 놓이지 않았는가? 지금 우리는 조선의 땅에서 조선의 곡식을 먹고 사는 것이 아닌가? 세상이 변했으니 우리도 새 시대를 따라 살아가는 것이 현명한 생활자세가 아닐까?”

하고 아버지의 말씀에 회의를 갖기 시작했다. 그리하여 삼형제는 의논 끝에 아버지께 알리지 않고 과거에 응시하기로 결정하였다.

과거에 응시한 삼형제는 모두 과거에 급제하게 되었다. 아들 삼형제가 과거에 급제했다는 소식을 들은 선비는

“내가 두 임금을 섬기지 않겠다고 이 산중에 숨어 살았는데 자식들이 과거에 급제하여 벼슬길에 오르게 되었으니 두 임금을 섬기게 되었구나! 내가 살아 있으면 자식들의 앞길을 막는 것이 되니 차라리 내가 죽으면 두 임금을 섬기지 않는 선비가 되고, 자식들은 부귀공명을 누릴 수 있지 않는가?”

하고 자결하였다.

아버지가 자결했다는 소식을 들은 아들들은 급히 집으로 돌아와 통곡하면서

“망한 고려를 아버지 혼자 어찌하겠단 말입니까? 아버지 혼자서 충성을 하신

다고 망한 고려가 다시 일어날 수 있단 말입니까? 왜 아버지는 현실을 외면하십니까?"

하면서 아버지를 몹시도 원망하였다.

장례가 준비되는 동안 계룡산 스님은 불경을 외웠다. 장례 절차를 마친 다음 아들들이 통곡하는 가운데 상여가 집을 떠나기 시작하였다. 이상하게도 조금 전까지만 해도 맑게 개였던 하늘에 상여가 나가기 시작하자 갑자기 먹구름이 일기 시작하더니 비가오기 시작했다.

상여가 산능선을 지날 때였다. 갑자기 천지가 깜깜하게 어두워지며 번개가 번쩍 번쩍하더니 하늘이 찢어지는 듯한 소리와 함께 벼락이 내리치어 상여와 그 뒤를 따르던 아들들도 맞아 그만 그 자리에서 죽고 말았다.

그 이튿날부터 이상한 일이 생기기 시작하였다 벼락이 때린 자리엔 아들들의 시체는 없고 상여 모습을 한 바위와 상여 뒤를 따르는 듯한 바위가 솟아 있었다.

불사이군의 지조를 지킨 충신들의 절개요. 부모님의 말씀에 순종함은 효의 첫걸음이다. 사람들은 이 바위를 '행상바위' 또는 '상여바위'라 부르고 있고 아버지의 말씀에 순종하지 않아 천벌은 받아 바위가 되었다는 애절한 전설을 지닌 채 후세에 교훈이 되고 있다.

이성계가 조선을 건국하자 '불사이군(不事二君)'의 지조로 팔도를 유람하다 상월면 사잣골에 자리를 잡은 고려의 선비, 이에게는 아들 셋이 있었는데 모두 총명하여 뛰어난 재주를 갖고 있었다. 조선의 신하를 만들 수 없다는 아버지의 명을 어기고 몰래 과거에 급제하여 벼슬길에 오르게 되자 자식들의 앞날을 위해 아버지는 자결을 하게 된다. 아버지의 상여가 산능선을 지날 때 하늘에서 벼락이 상여와 뒤따르는 아들들에게 내리쳐 모두 죽게 되었는데, 그 자리에 상여 모습을 한 바위와 뒤따르는 듯한 바위가 솟았다고 한다.

효라고 하는 것은 우리의 미풍양속이면서 질서를 유지하는 한 방편이다. 지극한 효성은 하늘이 돕고 불효는 하늘이 벌한다는 전설은 이러한 효의 중요성을 강조하는 것이다.

열녀에 대한 이야기도 효전설과 그 드러내는 의미가 유사하다. 열녀에 대해서는 연산면 고정리에 <호랑이가 길을 인도한 허씨부인> 전설이 전해져 내려오고 있다

송도 땅에 대사헌 허응이란 분이 살고 있었다.

허응에게는 권세와 재력도 대단하였으나 그보다도 그에게는 자랑스런 딸이 하나 있었다. 그 딸은 인물이 뛰어나고 부모를 효로서 섬길 줄 알고 형제간에 우애 있게 지내며 예의범절이 바르니 과연 명문의 딸로서 부족함이 없었다.

17세 때 혼담이 있어 이곳 연산에 살고 있는 충청도 관찰사를 지낸 바 있는 김약채의 아들이며 이름 높은 선비였던 김문과 결혼하게 되었다. 문벌 좋고 예의바른 양가에서 자라난 두 사람은 신분과 지체나 학문으로 보아 모두가 부러워 할만한 천하의 배필이었다.

두 사람은 신혼 초에 단란한 행복감에서 서로가 아끼고 사랑하며 즐겁게 생활하고 있었다. 그러나 이러한 행복스럽던 날도 오래 계속되지 못했다. 남편인 김문이 갑작스럽게 세상을 떠나게 된 것이다. 허씨부인은 17세의 나이로 하늘이 내려앉는 절망을 느끼게 되었으며 그녀의 비통함은 심장이 멈추는 듯한 아픔을 느끼게 하였다.

그녀는 이제 청상과부가 된 것이다. 그러나 다행히도 그녀의 몸속에는 태기가 있어 남편의 대를 이을 수 있는 생명이 자라고 있으니 그녀는 천만다행으로 여기며 한동안 슬픔 속에서 지내면서 다소의 마음이 회복해가고 있을 때이다.

이때 허씨부인의 친정집에서는 딸이 어린 나이로 홀로된 것은 김관찰사의 집안과 인연이 없어 그렇게 된 것이라며 다시 다른 집 도령과 재혼을 서두르고 있었다. 이 소식을 들은 허씨부인은

"아버님, 부모님이 정하신 일이긴 하오만, 저는 다시 결혼하지 않겠나이다. 여자에게 가장 중한 것은 정절이온데, 비록 하룻밤의 인연을 맺었다 하나 저에게는 다시없는 지아비임에 틀림없사옵니다. 저에게 두 번 다시 재가하라는 말씀

만은 거두어 주시옵소서.”

하며 간절히 애원하였다. 그러나 아버지는 두 손을 부르르 떨면서

“무엇이 어째! 네가 감히 애비의 명의 거역하려느냐?”

추상같이 호령하시는 것이었다.

그리고는,

“김도령과 식은 올렸다고 하나 꽃 같은 청춘을 내 앞에서 혼자 살아가게 할 수는 없다. 이 애비가 이미 결정한 일이니 너는 따르기만 하면 되느니라.”

하셨다.

허씨부인은 눈앞이 캄캄했다. 구슬 같은 눈물을 흘리며 김도령의 아내로 꿋꿋하게 살아가게 해달라고 간청했으나 소용없는 일이었다.

그런 후부터는 부모님들은 딸이 딴 생각을 하기 전에 혼례를 치루어야 한다고 혼사를 서두르고 있었다. 날이 갈수록 허씨부인의 마음은 착잡해지기만 했다. 이럴 수도 저럴 수도 없는 자기의 딱한 처지가 밉기도 했다.

“이러고 있다가는 남의 아내가 돼야 한다. 한 남편을 섬겨야 하는 것이 여자의 도리이거늘 내가 죽더라도 김씨 가문에 가서 죽어 그 집의 귀신이 되어야 한다. ”

이렇게 며칠 밤을 다짐한 허씨부인은 몸종 하나를 데리고 깊은 밤 몰래 집을 빠져 나왔다. 충청도 연산 땅 말만 들은 시댁을 찾아오는 길이었다. 어느 날은 굶기도 하고 몸종이 얻어다 주는 죽과 보리밥으로 주린 배를 채우며 걷고 또 걸었다. 그러다가 어느 날 밤 인적도 끊긴데다가 길을 몰라 산속을 헤매고 있는데 호랑이 한 마리가 나타나더니 허씨부인의 길을 인도하는 것이었다.

연산 땅 김관찰사 사는 동네 가까이 와서 호랑이는 큰 울음을 남기고 사라졌다. 김관찰사댁을 찾은 허씨부인은 대문 앞에서 큰절을 올리고 며느리임을 고했으나 김관찰사는 “내 너 같은 며느리를 본 적도 들은 적도 없다. 내 앞에서 썩 물러가 얼씬도 하지 말아라.”

하고 불벼락을 내리더니 굳게 대문을 잠그는 것이었다. 때는 겨울이라 눈이 많이 내렸다. 허씨부인은 대문 앞에 엎드려 김씨 가문의 며느리로 맞아달라고

천지신령께 빌었다. 산천에는 한 자가 넘는 눈이 쌓였는데도 허씨부인이 앉은 둘레에는 한낱의 눈도 쌓이지 않았다.

김관찰사는 이것은 사람의 힘으로 말릴 일이 아니라고 생각하고는 며느리로 맞아들였다. 이리하여 허씨부인은 남편 없는 시댁에서 평생을 남부끄럽지 않게 지낼 것을 굳게 다짐했다. 허씨부인은 시부모님을 지성으로 모시었다. 그리고 하나 낳은 자식을 엄하게 교육시켜 큰 재목으로 길러냈으니 이 분이 곧 감찰공 김철산이다.

허씨가 낳은 유복자 김철산에서 자손이 번성하여 높은 벼슬과 훌륭한 인재가 많이 배출되었다.

허씨부인은 외로움 속에서 수절하다 훌륭한 삶을 살고 최후를 마치니 주위에서는 허씨의 정절을 칭송하였고 조정에까지 알려져 정문을 연산면 고정리에 세우고 정경부인의 시호를 제수하였다.

허씨부인은 이름 높은 선비인 김문과 결혼하였으나 신혼 초에 신랑이 갑자기 죽는 바람에 청상과부가 된다. 친정집에서 다른 도령과 재혼을 서두르자 허씨부인은 태기 있는 몸으로 몸종 하나를 이끌고 몰래 집을 나서 충청도 연산 땅 시댁을 찾아가게 된다. 온갖 고초를 겪으며 가는데 중간에 호랑이가 나타나서 허씨부인을 시댁까지 안내해주었으며, 시댁에서 받아주지 않자 대문 앞에 엎드려 천지신명께 며느리로 맞아달라고 비니 한 자나 넘는 눈이 부인 둘레에는 쌓이지 않았다고 한다(다른 이야기에서는 호랑이가 밤새 꼬리로 허씨부인 주변의 눈을 쓸어주었다고도 한다.). 그러자 시댁에서도 며느리로 맞아들이게 되고 허씨부인이 낳은 유복자는 자손을 번성시키고 많은 인재를 낳았다고 한다.

여자에게 수절을 요구한 것은 당시 사회의 질서유지의 한 방법이었다. 당시의 관습으로 시댁의 귀신이 되고자 했던 허씨부인을 하늘이 도와 호랑이가 길을 안내하고 산신령이 눈을 부인의 둘레에 쌓이지 않게 하여 이적(異蹟)을 보인 것과 허씨부인의 자손이 번성하고 많은 인재를 낳았다고 끝마무리를 짓는 것은 여성의 수절이 천륜임을 보여 당시의 또는 후세의 여성들에게 이러한 삶을 살도록 하기 위한 것이다. 오늘날의 사회 관습과는 많은 시각차를 보이는 부분이기도 하다.

7) 산 이동 전설

산이동설화(山移動說話)는 전국적인 분포를 갖고 있는 설화이다. 일반적으로 산이동설화는 어디에서 어떻게 산이 이동을 하였는가 하는 점과 어디에서 어떻게 정지하게 되었는지에 대한 이야기를 하고 있으며, 나아가 산이 정지한 후 이전 지역과의 세금을 다투는 내용을 담고 있는 자료들도 있다. 그리고 주로 내륙에서는 산이 이동하지만 도서지방에서는 섬이 이동하는 것으로 나타난다.

산이 이동하는 방법도 다양한데, 주로 거인이나 장수가 산을 옮기거나, 스스로 걸어가기도 하고, 홍수에 떠내려오기도 하는 것으로 나타난다. 논산지역의 경우에는 홍수 때 떠내려오거나 솟아나는 것으로 이야기가 전하고 있다. 산이 멈추게 되는 데에도 보편적으로 여인의 "산이 떠내려온다."는 등의 이야기로 인해 산이 멈추게 되는 경우가 대부분이나 논산 지역에는 떠내려오던 산이 저절로 멈추게 되는 것으로 나온다. 산이 떠내려 왔다는 이야기로 노성면 교촌리에 전하는 <노성의 옥천땅 옥천말랭이>가 있다.

노성면 노성중학교에서 동쪽으로 100m 정도에 "옥천 말랭이"라고 하는 야산이 있다.

아주 옛날 어느 해 가뭄이 극심하여 들에 있는 곡식들이 타들어가고 있었다. 논바닥은 거북 등과 같이 갈라지기 시작하여 농부들은 하늘만 쳐다보며 발을 동동 구르고 있었다.

이렇게 비를 애타게 기다리고 있던 옥천 사람들은 웅덩이를 파고 논에 물을 대기도 했지만 이젠 웅덩이에 고여 있던 물조차 마르기 시작하여 더욱 애만 타게 했다. 그런데 팔월 초순부터 비가 내리기 시작하였다. 농부들은 기뻐 어쩔 줄을 몰랐다. 그런데 한번 내리기 시작한 비는 좀처럼 그치질 않았다. 비는 점차 폭우로 변하여 물은 점점 불어나 홍수로 변하였다.

마을 사람들은 물난리를 피하여 높은 산으로 올라가게 되었다. 그런데 이게 어찌된 일인가? 주민들이 물을 피하여 올라와 있던 산이 움직이는 것이 아닌가? 마을 사람들은 이젠 다 죽었다고 울부짖으며 서로 부둥켜안고

"사람 살려요."

하고 외쳤다. 그러나 온 천지가 물로 뒤덮힌 곳에 사람이 있을 리 없었다.

산은 둥실둥실 떠내려가고 있었다. 얼마나 떠내려 왔는지 옥천 땅이 물에 떠내려 오다가 밀려서 노성 땅에 와서 멎고 둥근 야산을 이루어 놓았다.

이 야산 위에서 같이 떠내려온 마을 사람들은 이곳이 내 땅이거니 하고 여기서 몸담아 생활을 하면서 자신들은 옥천 사람이라 일컫고, 세금도 옥천 관헌에게 받쳤다.

이렇게 되니 옥천 관리들도 이 땅에 대한 관리를 함과 동시에 세금을 거두어 가게 되었다. 이와 같이 옥천에서 흘러내려온 땅이라 하여 비록 노성에 있지만 옥천 땅이 되어버린 것이다.

그러던 어느 해 노성 땅에 신억이라고 하는 젊은 현감이 부임해 왔다. 그는 선정을 베풀어서 백성들로부터 칭찬이 대단한 원님이었으나 이 고을에서 부자가 많이 모여사는 옥천 말랭이의 세금을 옥천에서 받아가는 데는 불만이 많았다.

이런 생각을 골똘하게 하고 있던 차에 지금 옥천 관리들이 세금을 걷고 있다는 보고가 들어왔다. 그래서 그는 옥천 관리들을 여기에 대령시키라고 명령을 내렸다.

신억 원님 앞에 나타난 옥천 관리들은 무슨 영문인지 모르고 붙잡혀 왔다.

"그래 세금은 많이 걷었느냐?"

"예! 올해는 풍년이 들어서 세금이 잘 걷히고 있습니다."

"그래, 너희들은 어찌 생각하느냐? 너희 집 광속에 들어가서 곡식을 퍼간다

면 너희들은 어찌 하겠느냐 말이다."

이에 옥천 관리들은 아무 소리도 하지 못하고 몸둘 바를 몰라했다.

"그래 좋다. 너희들은 옥천 사람으로 노성 땅을 밟았겠다. 그러니 나도 너희들로부터 노성 땅을 밟은 통행세를 받아야겠다. 알았느냐?"

하고 호통을 치니 옥천 관리들은 부들부들 떨기만 했다.

"여봐라! 이놈들이 걷어드린 세금을 노성 땅을 밟은 세금으로 받아야겠으니 그놈들이 받아들인 세금을 모조리 압수하고 그놈들을 동산 근처로 끌어오너라."

하고 원님은 동산으로 향했다. 동산에 도착한 원님은

"여봐라! 그놈들은 여기에 대령시키고 어서 짚단을 준비해서 이 동산을 전부 둘러치도록 하여라."

이렇게 하여 짚단으로 동산을 둘러 싸게 되니 원님은 다시 호통을 쳤다.

"어서 한 쪽에 불을 질러라."

메마른 짚단은 삽시간에 불길이 치솟더니 잠깐 사이에 다 타버리고 재만 남게 되었다.

원님은 옥천 관리들을 바라보며

"자, 너희들 보아라. 조금 전까지 짚단으로 두른 땅의 안은 옥천 땅이라 했겠다. 그러니 너희 땅인 재를 쓸어 모아 줄 터이니 너희 땅으로 가지고 가거라."

하고 재를 쓸어 모으라고 하였다. 그리고 신억 원님은

"여봐라. 옥천 관리들은 들어라. 분명히 너희 옥천 땅은 불에 타 없어졌으니 여기 남아 있는 땅은 노성 땅이렸다. 그러니 이제부터는 이 땅의 세금은 내가 걷겠다. 그리고 이번 세금은 옥천 사람인 너희들이 노성 땅을 밟은 세금으로 내가 압수하겠으니 그리 알고 너희 원님께 똑똑히 아뢰어라."

하고 말했다.

옥천 관리들은 신억 원님의 서슬퍼런 질책에 대꾸조차 하지 못하고 서둘러 옥천으로 돌아가 자기 원님에게 노성 원님의 말을 그대로 보고하였다.

그러나 옥천 원님은

"그렇지 노성의 원님은 참으로 훌륭한 원님이시다. 이제 노성에서도 사람이

들어섰구나!"

하고 무릎을 치며 칭찬하였다.

지금도 사람들은 이 산을 "옥천 말랭이" 또는 "옥천뫼"라고 부르고 있다.

떠내려온 산에 관한 대부분의 이야기가 산이 떠내려 와서 멈추게 된 사연을 지역의 특성에 따라 전하고 있으나, 위의 이야기에는 그 산에 대해 세금을 매기는 문제로 옥천과 노성이 다투는 내용이 첨가되어 있다. 노성에 새로 부임한 신억이라는 원님의 지혜로 옥천말랭이에 대한 세금을 노성에서 받게 되는 이야기가 첨가되어 있는 것이다. 이러한 세금 다툼은 산이동설화의 내용을 흥미롭고 풍성하게 해주는 동시에 옥천말랭이가 노성 땅에서부터 떠내려온 산이라는 이야기가 진실이라는 신뢰성을 뒷받침해 주고 있는 것이다.

산이 떠내려왔다는 이야기와 비슷한 것으로 산이 솟아난다는 이야기도 있다. 이러한 이야기를 천지창조 또는 천지개벽의 차원에서 산이동전설과 같이 보는 경향이 있다. 일반적으로 떠내려온 산에 관한 설화에 있어서 그 산에 세금을 부과하는 문제로 다툼이 있는 것은 후래에 재구성된 이야기로 보고 있으며, 거인이나 장수가 산을 떠메고 가는 것으로 나타나는 것을 원초적인 형태로 보는데 이러한 류의 이야기를 천지창조와 관련해서 보고 있다. 산이 솟아났다는 이야기로 상월면 산성리에 <신도안으로 넘어간다는 배넘어고개>라는 전설이 전하는 데 그 내용은 다음과 같다.

상월면 산성리 정골 뒷산에 배넘어고개란 곳이 있다 금강 물줄기가 천지개벽을 하여 다시 이쪽으로 흐르면 신도안으로 배가 넘어가게 된다 해서 배넘어고개란 이름이 붙은 것이다.

옛날 이곳에 사람이 그렇게 많이 살고 있지 않을 때이다. 하루는 어느 곳에서 흘러왔는지 한 사나이가 뗏목을 타고 이곳까지 강줄기를 타고 내려오고 있었다. 그는 금강줄기를 따라 뗏목을 타고 내려오다가 상월 쪽에서 폭풍을 만나게 되어 뗏목을 강기슭에 매어둔 채 폭풍을 피하여 나무 아래에 숨어 있었다.

폭풍우와 함께 천둥이 울리면서 벼락 소리가 온 천지를 뒤흔들었다. 천둥 소리에 놀라 그는 숨어 있던 나무에서 뛰어나와 뗏목에 올라탔다. 그때 그가 숨어 있던 큰 나무에 벼락이 떨어져서 두 동강이가 나버렸다. 참으로 아찔한 순간이었다.

그때 상류에서는 무서운 파도가 산더미처럼 밀려왔다. 그는 파도에 밀려 한참동안 시달리다가 굴바위 위에 내동댕이쳐지고 말았다. 그는 이제 죽는가보다 하며 생각하고 눈을 뜬 다음 바듯이 바위를 붙잡고 앞을 바라보았다.

그런데 이럴 수가 있단 말인가? 파도에 밀려왔던 강줄기에서는 산이 솟아오르고 있었다. 산은 점점 물위로 떠오르더니 강물을 막아 버렸다.

그래서 여기에 고여 있던 물은 엉뚱한 곳으로 흘러 내려갔다. 조금 전까지만 해도 흐르던 강줄기가 막히고 산이 들어서자 뗏목을 버리고 계룡산 산정으로 올라가 보았다.

그는 시장기가 들어 산과일을 따먹고 잠이 들었다. 그런데 그는 꿈속에서 백발노인을 만나게 되었다. 노인은

"조금 전까지 흐르던 강은 육지가 되었고 거기엔 장차 큰 도읍지가 생기리라. 너는 당장 산을 타고 내려가서 강줄기가 있던 그 비탈에 자리를 잡으면 후에 크게 성공하리라."

그 노인은 그렇게 말하고 사라졌다. 너무나 이상한 꿈이었다. 그는 산신령이 나의 길을 안내해 준 꿈이라 생각하고 산에서 내려와 강줄기가 있던 자리에 정착하기 시작하였다.

그러던 어느 날이었다. 또 꿈속에 그 노인이 나타나서

"네가 잡은 고개가 배를 타고 내려오던 고개이다. 다시 천지개벽을 하면 그쪽으로 다시 배가 넘어다닐 것이다. 그때 너는 크게 성공할 것이다."

노인은 이렇게 말하고 사라졌다. 그는 그 후 여기에 정착하여 크게 성공하기를 기다렸지만 죽을 때까지 그 꿈은 실현되지 않았다.

지금도 상월면 산성리에는 배넘어고개란 곳이 있고, 물이 신도안 도읍지로 넘어 간다하여 무네미고개라고 지금도 부르고 있다. 이 무네미고개가 터지면 상

월마을 한 곳이 물이 잠긴다 하여 잠뱅이 마을이라 부르고 있다고도 한다.

상월면 산성리의 배넘어고개는 옛날 흐르던 금강 강물 속에서 폭풍우 몰아치던 날 솟아올랐다는 산에 있는 고개이다. 이 산이 솟아 올라 물의 흐름이 바뀌었지만 다시 천지개벽을 하게 되면 물이 이 고개를 넘어 신도안쪽으로 흐르게 돼 무네미고개라고도 한다.

<신도안으로 넘어간다는 배넘어고개> 전설은 천지개벽과 관련 있다는 점에 있어서는 일반적인 홍수설화와 맥을 같이한다. 홍수설화는 대체로 큰 물로 악인을 징계하거나 인류의 멸망 후 남녀 한쌍만 살아남아 새로운 인류의 시조가 된다는 이야기들이다. 이들 이야기는 전설 혹은 민담의 형태로 전하는데, <돌부처 눈 붉어지면 침몰하는 마을> 설화와 <장자못> 설화는 전자에 속하고, <남매혼> 설화와 <목도령과 홍수> 설화는 후자에 속한다. 악의 징계와 인류의 새로운 시조는 홍수설화의 큰 특징이다. 전해오는 설화들은 이 중 한 가지를 이야기하거나 이 둘을 모두 담고 있는 경우도 있다. 그러나 상월면의 전설에는 악을 징계한다거나 인류의 새로운 시조가 탄생한다는 내용이 빠짐으로써 홍수설화의 일반적인 흐름에서 벗어나 있는 것이다.

또한 이 이야기에는 풍수전설이 겹쳐서 있다. 다시 천지개벽을 하게 되면 산이 솟아오른 고개 쪽으로 물이 흘러 다시 배가 넘어다닐 것이므로 그 곳에 자리를 잡게 되면 성공할 것이라는 꿈 속 노인의 말을 믿고 그 곳에 정착한다는 한 사나이의 이야기가 앞의 이야기와 함께 짜여져 있다.

논산지역에는 바위가 땅에서 솟아올랐다는 이야기가 많이 전하고 있다. 앞서 소개했던 논산읍 관촉리의 <관촉사 석조미륵보살입상> 전설과 <소리개의 한이 맺힌 소리개바위> 전설, 성동면 정지리의 <금씨가 열린 금박재> 전설, 상월면 대명리의 <불효로 천벌받은 행상바위> 전설, 두마면 석계리의 <사랑의 화신 상사바위> 전설 등에 바위가 솟아올랐다는 내용이 있다. 그러나 <관촉사 석조미륵보살입상> 전설 정도를 제외한 나머지는 그 드러내는 의미에 차이가 있다고 보인다.

8) 수호 전설

논산 지역에는 불교 관련 사적이 많으며 아울러 부처가 외적의 침입을 막았다는 전설도 함께 전한다. 우선 관촉사에는 석조미륵보살입상이 있는데, 고려 광종 때 반야산의 땅에서 솟아난 바위로 조성을 했다고 한다. 이 보살이 북쪽 오랑캐의 침략을 막았다는 전설이 전한다.

> 논산에서 동쪽으로 4km쯤 떨어져 있는 관촉사는 은진면 반야산 기슭에 자리잡고 있고 석조미륵보살입상이 유명해져서 관촉사는 오히려 그 이름이 '은진미륵절'로 알려질 정도이다.
>
> 이 미륵에 관한 다음과 같은 전설이 또 있다.
>
> 고려조 때에는 외적의 침략을 수차 받아왔다. 언젠가 북쪽 오랑캐들의 침략이 있을 때였다. 어느 날 오랑캐들의 군사들이 압록강을 건너기 위해 강변에 집결해 있었다.
>
> 오랑캐들은 압록강의 수심을 알길 없어 건너오지 못하고 우왕좌왕 하고 있을 때였다. 이때 마침 스님 한사람이 가사를 입고 삿갓을 쓴 채 강을 건너는데 마치 얕은 냇물을 건너듯이 다리만 걷어 올리고 건너오고 있었다.
>
> 오랑캐들은 스님이 건너오는 것을 물끄러미 바라보고만 있었다. 이때 적장은
>
> "보아라, 저기 중이 건너오고 있다. 그곳으로 강을 건너자."
>
> 하면서 진군 명령을 내렸다.
>
> 오랑캐들은 스님이 건너오던 곳으로 우루루 몰려 강물로 뛰어 내려가 강을 건너려 했다. 그러나 멋모르고 그냥 강으로 뛰어들어간 오랑캐들은 수심이 깊어 텀벙텀벙 모두 물속에 빠져 죽고 말았다.
>
> 많은 부하를 잃은 적장은 화가 났다.
>
> "그 중을 찾아라."하며 명을 내렸다. 그 중을 찾아 원수를 갚고자 했다. 중을 찾아 낸 적장은 화가 머리끝까지 치밀어 올라 차고 있던 칼을 빼어 중을 내리쳤다. 그런데 어찌된 일일지 중은 간 곳이 없고 그 중이 쓰고 있던 삿갓 한 쪽만

떨어져 내렸다.

그때 은진의 미륵불은 온몸에 땀이 주루룩 흘러내리고 손에 들고 있던 연화(蓮花)의 빛이 희미해졌고 미륵이 쓰고 있던 갓 한쪽이 떨어져 나갔다고 한다.

그러니까 은진미륵불이 국난을 막으려고 영험을 내어 중으로 화신하여 압록강에 나타나 우리나라를 쳐들어오려는 오랑캐들을 몰살시켰다는 것이다. 이래서 은진미륵은 호국불로서도 전하여 오고 있다.

지금도 미륵불상의 갓을 보면 한쪽 귀퉁이가 떨어져서 꿰맨 것을 볼 수 있는데 이것은 스님으로 변하여 국난을 막기 위하여 압록강에 나타났을 때 오랑캐 장수의 칼에 맞은 흔적이라고 전한다.

이러한 전설을 간직한 채 관촉사 석조미륵보살입상은 논산읍 관촉리 반야산 중턱에 신장 18.12m, 주위 9.9m, 관 높이 2.43m의 거대한 체구를 자랑하는 석불로 묵묵히 서서 미소를 지으며 오늘을 살아가는 우리들에게 위대한 자비의 손길을 뻗치어 주고 인간의 희로애락에도 변함없이 많은 가르침과 가치를 심어주며 우리의 생활을 지켜보고 있다.

고려 때 북쪽 오랑캐가 침략해오자 관촉사의 석조미륵보살이 스님으로 변해 지혜로써 오랑캐들을 압록강에 몰살시켰다는 이야기이다.

고려의 태조 왕건이 세웠다는 개태사의 삼존석불이 임진왜란 때 외적을 물리쳤다는 전설도 전하고 있다.

연산면 천호산 기슭에 자리한 개태사는 고려 태조 왕건이 후백제를 징벌하고 지은 개국 사찰이다.

임진왜란 때의 일이다. 물밀 듯이 몰려온 왜적들은 한양을 점령하고 나서 각 지방으로 분산되어 내려와 우리 민족을 괴롭히고 있었다. 이때 이곳 개태사에서는 스님들이 국난을 당하면서부터 호국에 대한 염불을 계속하고 있었다. 개태사에서 스님들이 호국염불을 하고 있다는 소문을 들은 왜적들은 개태사로 몰려들기 시작했다. 왜적들은 절간에 들어와서 주지스님을 찾았으나 나타나지 않자 절간문을 모두 열어 제치고 야단법석을 떨기 시작했다.

왜적들은 대웅전 문 앞에 가서 묵직한 문을 열어제쳤다. 그 순간

"아니 이건 무슨 불빛이냐?"

대웅전 안을 바라보는 순간 대웅전 안에 있던 삼존석불에서 빛이 발했던 것이다. 그 불빛을 바라본 왜적들은 눈을 뜨지 못하고 그 자리에 쓰러져 죽어갔다. 그리고 대웅전 안을 들여다 보지 않은 왜적들은 겁이나 혼비백산하여 도망쳐 대장에게 보고를 했다. 이 말을 들은 대장은 믿어지지 않는 거짓말 같았다.

"아니! 그래 사람이 부처님을 쳐다보았더니 죽어?"

믿을 수 없다고 하면서 부하를 데리고 개태사에 직접 와서 대웅전 문을 힘껏 열었다. 그에겐 아무것도 보이지 않았다. 그러나 어쩐지 몸이 떨리고 겁이 나기 시작했다. 그는 차고 있던 칼을 빼어들어 삼존석불의 대세지보살의 목과 허리를 힘껏 내리쳤다. 그 다음 관세음보살을 내려치려는 순간 관세음보살에서 이상한 불빛이 보이고 칼이 부러지고 적장은 그 자리에서 쓰러져 죽었다. 그래서 세 부처님 가운데 관세음보살만 화를 면하여 원형을 그대로 보전하게 되었고 그 뒤부터는 개태사에는 왜적이 들어오지 못했다고 전해지고 있다. 그런데 그 이후부터 절 부근에서는 이상한 일들이 일어나기 시작했다. 불이 나서 집과 곡식을 태우는 일이 자주 일어났고, 어떤 때는 마을 전체를 불태워 마을 쑥대밭이 되는 수도 있었다. 마을사람들은 두려움이 쌓이기 시작했다. 그래서 마을사람들은 모여서 숙의한 끝에 "개태사의 잡귀가 하는 짓 같으니 제사를 지내는 것이 좋겠다."고 의견을 모으고 마을에서는 무당을 불러다가 굿을 하기도 하고 제사를 지내기도 했다. 그러나 아무 소용이 없었다. 불은 여기저기서 끊이지 않고 발생될 뿐이다. 그러던 어느 날이었다. 마을에 사는 할머니가 밤에 이상한 꿈을 꾸었다. 꿈속에서 부처님을 만났는데 "개태사의 불상을 원상태로 해놓고 정성껏 불공을 드리면 화가 없어질 것이다."라고 했다.

마을사람들은 돌부처를 원상태로 복구하고 모두 정성껏 불공을 드리니 그 후부터는 불이 나지 않고 평화로운 마을이 되었다 한다.

임진왜란 때 이 삼존석불이 빛을 발해 왜구를 물리쳤다는 이야기이다. 관촉사의 석조미륵보살과 개태사의 삼존석불은 나라를 지킨 호국불의 모습을 지니고 있다. 비록 외국의 오랑캐들은 아니지만 쌍계사도 고려말 국난 때 이곳 사람들을 지켜주었다는 전설을 갖고 있다. 가야곡면 중산리에 전하는 이야기이다.

논산에서 동남쪽 가야곡면 불명산(佛明山)을 찾아가면 그 산속에 자리 잡은 절간을 하나 발견할 수가 있다. 지금의 건물은 이조시대 지은 것이다. 그러나 이 곳에 절간이 생기기는 고려 때라 전하기도 하고 또 그보다도 먼저 여기에 절터를 하늘의 상제(上帝)가 잡아 주었다는 옛날이야기가 숨어 있기도 하다.

지금의 가야곡면 중산리에 자리 잡은 쌍계사가 바로 그 유명한 사찰인 것이다.

옛날도 아주 옛날 하늘의 상제(上帝)께서 산수가 수려한 이 땅에 절간을 하나 짓기로 하고 그 아들을 이 땅에 보냈었다. 상제의 아들은 지금의 쌍계사 부근에 내려와서 어디에다 절간을 지을까 하고 한참 장소를 물색하다가 맑은 물이 계곡에서 흐르는 것이 마치 신선지 같기도 한 지금의 장소를 선택하였다. 마치 좌우에서 흐르는 계곡의 물은 정말 한 폭의 그림 그대로였다. 그래서 여기에다 장소를 정한 상제의 아들은 사람을 시켜 진귀한 나무를 선택해 오도록 하였다. 그래서 각처에서 옮겨온 진귀한 나무로 절간을 짓기 시작했다 한다. 처음 건물은 기둥과 주춧돌, 문짝 그리고 건물 안의 벽화 건물 장식 하나하나를 하늘나라에 물어보고 지었다는 것이다. 그래서 여기에 절간이 세워지자 이 땅의 불교신자들은 누구나 여기에 한 번씩 다녀가는 것이 큰 원이었다니 과연 이 쌍계사의 우아함을 짐작할 만하다.

그 후 세월은 흘러 고려 말 이곳 쌍계사의 주지스님이 하루는 꿈을 꾸었는데 꿈속에 한 스님이 나타나서 "스님 요즈음 세상사가 어지러워 민심도 참으로 흉흉하외다. 하기야 불도를 어긴 스님들이 이 땅에 꼭 없다고 말할 수도 없고 또한 민심이 흉흉한 책임이 불문(佛門)에 있는지 없는지도 참 어려운 이야기옵니다마는 앞으로 쌍계사에는 쫓기는 스님이 숨어올 것도 같으니 각별히 유의하셔야 하겠습니다. 그러나 스님이 아닌 '임금 왕'자의 성을 가진 사람이 말을 타고 여기에 들어오면 화를 면치 못할 것입니다. 유의하셔야 합니다."하고 조용히 물러갔다.

그 후 나라에는 큰 화가 일어난 듯 많은 사람들이 쫓기기도 하고 쫓기도 한다는 소문이 들어왔다. 그런데 아니나 다를까? 이번에는 불안에 초조하기도 한 스님들이 몇 사람 여기를 찾아왔다. 또 한편으로 도망다니는 듯한 사람들도 삼삼오오 여기를 찾아 와서는 몸을 숨기기도 했다. 그리고 그 후로도 계속 모여들었다. 어쩌다가 이렇게 되다보니 쌍계사에는 이제 많은 사람들이 모여왔고 모두가 불안에 떠는 눈치였었다. 그들이 여기에 밀려온 지 며칠 밤을 보낸 어느 날 밤 이번에는 불명산을 뒤덮는 듯한 발굽소리와 함께 많은 군사들이 달려오고 있었다. 그들은 무슨 영문인지 목표를 이 쌍계사로 둔 눈치였다. 그래서 여기에 숨어 있었던 사람들은 모두 공포에 떨기 시작했다. 이때 쌍계사의 주지 스님은 재빠르게 앞으로 나와 그들과 함께 목탁을 치며 불경을 외우기 시작했다. 초조하게 죽음을 두려워하던 사람들이 외우는 독경소리는 점점 커지더니 달려오는 말발굽소리보다 더욱 크게 퍼지기 시작한다. 이때였다. 대체 이런 기변이 일어날 수 있을까? 여기로 쏜살같이 달려오던 그 많은 말들이 "우루루" 한편으로 모여 들더니 앞다리를 번쩍 들며 기성을 지르며 쓰러지는 것이었다. 마치 한 발자국도 앞으로 못 나오고 한 장소에서 발걸음이 멈추어지자 말을 몰던 군사들은 말에서 떨어져서 모두 죽고 말았다. 그래서 여기를 찾아왔던 사람들은 모두 목숨을 구했던 것이다.

그 후에도 말이 달려오다가 쓰러진 그 자리에서는 말을 타고 지나가려면 똑같은 일들이 생겼다. 아무리 지체 높은 사람이라도 그 장소에서 말에서 내려 쌍계사로 걸어서 들어와야지 말을 타고 지날 수는 없었다. 억지로 말을 타고 지나기 위해 말에게 채찍을 하면 말이 등에 탄 사람을 떨어뜨려 죽게 하거나 말이 사람을 떨어뜨리고 달아나 버렸다. 말은 절대로 그 장소를 벗어나 절간 쪽으로 들어가지를 못했다 한다. 아무리 지체 높은 사람이라도 상제의 아들이 지은 절간인만큼 감히 말을 타고 들어갈 수 없기 때문이라 한다.

그 후로 말이 절간 쪽으로 더 가지 못했던 곳에는 하마비(下馬碑) 팻말을 세워 여기에서는 꼭 사람들이 말에서 내려 절간으로 걸어가는 것이 상례가 되어 버렸고 죄지은 사람도 여기서 불공을 드리면 죄가 풀려진다 해서 쌍계사는 전국 사찰 중에서도 신성시하는 사찰로 유명하게 알려지게 되었다.

나라에 난리가 났을 때 사람들이 이 절로 숨어들었고 말을 탄 군사들이 이 쌍계사로 몰려들었는데, 이 절 주지 스님이 목탁을 치며 불경을 외우자 이들 군사가 탄 말들이 모두 쓰러지며 그 말에 타고 있던 군사들도 모두 죽어 이 절을 찾아왔던 모든 사람들이 목숨을 구했다는 이야기이다. 그 후에 이 곳에 말을 타고 지나가는 사람들에게도 똑같은 일이 일어났기에 하마비를 세워 쌍계사 경내로 들어가는 사람들은 말에서 내려 걸어 들어가야 한다는 이야기도 함께 전한다. 이 전설의 앞 부분은 불력(佛力)의 힘으로 난리 때 군사들을 물리쳤다는 내용이며, 뒷부분은 부처에 대한 경외심의 표현으로 쌍계사 경내에 들어갈 때 말에서 내려들어가라는 의미를 담고 있다. 불교와 관련되지 않지만 후자와 비슷한 내용이 성삼문묘와 관련해서도 전한다. 가야곡면 양촌리에 전하는 전설이다.

가야곡면 양촌리에 성삼문의 묘가 있다. 이조 초엽 세조가 즉위하기 직전 단종을 옹립하던 사육신이 세조의 즉위를 반대하여 형장의 이슬로 사라지게 되었다.

이때 사육신의 육신을 쪼개어 8도에 돌리게 될 때 성삼문의 육신을 지고 가던 임부가 구리개에 와서 버리고 가 이곳에 묘를 쓰게 되었다 한다.

그런데 이곳에는 성삼문의 묘를 쓴 이후부터 이상한 일들이 일어나기 시작했다.

어느 날이었다. 어느 과객 한 사람이 말을 타고 성삼문 묘앞을 지나가게 되었다. 그런데 이게 어찌된 일인지 그 동안 잘 걸어오던 말이 갑자기 쓰러지는 것이었다. 깜짝 놀라 과객은 말위에서 내려 말을 살펴보니 말다리가 부러져 있는 것이었다. 아무리 살펴보아도 주위에는 채일 만한 돌부리도 없었다. 과객은 어이가 없는지

"참으로 이상도 하구나. 아무 탈도 없이 잘 걸어오던 말이 갑자기 다리가 부러지다니 알 수 없는 일이로다."

하는 수 없이 과객은 걸어서 재를 넘어가야만 했다.

이러한 일이 있은 후부터도 말을 타고 성삼문묘 앞을 지나가면 그 앞을 지나기 전에 말다리가 부러지거나 그렇지 않으면 말에 탄 사람이 변을 당하는 사례가 종종 일어났다. 이러한 소문은 꼬리를 물고 점점 멀리 퍼져나갔다. 아무리 지체 높은 사람이라 할지라도 그 장소에는 말에서 내려서 걸어가야지 말을 타고 지날 수는 없었다. 억지로 말을 타고 지나가기 위하여 말에게 채찍이라도 하면 말이 등에 탄 사람을 떨어뜨려 죽게 하거나 사람을 떨어뜨려 죽게 하거나 사람을 떨어뜨리고 말이 달아나 버렸다. 그래서 사람들은 이 거리 가기를 꺼려했다.

그 후로 이곳을 지나가려면 말이나 가마에서 내려 걸어가라고 사송치 어귀에 하마비를 세웠다고 한다.

그 뒤부터는 이곳을 지나는 사람들은 이 하마비 있는 곳에서 말이나 가마에서 내려 걸어가 화를 면했다고 한다.

이 이야기는 사육신 중의 한 분인 성삼문을 기리고 그에게 존경심을 나타내도록 하기 위해 이 지역 주민들의 심성(心性)에서 만들어진 것이라 짐작된다.

부처 중에는 마을을 지키는 수호신의 모습을 띄고 있는 것도 있다. 광석면 항월리에 있는 석불보살에 대한 이야기이다.

광석면 항월리 3구 부락입구에 보면 큰 느티나무가 있고 그 밑에 붕어모형을 하고 있는 암석이 있는데 이 마을 사람들은 이 암석을 '석불보살'이라 하여 지

금도 치성을 드리고 있다.

옛날 어느 해의 일이다. 나라 안은 호열자가 번성하여 민심이 흉흉하고 여기저기에서 사람이 죽어나가 어수선했다. 조정에서는 어떤 대책도 세울 수 없어 고심하고 있을 뿐이었다. 겨우 새끼줄을 치고 격리시키는 것 외에는 손을 쓸 수조차 없었다. 날이 갈수록 호열자는 더욱 전국에 퍼져나갔고 죽어가는 사람은 수를 더해만 갔다.

그때 이 부락에도 예외 없이 호열자가 심하여 사람이 죽어가 통곡소리가 그치질 않았다. 어느 날이었다. 한 노승 한분이 이 부락을 지나다가 부락 입구에서 있는 바위 앞에서 목탁을 치며 염불을 외우고 있었다. 그러더니

"이 동네 사람들은 이 바위를 잘 위하면 재난을 막을 수 있을 텐데……"

하고는 어디로인지 떠나갔다. 이 말을 들은 동네 사람들은 그날부터 이 바위를 위하기 시작했다. 그러데 이 어찌된 일인가? 그렇게 심하게 번져만 가던 호열자 환자들이 며칠 안 가서 씻은 듯이 나아 동네는 안정을 되찾을 수 있었고 스님께 고마움을 느끼면서 더욱 바위를 위하는데 정성을 다하여 치성을 드렸다.

이 소식을 들은 타동네 사람들이 찾아들기 시작했다. 찾아오는 호열자 환자들이 인산인해를 이루었고 이상하게도 이 바위에 빌며 치성을 드리면 깨끗이 나아서 나가곤 했다. 심지어는 너무나 병이 심하여 기어서 들어와 며칠 정성들여 치성을 드리고 걸어서 나가기도 했다고 한다. 사람들은

"이 석불보상이야 말로 영험이 있는 보살이다."

하여 전국에 소문이 퍼져나갔다.

또 아들을 낳지 못하는 부녀자들도 이 석불보살에게 치성을 드리면 아들을 낳을 수 있다고 하여 부녀자들의 발길이 끊이지 않아 더욱 항월리 석불보살에 대한 얘기는 점점 퍼져나가게 되었다.

그리하여 지금까지도 동네 사람들은 이 석불보살이야 말로 동네를 지켜준 수호신으로 믿고 매년 치성을 드리고 있다.

열병으로 마을 사람들이 죽어갈 때 어느 노승의 말을 듣고 이 바위에 치성

을 드리니 환자들이 다 낫게 되었다는 이야기가 있고, 아울러 아이를 못 낳는 부녀자들이 치성을 드려 아이를 낳았다는 이야기도 전한다.

바위는 고대로부터 그 항구불변성으로 인하여 초자연적인 힘이 깃들여 있는 것으로 믿어졌으며 그로 인해 주술적 신앙의 대상이 되었던 것이다. 그리고 바위에 치성을 드려 아들을 얻는 기자암(祈子巖) 풍속도 오랜 우리의 생활관습이다. 광석면의 석불보살 이야기는 이러한 믿음이 불교와 결합된 것으로 볼 수도 있다.

불교는 우리나라에 들어온 지 오래 되었고, 우리의 풍속과 믿음에 잘 결합하여왔다. 이 이야기는 불교가 우리 민속의 기복신앙과 결부된 모습으로 볼 수 있다. 한편 불교의 입장에서 보면 부처의 이적을 보임으로써 민간의 인심을 불교에 집중시킬 수 있었을 것으로 보인다.

5. 맺음말

지금까지 논산지역의 전설의 분석을 통하여 그 의미들을 나름대로 밝혀보았다. 전설은 그것을 이야기하는 사람들이 소망하는 방향으로 역사적 사실을 재구성한 것으로 이들의 의식과 생활방식, 신앙태도, 가치관 등을 반영하고 있다. 논산지역에서 전하는 전설은 기본적으로 권선징악적 내용과 신이한 이적의 내용을 담고 있으며, 주로 이 지역에서 교훈적 기능을 수행하고 있음을 알 수 있다.

그러나 오늘날 과학적 사고방식의 보편화로 인하여 전설이 거짓말로 인식되기도 하면서 점차 사라져 가고 있으며, 또한 생활환경의 변화로 함께 모여 이야기를 나눌 수 있는 기회가 적어지면서, 또는 현대적 오락기구의 발달로 인하여 전설을 이야기할 기회가 적어짐으로써 전설이 점차 우리 사회에서 사라지고 있다.

오늘날 각 지역의 전설을 관광자원화하려는 노력이 각 자치단체를 중심으로 행해지고 있는데, 그러한 노력이 각 지역의 전설을 단순히 부활시키는데 그칠 것이 아니라 현대 생활 속에서 전설이 할 수 있는 새로운 역할을 찾아내거나 아니면 그 전설이 담고 있는 의미를 현대적으로 계승시킬 방법을 찾는 데까지 나아가야 할 것이다.

김병국

서울 출생
대광고등학교 졸업
성균관대학교 국어국문학과 졸업
성균관대학교 대학원 문학 석사 · 문학 박사
현재 건양대학교 교수

저서『고전시가의 미학 탐구』
논문「율곡의 문학론」,「시조 품격론 서설」,「정언묘선에 보이는 이정의 연구」
등 다수

고전시가의 품격 미학

초판 1쇄 인쇄 • 2009년 8월 24일
초판 1쇄 발행 • 2009년 8월 31일

지은이 • 김 병 국
펴낸이 • 박 성 복
펴낸곳 • 도서출판 **月印**
서울특별시 강북구 수유2동 252-9
등록 • 제6-0364호 / **등록일** • 1998년 5월 4일
대표전화 • (02) 912-5000 / **팩스** • (02) 900-5036
http://www.worin.net

ISBN 978-89-8477-446-9 93810

값 21,000원

☞ 잘못된 책은 구입하신 서점이나 본사에서 바꾸어 드립니다.